语文阅读教学

本体建构

孟宪军 著

立足于中学语文教学自然生态的追求，聚焦教师教学思想的更新、行为方式的变革与质量效益的全面优化与提升，致力于语文阅读教学的价值建构、规律建构、资源建构、艺术实践建构、审美境界建构。

山东教育出版社

图书在版编目（CIP）数据

语文阅读教学本体建构 / 孟宪军著 . — 济南 ：山东
教育出版社，2020.1

ISBN 978-7-5701-0403-1

Ⅰ. ①语… Ⅱ. ①孟… Ⅲ. ①阅读课—教学研究—
中小学 Ⅳ. ①G633.332

中国版本图书馆CIP数据核字（2018）第223284号

YUWEN YUEDU JIAOXUE BENTI JIANGOU

语文阅读教学本体建构   孟宪军/著

主管单位：山东出版传媒股份有限公司
出版发行：山东教育出版社
        地址：济南市纬一路321号 邮编：250001
        电话：（0531）82092660 网址：www.sjs.com.cn
印   刷：济南万方盛景印刷有限公司
版   次：2020年1月第1版
印   次：2020年1月第1次印刷
开   本：710毫米×1000毫米 1/16
印   张：28.5
字   数：445千
定   价：68.00元

（如印装质量有问题，请与印刷厂联系调换）印厂电话：0531-88985701

序言

思想者的探索

和孟老师认识很久了，他给我的印象是一个不爱说话但勤于思考的人，脸上免不了带着"忧国忧民"的表情，但我知道他是常常耽于对语文教学的思考中，属于教研员中的"贾岛派"和实力派。"知之者不如好之者，好之者不如乐之者"，实际上我相信他自己是乐在其中的。有些场合我会跟孟老师开一些善意的玩笑，称之为"孟大侠"，因为他好独来独往。比如有时在一起开会、工作，饭后散步时，孟老师走着走着就落单了，远远看着若有所思。每当此时，我就知道孟老师又开始沉浸于自己的思考中了。有时我会挪揄他一下，以防他"走火入魔"；他也不在意，只是笑笑，仍旧我行我素，像一位独行侠。其实我在心底非常尊重孟老师这种思考的习惯，因为他太沉迷于自己的思想世界，所以显得有些"不入群"，但这些丝毫不妨碍他成为一个受老师拥戴、被同事敬重的优秀教研员。

这些年来省里的一些语文教学教研工作，无论难度有多大，也无论多么耗费精力，他从不拿什么理由来挡驾，并且总会竭尽全力去做好。换句话说，是绝不把这些当作"任务"而是当作工作的"需要"必须去做好的。我把这些理解为性格，也许不一定有多么高尚，但至少是表现出对事业的敬畏和尊重。在浮躁粗率的世风中，执着于工作和事业，常会遭到一些人的不解，但也赢得了更多人的认可和尊重。难能可贵的是，十几年如一日，于是后来我就想，他是把教学教研工作当作一种人生的乐趣来对待的，乐而为之，以乐为乐，亦以苦为乐，这能否也算作一种境界呢？

有人说"渺小的人使人觉得自己很渺小，伟大的人使人觉得自己很伟大"。教研员就是一个既可让人觉得自己很渺小又可令人觉得自己很伟大的行当。孟老师所在的东营市，有黄河入海口，风光壮美，人杰地灵，虽工作区域不大，但是这个区域的学科教师在省里的一些教学比赛，乃至全国教师教学比赛中，常常取得优异成绩。可以说这些教师的获奖证书里都凝聚了孟老师的心血和智慧。记得一次省优质课评选在济南举行，市教研员在一起用餐，可是孟老师没有露面，比赛即将结束的时候，他给我发了个短信就回东营去了。事后得知，那段时间他妻子因交通事故住院，没人陪护，但他仍然带着选手来参加比赛，直到选手都讲完课才匆匆赶回。病人自己在医院，饭都吃不上，是怎样一种境地可想而知。不止一位东营的老师评价他是"平凡至伟"，这绝不是虚夸。

"问渠那得清如许，为有源头活水来。"相对于其他学人的侃侃而谈，孟老师更多的是选择沉默寡言，我把这也归结为其内秀的性格。十多年前，《中学语文教学》让我推荐"教考探究"栏目作者，我便想到了孟老师。孟老师多年参加省里的中考命题，一直是主力，一定不负重托。果然，稿子很快写出来了，我做了一些修改便顺利发表。孟老师幽默地说我的修改是"点石成金"，我说"不是我点石成金，是你的稿子本身含金量就高"。此后孟老师脑中涌动的思考似乎找到了一个合适的出口，厚积薄发，这些年来他在该刊物这个栏目发表的稿子已有10多篇。而且，在语文教学的其他方面他也进行着深入的研究，截至目前，在中学语文教学专业刊物发表论文、案例有50多篇，每篇都有很高的质量，充满教学教研的"干货"，我认为这是不容易的。我们知道凭着灵感和机遇发表几篇稿子也许并不是什么难事，但是要经常不断地发表，如果不坚持学习、探索和思考是难以做到的。只有实践而没有理论支撑，或者只接受别人的观点却没有自己的思考，都不可能得到专家和老师们的认可，也就没有在专业刊物发表的可能。孟老师每年都自费订阅《中学语文教学》《语文教学通讯》《语文学习》《语文建设》《中学语文教学参考》等多种权威刊物，阅读和不断的实践探索应该算是其思想活水的源头吧。

"千淘万漉虽辛苦，吹尽狂沙始到金。"孟老师邀我为《语文阅读教学本体建构》一书写序，把电子稿打开浏览之后，发现竟然有38万字之多。我单知道孟老师写些成篇的论文作品，却未曾想他会在沉默中完成这样的鸿篇巨制，的确有些出乎意料。何况其内容是关于语文教学中专家、教授、名师以及一线教师每时每刻都在关注、研究的"阅读教学"，而且不是文章合集和只鳞片爪的思考，而是有着系统的整体建构，这是很需要胆量和勇气以及深厚积淀的。这本书给我比较深的印象："新颖""厚重""睿智"。先说"新颖"。书中许多思想观点立在了语文教学的理论前沿，有一些是被语文教师忽略但却非常重要的课题研究，更有一些是老师们曾经在心中想过可是没有想清楚、想透彻的一些问题，孟老师得出了属于自己的结论。书中每一章都有很新鲜的东西吸引着你的注意力，其中"价值取向""基本规律""教学内容""文本解构""教学构思""教学策略""教学方法""理想追求"等章节的主要思想观点、理据内容十分新颖独到。再说"厚重"。书中一些思想观点可能读来"似曾相识"，因为这都是中学语文界关注的焦点和难点。孟老师将国内语文教育专家、教授、学者、名师的一些思想和经验熔铸到自己的思想体系中，并有所发展、突破和创新。书中的案例有三个来源：一是省及全国的比赛课、公开课；二是他所在地市的比赛课、公开课；三是个人的编创。这其中到底熔铸了多少人的智慧，恐怕很难说得清楚，说"厚重"并不过分。再次是"睿智"。发现教师阅读教学中认识和实践方面出现的偏差和问题，并探索问题解决的思路和途径，构建阅读教学的优良生态，追求阅读教学的理想境界，是本书写作的缘起和初衷，无论是理论的呈现方式还是实践策略的运用方面，都熔铸了作者的智慧和匠心。老师经常倡议学生"好读书""读好书"，我建议老师们根据自己专业发展的需要去读"好书"。知道却读不到《语文阅读教学本体建构》这本书的可能不觉得有什么遗憾，读到的老师却一定不会后悔。

张伟忠

2019年10月于济南

（张伟忠：山东省教育科学研究院初中语文教研员，文学博士）

Contents
目 录

第一章　阅读教学价值取向

所谓"价值取向"，指影响个人或团体对事物所做判断及行为选择的组织化、内在化、稳定的价值追求和目标方向。阅读教学价值取向指的是在语文教学中影响并制约培养学生阅读能力的内在化了的、稳定的价值追求和目标方向，即培养学生什么样的阅读能力或素养，它直接决定着阅读教学的立意并表现在阅读教学目标中，制约着阅读教学行为，从而影响阅读教学质量的提高和学生能力的发展。

第一节　语言建构与运用取向

杜威说："语言是一种关系。"[1]语言的产生是因人与人之间存在着社会关系，有交往的需要，而语言文字恰好满足了这种关系与需要。语言建构与运用是指学生在丰富的语言实践中，通过主动积累、梳理和整合，逐步掌握祖国语言文字特点及其运用规律，形成个体的言语经验，在具体的语言情境中正确有效地运用祖国语言文字进行交流沟通。

具体来说，语言建构与运用的内涵包括：积累丰富的语言材料和言语活动经验，形成良好的语感；能在语言材料间建立起有机联系，将自己获

---

① 〔美〕约翰·杜威：《经验与自然》，北京：商务印书馆，1964年版，第114页。

得的语言材料整合成为有结构的系统；理解并掌握汉语言文字运用的基本规律，凭借语感和语言运用规律有效地完成交际活动；依据具体的语言情境有效运用口头和书面语言与不同的对象交流沟通，将具体的语言作品置于特定的历史文化和交际情境中理解、分析和评价；通过梳理和整合，将获得的言语活动经验逐渐转化为富有个性的具体的语文学习方法和策略，并能在语言实践中自觉运用。

一、树立大语文观和小语文观并重的理念

一是生活语文观。有老师也曾经有一些疑惑："既然语文学习的外延等于生活的外延，那么是不是课堂教学就不那么重要了？"我们的回答是，两者并重。

这是因为"语文的生活化""在生活中学习语文"，其核心思想表明了三种观点：第一，语文学习需要自省自悟，自己归纳提炼。语文学习的一些知识、经验、方法、能力依靠别人传授难以内化为自己的东西，需要亲历阅读过程和躬身生活实践，只有经过自己的体会领悟积累下来，才能转化为自己的东西。而这"亲历""躬身"的过程与生活密切联系。第二，语文于生活中形成并发展，离开了生活语文就失去根本和源头。同样，生活离不开语文，生活通过语文反映，学习语文可以学到人类的文化、思想、智慧。第三，语文与生命血肉相连。教育的根本目的在于培育有文化、有素养、有品位、高质量的生命体，人的生命离不开生活，人对生命的理解也离不开生活。所以语文是生活世界的构成部分，也是生命存在的形式。语文是生命存在之必需，而生命质量也在语文学习过程中不断获得发展和提升。

大语文观还包括语文的人文性、综合性内涵。综合性包括：语文属性上的人文性与工具性的统一；语文课程目标的多个维度——知识与能力、过程与方法、情感态度与价值观；语文素养形成的途径的多向化——听、说、读、写、思，体验、探究、解读、鉴赏。

语言建构需要有生活语文意识、思想体认意识、生命体验意识、文化认同意识等。

二是课程语文观。也即回归语文的本质，回到作为课程的语文上来。作为课程的语文其外延专指语文课堂教学。作为课程学习的语文就是"学习语言文字的运用"，即学会读书，学会作文，学会与人交流。教师上出专业性强、有价值意义的课；学生在教师指导下课堂上学得兴味盎然，沉醉其中，并有满满的收获感。语文课堂成为语言培养的"良种培养基地""高效生态示范区"，追求语文学习内容和过程的明确清晰、具体可行、科学有序。

二、倡导有价值的积累

语文很"皮厚"，语文学习、语言建构的一个重要规律就是"渐变"性。语言的发展、语文综合素养的提升，需要经过漫长的熏陶感染、日积月累。经过持续不断的"听""说""读""写""思"的实践，经过大量的积累沉淀，"积土成山""积水成渊"。只有丰厚的积累才可厚积薄发；只有广纳百川才会静水深流。

一是倾情经典。有人说语文学习要"多读多写"，我认为"多读"非常必要，原因不言而喻。但"多写"就未必科学，因为在一次次的写作过程中，学生对于已有的素材进行筛选、剪裁、组合等，虽然写作技巧和语言运用的熟练程度会有所提高，但是对于信息量、信息结构和精神能量的提升影响不大。"多读"也大有讲究，多读的含义应该是广泛阅读，题材和体裁要广，但多读绝不是滥读，多读的应该是经典，而非随便读，凑数量。读经典就是读名家作品读名著。倡导读经典绝不只是因为学生的阅读时间有限，更重要的是经典经过了历史的千淘万漉，对学生成长能够产生深刻而长远的影响。这给教师提出了很高的要求，教师要广泛阅读，遴选经典，然后推荐给学生。

二是追求效益。有些作品可以略读，有些作品倡导精读和鉴赏。有人比喻成年人的阅读大都是"竹篮打水一场空"式的，读了很多书，记住的很少，但是一次次地打水，竹篮变得干净清洁了。中学生阅读除了需要这种"竹篮打水"式的阅读外，还需要"用网打鱼"式的阅读，要作批注，写体会，发感想，争取显性的收获，甚至有些作品需要去熟读成诵。人们回忆中学学习语文的经历，往往有相似之处：一是记住了老师读过自己的哪篇作文，二是记住了那些令自己流下眼泪的内容，三是记住了背过的那些课文或课外名篇名段，四可能是记住了极少数很有特色的语文课。其中背过的名篇名段就像是吃过的营养品，一生都会受益无穷。

三是培养习惯。语言的积累需要"积跬步以至千里""积小流以成江海"。语文教学要有计划地开展诸如"汉字探源""词语探义""成语探故"等内容的常规性活动，并进行课堂前演讲、周记展评、汉字书写等日常活动。

三、引导理性反思，实现由客体语言向主体语言的内化与建构

语文学习过程就是在与言语客体对话的过程中，准确理解对方的话语形式和话语意图。既然知识、经验、方法、能力依靠传授难以内化，那就需要学生不断进行"理性反思"：从具体的体验中提炼规律，从感性的层面上进一步作理性思考，从对语言的理解中总结出关于语言运用的方法。"学而不思则罔，思而不学则殆"的"思"即反思与感悟，包括对一些错误认识和做法的反刍和纠正，这是一个学生原有认知结构被同化的过程。语言能力就是在由感性到理性、由表面到内里、由具体到抽象、由谬误到规范、由客观到主观的发展转化中逐步建构起来的。

四、创设语言活动载体，提高语言运用能力

语言在积累、梳理、内化、建构的同时还要不断运用，通过"运用"呈现言语思维和言语形式，这是语言建构水平的展示，也是语言生长的必要过程。这就需要提供"运用"平台，创建"运用"活动载体进行"活动建构"。

黄厚江先生教《阿房宫赋》，将课文内容压缩为一段话，再留空让学生阅读填充。这个语言活动巧妙地引领学生初读文本了解铺陈的基本特点。

教师执教《我的叔叔于勒》让学生为于勒写小传，然后分析于勒的经历遭遇同文中对菲利普等人物作大量心理描写的关系，从而体会人物心理随着于勒的穷富变化如何不断发生转折，进而领会人物思想性格。教师教授郑振铎的《猫》，安排学生与作者进行对话。对话一，假如你是郑振铎时代的一位学生，请你把《猫》这篇课文在立意构思、写法语言方面存在的疑难问题提出来，与"他"探讨。对话二，如果要表现"反对主观臆断，要明辨是非"的意旨，只写第三只猫就可以了，为什么要写前两只猫？对话三，如果要以对比突显主题，前两只猫只写一只就可以了，为什么都做了较详细的叙述？这些案例都运用了有效的教学策略，效果十分显著。

《义务教育语文课程标准（2011年版）》中提出"语文课程是一门学习语言文字运用的综合性、实践性课程"。我们需要对"语言文字运用"有科学理解：

第一，语言运用是知识和思想的外化行为。语言运用离不开具体的语言环境和生活内容，它将语言和语用规则结合起来，语言与思想同步展现。

第二，语言运用是个性化、创造性语言行为。语言运用绝不是应用简单的规范去套用模式，比如通知、书信、产品说明书，而是贯穿学生的独特理解和个性创造。这就如香菱学诗的过程，开始香菱在黛玉指导下读王维、杜甫、李白的诗，之后又读了陶渊明、谢灵运、庾信、鲍照等人的诗，写出了第一首诗，但只是对律诗粗陋的模仿；在大家的指点下，写的第二首诗有了一些自己的创新，尽管还有一些陈旧的气息和跑题现象；第三首诗写出了新意和深意，称得上是一首好诗了，这是因为香菱将自己获得的言语经验与人生感悟有机结合起来，进行了个性言语的创造。理解文本语言也不能违背这个原则。比如"撒盐空中差可拟""未若柳絮因风起"，从知识应用的规范、技术层面看，很难分清这两个比喻哪个更好，但是如果从个性创造的角度去评判，就有了高下优劣之分。

第三，语言运用是动态中的交流。首先，每一篇课文，每一部著作，作者都有其读者对象或假设的读者对象，其中有主观情意的表达，也有与读者的交流。其次，作品中的人物语言运用也处在动态变化中。一个人物在不同的场合、处境中往往会使用不同的语言表达方式去表达思想情感。如《变色龙》中的奥楚蔑洛夫，"他"（实际是作者）运用语言的能力就很强；《范进中举》中的胡屠户，在范进中举前后的语言也很富有喜剧性动态变化的特征。

第二节 思维发展与提升取向

语文能力的核心是思维能力。倾听、口头表达、阅读、写作是四种各自独立而又相互联系的语文能力。这四种能力都离不开"思"，即思维这种核心能力。思维能力作为语文能力的核心，贯穿其他各种能力的始终，并对其具有制约作用。如果一个人的思维不敏捷、不周密、不深刻、不开放，没有创造性，那么其各种语文能力都不可能达到很高的水平。

"阅读是一种从印的或写的语言符号中获得意义的心理过程。"[①] 而这个获得意义的过程大致可以分为感知、理解、欣赏、评价这四个阶段，思维活动始终贯穿其中。感知，在具体的语言环境中借助视觉向大脑输送相关信息，大脑通过直觉思维初步感知认识阅读材料。理解，读者通过语言文字获得意义的认知。这个过程对阅读材料进行分析、综合、比较、归纳。欣赏需要读者调动自己的思维，运用自己的智慧去体会作品情感，领会作者的匠心。评价以理解文本为基础，激活调动读者已有的相关信息和知识储备，对作品做出自己的判断。阅读过程作为一个提取、概括、抽象、评价的心理过程，其中最活跃的是大脑的思维，而阅读水平层次由思维的水平层次决定。语文阅读课要使学生变得越来越聪明、越富于智慧，

---

① 胡乔木：《中国大百科全书·教育》，北京：中国大百科出版社，1985年版，第114页。

就要通过阅读教学，使学生养成独立思考、质疑探究的习惯，历练其思维的严密性、深刻性和批判性。阅读教学又是指导学生调动生活、思想、情感的积累和思维方法认识文本的语言文字，从中领会阅读技能和获得思想感悟的过程，此中认知、理解、欣赏、思辨、评价均离不开思维。语言和思维同时产生，"思维不仅仅用言语来表达；思维是通过言语才开始产生并存在的。"[①]语言能力的习得，有赖于思维能力的习得；而思维能力的发展，又反过来促进语言能力的习得。

思维品质是思维发展到一定程度表现出来的个性特征，反映了个体智力或思维的差异。这个差异可能表现在深刻性、灵活性、独创性、批判性、敏捷性和系统性等方面。阅读教学要使学生在语文学习过程中获得思维能力发展和思维品质提升。语言与思维的发展相互依存，相生相成。因此，思维发展与提升也是学生语文核心素养的重要组成部分，是学生语文素养形成和发展的重要表征之一。

要实现思维的发展与提升需要：通过阅读欣赏获得对语言和文学形象的直觉体验；在阅读与鉴赏、表达与交流、梳理与探究活动中运用联想想象，丰富并提高自己对现实生活和文学形象的感受与理解，丰富阅读经验与语言表达；辨识、分析、比较、归纳基本的语言现象和文学形象，并能有依据、有条理地表达自己的观点和发现；运用基本的语言规律和逻辑规则分析、判别语言，有效地运用语言与人交流沟通，准确、清晰、生动、有逻辑性地表达自己的认识；能运用批判性思维审视言语作品，探究和发现语言现象和文学现象的独有特征，形成自己对语言和文学的认识；能自觉分析和反思自己的言语活动经验，提高语言运用的能力和思维的深刻性、灵活性、敏捷性、批判性、独创性。

显而易见，语文教学之所以要以思维的发展与提升为核心素养，是因为在实践中体会、把握运用语文的规律，本身是一个艰难的过程。汉语的内部结构、包含的各种信息都具有复杂性，这项工作离不开思维的锻炼培

---

① 〔俄〕列夫·维戈茨基：《思维与语言》，北京：北京大学出版社，2010年11月版，第146页。

养；而有效的语文学习才能促进学生优秀思维品质的形成和提升。

因此，需要我们正确认识语文学科学生思维培养的一般特点。

一、突出"语文"思维品质的培养

什么是"语文"的思维品质？比如教学毛泽东《人民解放军百万大军横渡长江》，设计三种方式来表达课文内容：一是用一句话说出这则新闻的内容；二是用一段话简要说出这则新闻的内容；三是用几段话说出这则新闻的内容。尽管学生表达的内容与课文不尽相同，但学生通过这三个活动体会到了新闻这种体式的基本特征：用一句话介绍内容就是新闻的标题，用一段话介绍新闻内容就是导语，用几段话具体介绍新闻内容就是新闻的主体。这即"语文"思维品质培养：通过语言活动认识文体特征，在训练中发展言语思维，提升思维品质。

二、由重视言语内容转向重视言语思维

这里涉及的一个重要问题是正确认识语文课程的核心价值。叶圣陶先生曾经认为"从国文科咱们得到什么知识，养成什么习惯呢？简括地说只有两项，一项是阅读，一项是写作"[1]，但他发现，学生也读了也写了，却还会出现"读不懂，写不通"的问题。解决这一问题不在"语言运用"，"而在于形成思想的思维过程"，因此后期他认为，语文学习的专责是"训练思维和训练语言"。20世纪至21世纪，世界上一些著名心理学家就思维与语言的关系有许多精辟的论述，如苏联的列夫·维戈茨基，美国的杰瑞·福多、帕特里夏·库尔、霍华德·加德纳等。杰瑞·福多认为，自然语言不能直接进入大脑，它们只有转化成思维语言才能被人脑理解和加工。维戈茨基发现，人的言语和思维不是同一事物，也不同步在一条重合线上发展，它们在思想和词语发展的进程中发生、改变和发展。他把思维和言语的关系形象地描述成两个相交的圆，相交的部分表明思维与语言在

---

[1] 叶圣陶：《叶圣陶语文教育论集》，北京：教育科学出版社，2015年2月版，第2页。

发展中有一部分是重合的，这个重合的部分就是言语思维。他还强调，言语思维不是思维和言语的简单相加，而是一体两面，难以分割的融合体。而词义（语义）是唯一兼具了"言语思维"整体特性的语言单位。

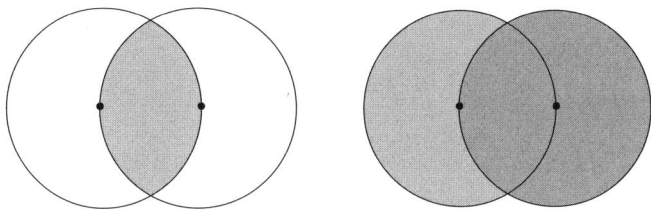

比如"孔乙己是站着喝酒而穿长衫的唯一的人"，其言语内容为：孔乙己站着喝酒，并穿长衫；言语形式为："孔乙己""是""站着喝酒""穿长衫""人"，这五个短语是客观描述。其言语思维即：借助词语附着文中人物和鲁迅先生情感。其中"而"和"唯一"这两个词兼具了作者用词和思想、语言和思维的双重属性。"而"和"唯一"从言语外部看是两个词，从言语心理看是思维活动。"而"和"唯一"是鲁迅先生的心理主语，他用这个主语告诉人们，孔乙己自身充满着矛盾，虽然喝酒却经济条件十分拮据；虽然经济状况窘迫、社会地位低下，但是不肯丢掉读书人的身份；孔乙己的文化取向已经失去现实基础。而这一切也预示着人物性格的悲剧性和人物悲剧命运的必然性。"而"和"唯一"就是作者的"言语思维"。那么读者不但要理解其言语内容，还要理解其心理动机，也就是对话语作心理分析，这样才能揭开言语思维内部的秘密。

把握了语文课程的核心价值，抓住了语文所包含的心理动机，才能使学生的言语思维与文本言语思维形成交流碰撞，学生的言语思维能力和言语智慧水平才会得到有效发展。据此，关于该文本语言，可以找到很多包含心理动机的地方："孔乙己大约的确死了""孔乙己便涨红了脸，额上的青筋条条绽出""他身材很高大，青白脸色，皱纹间时常夹些伤痕""他脸上黑而且瘦，已经不成样子"……

言语思维还隐藏在语言文字背后的思维逻辑上。如"短衣帮们"的语言就富含逻辑智慧。"孔乙己，你当真认识字吗？"其言语逻辑之一：如果回答"不认识"，那么就会有"那你的书白读了，难怪中不了秀才"的结论；若回答"当然认识"，便有"你认识字，怎么连半个秀才也捞不到呢"的"迎头痛击"。其言语逻辑之二：识字读书—就能参加科举考试—就该中秀才。孔乙己读书识字参加考试—却没能中秀才—无用之材。如此逼问打在了孔乙己的"七寸"上，通过"挖陷阱""请君入瓮"，无情揭开了人物的伤疤，用匕首刺向人物的心窝。于是孔乙己颓唐不安，面笼灰色，痛如刀绞。

三、发现文本思维规律，构建教学思维过程，发展学生思维能力

《孔乙己》包含的创作思维图式为：孔乙己与众不同。"孔乙己"并非科考中败下阵来的读书人的典型。相似的经历，范进衣着褴褛却并不穿"长衫"，热衷功名却并不满口"之乎者也"，生计艰难却未做"偷窃"之事，这自有其因果逻辑。孔乙己的三种追求——人格追求、心理追求、文化追求最终都化为了泡影。人格追求——品行好不欠酒钱，但最后死了也没还上那十九个钱；他写得一手好字，但到最后却用手来走路。心理追求——希望得到人们的尊重，但得到的是人们的取笑和蔑视。文化追求——由穿长衫到最后脱下长衫穿上破夹袄。孔乙己的命运具有深刻的悲剧性，但小说中却营造了强烈的喜剧色彩；作者无意表现孔乙己大半生的悲惨遭遇，但通过横截面却能隐括人物大半生的命运轨迹。文本的这种思维的独特性十分耐人寻味。

由此可见文本的思维图式是一个自足的系统，这些不同层面的思维图式形成了各种思维规律。教学就是发现、利用、转化文本的思维规律，从而发展学生的思维能力。

依此可对文本进行教学思维的构建：1. 欣赏孔乙己的表演。2. 领会孔乙己言行所隐含的二重性格或孔乙己身上的矛盾。3. 孔乙己悲剧归因，即三种追求为何最终都化为了泡影。

再如《台阶》一课"台阶"有三种意义：1. 等级建筑物。2. 避免阻碍和

窘迫的途径。3. 家族门第的地位体现。父亲为了改善居住条件、提高其家庭地位，毕其一生的心血和汗水建成新房，筑起九级台阶本该满足欢欣却很酸楚和悲凉。这个思维的图式就有悖于常理，这一非常规的独特的思维规律是思维培养的一个有利契机，可依此进行教学思维构建：1. 梳理故事，抓住"梦"，体会人物的愿望。2. 分析人物，抓住鞋和脚，体会农民的执着追求。3. 研读细节，抓住父亲的腰，体会父亲心中的痛。

阅读教学中的思维具有不同的层次：一是认知性思维。以认识与记忆为主，如字词句意思的认知；了解课文大意，弄清课文层次；结合相关注释回答部分问题；揣摩理解语境词语深层含义，体会语言所表达的思想感情。如《秋天的怀念》："母亲进来了，挡在窗前：'北海的菊花开了，我推着你去看看吧。'"一个"挡"字，表面上是为避免儿子睹物伤怀，深层反映的是母亲那细腻入微的爱和重燃儿子生活希望的渴求。阅读教学就要培养学生这种仔细玩味语言的阅读思维。二是理解性思维。其显著特征是分析、概括、综合和抽象提炼。能够理解作品的内容、思想观点和表现手法，借助形象和抽象思维，如联想、判断、推理等把握内容材料内在的关系和本质内涵。三是评价性思维。对阅读材料进行主观评价，不仅要回答文章写了什么，为什么这样写，还要回答写得好不好或假如改变某种写法、顺序会怎样的问题，对文章的内容写法、地位意义、作者的观点和情感倾向等做出评价。不人云亦云，对真假虚实、美丑善恶能正确区别。四是创造性思维。提出新看法，发现新问题，给出新答案，解决新问题，对文本有新的理解和新的想法。

如何于阅读教学中发展和培养思维能力？首先，提高思维培养的"自觉"性，增强思维培养的目的性。阅读教学中教师大都没有认识到思维培养对学生语文能力发展的作用价值，学生思维的培养多处在无意识状态。有必要扭转这种观念和局面，有意识地针对学生和教材的实际情况，激发学生思维活力，给学生思维活动提供广阔空间，追求文本解读的深度和效度。思维能力的培养并不是强加在阅读中的，因为阅读活动整个过程就贯穿着思维活动。教师要做的就是唤醒和激发学生的思维需求，使其思维处于积极参与和深度参与状态。其次，循序渐进，由浅入深。当学生思维活跃起来时，教师应因势利导把思维导向深入。事物外在特征及其内在本质所构成的层次性，要求阅读主体通过不同的思维层次去认识和把握。阅读教学是由语言文字的感性认识入手，逐步过渡到认识意义内涵和体式特征，并在吸收信息的基础上对文本作创造性解读，达到理性的认识。故而阅读教学不管是对内容的解读还是对学生能力的培养，应当由易而难、由浅入深、循序渐进，让学生在已知的基础上不断向思维的深度和广度拓展。再次，整体筹划，加强学生思维培养的整体性。阅读心理发展是一个整体性过程，即初读感知，获取整体印象，然后深入细致阅读，揣摩遣词造句、布局谋篇，具体把握作者融铸于语言文字中的内在思路和思想，最后再站在整体上把握文本全局。

第三节　文化传承与理解取向

继承优秀传统文化，实现传统文化的创造性转化、创新性发展，使之与现实文化相融相通，进而凝聚民族振兴的伟大精神力量，这是弘扬优秀传统文化的本意所在。语文是传统文化的重要载体，蕴含着丰富的传统文化资源。有必要将语文教学与传统文化有机结合起来，承担起体认中华文化、厚植传统精神的重任。

文化传承与理解指学生在语文学习中，认同传承中华优秀传统文化，借鉴不同民族和地区文化，在语文学习过程中表现出较宽阔的文化视野、文化自觉意识和文化自信态度。

语言文字是文化的载体，又是文化的重要组成部分。学习语言文字的过程，也是文化熏陶和精神积累的过程。通过语言文字的学习，实现文化的传承与理解是培育语文核心素养的重要组成部分，也是学生语文素养形成和发展的重要表征之一。

语文教学要通过文化传承与理解发展学生的人文素养。人文素养就是人文科学的研究能力、知识水平和人文科学体现出来的以人为对象、以人为中心的精神——人的内在品质。它是对人类生存意义和价值的关怀，因而是做人应具备的基本品质、态度和价值取向。语文课中的"人文素养"，是蕴含在教科书中闪烁着中华五千年光辉灿烂的文明和世界各国文明的多元文化，是体现创新精神、独立人格、国家情怀、国际视野、权利责任等方面的内容，包括文化的精神、生命的价值、人间的真情、做人的真谛、生活的追求……阅读教学不仅承担着提高理解认知能力、积累经验和交际运用的责任，还承负着塑造灵魂、锤炼意志、升华生命的神圣使命。因此，文化价值取向要求阅读教学应引导学生深入挖掘作品的文化蕴含，汲取精神营养，陶冶人格性情，培育审美情趣，提升文化品位。

中学课标教科书选取的课文大都具有丰富的生活内容、深厚的文化意蕴和宝贵的教育资源。阅读课文既是化育精神、砥砺人格的有效途径，也是发展思维、孕育人生智慧的重要载体，还是养成兴趣习惯，建构阅读知识，提炼阅读思路的实践过程。阅读教学可以使学生受到优秀文化的浸染，培养热爱祖国和中华文明及献身人类进步事业的精神品格，形成积极健康的情感和奋发向上的人生态度。中学阶段既是学生增长知识，形成人格的时期，又是其世界观、人生观、价值观形成的黄金阶段，具有很强的可塑性，有利于施以文化素质教育。阅读教学具有"载道明理""表情达意""文道统一"的特点，在塑造学生文化素质方面有着得天独厚的优势和不可替代的作用。

传承和理解传统文化，要在思想上澄清一些模糊不清的认识。

第一，树立"学文化就是学语文"的观念。

语文教学是母语教学，汉语中的字词句大都带有传统文化基因。就字来说，一个汉字可能就是一个长长的故事或一段不平凡的历史，不能只是把它当做汉字来教，不能只是为了让学生记住它的音形义，却并不关注它的起源、演变、发展和相关文化内涵。就词来说，它往往具有共性文化内涵。有的具有象征意义，像梅兰竹菊，长江黄河，春花秋月。有的带有特定联想指向，如"柳""青""大雁""浮云""落日""落花""流水"等，它们都有约定俗成的内涵。其次体现出个性创新。有些词句在共性基础上展示出个性和创新，需要根据语境去把握其独有的文化内涵。如董颖《江上》"万顷沧江万顷秋，镜天飞雪一双鸥。摩挲数尺沙边柳，待汝成阴系钓舟"，古诗中"柳"总与"别"相关，此诗却把"柳"与"不别"搭在一起，字面上不诉说怨思离情，读者却能心领神会，可谓不落窠臼，巧妙之至。这沙边小柳的"象"被赋予系舟消愁、可结束羁旅漂泊之"意"，这是诗人的独特发现。又如龚自珍《己亥杂诗》中"浩荡离愁白日斜，吟鞭东指即天涯。落红不是无情物，化作春泥更护花"，其中的"落红"意象从离愁中解脱出来，飘落后再去孕育春天，表达与黑暗势力抗争、对美好事物的不懈追求和献身精神。而刘次庄《敷浅原见桃花》"桃花雨过碎红飞，半逐溪流半染泥。何处飞来双燕子？一时衔在画梁西"中写出"碎红"飞扬的活泼灵动和美好际遇，从而表达对生活的热爱和对美的执着追求，可谓个性鲜明，耐人寻味。

第二，探索语文教学实施文化传承与理解的有效途径和策略。

1. 传统文化教材、语文教材与地域文化资源有机整合。比如将教科书中的战争体裁的文言文《曹刿论战》《唐雎不辱使命》等，与《孙子兵法》进行关联和融合。将课本现代文《黄河颂》《壶口瀑布》《土地的誓言》《我爱这土地》等，与黄河文化进行捆绑和渗透。2. 探究与积累有机结合。通过学习教科书《社戏》、地方教材《传统文化》和了解本地戏曲特点，探究本地戏曲的起源、文化价值；亦可通过教科书中的《水调歌头·明月几时有》《记承天寺夜游》《观沧海》《渡荆门送别》《归园田居》，探究"月"在古代所寄寓的不同文化意蕴。3. 阅读鉴赏与濡染渗透有机结合。文本所包含的人文蕴含十分丰富：爱国主义、民族气节、献身精神；大公无私、廉洁自律、坚守正义；执着于理想、致力于事业、谋福于人类；倾心自然、向真向善、直面挫折、历练人格品质；绽放人生经验智慧，创造生命辉煌……这些文化因素应当在解读文本、欣赏作品、还原作者意图的过程中，通过浸润熏染自然认同，潜移默化到学生的灵魂深处。这些对教师教学思路和途径建构、教学载体创设、教学策略运用，都是很严峻的挑战。同样的课文有的老师能使学生沉入其中、情动于衷，被深深地感染打动，而有的老师讲起来却令学生感觉味同嚼蜡。4.传统文化与现实生活有机结合。中国的现实文化或当代文化的渊源和根基是优秀传统文化。语文教学中的文化教育既需要作切片研读，更需要建立文化内在的有机联系。理解和认同民族优秀传统文化的目的，不是沾沾自喜地欣赏，也不只是增强民族自信心和自豪感，更重要的是认识文化的现实意义和未来价值，进而转化为人们自强进取、共图民族振兴的巨大精神力量。语文教学中传承和理解文化就需要将历史和现实联系起来，将传统文化和现代文化结合起来，将文本思想内涵与学生内心世界融合起来。

那么在阅读教学中如何做呢？

第一，挖掘人文内涵，陶冶高尚人格。

"语文"既是语言"文字"，也是语言文学和文化。由汉语言文字构成的文学和文化凝聚着作者的灵性和思想。一旦作者将语言文字、文学、文化三者结合起来创造出作品，就会产生巨大的人文价值、精神力量。读者阅读这些作品，就会将其内化为情感、素养和思想，就会产生无穷无尽的创造力。古今诗词文赋、佳篇名著，均蕴含着丰富的人文资源，沉淀着珍贵的文化智慧，阅读教学的使命就在于引导学生发现、挖掘和利用这些宝贵的资源和人类的思想智慧。

首先，通过理解作品内容涵养积极的人生态度。课文大都反映了作者健康向上的人生观，其所表现的生活内容复杂多样，但无论是讴歌还是批判，同情还是憎恶，都是从某个角度或层次传达出了对真、善、美的赞颂和追求，对假、恶、丑的抨击和否定。领悟这些思想内涵有利于促进学生确立正确的人生态度。《小石潭记》所表现的就是柳宗元对社会和人生理想的执着追求。《岳阳楼记》所袒露的是"不以物喜，不以己悲"的精神气度和"先天下之忧而忧，后天下之乐而乐"的阔大胸襟和崇高品格。挖掘这些作品的人文内涵可以给学生以思想情感上的巨大冲击，能使其精神视野得到极大拓展，有利于形成正确的人生观和价值观。

其次，欣赏人物形象，陶冶高尚人格。课文荟萃了文学文化的典范作品，是人类文明的精华，其中的故事大都可歌可泣，其中的人物形象丰富多彩。有邹忌的超凡智慧、曹刿的远见卓识、唐雎的勇武威猛，也有陶潜的高风亮节、李白的飘逸洒脱、陆游的幽婉忧愤、文天祥的大义凛然，更有老头子的自信、韩麦尔先生的悲怆、杨绛善良的"愧怍"、邓稼先的精神境界、闻一多的凛然正气，读者的心灵都会为这些鲜明的人物或形象所震撼。教学中应将感悟作者的人格品质同理解课文内容、语言品味、形象欣赏结合起来，使学生从中受到精神感染和心灵启迪，从中汲取营养，逐步养成美好品质和高尚人格。

第二，培养阅读情趣，提升文化品位。

阅读教学需要引导学生用自己的阅读经验去感受作品所创造的"真""善""美"，进而提升文化品位。

首先，感受大自然的神奇魅力。许多课文表现了大自然绮丽旖旎、如诗如画的风光图景，阅读教学重在指导学生通过诵读、感受、欣赏去分享大自然之美带来的审美愉悦，引导学生借助想象展现文本描绘的自然景致，走进作品所表现的山水胜景，欣赏如诗如画的优美意境，如临其境，如闻其声，如观其形，生发对自然、对祖国河山的热爱之情。其次，体味社会生活的真情善意。社会生活的美，存在于社会生活如政治、经济、文化乃至人的日常生活等各个领域，包括劳动、生活、人际关系、社会环境等多个方面。社会真善美在语文教科书中无处不在，如《秋天的怀念》表现的就是双腿瘫痪后的儿子在母亲悉心呵护和微笑扶持下，心灵重新站立起来的故事，具有人情美和人性美的特质，感人肺腑，动人心扉。《我的老师》则以一个幼稚懵懂的孩子沐浴着老师的关爱而对老师一往情深、无限怀念的故事，令人产生强烈共鸣，给人留下难以磨灭的印象。再次，领悟精湛的艺术表现。不管何种文学体式的课文，都有其独特的艺术匠心，具有脍炙人口的特质，学生欣赏品味的过程，就是对作品艺术表现探幽览胜、咀嚼品味的过程，在潜移默化中，感受领悟到作品的思想艺术神髓，不断积累文学鉴赏的经验，进而培养审美趣味，提高文化品位。

倡导阅读的文化价值取向，就是使阅读教学中的认知功能、教育功能真正体现在对学生的生命思维资源的开发上，于潜移默化中化育情操、启迪心智、涵养灵性、传承文化、品味生活、感悟人生、塑造人格。

第四节　审美鉴赏与创造取向

审美教育是通过审美活动有意识地培养学生正确的审美观以及感受美、鉴赏美和创造美能力的教育。审美教育在学生人格的塑造和全面发展中，具有不可或缺和替代的重要作用，是引导学生完善人格、提升精神境界的必由之路。审美阅读教学，是要充分体现文学作品的形象性、情感性特征和美感属性，发挥其审美熏陶浸染功能，通过体验涵泳、对话交流诱发情感，融情入境，使学生在阅读中获得精神愉悦和美感享受，对人格心灵形成潜移默化的影响，开启学生情智，促进语言学习，获得思维锻炼和思想启迪。

从汉语言文字自身的特点、文学作品鉴赏的需要来看，阅读教学审美教育十分必要。义务教育语文课程标准（2011版）指出："语文课程还应通过优秀文化的熏陶感染，促进学生和谐发展，使他们提高思想道德修养和审美情趣，逐步形成良好的个性和健全的人格。""阅读教学应引导学生钻研文本，在主动积极的思维和情感活动中，加深理解和体验，有所感悟和思考，受到情感熏陶，获得思想启迪，享受审美乐趣。"叶圣陶认为，进行审美教育要"培植欣赏文学的能力"，"这目标是非达到不可的"。语文教学特别是文学作品阅读教学，审美教育不是额外的负担，而是其分内的职责。

人之所以为人，除去具有生存需求之外，还有更为高尚的情感、精神方面的需求，包括对美的需求。当抛弃了事物的使用价值而专注于事物本身的形象，发现其中的超现实内涵和内在精神，令人激奋、感动、愉悦，这就是审美发现；如果深入其中，反复玩味美的道理，就进入了审美鉴赏的层次。审美鉴赏与创造即学生在语文活动中体验、欣赏、评价、表现和创造美的能力及品质。语文活动是学生形成审美体验、发展审美能力的重要途径。学生通过阅读鉴赏优秀作品、品味语言艺术而体验丰富情感、激发审美想象、感受思想魅力、领悟人生哲理，并逐渐学会运用口头和书面语言表现美和创造美，形成自觉的审美意识和审美能力，养成高雅的审美情趣和高尚的品位。因此，审美鉴赏与创造是学生语文核心素养的重要组成部分，也是其语文素养形成和发展的重要表征之一。

汉语言经过几千年历史长河的淘漉积淀形成了自己独特的审美价值与意蕴：一是音韵美。古代诗词骈赋讲究合辙押韵、讲究抑扬顿挫，其中有些本来就是用来歌唱的书面语言。现代经典诗文，也传承了这种基因，具有外在或内在的音韵节奏和旋律。这些作品，平仄去入、骈散交错、长短相间，赋予汉语言文字优美旋律、鲜明节奏和动听声音，读来抑扬顿挫，十分具有审美效果。二是形象美。汉语言文字作为以表意为主的象形文字，起初大都有其形象内涵，而它的演变也是遵循了"立象以尽意"的原则。汉语书法艺术在世界上独一无二，"东方式的线条是精神的轨迹、生命的经纬、情感的缆索，在创造过程中又是主题力量盈缩收纵的网络"①。在汉语言文字的形象中，深蕴着中国博大精深的传统文化内涵及关于社会人生的哲学思考，蕴蓄着古老民族对自然万物及自身生命的探求与体验。因而汉语言文字从产生之初就具备了独有的形象美特征。三是意蕴美。中国文化十分讲究意蕴，古人以"气韵"为其美学追求，体现在汉语言文字中就是意蕴美，尤其在诗词曲赋中有着鲜明的体现。流传至今的

---

① 余秋雨：《文明的碎片》，沈阳：春风文艺出版社，1994年版，第312页。

古诗词曲赋，大都有着"意于言外"的美学特征。所谓"弦外之音""象外之意""味外之旨"，都是汉语言文字深厚意蕴的具体体现。而"言有尽而意无穷""意朦胧而含蕴不绝"则成为历代文人骚客诗文创作追求的至高境界。四是情感美。"诗言情""缀文者情动而辞发""为情造文"，古今中外广为流传的经典作品，无一不蕴含着深挚的情感，贯注着作者的灵魂体验与思想追求。

阅读教学在感知、理解、品味、鉴赏的基础上理解思想内涵和艺术表现，其审美价值取向对提高语文素养的作用不容忽视。情感价值是对文本内外开放的现实生活的一种解释，而不是对文本的封闭解读。读者应从文本阅读中获取审美价值而不应由他人兜售获得或预先设定，所有读者均应成为文本的理解者和建构者。审美价值取向一是来自对文本的解读判断，二是来自读者对生活的独特理解，并受其人生经历的影响。这样，学生审美就是一种"理解认知—互动对话"的模式，将文本的审美价值和生活体验的审美价值有机结合起来，因而它是学生已有"图式"与外界客观事物互动生成的过程。阅读中的审美使原有的思维、信息、情感、审美一一被打破，而在与外界事物不断交换物质和能量的过程中进行鉴赏活动，这是初级的审美感受阶段。接下来的审美体验，重视每一个学生感受理解的主体性、独特性和创造性。以此为基础逐渐对文本内容思想进行比较深刻的探究和评价，这就是审美价值判断。阅读中，学生与文本、作者、编者、教师、同伴对话交流，逐渐从文本的知觉和表象入手，领会文本的深刻内涵和独到匠心，逐渐产生美的感悟和个性认识，甚至对文本提出不同的见解，于是进入阅读审美创造层面。审美是阅读教学的既定目标，也是阅读教学的重要组成部分。因而，学生已不再是被动的接受者，而变成主动的参与者、文本意义的解读者和建构者。同时阅读又是一种审美鉴赏活动，因而要充分利用文本张力，使学生通过不同视角层面的解读获得独特审美感受，提高审美感知、体验、判断和创造能力。

一、正确定位"审美鉴赏与创造"在语文教学和语文素养发展中的价值作用

语文学科有着多重作用、多重功能，包括培养和形成学生运用语言文字的能力、正确的思想观念、高尚的人格精神、优秀的思维品质、深厚的文化底蕴、健康的审美情趣和积极的人生态度等。而这些功能在语文教育教学中地位并非同等重要，意义价值也不完全相同。如果不是这样，语文教学内容被无限膨胀和虚化，语文学科的专业性被掏空，就会导致什么都教了，就是没教语文。

语言教育是语文课程的基本功能，是该课程的本质属性，而其他如"观念""人格""审美""文化"等教育是一般功能或辅助功能。就属性而言，实践性是语文与其他学科的共有属性，综合性是语文学科的特有属性。

教材文本大多包含着独特审美特征和丰富审美内涵，小说、诗歌、散文、戏剧都不同程度地蕴含着自然美、社会美、人性美、科学美、艺术美、语言美、文化美等因素，但是我们不能把对课文的学习完全搞成审美活动，把语文课堂完全变成审美课堂。因为"学习语言文字的运用"与"审美活动"并非并列关系，审美活动并不能取代"学习语言文字的运用"，它们具有前后相承、因果相连的逻辑关系，即预期与方式、目标与途径、主体与载体的关系。学习语用是预期、目标、主体，审美是方式、途径、载体。

据此，在语文阅读教学中可建立这样的思路：首先通过语言文字进行审美活动。其次通过感知、理解、评价的审美活动来学习语言文字的运用。"言—美—言"，从语言入手，最终的落点还是语言。这个意思用更贴近教学的话来说就是：一是利用审美来"学习语言文字的运用"；二是在"学习语言文字的运用"中渗透审美教育。

比如教学毛泽东《沁园春·雪》这首词，目标不应只是理解和认知毛泽东的博大胸怀、超凡气魄、坚定信心，更应通过开展审美活动领悟欣赏诗人表情达意的艺术和言语智慧。即作者是如何将豪迈情感巧妙地融入

叙述、描写和抒情之中的，如何通过对比形成词的整体构思，如何遣词用字，如何展开了丰富的联想想象、奇特的夸张，这些才是语文关注的要点。词中所包含的"美"是用来学习和掌握其精巧构思、表达艺术的。这样，教师可以引导学生从语言文字入手，感受和理解作品的情感美、阳刚美、意境美，然后利用作品所表现的这些美，来理解和探究、传达和表现这些美的选材视角、形象和意境创造、行文构思，甚至出色的语言表现艺术等。比如对比"山如银蛇，原如蜡象"和"山舞银蛇，原驰蜡象"有何不同，"谙熟弯弓射大雕"和"只识弯弓射大雕"有何差别。这就是借助审美理解文本和语言艺术。

二、探寻语文审美鉴赏与创造的途径与方法

一是利用审美感知学习语言文字的运用。文学作品教学，如果先行知人论世，给学生介绍写作背景、相关作家作品，展示学习目标，不利于引导学生进入审美状态，把握作品的感性世界，而应该首先通过诵读触摸语言文字，并尊重和展现诵读的差异，使学生觉察到自己的诵读比别人好在哪里或哪里还有提升空间。这样的诵读或者听读，要使学生"悲从中来""忧从中来""喜从中来""乐从中来"，使学生审美感知产生沉醉感与愉悦感，追求高峰体验。通过语言进入审美，再由审美回到语言文字。如谈审美感受，复述课文等。

二是借助审美理解学习语言文字的运用。首先是对审美对象或相关部分作理性审视。比如美在哪里、美的原因何在。如果景物描写很精彩，那么精彩在哪里。如果人物描写生动传神，那么体现在什么地方，这些描写创造出怎样的意境或形成了怎样的关系、传达出怎样的情意等。其次对语言现象的辨别和归类也通过审美理解来实现，例如《海燕》是托鸟言志，《紫藤萝瀑布》是借花言志，《马说》是托马言志。

三是借助审美评价学习语言文字的运用。指导学生对作品的形象、意蕴做出审美评价。如欣赏"'吹面不寒杨柳风'，不错的，像母亲的手抚摸着你"，要引导学生思考后一句为什么不能改成"像婴儿的手抚摸

着你"。引导学生领会《风雨》中写风雨中的树林，为什么只字未提"风雨"，却令人强烈地感受到风雨的特点等，从而审视语言文字的美感价值。

四是借助审美想象学习语言文字的运用。如果让学生描述"山舞银蛇，原驰蜡象"的情景，他们往往对诗句内容作翻译、解释或分析；而让学生想象作者站在黄土高原尽赏雪中风光的姿态、手势、神情等则是体会作品的"象外之象""味外之旨"。如果让学生想象描述《孔乙己》中孔乙己用手写字、出钱、走路，那是对文本内容的再现；而想象孔乙己最后离开咸亨酒店的遭遇或死亡的情景，那就是借想象体会"象外之象""味外之旨"了。

三、审美鉴赏要尊重学生独特的审美感受

阅读是个体心理体验过程，是一种创造性思维活动。阅读不是没有思维和情感的"拿来"，而是一种主动探究、辨别、体悟的过程，读者借助语言文字阅读文本、接纳文本的相关信息，在此期间从文本语言寻找与自己存贮信息的相关、相似之处，然后进行匹配、激发、互动，从而形成彼此之间的"理解"。而读者的人生经历、认识理解水平、阅读习惯品质、文化底蕴、审美取向却又存在诸多不同，他们头脑中贮存的相关信息也就大相径庭，即便阅读同一个作品，也会形成各自不同的联系，形成仁者见仁、智者见智的个性化解读。

阅读教学的审美教育需要教师在以下几个方面下功夫：

一是培养学生的审美素养。审美作为一种素养是在后天形成和发展起来的，但它首先是一种能力，需要涵养和培育。阅读教学中需要培养学生的多种审美能力与品质：一是敏锐的感知力。在阅读中能够对"美"具有敏锐的感知力，只有发现美才会去感受美。阅读教学就是感受作品的形象、情境和内涵，体会作品的情感。二是独特的想象力。于文学作品鉴赏中以其中形象为凭借，依靠已有经验建构新形象。三是丰富的情感力。只有激发学生的情感体验，才能真正进入文学审美当中；只有与作品情感产生共鸣，才能领略作品的思想艺术魅力。四是深刻的

理解力。感受到形象的美是基础，还应进一步思考它为什么是美的，这就是审美理解。从感性到理性、从现象到本质去认识美之所在、美之原理。

二是提升教师自身的审美素养。教师通过阅读和研究提高自己的文学修养和审美情趣、审美能力、审美品位尤为重要。首先要用审美眼光去观察，用情感与心灵去感受、去发现，与作家作品开展深入对话，以自己的独特体验去品评文学文本的"色、香、味"。其次，要不断锤炼自己的教学语言，使其具有审美特征。进行审美化阅读教学，对教师的教学语言有着很高的诉求。审美活动离不开文本形象和主客体的情感互动，审美化教学自然离不开形象和情感的融入。因此教师形象化的教学语言才能帮助学生激活头脑中的表象，使学生的审美经验和审美需要被唤醒，调动其联想与想象，"入境动情"，设身处地体味文本审美内涵。其次要有强烈的感染力，做到声情并茂。语调或平静舒缓或激越高昂，或悲痛低沉或欢乐畅快。情有所生、心有所动、言有所发，这样的教学语言才能有力地触动学生的心灵，拨动学生的情弦，促动学生的理解不断深化。许多课堂教师寥寥数语就深深吸引住学生的注意力，或者范读课文几个段落，文本的优美意境就淋漓尽致地表现出来了。可见深入把握教材审美内涵是基础，加之精心锤炼教学语言，学生才能走进文本的审美境界，从而实现审美化阅读教学。

三是创设审美化的教学情境。阅读文本具有人文性、形象性、审美性以及综合性等特征，这些特征有利于创设各种教学情境，以激发学生学习的热情和创造灵感，培养学生的思维品质，促进学生语文素养的发展。如《春》《岳阳楼记》《三峡》等作品文质兼美，但有时学生反而难以走进文本中去。因此，教学情境的设计、营造就显得十分重要了。一是正确利用辅助教学手段。电教媒体可以营造多感官感受的情境，有利于创设审美化的教学情境，使学生能够入境、入心、入情，有效消除学生与文本的距离。二是通过教师的口头、肢体语言构建教学情境。教师通过自己的口头或肢体语言，建立起学生、文本之间的对话关系，通过描述、提示、诱导，使学生通过移情和想象，变文本客观的"彼情彼景"为学生主观的"此情我景"，以至进入"物我合一""主客相融"的心理交流对话环境之中。学生与文本由"远"而"近"，由"近"而"进"，由"离"到"合"，以至设身处地，加深情感体验和思想认识，而这种认知活动随着研读的深入而逐步延伸、发展。三是借助入情入境、声情并茂的朗读。以声传景、以声传情、以声传神的朗诵，可以诱导学生进行同步联想想象，可以唤醒学生审美情感，并实现由感性到理性的飞跃。朗诵将沉睡的文本唤醒，冷漠的文字变得有了温度，沉静的语言变成立体的情境，使文本的人、景、物、事复活，形成学生与文本心神相通、情感相融的美好境界。另外，适度的角色化"课堂表演"、新颖的意象板书、如入其境的图画，也是激发审美直觉的有效途径和手段，经过学生主体的参与，能够创造出更为新颖深刻的意境。

四是挖掘文本的审美内涵。文学作品体现了作者的审美理想，反映他们对自然、社会与人生之美的认识理解，是现实美最集中、典型、理想化的体现。要进行审美化阅读教学，挖掘出教材中的审美因素是首要前提。第一，挖掘思想内容的美。单从思想内容来讲，作品包含了各种形态和各种性质的美。如《春》《济南的冬天》的自然美、情感美，《安塞腰鼓》《沁园春·雪》的磅礴的气势和撼人心魄的壮美，《小石潭记》的凄清美，《登岳阳楼》的气度美，还有《范进中举》的讽刺美，《孔乙己》的悲剧美等，这些文质兼美的作品构成一幅幅美的图画，意境深远，爽人心目，怡人情感。文学形象中一人、一事、一物、一景，都蕴含着无比丰富深刻的美学内容。如何引导学生去发现、感受、呈现它们的美，并从中获得审美愉悦，是阅读教学的关键。特别是在学生欣赏文学形象处在"将到未到之时"的"兴会点"时，如何抓住时机，因势利导，使学生生发审美兴趣，获得审美愉悦的高端体验尤其重要。如体会《小石潭记》作者游赏小石潭的心情，就可以设置"闻水声，如鸣珮环"，看到潭景、欣赏到清水游鱼等，同小潭四周凄神寒骨的感受所表现的情感有什么不同和联系？这里就是学生的思维"将到未到"之处，而解决这个问题的过程既是一个思想情感的探究过程，也是一个审美发现的过程。第二，领会艺术形式的美。首先是语言艺术的美。文学语言讲究音韵和谐、整齐对称，更讲究与思想内容的完美统一。如《紫藤萝瀑布》中"每一朵盛开的花就像一个小小的张满了的帆，帆下带着尖底的舱，船舱鼓鼓的；又像一个忍俊不禁的笑容，就要绽开似的"，如此优美的语言，创造了怎样优美的情境！再如《望岳》"岱宗夫如何？齐鲁青未了。造化钟神秀，阴阳割昏晓。荡胸生层云，决眦入归鸟。会当凌绝顶，一览众山小"，正是由于如此大气淋漓而富有审美意蕴的词句，才描绘出了泰山的高峻雄奇，才传达出了诗人俯视群山、兼济天下的豪迈气概和远大抱负！其次是结构形式的美。结构形式作为作品内容的内在联系和语言形式的组合关系，是作品的框架结构和外在形态。文质兼美的作品总能将这些要素按形式美的法则和谐匀称地组合在一起，达到外在形式与内在思想的有机统一，从而更好地传达作品的思想内涵。如鲁迅的《雪》，其结构就十分巧妙而大气，两幅画一幅壮美，一幅柔美，风格迥然相异而气韵一脉相承，刚柔相济，相得益彰。这样匠心独运的结构使两幅风格不同的画卷相互掩映，彼此衬托，有力地突出了作者的精神。第三，捕捉意境之美。意境是出色文学作品的标志，对作品审美意境的欣赏需要展开联想想象，再现作品所表现的生活情境和作者融入其中的情感意绪。

五是激发审美情感体验。在文学作品中感情是生活的色彩、思想的"翅膀"，它以优美而动人心扉的文字，借助各种艺术手法进行传达。语文审美教学应以情动人，用情感撞击学生的心扉。"夫缀文者情动而辞发，观文者披文以入情，沿波讨源，虽幽必显"[①]，作者因情动于衷，不吐不快，读者则可借助语言文字体悟蕴含其中的情感意绪。然而从作品情感，到学生情感体验，其间不可缺少教师情感这个中介，因为受到知识、阅历、时代、年龄、心理多种因素的影响，主客体之间的情感沟通存在障碍，学生的情感体验受到多方面制约，这就需要教师进行疏导，需要以情

---

① 刘勰：《文心雕龙·知音第四十八》，沈阳：万卷出版公司，2008年版，第467页。

激情、以情动情。首先，要突出学生的主体地位，为其创造情感体验的氛围和机会，让其亲自感受、品味文本，自然而然地产生审美情感体验。其次，使学生将自己的情感调适到审美状态。通过创建审美载体从日常的、平静的心态和情感进入审美状态。再次，营造审美氛围，把审美对象宏观完整、具体细腻地呈现出来。教师应选取适当的切入口，通过生动描述、精要点拨和多媒体演示等方式手段，引导学生从作品的语言文字进入美审境界，体会作品所表达的喜怒哀乐的感情，使学生与作品情感发生共鸣，产生审美愉悦。同时应鼓励学生将自己的审美体验表述出来，与他人进行交流，共享审美体验。

六是展开审美想象。审美想象是审美主体在直接观察审美对象的基础上，调动审美经验，丰富、完善和创造对象的心理过程。一篇作品可能具有自然美、社会美和艺术美，都是内容和形式的有机统一，都包含感性具体的形象。文学作品的鉴赏就是要使学生头脑中这些形象"重现""复活"，这就需要凭借"联想""想象"。展开了联想与想象"登山则情满于山，观海则意溢于海"，文学作品的创作是如此，审美鉴赏也是如此。其间，文学作品中的形象活脱脱展现在读者眼前，学生便从中获得审美愉悦。作为文学作品大都会有一个或多个"新奇点"，欣赏这些新奇点的过程中，展开联想想象的翅膀，就可以共同构建作品的意境，体悟其中蕴含的情感，进而获得创造的快乐。如杜甫的《望岳》，诗歌的每一句就是一幅画面，甚至一个词就是一种景观；而在对雄奇秀丽的自然景物的描绘中，深蕴着诗人真切的赞美之情和远大的抱负，展示出作者阔大的胸襟。这就需要引导学生激情诵读、驰骋想象以丰富扩展诗歌意境，感受作者的情怀，受到美的熏陶感染。

第五节 兴趣爱好价值取向

"知之者不如好之者，好之者不如乐之者"，做任何事情首先要有兴趣，进而感受到其中的情趣，最终把这件事情当做一种志趣。一项调查显示，在被调查的4000名初中学生中，对语文兴趣浓厚的约占24%，兴趣一般的占39%，不感兴趣的占到17%，讨厌语文的占到20%。语文教学要让学生爱好读书，喜欢语文课，使阅读成为学生学习的一种常态，成为学生生活的组成部分，让学生参与阅读教学，获得阅读方法和阅读能力的不断提高，通过阅读积累，增长才智，化育心灵，创造美好人生。然而事实上阅读教学的状况并不令人乐观：首先是阅读兴趣低落。学生对语文阅读课堂缺乏兴趣，甚至有抵触情绪。多数学生喜欢阅读，但不喜欢上语文阅读课；喜欢阅读作品，但不喜欢阅读课文。阅读课上有为数不少的学生并不跟着课堂进程走，三心二意，时不时地做些小动作或者睡觉、跟其他同学聊天。其次是学生主体性缺失，被动应付。课堂犹如一潭死水，教师想尽千方百计却不能调动学生的积极性。学生压根儿没有参与到阅读中来，没有主动投入思考，生拉硬拽也无济于事。

这其中原因比较复杂。其一，与教师素质和教师上的课有很大关系。不亲其师则不信其道，这是很值得思考的事情。若形成恶性循环，后果将不堪设想。其二，教材内容不受学生欢迎，学生对阅读缺乏积极性。统编本之前确有不少课文与现实社会生活、与学生的认知需求有着一定的距离。这样一来，学生一方面产生了畏难情绪，认为这些课文不那么好理解，信心不足导致失去兴趣；另一方面则是偏离学生的求知需求，与学生的生活实际没有交融点。其三，语文阅读知识似乎很难找到清晰的线索和完整体系，也缺乏能力水平的界限和梯度，语文学习的渐进性和伸缩性，没有数理化学科那样严密的知识体系，也不像外语那样具有全

新性特点。这样学生就放松了语文的学习，兴趣慢慢消失。其四，语文学习效益的缓慢性和水平发展的渐变性。语文能力的发展提高是一个日积月累、渐次攀升的过程，不可能凭着头脑聪明一蹴而就。语文学科的基础性、渐进性、伸缩性使学生产生了一些误解：两个月不学语文，好学生成绩不会差到哪里去；语文基础差的学生，狠学三五个月阅读能力也提高不了多少。这种错误认识和急功近利的思想，导致学生因短时间努力后不见明显效果而放松甚至放弃语文学习。其五，教师的学生意识淡薄，学生主体性难以发挥。课堂教学不能突出学生主体地位，往往预设问题的答案，请君入瓮，学生的学习需求与疑难困惑得不到重视，学习的积极性和创造性遭到遏抑。特别是有的教师照抄照搬教参或他人的教学经验，思维比较狭隘而不切合学生实际，因而束缚了学生的思维。在沉闷而缺乏自主和活力的氛围中，学生很难保持强烈的学习兴趣。其六，教师能力和素质方面存在问题。首先，教师的课堂教学品位偏低。或业务素质和教学智慧的问题，或工作态度、工作经验的问题，教师的课堂教学创意不足、精致不够、形式不新、方法不活，总体质量偏低，对学生缺少激发力和吸引力，教师的才能和学识不能使学生佩服。其次，与学生缺少心灵沟通。语文教师不仅要教书，更要育人。缺少与学生之间的交流，不了解学生的学习心理，不理解学生的学习需求，教师的教学无的放矢。

要使学生对语文学习、对文本阅读发生兴趣，获得情趣，形成志趣，需要从多方面入手，采取多种有效举措：

一是在增强教师自身教学魅力方面下功夫。首先，教师应具有独特深刻的思想魅力。语文教师要有开阔的生活视野和学科视野，在文本理解方面具有一定的新颖度、深刻度、透彻度，不但能给学生以启发、挑战甚至冲击，而且应具有自己的独到见解和思想，让学生感到老师很值得敬佩。教师对社会、对人生、对国内国际时事，都有自己与众不同却又言之成理的思想观点，教师的思想者形象要在学生心目中竖立起来。其次，具备较高的文学艺术修养。语文教师不应甘做一个平庸的教书匠，还应不断自我"修炼",增强文学艺术积淀,涵养自己的文学艺术气质。"水之积也不厚,则其负大舟也无力"(庄子《逍遥游》),教师具备了比较深厚的文学艺术修养,阅读教学便会自然而然地产生吸引力,教师文学素养提高了,也才有可能引导学生去发现、去感受艺术作品的深藏之意、独特之处、弦外之音,得到艺术的熏陶和教育,并在审美感知、理解和创造中享受阅读。再次,要彰显教师的人格魅力。人格包括气质、魄力、能力,也包括道德品质。阅读教学实际上就是引导学生去认识欣赏生活中的真、善、美。语文教师是学生阅读学习的引导者,也是进步、高尚、正义、文明的化身。在困难挫折面前能挺直身板,在邪恶危险面前不懦弱,在利益面前不失节,在强权面前不折腰;对待崇高满腔热忱,对待卑鄙无情鞭挞……这样,教师就会得到学生的敬仰和爱戴,有利于学生热爱语文学习,追寻语文学科所蕴含的自然美、社会美、艺术美。教师的学养魅力和人格魅力,是学生语文学习包括阅读学习兴趣发生的不竭动力和源泉。

二是在提高阅读课堂质量和品位上下功夫。总体上说,要精心设计阅读教学方案,追求教学策略的有效性和形式的多样化。教材文本有多种体式,阅读教学不能千"篇"一律,而要因"体"而异、因"材"施教。现代文和古诗文要运用不同的教学载体、教学方式、教学策略,文学作品和写实作品的教学形式也应有所不同,即便同属一种体式(如小说),因其思想价值取向、内容色调、艺术表现及风格特色的个性差异,教学上也需要因文而异、有的放矢。在教学方式上,可以运用质疑、研读、讨论甚至辩论等,对学生有新鲜感,有激发性,有挑战性。具体来说,首先,追求引入的情境性和诱发性。找准切入点有利于激发学生的阅读动力,有利于文本的有效解读。教学《最后一课》可由美籍华人丁肇中获得诺贝尔物理学奖坚持用本国语言致辞的事例导入,唤醒学生平静沉寂的思维和情感,学生在感悟故事内涵的过程中,热爱祖国、捍卫民族尊严的情愫被激发,思维迅速破冰,而且启示学生思考这个感动人心的故事与课文故事的异同之处,为课文探究积蓄了势能。有些课文或故事性强,或情节曲折,引人入胜,扣人心弦,教师宜设置悬念导入，有力拨动学生的心弦，让学生对课文中人物的命运、事件的发展密切关注，从而极大地激发学生的求知欲。有的课文词句具有深层含义，甚至关联作品意旨，其含蓄性有利于引发学生的探究欲望。比如《藤野先生》作者所叙述的藤野先生的事件看似没有什么特别之处，但是作者为什么说"他的性格，在我的眼里和心里是伟大的"呢？"伟大"在何处？这样切入不但可以引导学生走进作者内心深处，而且为学生的阅读设置了悬念。其次，力求设疑的有效性和层次性。教师设置问题如果过于肤浅，学生"一望而知"，没有什么价值；如果过于深奥，就会造成思维堵塞；如果没有新意也很难激发学生的兴趣。更为重要的是教师能于"无疑处生疑"，在学生忽略或关注不到的地方使学生产生疑问或提出有价值的问题，这就需要教师的智慧创造和卓越识见。此外还应在作品留白处让学生展开联想和想象，培养其创造性思维能力；要利用文本的"矛盾"，引发争论和思辨，形成思维上的冲突，从而形成探索和挖掘文本内涵的兴趣。

三是突出学生主体地位，提倡个性解读，满足学生需求。首先，学生是阅读的主体，教师要给学生提供充裕的阅读时间和空间。不能设置太多的限制和禁区，更不能主导过多、过严、过死，进行变相灌输，要充分尊重和信任学生，把文本的解读权交给学生，给学生展示才华和提出疑问的机会，让学生真正成为课堂学习的主人。其次，张扬学生个性。阅读是一种个性化心智活动，由于学生多方面的差异，造成了对文本的体验、理解的不同结果。教师要鼓励学生大胆地提出自己的看法，然后在多维交流中修正自己的判断、观点，生成新的见解，促使阅读不断走向深入。

四是追求课堂上的随机应变和教学方式的灵活多样。随机应变能力是教师教学智慧的集中体现，需要天赋也需要历练。教师要有效调控课堂气氛、学生情绪和学习进程：当情绪低落时能使学生情绪高涨起来；当情绪失控时能让学生及时回归理性；当"愤""悱"之时启而发之；当钻牛角尖走邪路的时候，能指引学生及时走出迷途。在张弛有致、疏密相间的思维进程中，实现高效学习。教学方式是否灵活得当会在很大程度上影响学生阅读的效益。首先，利用直观凭借。引导理解作品有时用语言表达可能苍白无力，如果利用实物、图片或者教师当堂勾画，就会收到形象立体、生动可感、画龙点睛的效果。例如执教《阿长与〈山海经〉》，教师在学生进入文本前出示《山海经》一书，让学生传阅，学生在感到新鲜的同时，也对课文发生了浓厚的兴趣。其次，利用有效迁移。学生对于教科书文本的学习目的，一是"学会"，一是"会学"。有一些课文的价值功用可以定位于阅读经验和阅读方法的提炼，并将这些经验和方法迁移运用到阅读中去，使阅读能力获得发展提升，这需要"用教材教"，这是让学生"会学"。或着力于从一篇具有典范性的课文中提炼出阅读经验和方法，迁移运用到解读同类文章的过程中去。这样将文本阅读与实际运用、能力培养有机结合起来，使学生通过运用感受到阅读的价值和乐趣。再次，引进竞争机制。依据学生的心理特点，在阅读教学中将学生个人、小组、群体引入竞争，以激发学生学习的积极性，提高思维的力度、合作的效益和阅读的质量。

五是在培养学生学习品质上下功夫。首先，培养学生语文学习的情感意愿。要想尽千方百计使学生对语文产生浓厚的兴趣，要使学生对语文有亲近感和向往意愿。有了这种心理倾向，学习语文就会产生一种内驱力，兴趣就会在潜移默化中得到发展。教师应该有意识地指导学生认识语文学习的重要意义与价值，了解古今中外名人读书学习的趣闻轶事，培养热爱语文学习的情感。其次，培养学生语文学习兴趣的广度。当前不论教师学生都有一种偏向，那就是学习语文、阅读练习，与考试有关的就感兴趣，无关的就不感兴趣。殊不知考试使用的阅读材料只不过是检测学生阅读能力水平的一种载体，而非考查能力水平的全部，或者说这些考试使用的阅读材料只是冰山一角，应对学业考试，要"摸"到"冰山"，要广泛阅读。语文学习就是煎中药，多味药放在砂锅里熬，这样煎熬出来的药才会在学生身上见成效。再次，增强学生阅读思考的深度。有很多课看上去很顺利，学生表现积极活跃，但是仔细分析发现，教师所引导的学习内容粗陋浅薄，局限于文本的表面，学生思维并未深度参与，这样的阅读课当然谈不上效益和价值。第四，培养学生语文学习兴趣的稳定性。兴趣激发、保持都需要下一番苦功夫。教师应不断改革教学内容、教学方法，使学生始终对阅读产生强烈的学习兴致和学习愿望，并在阅读过程中乐此不疲。另一方面应经常听取学生的意见，把握学生的学习需要，阅读指导有的放矢，使其学习热情不断稳定发展。第五，要追求语文学习的效度。如果学生对阅读有兴趣，也花费了很多功夫，但就是阅读不入门，考试成绩不理想，这就是效度问题了。这就需要具体情况具体分析，从师生两者身上找原因，要根据学生的个性特点和阅读学习中存在的问题，对症下药，因人施教。要指导学生不断进行阅读反思，总结经验教训，借鉴他人成功做法，有力提高学习效益。

第六节　丰富积累价值取向

阅读首先是一种积淀。一是语言的积累。主要是词语、句子、片段乃至篇章的积累和语感的积累。认知是积累的一个层次，涵泳成诵则是另一个层次，后者力度更大，因而对学生影响也更深远。二是语文学习知识的积累。阅读知识不能苛求系统和完整，反对死记硬背一些对阅读缺少实际指导意义的知识，重视引导学生去体会和理解一些过程性、方法性、思维方式等方面的知识。要通过阅读教学让学生去掌握诸如文章学、文学、逻辑学、语法学、修辞学的知识。三是语文学习资源的积累。不同学生为何语文能力有诸多差异？很大程度上就是由于其占有的语文资源存在差异，比如有的阅读能力强，有的写作能力强；有的渊博，有的侃侃而谈。语文资源包括文本资源、生活资源、思想资源等。问题在于我们让学生学习了如此多的课文和课外作品，为什么还总是出现"书到用时方恨少"的现象呢？究竟我们是如何指导学生进行阅读"沉淀"的呢？四是生活经验的积累。阅读和阅读教学是学生吸收汲取生活经验的重要途径。每一个人由于受到多种因素的制约，对社会、对人生的了解认识可能是很丰富的，但相对于整个人类的经验来说只能是沧海一粟。一个人当然没有可能亲身经历和体验湮远历史和别人的人生，而阅读和阅读教学便将这种不可能变为可能。虽然文本不是历史、生活、人生本身，但却是它们的表现和反映。通过文本阅读学生可以了解自然、社会、人生；可以认识大千世界的兴亡盛衰，不同社会形态、不同历史时期政治、经济、科技、艺术、哲学等的发展状况和成果。无论古今中外的诗词文赋，还是不同哲学流派的思想观点，不论是不同领域的科学文献，还是日常交流的实用典范，它们所表现的生活世界、它们的发现和创造就是巨额财富，使学生从"井底之蛙"变成鸟瞰大千世界的"苍鹰"，使其人生经验由单一枯燥变得丰富生动起来。五是人类文化智慧的积累。学生的阅读不是纯粹旁观式的"赏鉴"，而是有主体情感和积极思维的参与，要对文本包含的智慧和经验做出判断，有选择地吸收并沉淀下来，特别是那些独特、优质的能引起共鸣的东西，就会有意识地被保存下来，从而内化为自己的东西。语文教科书就是一座人生智慧的宝库，荟萃了大量古今中外名篇经典，它所反映的是人类在改造自然、社会和人生中获得的认识，是人类智慧的结晶，同时也表现了作者对生活的独特理解，抒发了对客观世界个性化的感受，阐明了关于自然社会和人生的哲理，既体现了作者运用语言的能力、认识事物的水平，同时又是作者思维过程的再现。通过学生个性化阅读，了解形形色色的事物，事物之间的多种联系，得到人生智慧的启迪，并从中学到作者各具特色的观察和思维方式，促进生命的成长。

第七节　鉴赏价值取向

"鉴赏"价值取向在我国汉语言教育史上可谓源远流长。我国古代语文教材一直是经史子集的儒家经典，学习的方式主要是鉴赏。近代朱自

清认为中学生学语文的目的是获得文学的常识，培养鉴赏能力练习表现技术。《义务教育语文课程标准（2011版）》有关阅读教学目标的表述为："……体味和推敲重要词句在语言环境中的意义和作用。对课文的内容和表达有自己的心得……欣赏文学作品，能有自己的情感体验，初步领悟作品的内涵，从中获得对自然、社会、人生的有益启示。对作品中感人的情境和形象，能说出自己的体验；品味作品中富于表现力的语言……诵读古代诗词，阅读浅易文言文，能借助注释和工具书理解基本内容。注重积累、感悟和运用，提高自己的欣赏品位。"从以上的"体味和推敲""欣赏""领悟""品味""感悟""欣赏品位"等词可以看出，我国的阅读教学侧重于培养学生将"别人"的东西当作"自己"的东西来感受、体验，即以"鉴赏者"或"赞赏者"身份阅读文本，"对课文的内容和表达有自己的心得"，强调鉴赏效果。这种取向表现在教材中，如《春》"积累拓展"四：想象下列各句描绘的情景，说说加点语句的表达效果。

小草偷偷地从土里钻出来，嫩嫩的，绿绿的。

请学生想象"小草偷偷地从土里钻出来"的情景，说出"偷偷地"和"钻"这些词语的表达效果，即好在哪里，"嫩嫩的，绿绿的"放在"小草"后面有何表达作用，显然是有个前提，那就是这两个词一定是"好"的效果，这就是让学生站在作者的角度去理解，作者是按照最好的追求呈现的，这样学生的鉴赏并不需要与作者有不同的观点和想法。表现在教学中，教师引导学生体会作品好在哪里，如何正确得当。这种怀着尊重、崇敬之意去阅读作品的学习，就是对文章作鉴赏性理解。当然，教材文本大多文质兼美，这对于领会文本生动形象的情感表达、体味传神的语言运用、提升审美能力、潜移默化学生的思想品质具有重要作用。所以中学文学作品的阅读，需要让学生感受其生活美、意境美、人性美、哲思美等，以鉴赏品味、熏陶感染的方式达到提高语文素养的目的。一些经典作品，其本身也是优秀文化的载体，本身就是鉴赏的对象和继承的内容，因而要采用鉴赏价值取向。鉴赏性阅读教学注重学生体验与感悟，重视学生语感培养，重视诵读涵泳。阅读教学应引导学生感受体验、熏陶渗透、领悟评价，并从中获得表情达意、叙事状物的写作经验。比如教学《春》一课，就可以通过反复吟诵获得对文本的"整体直觉"，而当"其意自现"，再引导对语言文字的细部进行品味，并唤醒学生对春天的感受、体验，对作品中所表现的春天进行欣赏，实现思想情感的共鸣。鉴赏价值取向，抱着对作品的赞颂、肯定的态度去理解感受，其缺点和不足也显而易见，因为长此以往，文本解读容易出现盲目"崇拜"现象，出现以"高山仰止""一味接受"的态度对待经典，可能会有机械模仿的后果，使学生的思维失去必要的批判性，因而应扬长避短。

阅读的鉴赏价值取向对阅读教学的诉求是显而易见的：

首先，还原作者写作初衷。通过发现、思索、探究，对文本能做出合理的分析判断，力求符合作者原意。这种鉴赏强调学生阅读的主体性和多元化。美国心理学家卡尔·罗杰斯在1962年哈佛大学讲习班做《课堂教学怎样才能影响人的行为》的专题报告中说："凡是可以教给别人的东西，相对地，都是无用的，对于他的行为影响很少，或根本没有影响……能够影响一个人的行为的知识，只能是他自己的发现并转化为己有的知识。"要探求作者原意，并非唾手可得，也非被动接受，而是需要学生积极主动体验、探究，向学生灌输现成的观点和知识，很难探求到作者的"真意"，也难以培养起鉴赏能力。要尽量挣脱同一性思维的羁绊，而倡导差异性思维，对文本意义的解读，尽量避免此是彼非、非此即彼式的结论。这是由文本本身的特点和鉴赏的心理规律所决定的。文学作品，其形象内涵具有开放性和多义性，其意义很难用简单的结论包容起来。对作品意义多向性理解的宽容，就是允许不同的读者有不同的结论。学生将自己的生活经验和知识结构融入文本鉴赏过程，也是与作者进行新的文本建构过程，这个过程学生会有困惑，也会发现文本存在的问题，形成自己的判断和观点，然后与同伴、与教师进行对话、思想碰撞，这就会出现学生对同一文本从不同的角度和层面进行理解的现象，这其中必有合理的成分甚至精彩的观点生成。

其次，追求对文本语言的涵泳品味。文本欣赏不可能脱离对字词句的

理解揣摩，理解揣摩字词句又不能脱离语境孤立进行。透过语言文字，挖掘字里行间蕴含的哲思意蕴。文学作品都带有作家的风格特征，每篇课文可能都有个性，因而作品鉴赏首先要针对作品的"这一个"而关注其个性化；语言又是处在具体的环境中的，并非孤立存在，因此要"具体问题具体分析"。

再次，重视阅读心理的期待性、阅读过程的差异性和阅读结果的独特性。学生面对教材文本，就会接触到题目、作者、内容、体式等，对文本展现的事件、场景、人物、环境乃至作者的思想和感情等，会产生迫切探求心理，这就是阅读期待。据此，需要教师有效调动学生已有的知识、经验，积极投入以获得自己的发现。无论学生阅读前的猜读与文本实际产生巨大差距还是大致相似，甚或阅读过程中产生了独特发现或感悟，都会有效吸引学生的兴趣，或使其产生更强烈的阅读期待。每一个学生在阅读过程中对文本的关注点不同，获得的感悟和结论当然也会有很大差异。教师应当倡导学生按照自己的心理趋向，展开联想想象，进行探究性或创造性阅读，为学生创设良好环境，提供有利条件，适应学生阅读需求的多样性，尊重学生阅读心理的独特性，包容个性化见解，鼓励批判质疑。

第四，倡导阅读过程的"原生态"。文本鉴赏需要抛弃狭隘的功利思想，大胆放手把文本交给学生，不主题先行，不过早暗示，借助自然唤醒和阅读期待，使学生带着自然清纯的思维心理"赤裸裸"地走进文本。隐藏功利思想和社会角色，就会使深层的自我意识显现，从而与文本开展深层对话。原生态、非功利的阅读鉴赏有利于使学生与文本主客体在"意义"上和"形式"上互相渗透。这种鉴赏大致会有两种心理状态，就如古人论诗之"有我之境"和"无我之境"，会出现"有我之悟"和"无我之悟"。"有我之悟"者，"泪眼问花花不语，乱红飞过秋千去"是也。学生受到作品的感染触动，自我意识鲜明，表现出强烈的主观情感活动，因文本所表现的生活情境而或悲或欢、或喜或怒。而"采菊东篱下，悠然见南山"则是"无我之悟"的形象注释。在作品鉴赏过程中，学生"物我两忘""物我一体",被文本情境深深吸引,而进入迷醉状态,不知何者为"文"何者为"我",学生"自我"角色退隐其后,主观情感模糊。这两种状态虽然迥然不同,但其心理趋向却是共同的,那便是自我的投入和张扬,鉴赏的本意和境界正在于此。

第八节　文本解读价值取向

"解读"价值取向,是与鉴赏价值取向相对而言,是"将别人的东西当作别人的东西去理解"。解读价值取向重在关注作品所呈现材料的意义,材料的真实具体与否,是否具有某种价值,是否为作者自己的独到发现和创造等。这种解读不像鉴赏性阅读那样一味肯定认可作者的思想价值和艺术表现的匠心,而是要发现作品思想艺术的客观价值甚或需要讨论的地方。这种批判性阅读是在阅读中对内容进一步作分析推理,梳理相关关系,对作品内容、写法、作者情感态度做出评价,形成自己的见解,可能是与作者有所不同的见解。阅读的本质是寻求理解别人和理解自己,别人的理解与自己的理解有所不同,这或许是更有意义和价值的,否则,如果自己和作者的理解完全一致,理解文本的价值将大打折扣。正因为不同,才可以在阅读中扩充自己的见解和思维方法。因此文本解读的目的是在与作者共同建构文本意义的同时实现"自我建构"。《义务教育语文课程标准(2011年版)》提出:"在理解课文的基础上,提倡多角度、有创意的阅读,利用阅读期待、阅读反思和批判等环节,拓展思维空间,提高阅读质量。"这就是倡导学生阅读的创意、批判和多元视角。同时还提出:"阅读科技作品, 还应注意领会作品中所体现的科学精神和科学思想方法""阅读简单的议论文,区分观点与材料(道理、事实、数据、图表等),发现观点与材料之间的联系,并通过自己的思考,做出判断"。相对于过去,对议论文教学指出了新的方向,改变了以前议论文阅读要把握思想观点,体会严谨的思路和严密的语言等要求，要对材料与观点的关系进行思考做出判断，弥补了阅读教学价值取向的不足。文本解读价值取向寻求师生和文本进行平等对话，师、生、文本间不再有高明或低劣、主导或服从的固定关系，几者相互倾诉、共同交流。文本在读者的解读下实现其生存的意义，读者通过文本而提升其生命的质量和价值。这种解读取向的阅读教学包括研究性阅读、探究性阅读、综合性学习等。它们可用于文学作品也适用于非文学作品的教学。文本解读是由学生通过语言文字获取文本蕴涵的客观信息，并将其融化为自我意义，实现文本意义和学生自身认识的共同建构。这个特点需要先把握文本的事实和观点，再去考察观点与事实是否相符，再得出自己的看法——是赞同还是否定，是全部认可还是部分怀疑。教学中需要注意的是学生对文本中同一问题可能会有不同观点，要引导他们运用综合分析的方法对这些看法进行思考，发现它们的异同之处和矛盾统一所在，通过分析、判断和推理，最终确定作品的真伪、优劣和价值的高低，生成自己解读的创意结论。文本解读当然要看学生在多大程度上理解文本，尽可能使其对文本文章、文学、文字、文化作深层次的思考、批判并形成个性见解。文本解读对于培养发展学生的思维能力、认识能力、批判精神和良好的思想品格等的意义价值不言而喻。

要落实解读价值取向，首先，突出学生主体性，培养主动探究的学习品质。只有激发起学生的学习主动性，唤醒自主意识，才能对文本实现积极有效的探索和研究，才能在理解的基础上进一步超越文本。其次，阅读对话过程要平等、开放。构成师生、师本、生本之间积极的对话关系至关重要。同时要重视鼓励和促进学生对文本进行多元多向的思考，重视对学生探究意识、批判意识和创新能力的培养力度。再次，师生要占有丰富的文本信息资源。教师要指导开发、搜集和有效利用学习资源，进而从不同的角度去认识事物，发现问题，形成自己的看法。

实际阅读教学中，鉴赏和解读价值取向常常是结合在一起的，二者虽然各有侧重、各有目的，但又相互依存、相互促进。两者都对学生阅读理解能力的提高有着积极的作用，我们需要区别不同体式、不同目的而有所侧重地选择适合的阅读教学价值取向，绝不能将二者对立起来。只有这样阅读教学才能实现效益的最大化，才能满足学生的多元化需求，学生的阅读能力才会不断获得发展和提升。

第九节　科学素养发展价值取向

科学技术已经成为当今世界第一生产力。国家民族之间的竞争主要是科学技术发展水平、科技创新能力的竞争。科技类文章作为人类文化的重要组成部分，对于学生精神世界的影响是丰富而深刻的。科技文阅读能力是初中学生语文素养发展水平的重要标志，其特殊的地位关系着学生的未来发展。培养学生的科学素质应该成为阅读教学的重要担当和重要价值取向。

首先，要扩大阅读视野，发展科学素养。语文教学要进一步激发和提高学生对科学探索和研究成果的浓厚兴趣。当前语文教师更多地向学生推荐文学类作品，忽略了科技文阅读的指导。虽然科技文阅读根本目的不在于让学生获取科学新知，但在选材方面应力求内容的新颖性、时代性，蕴含的丰富性、教育性，表达的独特性及其对学生的吸引力。内容过于浅显、过于晦涩难懂或过于陈旧都不利于激发、保持和提高学生的阅读兴趣。如果能将话题指向高新科技成果的应用，或瞄准当今世界的科学焦点，或揭示生物界的无穷奥秘，那么，它们像一块巨大的磁石，紧紧地吸引着学生的注意力和好奇心，阅读也成为开阔科技视野、享受科学之美的过程。阅读教学应重视增强学生的科学积淀，在保持和提高兴趣的基础上，不断拓展学生科技文阅读的深广度，增强科技文阅读教学的力度。只有广泛涉猎和进行深入的阅读探究，学生的视野才能变得开阔，知识才能不断丰富，科学素养才会逐渐提高。尤为重要的是，要着力于学生科学精神的培养和科学思想方法的领悟。对于学生发展来说，科技文语言和内容也不过是载体，其中所包含的科学思想和精神才是精髓，是促进学生心灵成长和未来发展的宝贵资源。

其次，拓展思维空间，张扬阅读个性。科技文往往要客观呈现某些科学现象、科学探索过程以及人们对科学热点问题的一些观点、看法，这就为学生的阅读提供比较宽阔的思维空间。教师需要利用这宝贵的空间，一方面让学生充分阐发对这些现象、过程以及事物相关关系的独特感悟和个性理解，另一方面引导学生以个人生活体验为基础针对作品中的人物言行、对某些科学论断等发表评论，提出看法，从赏评的角度个性化地解读文本。这既是阅读教学发展思维和语言表达能力的目标诉求，也是养成学生求真务实科学态度之必需。

再次，诱导探究，力主创新。科技文阅读需要在理解内容的基础上，用发展的眼光和开放的心态，对作品作理性思考和创意解读。科技文中的探究性和创造性阅读就是要培养学生对作品的"研究"与"理性思考和创意解读"的思维能力，即探究与创新能力。这种能力要求是在分析理解与鉴赏评价基础之上的较高阅读能力层级。"探究性"阅读，要求突出运用联想想象和演绎归纳等思维方式，多角度、深层次地探讨挖掘作品的思想意蕴，解决作品中的难点、疑点，并得出自己的观点和判断。科技文阅读教学要引导关注选文的疑难处、关键处和空白处，既要求针对选文内容探究，也要从广泛联系的角度生成新的思维成果。应注重在以下三个方面做好引导：一是由表及里，无中生有。以选文及链接为素材，透过现象领悟本质，通过结果导出原因，由已知发现未知。二是由此及彼，揣测推断。以选文已有的道理或原理作为条件，通过联想想象和假设，揣测事物的前因后果，判断事物的性质，推导出新的结论。三是求同比异，出新入深。通过辨别和比较，去粗取精，去伪存真，进而求证事物属性或特点的相同相异之处，从而获得深刻和新颖的认识。

第十节　创新运用价值取向

对于学生的发展来说，阅读不是根本目的，根本目的是学生语文素养的发展提高，而创新和运用能力则是语文素养的重要组成部分。如果学生对作品或作者所有态度、思想、观点等完全肯定认可，未能获得有用的阅读方法，没有对文本获得个性感受和独特见解，且不能通过阅读所学所得去分析和解决问题，这样的阅读教学是失败的。

首先，重视联想想象能力培养。文本解读和创新能力培养都离不开联想想象。其一，古今中外的经典作品，作者所表现的生活内容与学生的生活经验大都有较大差距，要真正走进文本的生活世界，认识领悟其思想艺术的神髓，不借助联想想象的展开是难以实现的，而联想想象可以使作品的生活内容在学生的脑海中"再现"，这个过程是一种还原，同时也是一种个性化的思维创新。其二，作品通过自然景观、社会现象、人生经历所表现的哲思物理、情感意蕴是隐含在文字背后的，要真正读懂作品，需要入境入情，需要开动脑筋、投入思维，将联想想象与分析品味有机结合起来，在由表及里、由浅入深的探究过程中实现对文本的深入解读。其三，由于受到作者、体式、背景、表现角度、语言传达等多种因素的制约，作品所展示的生活内容往往具有很大的未知空间，这当然需要读者展开联想想象去填补，需要学生主观能动性和创造性思维的发挥。

其次，培养质疑的意识和品质。"尽信书，则不如无书。"（《孟子·尽心下》）"学贵有疑，小疑则小进，大疑则大进。疑者，觉悟之机也。"（陈献章《白沙子·与张廷实》）按照阅读文本的一般规律，"初读""裸读"文本后必然有所收获，也会存留疑难困惑。而存留的疑难困惑需要在明确具体的基础上，指导学生释疑解惑，这个过程是探究生成的过程，也是创新能力发展的过程。这是质疑的第一个层次。随着对文本理解的加深和疑难问题的初步解决，学生头脑中会再次产生更深层次的疑难困惑，这种质疑可能是"无疑之疑"，是对文本"为什么这样写""还可以怎样写"深层次问题的探究意向，这种带有鉴赏和评价意味的质疑，是真正意义上的创新，是宝贵的思维品质。

再次，培养学生的发散性和逆向性思维品质。没有发散思维就很难有发明创造。在文本解读中需要引导学生去质寻：作品环境中的人景物事是"这样"的，还可以是"怎样"的，而另一种环境下的人景物事又是"怎样"的。文本解读中，同一个事实或原因，可能会产生不同的结果；同一个结果形成的原因可能是有多个。据此我们可以在文本内容和人物形象的解读方面充分利用发散思维，培养学生的求异创新能力。例如教学《孔乙己》时，我们可以指导学生进行思维发散：始终没有"进学"的孔乙己是这样一种命运，那么科举时代那么多没有"进学"的读书人会是怎样的命运？年过半百的"童生"一旦考中举人又当如何？

逆向思维是人们沿事物的相反方向，用反向探索的思维对现有问题进行逆向分析、综合、比较、推断、抽象、概括和具体化的一种思维方式。如果只是运用顺向思维，那么，创造性思维能力难以获得发展。阅读教学也应该不断地改变思维角度进行文本研读、探究。顺向、逆向思维方式，纵向、横向思维方式要根据需要综合运用。比如教学《社戏》可以从题目入手进入文本，让学生搜索并阅读描写"看社戏"的相关内容，思考这社戏好不好看，如果不好看，作者为什么在结尾的时候说"一直到现在，我实在再也没有吃到那夜似的好豆，——也不再看到那夜似的好戏了"？这是先呈现事物的结果，再去探究原因，而没有按照先"因"后"果"的顺向思维方式，这就形成了富有魅力的悬念，学生可以追本溯源、顺藤摸瓜，体会作品构思的玄妙所在。这种教学构想必然会对学生逆向思维的培养形成潜移默化的影响作用。

第四，培养迁移运用的能力。阅读教学要让学生"会学"，就是读懂，就是能够理解文本思想内容和表现艺术，这就是"学教材"。要让学生"会学"，就是通过阅读教学，使学生在文本解读方面获得思路经验和方法技巧，这就是"用教材学"。"会学""用教材学"目的不在于是否领会了、把握了文本的思想内容和表现艺术，而在于能力"迁移"，在于用习得的方法经验去解决类似文本的阅读问题，迁移文本解读的能力。因此，在文本的处理过程中教师不必对学生"紧抓不放""全程跟踪""面面俱到"，学生在获得阅读方法或思路的启示后，应该给学生迁移运用阅读能力的机会和空间，让他们在"举一反三"和"举三反一"的过程中实现对文本意义的构建。比如教学《故乡》时可以首先引导学生把握文本整体情感的变化、心理的变化、命运的变化，再借助解析对比和细节刻画欣赏闰土形象及意义，然后由学生运用解读闰土的方法和思路对杨二嫂形象做鉴赏。这种迁移在同一篇课文中进行。另一种迁移方式是在两篇或多篇课文中进行，以其中一篇为"示例"，另一篇作为迁移的"材料"。比如学习了《三峡》，学生获得了解读这类写景状物作品的思路和方法，就可以让学生模仿着自主解读《答谢中书书》。这种迁移看上去有些"东施效颦"，但是学生在运用已有的策略和方法解读新的作品的过程中，必然要投入创造性思维，因为课本上没有任何两篇课文是完全相同的，就在这种求同和辨异的过程中，必然会发挥其聪明才智，也必然会有新的发现和收获。

第二章　阅读教学理念

每一节有质量、有品位、有价值的阅读课都有先进的理念在支撑。理念之于课堂，如同珍珠之于蚌蛤，钢筋之于大厦，灵魂之于躯体，信仰之于生命。阅读教学理念是语文学科性质的集中体现，是文本解读规律的提炼，也是学生阅读心理的体现。理念不是强加给阅读课堂的，也不是以阅读课堂去诠释理念，而是以理念为指导，将理念转化为课堂教学的具体行为，是理念与行为的水乳交融。倡导理念支撑课堂教学，是改变阅读教学原始化、盲目性、低效率现象，提高阅读课堂品位，创造理想教学境界的必然诉求。

第一节　生本理念

所谓生本理念就是"一切为了学生""真正尊重学生""由学生建构知识的意义"。阅读教学中体现生本理念，一是要关注人的未来，着力于学生生命成长和终身发展所必需的阅读志趣、习惯、能力和方法的培养和优化。语文教师应该提高阅读教学的立意，摆脱世俗的功利追求，抛弃以杀鸡取卵之法换取阅读教学"成绩"的鄙陋之举。既要追求显性提高，更应追求隐性的渗透和积累；既着力于学生阅读水平发展的眼前效益，更注重学生阅读素养发展的长远效益。

二是要突出学生在阅读体验和感悟、理解与评价中的主体地位。必须清楚是学生在触摸语言文字、欣赏作品魅力的过程中，经受情感的熏陶，获得生命的体验，领悟生活的真知……并在不断的熏陶感染、积累沉淀、揣摩玩味中提高理解能力和阅读品质。因而，一方面要从单纯重视教师的"教"转变到既重视教师的"教"又重视学生的"学"上来。教师既把学生的"学"作为"教"之起点，也作为"教"之终点，为学生的自主阅读创设立体情境，构建动态"支架"，实现教师的"教"能使学生"更好地学"和"学得更好"的价值。另一方面，教师不应过于追求学生阅读答案的"标准化"和"准确性"。许多问题因观察的角度不同，答案往往不止一个，强求统一违反了事物的多样化规律；学生当前的体认能力也许只能感悟理解到"这个"层次，甚至有时学生的理解可能十分粗浅、偏颇抑或是错误、荒谬的，强求正确得当甚或更高更深都会是缘木求鱼；教师把标准的答案讲授出来，学生知道了答案，但并不等于理解了文章，反而会阻碍学生阅读理解能力的提高。

三是遵循学生的阅读心理规律。首先是探奇心理。学生对自身生活经验之外的世界往往充满了好奇。教科书上的课文作品大都凝聚了作者天才的创造智慧，或在生活视角、选材构思，或在形象塑造、情景表现，或在思想意蕴、语言表达方面，有着独特个性和亮点。这些个性和亮点会赢得学生的青睐，并使学生产生探寻其形成的因果关系的诉求。阅读教学就需要正确把握学生的兴趣关注点、情感激发点、思维聚焦点、疑难困惑点，为学生的"探幽览胜"创造空间和机会，以满足这种原生态的阅读诉求。其次是反刍心理。学生对文章的阅读理解具有层次性，最先表现为初读过程的先后，符号辨认在前，文字理解在后。然后表现为再读视角和深度差异，即学生对一篇文章的把握不是一次阅读完成的，而是需要经过多次反复的揣摩反刍，其中既有角度的变换，也有层次的递进。因而现代文阅读设计问题情境要适应这种反刍规律，展现阅读过程中在不同角度、不同层次上生成的成果。再次是观照心理。学生不是被动地接受阅读信息，也不是麻木不仁的"看客"。阅读过程中学生在体味课文中蕴涵的思想情感的同时，伴随着对自己生活经历的观照与反思，从而获得对文本内涵及自我人生的感受和领悟。阅读教学要创设情境和平台，形成学生与文本、作者情感交流、思想对话的多维互动态势，有效促进学生的心灵成长和精神建构。

四是要包含学生阅读认知的"最近发展区"。阅读教学应改变以教师阅读水平作为文本解读参照主体的传统做法，而要把阅读主体转移到学生上面来，要深入研究学情，设身处地从学生的认知能力、生活经验、阅读诉求出发预测学生的阅读过程、阅读收获与阅读困难，由此确定教师教的内容、重点以及相关策略。其中特别需要重视的是正确把握学生"愤""悱"之处，于无难处生难，因势利导，启智扬思，适当提高思维的含量和表达的难度，以此促进学科意义上阅读能力的提高。

第二节　文本理念

文本理念是指阅读教学需要"以文为本"。首先，要尊重文本的原生意义，也就是尊重作者原本创作的初衷，将文本中表现的事物还原到本来的面目，这是文本意义生成的客观规定性。文学作品的教学尤其需要如此。这就需要教师在指导文本阅读的过程中，不能只强调外在的社会环境和读者的视角，而忽视内在的文本自身的视角；只强调同时期同类型作品的共同特点，却忽视作品各自的个性；只追求作品的一致性，而忽视它的独特性。教师要从对作品宽泛的解读构思中跳出来，重视微观的、有的放矢的解读。根据作品所表现的生活和各种形象内涵提供的信息，通过探索、归纳、提炼，把作品所表现的原生形态推断出来，然后与作品所表现出来而形成的文学形象进行比较，寻找不同之处，形成它们之间的对立关系，展开作品探究，发现其中的奥秘。这种还原大致可从两个方面入手：一是将文本艺术形象，通过由此及彼、扩展生发进行还原，并利用还原得来的生活事实与进行了文学化的艺术形象两者的对立，设置和确定研究方向；二是将作品置于能比况之情境中，比如感性与理性逻辑的对比，艺术含量与生活价值的衡量，相异时间背景的差别探究，文本与相同题材中相异体裁、相同流派中的不同个性的对比等，由此设置探寻方向。此则从历史唯物主义和辩证唯物主义出发，积极追寻文本的原生价值，充分尊重文本初生意义进而做到合理、客观解读。因此，课文教学中尤其需要做到"知人论世"，反对没有依据的"过度阐发"甚至"无中生有"。

其次，着眼于语文本体。任何学科教学其本质只有一个，那就是"树人"，但这并非模糊不同学科担负的职责，并不意味着要抹杀学科的本质属性和个性特征，相反我们应该在语文教学中彰显语文本体思想。"语文本体"即语文本质、语文本真，是语文学科区别于其他学科的特有属性。这个"特有属性"的内涵究竟是什么呢？它包含三个层次：

第一层次为"语言"。《义务教育语文课程标准（2011年版）》进一步明确、突出了语文的性质："语文课程是一门学习语言文字运用的综合性、实践性课程。"如果脱离了语言文字的学习，也就脱离了语文课程的本体。在阅读中，作品的语言至少具备两种身份，第一种是披文入情、沿波讨源、因语见理的凭借，第二种则是理解领悟的对象，即语言文字就是感知领悟的内容所在。在这里正确处理"言"同"意"的关系就显得十分重要了。阅读文章要直接接触字、词、句、段、篇、修辞、逻辑等语言符号，与之同步的是还伴随着体会作品语言包含的多种思维、多样情感、复杂思想意念等心理活动。可见，阅读中自然有"意"的存在，"言"不能离开"意"，否则"皮之不存，毛将焉附"。阅读教学当科学处理"言"同"意"的关系：1. 因言解意，引导学生触摸语言解读文本，从语言文字之"外"走进文本内容之"内"，从领悟语言开始，获得对文本形象、情感、思想蕴含的认识理解；2. 以意释言，在初步领会了作品所承载的思想内涵之前提下，反其道而行之，以文本所表现的形象、思想、情感等领悟和破解作品语言文字的表达功用；3. 驱言表意，即阅读中读者用自己的语言表达解读文本的感受或看法。

第二个层次为"言语"。言语即传达思想情感的个性化载体，是自由表达，它强调语言表达的主体，强调表达形式与技巧。言语主要体现文本"怎么说"，包括作品的运思、写法技巧和语言运用。因而，阅读过程中应引导学生关注作品体式。重视作品体式不是拘泥于静态的文体知识，而是要重视作品不同的功用价值，由于功用价值的不同才有了与之相应的作品体式，而不同的体式有效地彰显了作品的功用价值。例如，同样是关于人类环境保护的主题，不同的体式采用的载体及其功用价值就会大相径庭，《罗布泊，消逝的仙湖》以报告文学的体式，以事实为依据，陈说罗布泊消失的前因后果；《喂——出来》则以科幻小说的形式，借助神奇的想象和深刻的寓意，阐释了人类环境与自身生存的密切关系；而《那树》则是以富有个性的言说对象和情感认知的散文体式，从生命哲学的高度，展示人类文明与自然环境的深刻矛盾，给人以深刻的反省。所以关注体式也就拿到了解读作品的钥匙，找到了有效阅读的途径。其次需要感悟和欣赏作品的特有技巧方法、语言个性乃至风格特色。如，同样是表现爱国情怀的题材，不同作品的言语形式各具特色：《最后一课》从一个学生的视角，以其见闻为线索，表现国家面临危难时人们深刻而强烈的情感体验；《黄河颂》则以颂歌形式，先朗诵，再歌唱，通过黄河自然特点、在历史上对中华民族的贡献等角度，深情抒发对黄河凝聚的民族精神的赞美之情。

第三个层次为"对语"。它彰显语言文字的交际属性，显示语言文字之现实性、诉诸性、完成性、情态性、回应性等特征；它重视作品与读者之间的"思想""情感""智慧"的交流，讨论"为什么这么说""这么说有什么表达效果""换一种形式或方法会怎样"等问题。语言之"对语"特质启示我们建立学生与作品之间的"对话"关系。对于文本的理解与感悟，如果学生只是以旁观者的身份单纯去读、赏、评，往往失之肤浅和轻淡，很难进入文本所表现的情景和作者的思想深处，因为毕竟作者、文本与学生隔着一定的距离。而要使学生产生深刻体验和认识，就需要创建活动载体，让学生走进文本，体验角色，融入情境，与作者、作品中的人物、情境展开对话交流，以达到深度体验、深刻领会的目的。我们需要改变过去那种把语文当做一门知识性和纯理性学科的状态，反对以研究语言取代学生感受、领悟语言，乃至以语文知识和理性分析，剥夺学生自主感悟、领会语言的不良现象，将阅读教学的重点转到组织和促进学生学习语言上来。在涵泳、揣摩、品味、吸收语言的同时，受到作品语言所蕴含的思想营养、人文精神和精湛艺术的影响和陶冶。

第三节　文化理念

在阅读教学中，"文化"理念包括多个方面的涵义：

一是以"文""化"人。阅读是学生获得丰富文化滋养、建构人格精神、提升人生境界的重要途径。培根说："学养可助娱乐，可添文采，可长才干。助娱乐主要表现在闭门独处之际，添文采主要表现在交际议论之时，长才干则表现在判断理事之中。"[①]阅读教学以培养和造就有识见、有智慧、有品位的"人"为己任，就必然关注学生的精神、思想、情感和价值世界，注重阅读教学的人生意义和生命价值。"语言文字是最重要的交际工具和信息载体，是人类文化的重要组成部分。"（《义务教育语文课程标准（2011年版）》）语文阅读课程作为文化的重要载体，融合了优秀传统文化与现当代文化、世界文化和本地文化、书本文化、社会生活文化。学语文就是学文化，要继承弘扬民族优秀传统文化，汲取外来文化，融入现当代文化。古今中外的典范作品蕴藏着丰富的哲思物理、情感智慧、精神品质和深厚的艺术功底，学生在品味、咀嚼和消化的过程中，逐步形成积极向上的人生态度，健康高尚的人格品质和丰富深厚的文化底蕴，进而为一

---

① 〔英〕弗朗西斯·培根：《培根随笔全集》，江苏：译林出版社，2011年版，第214页。

生发展打下坚实的精神底子。换言之，学生在阅读的过程中，通过语言文字获得对优秀文化的理解、认同与热爱，受到心灵的熏陶感染，并在此基础上追求理想、热爱人生、奉献社会。教育的最终目的不是传授已有的东西，而是要把人的创造力量诱导出来，将生命感、价值感唤醒，一直到精神生活之根。

二是形成核心语文素养。汉语言文字作为音形意的结合体，是外部形态和内在涵义的有机统一体，大到一套专集、一部名著，小到一篇文赋、一首短诗，乃至一个词语、一个汉字，都有着丰富的思想意蕴，渗透着民族文化的精神。比如汉字从最初成形的甲骨文开始，演到金文、小篆，到隶书、草书、楷书，这是汉字演变的历史，更是汉民族历史文化发展的一条线索。可以说，每一个汉字就是一段历史，每个汉字里就有一个甚至多个历史故事。学生在识字或读文过程中，就会不断受到民族文化的熏陶感染，增强文化积淀。比如，每一种体式的作品，其产生、发展、兴盛、嬗变乃至消亡的历程，都是一部博大精深的文化变迁历史。就其体裁形式及其所承载的形象、事物、思想而言，必然是形式与内容、外在与本质的完美结合。以古诗为例，先秦时期的民歌"可以兴，可以观，可以群，可以怨。迩之事父，远之事君，多识于鸟兽草木之名"（《论语·阳货》），多取自民间，是人们劳动歌舞时吟唱的歌词，句式简短，多以三四言为主，朗朗上口，韵律和谐；此后的楚辞则为屈原、宋玉等文人所创，以五七言为主，句式参差不齐，灵活多样，浓郁的地方色彩与南北文化相交融，开启了我国古代诗歌浪漫主义之风。学生在阅读过程中，在触摸语言文字、不同体式作品的同时，自然感受、体悟和吸收其中的文学意味、文化营养，潜移默化中素养得到提升。当然，更为重要的是汉语言文字由静态进入运用的情境，那更是出神入化，变化无穷，特别是那些琢磨锤炼得如同黄金美玉般的语言，那令人如临其境的生活场面，那丰富瑰丽的联想想象，成为人们体验历史文化，开拓生活视野，增强审美能力的一扇窗口。

第四节　个性与多元理念

曹文轩认为："同样的一篇文章，在他们眼里，却有另一番天地，另一番气象，另一番精神。不在乎别人对那篇文章的唠叨，甚至不在乎专家、权威对那篇文章的评断，而是按自己的心思去读，按自己的直觉去读，甚至按自己的奇思怪想去读，读得津津有味，读得出神入化。"[1]他还打过一个很有意味的比方："知识犹如漫山遍野的石头，他来了，只轻轻一挥鞭子，那些石头便忽然地受到了点化，变成了充满活力的雪白的羊群，在天空下欢快地奔腾起来。"[2]这是说读书应该达到的境界和应该具有的品质，也即应读出个性化的理解，不盲从书中的思想，不做书的奴隶。首先，阅读是个体心理体验的过程，是一种新的创造，个性化和创造性为其突出特征。阅读不是简单地接纳作者的思想主张，而是在阅读时唤醒自己的生活情感体验，凭借作品建立自己的思想，和作品、作者进行心灵交流。其次，不同的读者阅读同一篇作品就会有不同的感受理解，这是阅读个性化的另一种表现。阅读不是没有思维和情感的"拿来"，而是一种主动探究、辨别、体悟的过程，读者阅读文本、接纳文本的相关信息，并检索与自己存贮信息的相关、相似之处，进行匹配、激发、互动，形成彼此之间的"理解"。而读者的人生经历、认识理解水平、阅读习惯品质、文化底蕴、审美取向却又存在诸多不同，他们头脑中贮存的相关信息也就大相径庭，故即便阅读同一篇作品，也会形成各自不同的联系，进而形成仁者见仁、智者见智的个性化解读，可见阅读本身就是差异性阅读。因而对于同一文本的解读过程、方法、结果，阅读后产生的问题会有不小的差异。这种个性若体现在某些优秀学生身

---

[1] 曹文轩：《个性化阅读》，原载2012年11月5日《中国石化报》。
[2] 曹文轩：《个性化阅读的意义》，原载2018年1月26日《彭城晚报》。

上，则为正确、独特、合乎实际的解读，而体现在另一部分学生身上，可能是偏颇、共性甚至是错误的解读。可见，尊重阅读的个性化不是一味追求阅读意义的开放性，还应考虑到学生阅读素养发展的不均衡性和复杂性。因此阅读教学必须遵循有的放矢、因材施教的教学原则。

很显然，阅读指导不能一味追求"统一""准确"的问题答案和"全体优秀"的教学效果，不同心理特点和知识经验的学生，其思维状况有共性更有差异；不同年龄阶段学生的思维状况有共性更有差异；同一年龄阶段的学生，由于对课外学习资源的开发与利用不同，知识背景有比较大的差别，其思维有共性更有差异；不同个性特点、家庭与社会背景的学生，其思维状态有共性更有差异，正所谓"一花一世界，一树一菩提"。例如学生对文本内容的把握，有的侧重整体思维，需要多遍阅读全文；有的侧重分析思维，遵循从部分到整体的过程，在精读基础上寻找解读途径。又如激发阅读兴趣方面，有的学生是情感型的认知，通过激发情感可有效让其进入深度阅读状态，有的则是理智型的认知，需要通过理性引导方能令其进入深度阅读状态。这些阅读教学策略应区分不同的文本，根据学生的思维特点，有效运用情感激发和领会知识经验的方法，才是指导个性化阅读的有效举措。

从道理上说，阅读主体的千差万别决定了阅读结果的千种百态，而实际教学中常常出现的却是对文本理解的"不约而同"的表面肤浅现象。因此，教师应做的工作是：一要给学生相对宽裕的阅读情境和比较自由的阅读空间，要使不同层次的学生各尽其能、各得其所；二要建立学生与文本对话态势，让学生走近作者，走进文本。阅读文本，要进入角色，融入情境，与作品所表现的人物、事件、情境展开"对话"；三要培养质疑意识和能力，要给学生就文本阅读提出困惑、疑难以及释疑解惑的时间和机会，这本身就是彰显个性阅读的应有之义，学生解决疑难困惑的过程就是释放个性化理解和感悟的过程，并应引导学生于无疑处生疑，对文本进行批判性解读，以激发创造性思维，实现个性化解读的目的。

多元解读，要求教师尊重和关注学生的个性差异和不同的学习需求，保护学生求知好奇心和创造性思维，在包容、开放的学习氛围中开展阅读学习，共同完成阅读教学任务。在这个过程中，民主平等的师生关系至关重要，没有它就没有课堂上师生情感的交汇融合，就没有师生心与心的联通。只有突出学生主体，发扬主人公精神，展现独特个性，才能有效促进学生阅读能力发展。如教学《散步》一文，学生对文章主旨的理解可以有多种，比如家庭生活的和谐温馨，尊老爱幼的美好品德，生命的规律，人生的责任，生活的和谐等。其实，这些委实就是作品传达出来的思想，教师没有必要否定他们。在解读文本过程中，学生的思想与之产生了猛烈碰撞，从而有所发现，有所否定，有所突破，有所创新，他们获得认可和赞赏，也就获得了成功的快乐，焕发了生命活力，更加充满自信。

多元解读是由文学性文本的特征和阅读心理规律所决定的，也即受文学文本自身的多元性和教学解读的多元化特点所支配的。

首先，文学文本思想艺术价值具有多义性、多元化和生成性。一是作品产生后，本身就带有多种思想内涵，这是由于社会历史生活的丰富多样性以及作者思想的复杂性造成的，在客观上对文本解读提出了多元多向诉求，而且文学表现的模糊性、丰富性、陌生化特点，给文本留下了许多空白，这当然为读者的解读提供了广阔的发挥空间，留下了个性解读的自由。文学文本的模糊性、丰富性、陌生化，其可贵的价值当是学生在阅读过程中获得的种种不同理解，这也显示了文学性文本蓬勃的生命力。因此，阅读教学更应该追求解读的多元化，要尊重学生的个性化理解，教师不应拿专家和权威的解读来代替学生的解读，不要照搬教参上的说法灌输给学生，不要让学生钻教师设计的"套子"，要以文本为基础，扩展学生的阅读视野，大胆联想和想象，还原作品的真实意义。二是虽然作品都是特定生活环境、思想意识、生活历史的再现，均有历史性、地域性和个性色彩，但是它们大都真实地表现了社会生活的本质属性，或者其思想内涵具有超时空的普遍性，而这种共同或相似又被当前读者赋予了新的意义内涵，而这些新的意义内涵也是多元解读的重要结果。

其次，阅读主体存在差异性、复杂化的情况。由于生活视野、认知水平、阅读经验的差别，不同学生对文本的阅读感受会有不同，所关注的重点也不相同。即使对同一个文本，不同的学生在同一教师的引导下，也会产生不同的理解和感受，甚至同一个学生在相异的时空环境里，对同一文本的理解、认识、感悟也会有所不同。这都是合乎正常规律的，教师应注意鼓励学生并创造条件展示出对文本的个性化理解。从这个意义上说，课堂教学不应追求学生对问题答案的整齐划一，否则就是削足适履和缘木求鱼。

正是文本客体和读者主体的共同作用使多元解读成为可能。在这种理念指导下，教师应该为学生的自主阅读感悟提供宽阔的空间，解放学生的大脑、嘴巴和手脚，增强阅读的深度和效度，培养良好的阅读品质，培养学生善于发现问题、敢于提出问题、正确解决问题的能力，创造性和批判性思维能力，有效体悟阅读经验和方法。

对文本的多元解读，在实际教学中主要存在着两个问题。其一是多元解读成为"一元解读"，教师设置了问题情境，不同的学生运用自己的语言展示理解，说法不一，但所表达的意思却没有差别，这当然不能叫多元解读，因为没有个性化理解的生成，没有创造性思想观点的产生。其二是多元解读变成"任意解读""荒谬解读"或"超界解读"。主要表现为：一是抛弃体式的解读。在一定活动领域中运用语言特点形成的体系叫语体。语体是特定的语文体式，"体式"是承载内容思想的功能性格式和规范，如果抛弃语言体式进行文本解读常常会出现荒谬的结果。例如《愚公移山》和《精卫填海》都属于寓言，而寓言是以假托的故事或拟人的手法说明某个道理或进行劝喻、讽刺的文学式样——篇幅简短，主人公或人或其他生物或非生物，以简单的故事表现深奥的道理，常含有哲理或讽刺意味，夸张和比拟为其常用手法。因而在学习寓言时应立足于寓言的特征，重视解读其中蕴含的道理，而不能拘泥于故事本身，拘泥于其中的细节而不能自拔。比如学生阅读《愚公移山》后，教师让学生对愚公的做法提出自己的见解。有的学生说愚公确实很愚蠢，不知道变通，一根筋，找个没山的地方安个家不就得了；有的说愚公的做法破坏了生态环境，会恶有恶报的。尽管这些认识可能是真实的，并与文本进行了"交流"，但是如此"交流"却丢掉了作品的本质属性，造成了误读。二是脱离了语言环境和生活环境。有的学生认为《背影》中的"父亲"违反交通规则，行为很不文明。有教师教学《孔乙己》设计了"孔乙己告状"活动，结果学生对孔乙己的目无法纪、品性恶劣大加鞭挞。三是解读远离社会道德。文本解读尤其是传统经典作品的解读不能离开作品产生的时代，不能离开当时当地的社会生活和道德背景，否则会产生荒唐、错误的结论。学生阅读《陌上桑》后认为，作品重点描述不同的人，如青年、老年、旅途中的人看到美丽的罗敷，都不由自主停下脚步看她，反映了当时世风低俗，人们都是贪淫好色的。很显然，学生的认识偏离了诗歌原初所呈现的社会道德价值取向，是按照"现在"的道德观衡量作品所呈现的生活内容，而抛弃了彼时"历史"的思想价值。可见，多元解读应当用"历史"的眼光看待文本所表现的生活内容。四是无视作者的原意初衷。尽管说"形象大于思想"，但文本解读不能过度扩展。"多元解读"不等于"多元价值观"。《斑羚飞渡》这篇小说表现的是动物用牺牲生命换取种族延续的壮举，讴歌了斑羚在千钧一发的生死关头所表现出来的机智、勇敢和献身精神，其主题可以拓展到珍视自然界动物生命、相互关爱这方面来，但若脱离具体的语言环境，引导学生阐发宽泛意义上的"生命"问题，那就属于跑题了。

第五节　感性理念

　　语文的感性特征，一方面表现为形象性，另一方面表现为情感性。阅读文本无论是写人叙事、写景状物，还是说明事物、阐述观点、抒发情感，都是或应是生动形象、具体可感、清楚可见的。写实作品运用语言文字呈现各种事物和现象的属性特征，文学作品则用艺术语言和表现手法再现生活的本质特征，不管哪种作品都是现实生活的反映。而现实生活是形象具体的，读者通过语言文字借助自己的生活经验和联想想象，还原生活的本来面貌，并走进文本，体会这些感性形象所包含的思想意义。

　　语文的形象性特征要求在文本解读过程中，首先要重视诵读感受。文本所表现的具体形象、生动活泼的社会生活都通过语言文字传达出来，所以阅读教学有必要让学生实际"触摸"文本语言，将语言文字的声、形、义及由此建构的生活面貌展现出来。其次要使文本所表现的情景再现出来，将作品所描写的形象借助联想想象创造出来。人们在阅读作品的过程中，必然要"披文入情，沿波讨源"，展开丰富的联想和想象，"呈现"作品所表现的社会生活情景或某些形象之特征，这是破解作品思想意蕴的必由之路。再次是重视与文本的"对话"。新课程要求不但要学生以"阅读者""鉴赏者"的旁观者身份理解文本，还要走近作者、走进文本、走进具体的情境之中并与之展开"对话"，达到与文本近距离接触，以角色体验文本的目的。

　　语文教学不仅要让学生开拓生活视野，"在阅读中学会阅读"，而且还应当在这个过程中进行情感的渗透和熏陶，也即施以心灵的影响，否则就不能称其为"语文"的教育。作为一名语文教师，首先应该是一位热情洋溢、感情饱满的人，是一位善于投入情感、敏于发现动人之处的人，能让自己经常生活在热情、激情中。其次还应该是一位善于创造感动、善于激发他人情感的人，在语文教学中善于培养学生的情商，发展学生的情感感受力和情感鉴赏力。既能使自己受感动，还要能使别人受感动，这当然需要一种情感智慧，情感激发艺术。事实上，如果教师能够以情动人，那么就比较容易使学生进入文本情境，体悟文本思想情感内涵，收到事半功倍之效。语文的人文性特征需要我们更加关注文本所包含的精神因素，以及学生的心灵与情感从中受到的影响，通过多维交流，使学生获得丰富多样的感悟。教师的作用和价值就是要促进学生走进文本中的生活情景，走进作者的思想领域，走进文本中的人物心灵和情感世界，感受作品的情感脉动；要使学生进入作品所表现的情境，如见其人，如闻其声，如临其境。这样，才能和作者交流起来，与作品互动起来，也才能真正产生情感的共鸣、思想的碰撞。心灵、思想、情感的融合才能使学生深入把握作品灵魂，也才能对作品形成整体而深刻的理解，才能受到美的感染。

语文的情感性特征对语文阅读的情感教育提出了诸多诉求：

首先，任何学科的教育目的都是"立德树人"，语文教学就是通过读写教学培养学生高尚道德情操，塑造美好人格品质。中学生年龄特点决定了其可塑性强的性质，这个阶段的青少年，对世界充满疑惑和好奇，他们的思维和情感十分活跃，对生活中的真善美和假恶丑具有初步的认知，包含着正确与错误、全面与偏颇、成熟与天真，这些处在不断成长发展中的情感和思想需要激浊扬清、抑恶扬善，需要正确疏导和匡正。

其次，情感的熏陶感染是语文教学不可或缺的组成部分，借助阅读欣赏活动，引发和历练情感智慧、情感品质和情感体悟能力，从而使学生对祖国语言文字，对自然、社会和人生产生积极的情感体验，进而形成独立健全的个性、高尚完美的人格和积极向上的情感态度价值观。阅读教学便是利用一部部、一篇篇包含作者深情和哲思的作品，拓展学生的生活视野，感受多样的生命色彩，积极作用于学生对社会人生的感受和体验。因此，教师在阅读教学中要寻找打开学生情感大门的钥匙，探寻激发学生情感智慧的有效途径，使学生在阅读中受到精神陶冶、心灵滋育和情感感染。

本是一篇激情澎湃或者情深意笃、感人肺腑、催人泪下的文本，让有的老师一讲，就变得味同嚼蜡。文学创作中，"诗缘情""为情造文"，刘勰说，"夫缀文者情动而辞发，观文者披文以入情，沿波讨源，虽幽必显"（《文心雕龙》）。那么为什么我们解读文本把情感给丢掉了呢？阅读中的情感究竟在哪里呢？

1. 在文本中。首先，情感蕴育于作品所展示的自然景物中。"造化钟神秀，阴阳割昏晓。荡胸生层云，决眦入归鸟"是高山呈现给宇宙的激情；"咬定青山不放松，立根原在破岩中"是韧竹奉献给大山的情怀；"宁可枝头抱香死，何曾吹落北风中"是秋菊坚守理想的宣言……自然万物的生命历程都表现出一种热烈激荡的情感，令人肃然起敬、心潮澎湃。其次，激情熔铸在文本所塑造的栩栩如生、鲜明突出的形象中。在见风使舵、媚上欺下的奥楚蔑洛夫身上寄予着作家对恶劣人格的否定和对沙皇腐朽统治的无情抨击；在穷困潦倒，于人们嗤笑声中屈辱地生、悲凉地死的孔乙己身上寄予了作者无限的哀叹、愤怒的鞭挞；"为什么我的眼里常含泪水，因为我对这土地爱得深沉"是以鸟自喻，对国土遭到蹂躏的痛苦、对侵略者暴行的愤怒以及对于这土地的无限热爱之情；"只恐双溪舴艋舟，载不动许多愁"是词人经历了国破家亡、颠沛流离后承载的沉重悲愁；"穷年忧黎元，叹息肠内热"是感人肺腑的忧民之情怀。人生在世，会历尽千辛万苦孜孜以求，最终得到世外桃源的人生归宿，抑或是在荆棘丛莽中，踏出一条通往理想山峰的道路，能够支撑起生命重量的，是那一口正气、一缕心思，一份诚实、一片真情。再次，激情隐匿在文本所表现的复杂纷纭的社会生活中。文本通过语言文字所表现的社会生活，充满惊心动魄的故事和感人肺腑的瞬间，令我们心潮起伏、情不自禁。像《伟大的悲剧》《在沙漠中心》为那些不畏艰难、勇于探索和热爱生命的人提供了强大的精神动力；《岳阳楼记》中的"不以物喜，不以己悲""先天下之忧而忧，后天下之乐而乐"为那些心系天下、公而忘私的人提供了精神楷模。作品中的情感在读者的深刻体悟中变得活跃起来，读者与作者、作品中的人物心灵形成碰撞。

2. 在生活中。语文教学不能陷入应试的泥淖，否则就会将作品生动鲜活的生命肢解，使作品失去跳动的灵魂。语文学习的外延等于生活的外延。感受、体验、感悟文本情感，也就是将生活与语文联系、融合起来。文本的情感是从生活中获得，要让学生"披文入情"，感受体验文本的情感，必须联系生活，结合生活体验，离开了生活文本阅读很难产生共鸣。没有体验过离别的折磨，就难以体味出《乡愁》那浓烈而深挚的情绪；没有经历过生活挫折和生离死别的人，就难以体悟《紫藤萝瀑布》中那种特殊情感与生命真谛；没有亲临过大漠的人当然也很难把握"大漠孤烟直，长河落日圆"的雄浑境界。缺乏丰富深厚的生活基础和人生积淀，对文本的理解常常会浅尝辄止、浮光掠影。因此，投入生活、热爱生活，是获得阅读激情、深入体悟作品情感的基础。故"读万卷书，行万里路"，真理也。

如何在阅读教学中诱发学生的情感体验，实施情感教育呢？

首先，需要情感的激发和点燃。只有情感活跃起来，学生的思维才会被激活，文本内涵才会被情感和思维唤醒，学生才会在体验情感与思维的过程中陶冶精神，洗礼灵魂。作品中浓郁强烈的情感需要转化为学生浓郁而强烈的情感体验，作品中的情感是静态的、被动的，潜藏在文本之中，很难主动作用于学生的思想情感。这就需要教师的点燃和诱发，促使学生有效进入作品情境，感受体验，并探索开掘。

其次，要触摸作品情感的温度，探究文本的情感因素。教师应感受并深入研读文本的情感基调、情感特质、情感变化的发展脉络、情感产生的因果关系，使自己成为文本情感的一种载体。在此基础上，引导学生走进文本、体悟文本情感，将自身获得的情感体验"传染"给学生，形成情感磁场。在教学展开过程中，教师、文本、学生情感不断形成共鸣，心灵共振。当然教师的情感必须真实、发自肺腑，只有这样才能拨动学生情感的琴弦，才能引起情感共鸣。此时，教师对文本思想情感内涵的理解水平至关重要。教师对教学资源的认知，对文本的解读大致有三个层次。第一个层次低于教参。教参上专家的解读，教师不看，自以为是，各行其是，或虽然看了，但领会不到位。第二个层次相当于教参。这样的课上出来比较像样，但不一定能使学生受到强烈感染。第三层次高于教参或有新的发现和感悟。学生在课上情有所感，心有所动，甚至耳目一新，教学效果好。道理十分简单，一个人如果看过这个故事自己就不觉得多么曲折动人，再讲给别人听，能感染和打动别人吗？教师都没有被这篇课文所感动，怎么可能去感动学生？教师都没有发现课文有什么美，又怎么可能引导学生探究和发现美呢？而情感如同干柴，智慧如同火石，需要教师的点燃和撞击。充满激情的课堂学习，应实现学生情感的高度愉悦，思维的深度参与和智慧的顿悟。在这里，需要教师在深入领会文本情感的基础上，融进自己的感情，借助感性教学语言，展示形象、意境和文本所蕴含的情感。比如教学《秋天的怀念》在整体感知的前提下，指导学生以"看花"为线索梳理"我"对待生活态度的变化，再现我所言所行、所作所为，然后以"母亲"为聚焦点，体味母亲在"我"双腿瘫痪之后的言行举止，设想母亲的心理活动，体会母亲宽阔的胸襟、坚韧的品性和对儿子无私的爱。抓住细节，通过咬文嚼字，实现与作者、作品人物情感、心灵的深度对话，获得情感的体悟和感染。

再次，建立和谐民主的师生、教学关系。情感教育是很复杂的工作，"信其道亲其师""亲其师信其道"，学生是否喜欢语文、热爱语文，能否学好语文，与是否喜欢语文教师有很大关系。从这个意义上说，教师要关爱、理解、尊重和信任学生，要建立和谐亲密的师生关系，这是语文教育的起点，也是阅读教学的起点，更是情感教育的前提。同时教师还应厉行教学民主，要创造自由、开放的学习情境和学习氛围，给学生以安全感和自主权利，这样才有可能开启学生智慧，促动学生情感，激发学生积极主动投入，从而深入体悟文本，获得情绪的感染和升华。

再其次，探索情感体验领悟的路径与规律。一是寻找情感体验的切入点。无论写人记事、写景状物、阐明事理，都蕴含着情感，而语言文字作为传情达意的载体，需要触摸相拥。通过各种形式的诵读体悟文本情感，是科学的途径之一。文本的情感往往是一个流动变化的过程，而且常常贯穿文本始终，这就需要寻绎、明晰情感的脉络，探究情感产生和发展的因果联系，准确把握作品的情感主调。作者、作品中的情感融合在作品中的人景物事中，融合在细致生动的形象描写中。只有抓住这些细致的描写，才能体会到寄寓其中的情感色彩和强弱程度。二是应寻找情感体验的融合点。文本所表现的思想情感是丰富多彩的，它是借助怎样的构思和艺术手法传达出来的呢？这就要发现作品情意与艺术表现的融合点。很多作品所展现的社会生活内容与学生的生活有着时空隔膜，理解其思想情感有不小的障碍，因而通过多种途径建立文本生活与学生生活的有机联系，引导学生借助形象思维展现文本生活情境，就显得十分重要了。如都德在《最后一课》中所展示的法兰西遭到普鲁士入侵，普鲁士逼迫阿尔萨斯和洛林地区的人们废弃法兰西语言，学习德语的事实。作品着力表现以韩麦尔为代表的法兰西普通公民和以小弗郎士为代表的学生，在国土沦陷、民族利益和尊严遭受外族践踏背景下的强烈悲愤、顽强抗争以及热爱祖国和民族文化的强烈情感。这些都是让学生感觉很陌生和遥远的，如何让作品的情感走近学生呢？无独有偶，"九一八"事变后日本帝国主义在东北建立伪满洲政权，也强迫满洲国的人们学习日语。两者联系起来，就会大大缩小学生与文本内容情感之间的距离，为有效体悟文本情感准备了前提和基础。又如教学《小巷深处》，在感知了文章情节内容之后，学生寻找打动自己心灵的片段，读一读，演一演。其中"我"突然真相大白、万分悔恨的情境尤其具有情感冲击力。学生通过再现和想象，创造性地入情入境地陈述自己对母亲的忏悔和感激，加进"我"对"妈妈"撕裂心肺的呼唤，便会产生催人泪下的效果。体悟文本情感需要联系学生的切身生活经历和感受，将文本内容延伸到实际生活中去，诱导学生借助生活寻找文本形象，借助生活体验文本所表现的情感。三是寻找升华感情的时机。情感的升华是对作品情感的理性提升，也是学生情感体验的进一步加深，这是涵养阅读品质提升阅读品位的应有之意。如《老王》由对老王遭遇的怜悯和对其品行的称道，发展到对生活中的弱势群体的理解和关爱，再升华到对弱者人格的尊重和对自己思想的反省；《最后一课》表现人们失去祖国语言的悲哀是表面的情感，而失去祖国、丧失民族尊严的深沉悲恸则是更深层次的情感；《猫》由对"猫"亡失的悲伤悔恨升华到对待弱小生命的态度，这些都是思想情感的提炼和熔铸，这是第一个层次。学生于文本解读中，从原始真切的心理体验开始，展开联想想象，对文本内容情感进行重新建构而形成更为丰富深刻的情感体验，与文本产生深度共鸣，进入一种审美境界，从而实现高品位的心灵愉悦，即达到第二个层次。

最后，科学利用媒体技术，加强体验情感的效果。现代教育技术的正确使用有助于阅读教学取得更为理想的教学效益，因为多媒体技术可以利用空间、色彩、形象、声音等形成一定的情境氛围，增强对读者大脑皮层的刺激力度，加强对文本生活内容的感受力度，使文本内容更加鲜明清晰地呈现出来，更大程度上唤醒了学生的情感，也就加强了情感体验力量，激发了学生思维活力。

阅读教学中情感体验是在对文本内容的理解认识过程中进行的，通过情感的渗透熏陶，促进学生精神的发育和生命的成长。列宁说，"没有人的情感，从来没有也不可能有人对真理的追求"。需要强调的是，凡事过犹不及，阅读教学中的情感教育应该与阅读教学规律有机结合起来，要"随风潜入夜，润物细无声"，要像春风、像细雨，无声无息，浸润感染。"增之一分则太长，减之一分则太短"（宋玉《登徒子好色赋》），把握情感体验的分寸和尺度十分重要，这需要教师很高的情商，也需要教师很高明的教学艺术。

第六节　理性理念

语文本身所具有的客观性、确定性、规律性、逻辑性、批判性特征，构成了语文的理性。阅读教学应关注、寻找并凸显文本的理性因素，感受文本所具有的真实性、准确性、科学性，重视文本的逻辑力量，探寻文本的普遍性意义，使学生能冷静客观地表述个人的思想见解，使其理性、智慧地进行学习并健康成长。阅读教学通过指导语言学习，使学生理性认识文本思想艺术价值，培养逻辑思维，变得更加富于理性和智慧。

理科可以通过具体的范例推演出具有普遍意义的概念、公式、定理，由此出发便拿到解决一切具体问题的金钥匙，遵循万变不离其宗的原则，归纳演绎，触类旁通。如果我们把具体的语言归纳为一种现象、法则、技巧，然后用这个"公式""定理"去理解、运用语言文字，结果会怎样呢？事实已经证明：行不通。然而如果只注重语文的"感性"，那么语文就成了随意游荡的飘絮飞花。语文有着个性化、不确定性特点，阅读教学也很需要体验、感悟、吟咏、意会、遐想，需要个性、多元理解，但这只是它的一面，它还有理性的一面。

事实上语文学习过程不能没有理性思维参与，比如理解、质疑、批判、思辨、探究、推断等，这一些可称之为语文的科学理性，它是一种高级的思维品质，影响一个人语文发展的思维能力。因此，语文学科是科学主义与人文主义、科学理性与情意感性相结合的学科。其科学理性也体现出语文课程的母语本质，那就是诗意的回归、生活的感悟和生命的体验。因为汉语言文字体现出汉民族特有的重视感悟、偏倚意会的思维特点和崇尚大气、以神驭形的审美取向等，这些都需要通过理性的参与去领悟。学习语文即对人生的反刍，对优秀文化的传承和弘扬。

"交流对话"就是一种感性基础上的理性思维形式。因为阅读教学中是同伴间、师生间乃至师生与文本的交流，而且是对文本的再认识，因此对话交流是一种价值创造活动，这种活动的思维力度更强，是感性体验基础上的理性升华，是获得真知的有效方式。

语文的理性具体表现在哪些方面呢？

逻辑性 学界不少人很青睐语文本身的审美特点、美学价值，致力于发展学生的审美情感、思想、艺术素养，在教学过程中过于重视审美引导和关注语文因素挖掘，以致教学资源过度浮夸，脱离了文本实际。到头来语文教学并没有变得多么"美"，反而有些矫揉造作。这是因为忽视了语文

教学本身的基本属性，违反了语文教学的内在逻辑性，得不偿失。

语文教学的逻辑就是语文教学内部各要素各体系之间的层次性和相互联系，展示出语文教学的宏阔、严密、自由中包含方向性的突出特征。其丰富内涵包括：文本自身的思想、情感、表达逻辑，教学构思设计逻辑，教学实施过程逻辑，语文学习方法经验逻辑，语文能力发展逻辑等。语文教师对语文教学的知识逻辑和过程逻辑应有整体把握，这样才能给学生精神世界提供基于语文逻辑的文化涵养，语文教学才会有根有基。

日常语文教学中的许多表现违反了语文逻辑：

一是轻视知识逻辑。有人认为语文知识不可教，一教就死。于是包括一些过程性、方法性、经验性知识也不敢让学生去体会和总结。一味追求语文的"情感性"和"随意性"，以"丰富性"和"复杂性"来对抗语文逻辑，反对教学内容的认知逻辑，反对知识生成的逻辑层次，追求在"模糊""混沌"中积累和沉淀。

二是无视文本自身逻辑。在"多元智能"理论的影响下，有的教师认为语文教学包括阅读教学，一概没有正确答案也没有标准答案。这种认识虽然不能说一无是处，但凡事过犹不及，这从根本上说不切合文本解读实际和学生语文学习的基本规律。比如有学生认为《狼》中的屠户缺少动物保护意识，应该把狼打跑而不是把它们杀掉，这种解读很显然是脱离了文本自身的逻辑。《狼》是一篇传奇故事，其意旨在于告诉人们如何凭借勇气和智慧与狼一般的恶人斗争而求得生存；也可以把课文理解为一则寓言，与蒲松龄的"狼三则"结合起来进行考察，体会其讽刺意味和蕴含的哲思。这就是遵循文本体式自身逻辑，不能混淆进而否定文本原生价值。

三是忽视文本语言表达逻辑。由于学生缺乏文学鉴赏等经验性、过程性知识的支撑，不能把感悟的触角潜入语言现象的内部，正确领会作者语言运用的艺术，大都侧重领悟解读文本思想内涵，深挖细品走极端，重意轻言，得意忘言；不能对文本的重要字词句段、标点符号、陌生化语言乃至文本的谋篇布局等言语智慧作深入体味。

四是轻视认知规律。许多情况下设置的情境并不遵循学生的认知需求和层次顺序，不能使学生从浅层进入到深层，从感性体验提升到理性认识，错过了思维培养的时机和节点，文本解读不到位，学生思维品质培养不起来。

导致这些问题出现的因素有许多，首先是对语文属性特征的理解有错误。有人不切实际夸大语文学科的"不确定性"和"模糊性"，夸大意义的多向化和理解的多元化。我们只能说语文的某些领域或内容确有这样的特点，比如文学作品，但不能拿这种特点去概括整个汉语言的特点。即便是文学作品，在"不确定性"和"模糊性"的同时，还应该看到其内部的"确定性"和"清晰化"，因为内涵多义和解读多元都受到作品内在逻辑的制约。从课程构成角度看，文本阅读承担了相应的教学任务或者课程使命，文本有确定的内容和教学资源，因而构成了语文逻辑层次。其次是教学策略缺少理论支撑。语文需要熏陶感染、体验领悟，反对过度条分缕析，但是不同体式的作品如何才能熏陶感染读者，读者怎样阅读才能体验领悟到其中的精髓？这里面有没有过程展开的逻辑层次？如果有，应遵循怎样的逻辑层次？再次是科学性的丧失。有些教师过于张扬自己的个性，认为阅读教学没有一定之规，讲究逻辑性就会走向僵化，于是阅读教学成了教师"信步由缰"的牧场，率性而为，任意东西，其结果是越教越糊涂。语文首先是一门科学，其次才是一门艺术。科学是其根本，艺术是其外形和枝叶，因为语文教学本身是有规律可言的，比如科学的教育理念，相对完整的知识网络，符合认知规律的教学层次，切合学生智能发展的过程架构等。

语文教学急需建构逻辑，由"模糊"走向"清晰"，从"阴霾"走向"晴朗"。这需要科学创建课程内容，形成内容、思维、方法等方面的逻辑体系。如果我们承认语文是一门科学，那么语文教学就一定有科学性可言，它就应该有严密的、科学的内在逻辑和内在规律。语文教学如果能建立起清晰明确的逻辑层次，教师教学也就明确了任务、方向和标准，就可以摆脱教学的散点化状态，建立起线索型、网格化教学体系。首先，要整体架构语文智能发展体系。可将识字写字、阅读、写作、口语交际、综合

性学习分类构建体系，也可用这五个分项的课程目标综合建构体系，或以某项为主线建构体系。比如以阅读为主线，可以按照体式和内容的难易深浅安排系列，阅读篇目与篇目之间、单元与单元之间建立密切联系，其他四项内容随文学习，适当区分类别和层次，并力求形成逻辑顺序。其次，在学生智能发展与文本价值的有机融合中，体现年段层次。同一个单元的教学，其目标设置，应被纳入整个初中或高中学段的课程目标，考虑其前后的关联，又不能机械重复，各单元发挥各单元的功用价值。再次，科学筹划整体与局部的安排，全面规划课程目标。从学段到年级，从学期到单元，从单元到课文，从课文到相关课程内容都要建立目标层次。在文本解读方面可通过分类方式，将相同或相异体式的文本放在一起进行解读，发现它们在功用价值、外在结构、内在脉络、表达技巧等方面的相同相异之处，从而找到有的放矢的解读思路和解读策略。重视文本语言运用的个性特色和内在逻辑，正确区分和领会实用语言和文学语言的表达功能。有效利用文化经典的价值，充分深入挖掘和正确利用经典作品的核心价值、核心语文教学价值。

科学性 科学性包括阅读教学内容的正确选择，活动载体的有效性，多维交流的积极价值取向，教学促动的有效策略和教学方式方法的合理性，更包括教学构思的巧妙与切实。阅读教学需要考虑过程是否合乎文本主体特征和读者客体需求，师生的教学活动要"科学""有道理可言"。一段时期以来，阅读教学是存在严重问题的，虽然展示了教学目标，但教学内容与过程却与目标没有多大关系，起点不科学，终点不到位，要论效益，那的确是一笔马虎账。

首先，正确确定起点。确定教学起点的前提是教学内容的确定和学生认知能力水平的预判。教学的起点看上去是孤立的，但实际上与整个教学过程密切相关。比如《孔乙己》教学起点是"孔乙己脸色的变化"，这个起点可以将孔乙己的脸色与其生活遭遇乃至命运联系在一起，进行整体感知，同时可以将孔乙己脸色与周围人的表情联系起来，进而解读文中众人"笑"的前因后果及背后隐藏的深意，再由此探究孔乙己被笑的原因及其自身性格的特点，最终揭示出孔乙己悲剧的原因。

其次，构建富有逻辑性的教学进程。教学过程的推演，既应切合文本客体资源的固有逻辑，更要重视学生解读的心理规律。要对教学内容和教学活动作整体筹划，构建逻辑链接，将各种孤立活动有机联系起来，让立体的活动整体推进。如《范进中举》设立的教学过程为：1. 街谈巷议，整体感知。根据你对课文内容的理解，请你以范进乡邻知情人身份，把"范进中举"这个"奇闻异事"告诉乡亲们。2. 再现精彩，巅峰体验。思考将"中举发疯"部分内容按照发疯的过程分为几个层次，这样写有什么好处；自己选取其中的一个层次朗读出来，以小组为单位合作演读，或者把相关情境画出来，在班上展示；"噫！好了！我中了！""噫！好！我中了！"两句话句式有什么特点，所表现的人物内心是否一样？3. 探究"变化"，欣赏形象。梳理范进中举后哪些方面变"好了"，欣赏对范进态度变化最大的人物的言行细节及所体现的思想性格。4. 寻根求源，管中窥豹。辨析文中人物"变"与"不变"的关系，对"范进中举"做悲喜剧性质的探讨。这个教学过程由街谈巷议的整体感知，过渡到发疯情境的再现，并由其中的两句话"好了""好"推展开来，探究范进中举前后的生活状况及性格变化，再跳出故事本身，理性思考其社会意义。这个过程既起伏曲折，又由表及里、由浅入深，体现出前后勾连、层层递进的逻辑性，使学生对文本的感悟顺理成章。

再次，建立问题之间逻辑联系，促进阅读高效生成。构建问题设计的逻辑联系，是提高阅读生成的必要前提。问题应该指向文本最重要的教学资源，它是文本核心教学价值所在，或者学生难以发现的亮点所在。要把这些问题有机联系起来，形成层层推进的教学结构。只有遵循这样的思路展开学习，才会学有所悟，思有所得，感有所获。教学《鸟》设计的问题情境为：作者写到了哪几种鸟以及传达了"我"怎样的心理感受？为什么说"鸟并不永久的给人喜悦，有时也给人悲苦"？文章开头和结尾都写到"笼中的鸟"有什么用意？这样的设计体现了由整体到局部，再到整体的解读层次，也是一个由言到意，再由意到言的领会过程。作者对鸟的生存处境、形貌神态的表现生动形象而发人深思，由此而引发的情感意绪丰富而深刻，强烈而富有感染力。然而美好的事物却常常被践踏和亵渎，这是十分令人痛心疾首的。在文本主体部分设计情境为：作者笔下鸟的美在何处？为什么给人留下如此强烈深刻的印象？这两个问题就文本局部细读从外与内、解读与解构、欣赏与感悟的维度去观察探究，这富有诱发性和层次性的问题组合，有利于学生进入文本思想艺术表现的深处，获得有价值的发现。

确定性　确定性在阅读教学中主要反映在两个方面：一是文本意义的确定性，一是学生理解的准确性。即便文学作品也有确定性、公认性的内容，因此指导阅读要关注作品的确定性，能够正确认识文本的情感倾向、思想意义、创作意图；领会文本在构思和艺术表现等方面的精巧神妙之处；欣赏作品语言，在涵泳玩味、辨析领悟中感受文本思想蕴涵和艺术魅力。文本自身的确定性应是客观的，阅读教学首先是对这种确定性的认同，并对这些内容要素的优劣、正误、得失做出评价。而学生在理解文本过程中，对文本情感倾向、思想内涵、艺术技巧、语言运用的认识理解是否合乎客观实际，则属于阅读主体解读的准确性问题。例如都德《最后一课》所表现的是坚守民族语言与捍卫民族尊严、维护国家主权的关系，如果泛泛地界定为表现了爱国主题就有失客观准确。再比如《邹忌讽齐王纳谏》中邹忌在齐威王面前拿家事比朝廷之事劝其广开言路，这种"比"如认为是比喻，那就把家事与国事当成性质不同的两件事情，比喻当然是为了增强生动性、形象性和便于理解，如此理解显然有失客观。应该看到，妻妾客之"美""我"与臣民之"美""王"，都关乎盛衰兴亡之事，都涉及上下关系，均与"受蔽"与"除蔽"有关，有的是轻重大小的不同，其本质是完全一样的，因而邹忌使用类比或者比较的用意在于使君王于同一类别的事物比较过程中找到个人存在的问题以及革除受蒙蔽问题的策略。此外，语文的确定性另一重含义是求真。语文教学乃至阅读教学实际上也是求真之旅，包括培育学生勇于实践，乐于探究，遵循规律，追求真理的人格精神。阅读就是倡导学生自主探究，尊重学生独特体验和个性化理解，鼓励学生做真实的自我展示。理解了真的含义，认识了真的力量，也就领会了人最宝贵的品质，便会逐渐形成求真的优秀品质。

批判性　以作品为载体，在阅读理解中运用比较、分析、归纳、概括等多种思维方式，多层面多视角观察、思考问题，寻求解决问题的多种构思、方案或途径。解放学生的手脚、大脑、心灵，鼓励学生运用创造性思维和批判性思维去思考、解决问题。这就是语文学习的批判性。

培养和促进批判性思维发展十分重要。首先，以细致深入的阅读为基本途径。要沉入语言文字当中，对其中的重要字词句段，重要的细节片段，甚至是标点符号进行涵泳咀嚼，发现其神妙之处，领悟其深藏的意蕴。这种"咀嚼""发现""领悟"就是批判性思维的投入。当学生全身心"沉入"文本，并进入其中角色，融入其中所表现的生活情境，那么其思维就会空前活跃起来，他们就会不停追寻：文本究竟写的是什么？到底好在哪里？为何这样去写？如果不这样写会有怎样的效果？作品的写作用意或目的到底是什么？通过探寻，作品内涵得到破解，艺术神髓被解构，同时也逐渐养成了批判性思维习惯和能力。其次，善于诱思探究，科学设置问题有效激发学生思维活力。或借助学生的疑问，或根据文本资源和教学价值设置问题，要利用学生感兴趣、有价值、有挑战的问题激发学生思维积极性，为思维历练奠定良好基础。再次，探究批判性思维运用的经验方法，养成批判性思维良好品质。批判性思维只有通过阅读实践并在实践中认真体会才能逐渐形成，要将学生的阅读理解、分析评价、判断推理、科学调整等能力作为重点进行强化，同时要引导学生对阅读活动过程进行反思，将"学"与"思"有机结合起来，梳理经验和有效方法，改革不当的认识和做法。这样学生的批判性思维能力和品质就会不断得到增强和提高。

第七节　大语文与小语文理念

大语文观，就是树立宏观的大语文思想，践行语文生活化、综合性和人文性理念。

语文的生活化　语文学习的外延等于生活的外延，教师必须树立大语文教育理念，培养学生"在生活中学习语文""在生活中能够学习语文"的意识，使学生在语文学习的途径方面能够开拓思路，开辟多种途径。应使学生认识到语文的特点性质决定了从课堂、学校学习语文是必须的，但却是不完善和不充分的，还必须要向自然、社会、生活学习语文，发展语文能力，涵养语文素养。因而阅读教学中无论建构知识、培养能力、开发智力、熏陶情感都不能离开生活。课堂是语文学习的主渠道，应从课堂学习中领悟方法和经验。以此为基础，还应密切关注家庭、校园、周围的生活世界。从教学角度说，语文教学不能脱离生活，死抠课本，要通过生活活水源头的引进增强文本解读的科学性和深广度，联系学生生活去解读文本生活，将课内与课外有机结合起来，这样的语文教学才能形成时间的持续性和空间的广袤性，语文才能变得生动立体而富有生命活力。学生不但"学会学习"也"学会生活和生存"，为其未来语文学习和终生发展奠定坚实基础。

第一，语文教学"有所为有所不为"。所谓"有所为"是应发挥语文教学对学生语文能力发展、素养提升的积极作用。通过语文课堂，使学生能够获得生命体验，经受文化的熏陶感染，受到人文智慧的启迪。"有所不为"是学生语文学习的一些知识、经验、方法、能力需要亲身经历阅读学习和生活的实践，经过自己的体会领悟积累下来，慢慢转化为自己的东西。而这个"实践"的过程与生活密切联系。陶行知认为，远离生活的教育即为"鸟笼子式的教育""学校里的教育太枯燥了，必须得把社会里的生活搬一些进来才有意思""这好比笼子里囚着几只小鸟，养鸟者顾念鸟儿寂寞，搬来一两个树枝进笼，以便鸟儿跳得好玩""然而鸟笼毕竟还是鸟笼，决不是鸟的世界"。[①]语文教学需要"把鸟儿放到天空中去"。这是一个大的构思，学校教育不能把学生仅仅拘囿在狭小的圈子里，要开放生活，给学生提供了解社会、投入社会生活的机会。事实正是如此，语文素养高的学生得益于课外，得益于对生活的关注与热爱，莫言获得诺贝尔文学奖就是一个有力佐证。课内和课外是语文教学的双翼，只有双翼并举，才能自由飞翔，才能如大鹏那样，"怒而飞，其翼若垂天之云，水击三千里，抟扶摇而上者九万里"[②]。因此必须引领学生走进生活，联系生活学习语文。第二，语文的本质属性决定了语文要与生活建立密切联系。语文的本质属性是"学习语言文字的运用"，生活情境下，语文是"言语思维"。而语言是在生活中形成并发展的，是为了适应生活的需要而产生和发展变化的，离开了生活很可能就没有了语言，语文就会失去源头和根本，失去鲜活的生命力。语文是最重要的交际工具和信息载体，是生活的反映，也是生活的组成部分，人类的文化、思想、智慧大都是通过语言文字存留下来得以流传。第三，语文与生命血肉相连。教育的根本目的在于培育有文化、有素养、有品位的高质量的生命体，那就不能不关注人的生活、生存、生命价值。人的生命离不开生活，人对生命的理解也离不开生活。而语文是在生活中形成和运用的，因此语文学习就是人与人之间，人与自然、社会之间，人与历史之间，人与自我之间的交流对话，所以语文是生活世界的构成部分，也是生命存在的形式。语文是生命存在之必需，而生命质量在语文学习的过程中不断获得发展和提升。当然，这并不等于说生活就是语文。有的课过于频繁地让学生联系生活，过于轻佻地组织各种"活动"，出现了脱离文本、牵强附会甚至以生活取代语文的现象，这是走向了另一个极端。

---

① 胡晓风：《陶行知教育文集》，成都：四川教育出版社，2008年版，第1页、第2页。

② 庄子：《逍遥游》，北京：中华书局，2015年版，第2页。

语文的人文性　语文的人文性，指语文课程的文化性、思想性和教育性，通过语文学习继承弘扬人类优秀文化，接受思想熏陶，丰富精神家园，培育健全人格、高尚情操和积极向上的人生态度。借助语文探求生命本原、人生真谛，追求美好生活理想，塑造优秀自我，积极投入和改造社会。人文性表明的"人""文"关系，就是"人"与"文化"的关系，语文教学要以"文"化人，以"情"育人，以"智"立人，以"理"醒人。作为文化重要组成部分的语文自然承载着人类丰富的情感、智慧、意志、品质和思想。"一千个读者就有一千个哈姆莱特"，读者在理解文本形象和客观事物时一定包含了自己已有的情感倾向和思想观念。语文课程的人文性具体表现为：一是涵养灵魂，塑造人格。语文用真、善、美来涵养读者的灵魂，通过触摸语言文字去发现文本蕴藏的真、善、美，并以此熏陶学生的精神品性，在潜移默化中吸收优秀文化的营养，并在与文本文化的交流中使自己的人格品质逐步得到完善。刘熙载认为"文以载道"，其中的"道"就是思想情智、观念主张，而文章是用来表现和承载"道"的。从写作者角度说，先有"道"或者"道"入人心，才能成就文章。"道"可以包含在不同的生活内容中，并通过富有个性的语言形式传达出来。从读者角度说，阅读语言文字的同时，就自然去领会文章的思想情智、观念主张，而在文章与读者思想情感交流的过程中，充分发挥出其"化人""育人""立人""醒人"之功力；二是陶情冶性，培养高尚的审美情趣。有人如此描述汉字书法："无言之诗，无形之舞，无图之画，无声之乐。"汉语言文字蕴含着丰富的思想性和艺术性，是我们取之不尽用之不竭的思想文化源泉。《论语》《孟子》《韩非子》《庄子》乃至《左传》《战国策》《资治通鉴》等诸子和史传经典，其中许多的思想观念作为宝贵的精神财富被当代人所珍视和借鉴，成为人们立言行事的规范，这些都反映了语文所给予人们的精神教益。至于像《诗经》《离骚》《乐府诗集》，再到唐诗、宋词、元曲、明清小说，其中包含着的深广的社会生活、丰富的审美意蕴、真挚的人生体验、精到的生命感悟，都可以使学生体会到生活的真、善、美。阅读教学就是指导学生在理解鉴赏和感悟中，在发现和解决阅读问题的过程中，去获得对真、善、美的认识，涵养真、善、美的精神品质。

语文的综合性　综合性至少具有三个方面的涵义：

一是属性上的人文性与工具性的统一。"工具"是比喻，具有"基础""实用""中介"之义。"工具性"突出了语言运用能力的实用价值和课程的实践性特征，"人文性"突出了其熏陶感染的文化教育价值和精神培育特征。两者的有机统一是语文追求的目标。语文工具不同于一般的工具，一般的工具无论你怎样使用，它都不会带有情感和思想；语文这一工具，一旦使用，它就被赋予了思想情感和观点理念。无论是一篇文章还是一段话、一个词语，都可以展示出作者与众不同的情感特点、思想观点。

语文的工具性还应包括它是收集、筛选、处理信息的工具，是学习各种学科领域知识的工具，还是很重要的思维工具。工具性既包括语文知识，如字、词、句、篇相关知识，也包括语文能力，如听、说、读、写、思相关能力。"工具性"之所以成为语文最基本的属性，就是因为它将语文与非语文区别开来。非语文学习只注重通过语言理解内容，而语文学习在此基础上还要借助内容领会语言，运用语言表达理解文本意义。"人文性"以原义务教育语文教学大纲的"思想性"为内核，内涵和外延上有所扩展，包括"思想性"在内，增加了对人类文明和优秀文化的理解与传承，增加了对人的情感、态度、价值观的关注。一个字、一个词语单独存在有意义，但未必有多少意思，而由字词句连缀成整篇的文章作品，那就不但有意思，而且成了有"文"也有"道"的整体，不但具有了工具性也具有了人文性。从源头上说，人创造了文明，缔造了文化，并不断弘扬文化；同时，文化又滋养了人，培育了人，发展了人。而这种人与文化的互动，促进了历史的向前发展、向更高阶段发展。

"工具性和人文性的统一"，其内涵有几个方面：一是工具性和人文性"融合为一"。用来割麦的镰刀是一种工具，麦子与镰刀当然不是一种事物；语言文字作为传情达意交流交际的工具，同它承载的意义却是不可分割的一种事物，它们骨肉相连、水乳相融。两者的统一，如果要找到源头，那就是古人所云"文以载道"，尽管古今的"道"内涵有区别。阅读

教学领会文本的"写作特点"就是探究言语形式，这是语文工具性质的一个方面；文本的"思想蕴含"就是言语形式所承载的文本意义，是语文属性的另一个方面"人文性"。有的教师前面引导学生"披文以入情""因言解意"，后面让学生理解写作技巧和语言表达。也就是先"道"再"文"。要么与之顺序颠倒。这是不是"工具性与人文性的统一"呢？二是依靠"人文"不能熟练"工具"。语文教学要在读写听说的实践中培养语文能力，还要通过熏陶感染培养学生的思想情感，塑造健康精神和健全人格。如果只侧重于"人文"以使学生具备熟练使用"工具"的能力，即从思想意义开始，到思想意义结束，或只倚重对文本思想意义的理解感悟，语文课也就变质了。事实证明，从人文性出发，到人文性落脚，脱离了言语形式而单纯解读言语内容，不能获得成功。三是应倚重"工具"渗透"人文"。即让"思想意义"工具化，"人文性"语文化。历史、地理、思品都属于人文学科，都具有人文性，人文性不止语文学科所独有，语文学科所独有的是其"工具性"。因此应倚重"工具"渗透"人文"：一是应当清楚语文教学的基本任务是"学习语言文字的运用"，即"语用"，而非单纯的文学教育和文字学习。那么语文教学的核心任务就是培养和发展学生正确理解和运用祖国语言文字的能力，教学过程也应围绕这个核心任务展开。阅读教学培养学生的阅读能力，既要领悟作品思想内涵，接受熏陶感染，又要对文本体式进行解构，也就是领会作品的写作技巧和语言表达上的妙处。阅读过程需要引导学生精细理解，但是仅有对内容情感的精细理解，只是解决文本"说了什么"或者"是什么"还是不够的，还需要解决"怎么说的"或"怎么样"，因而应以文本言语形式为线索，理解和运用语言文字，并致力于提高这方面的能力。言语形式从大的方面包括文本体式及其功能价值，由此出发而派生的结构形式、艺术表现技巧和语言表达上的特点等，以此为基本构思，构建阅读过程：以文解道，以道悟文。二是确立目标应具体清楚。不少教师在课堂开始展示了冠冕堂皇的目标，但是空洞而虚浮，笼统而缥缈，实际的教学并不按照目标行事。因此阅读教学目标和教学行为应求真务实，不追求形式，不好高骛远，可本着"一课一得"

的原则，沿着理解和运用语言文字能力的培养这条主线，渗透人文教育，把语言能力的发展和情感思想的熏染落到实处。

第二种涵义，课程目标的多个维度。

从现代教育学看，知识能力不是像过去认识的那样一成不变，它处在不断充实、不断变化当中，其价值在于以此为基础发展人的思维能力，如抽象、批判、逆向思维等，从而生成新的思想认识、观点主张，获得情感精神上的教益等。因此课程改革必须转到关注学生的"学"上，养成其自主合作探究的学习品质，在获取知识和能力的同时，获取学习经验和方法，受到情感态度价值观的积极影响。三个维度的课程目标，与语文核心素养"语言建构与运用""思维发展与提升""审美鉴赏与创造""文化理解与传承"的内涵十分吻合。首先，"情感态度价值观"维度体现了以树人为本的教育理念，这一理念改变了语文教学以单纯传授知识为基本任务的倾向，注重文化传承，注重语文审美教育，涵养学生灵魂。其次，"过程与方法"维度重在强调学生获取知识、发展能力、提升素养的基本途径，让学生通过探究发现体验知识发生发展的过程。体现在语文教学中，突出语文实践性特点，在习得语言的同时发展思维能力。再次，"知识与能力"维度，内涵外延上比以前更加宽泛和丰富，知识不仅包括静态知识，也包括程序、策略知识等，能力方面除去读写听说之外，还应包括搜集、整合、处理信息能力，言语交际能力，探究发现能力，联想想象等形象思维能力和归纳提炼升华等抽象思维能力，创新思维能力。

三维目标中，第一第三个维度是结果性目标，第二个维度是过程性目标。陈述类知识属于概念性、术语性、固定化的范畴，需要学生认知和积累，这也是语文学习的基础。程序类是学习活动过程，可以指导学生的学习实践。策略类则是大量实践提炼总结的经验、方法。在语文学习中有一种知识可意会不可言传，这就是语言感受知识，或称之为"语感"，它是语文综合能力和水平的一种体现。技能是掌握知识和动作的熟练程度，技能的形成有一个模仿、学会、熟练的发展过程。能力是指完成某种活动具备的个性心理特征和达到某种目的的潜能。技能和能力都需要在语文教学实践中悉心培养才能形成。"知识与能力"目标，需要教师立足于学生的长远发展，使学生学会阅读，学会写作，学会交流，学会搜集、整合、处理信息，学会在实践探究中提高语文能力。"过程与方法"是指对获得知识和能力行为的反刍和总结，也是对已有经验策略的应用。目标确定之后，需要一定的过程和方法来完成，这个过程是理解、探究、实践、体验的过程，这种方法是"同化"或"顺应"的建构策略。"情感态度价值观"维度，情感首先是对学习的热情与兴趣，其次是对学习内容情感的认知和审美体验，还包括与文本情感的交流。态度包括对学科学习的态度，也包括对社会、自然、人生的态度等。价值观突出个体同整体价值的统一，科学与人文价值的融合，生命与人生价值的和谐。这三个维度的目标，既各自独立，又呈现明显的逻辑层次，形成一个立体的由此及彼、由浅入深、由低到高的目标综合体。

　　阅读教学的三维目标有着怎样的关系呢？"维"是构成空间的各种因素，多种因素称之为多维。维度与维度之间是融合的，为相互影响的关系。三维目标并非三项各自独立，而是一个不可分割的整体，共同指向人的全面优质发展。三个维度缺少其中任何一个，都不能使人获得健全发展。三维目标也是相互依存、相互促进的。缺少了其中任何一项都不能构建学生发展的金字塔。"知识和能力"目标离不开"情感态度价值观"和"过程与方法"而独立存在，它需要学生情感的积极投入，也需要思维的积极参与，而且必须有实践作为载体。情感、态度和价值观目标只有在学习者有效获得知识与能力、获得思维的发展的时候才显示出其宝贵的价值。过程和方法，只有以饱满的热情、向上的态度投入学习，以获取知识和能力为价值取向，才能体现它本身存在的价值。三维目标并非地位相等，也并非价值相等。知识与能力应为教学的重中之重，在追求知识与能力目标达成过程中，不能不选择和运用最优的过程与方法。于达成知识与能力目标中，不失时机地进行情感、态度和价值观教育。三维目标分别着眼于让学生学会、会学和乐学。

　　第三种涵义，语文素养形成途径的多向化。

　　课程标准设置了五个方面的课程目标：识字写字、阅读、写作、口语交际、综合性学习。这充分彰显了语文学科的综合性特征，其用意在于表明，学生语文素养的发展，不能仅靠阅读和写作，还需要从识字写字的基础抓起，注重学生的口语交际和口头表达能力的培养，注重让学生参与到语文实践中去，开展丰富多样的综合性学习活动。只有通过多种渠道，采取多种手段，运用多种策略开展语文学习，才能取得预期效果。阅读教学的优良传统要继承，同时又要开设自主阅读课；既要从搜集、筛选、处理信息的角度去培养实用阅读能力，又要通过感受、领悟去张扬学生的个性感悟能力；既需要进行一般意义上的思想内涵和语言表现上的理解，还要进行文学作品的鉴赏和审美。

　　小语文观　就是要回到语文自身的本质上来，回到作为课程的语文上来，使语文成为我们传承文化、获取积累、习得语文能力、进行思想交流的基础工具，借助语文学习涵养精神品质，提高审美情趣。着眼于课程的语文学习，是学习语文的基本和主要渠道，其外延专指语文课堂教学。语文学科的核心能力为"正确理解和运用祖国的语言文字"，即语言建构与运用，学会读书，学会作文，学会与人交流。母语教育的使命是培养合格的公民。文化的传承，心灵的熏陶，品格的塑造，个性的张扬都是自然融合在母语教育中的。小语文，就是要追求语文学习内容和过程的明确清晰、具体可行、科学有序。着力于语言的细部，从具体语文现象开始，由此及彼、以浅入深、因小见大，进而形成阔大恢弘的语文教学境界。

　　这种观念要求语文学习要经过长期不懈的积累，"积土成山""积水成渊"。积累的量度决定语文的厚度和高度，所谓广纳百川，厚积薄发，静水深流。语文是人类认识历史和现实，改造社会和自然世界的工具，离开了语文人们就难以进行交往交流，难以进行合作，难以改造人的主观世界和创造美好的客观世界。第一，语文离不开思维，思维也离不开语文。因为思维需要借助语言，语言是思维的工具和直接现实。语言不是在思维产生之后才出现，而是与思维共同产生。看上去很多时候有思维却没有语言，但实际上只不过是语言没有通过声音和形象展现出来而已，这就是内部语言。而外部语言有时跟思维也不同步，或思维清楚了，语言未必清楚，或思维不清楚，语言可能并不混乱。第二，人们在社会生活交往中通过语言传达情感，表达意愿，交流知识，传递信息。同文字相比，语言更富有直观性和情感性。因而语文教学要从语言出发，提高生活交流中的表达能力，进而提高听、说、读、写的基本语文能力和核心语文素养。第三，语言往往以字词句段篇来记录、呈现文化文明成果，人们借助语言文字认识、理解、吸收它所承载的思想意义。我们知道，人们对生活的认识理解大都是通过间接渠道，因为人们不可能经历漫长的历史，也不可能经历他人所经历的一切。人们通过语文进行学习，掌握人类文明成果，获得改造世界的智慧。打不好语文这根基，很难建成人生理想的大厦。

第三章　阅读教学基本规律

第一节　逆向还原规律

如果要对阅读教学做出反思的话，首要的问题是太过急躁，就如同刚把红薯放到烤炉里，却急着要拿出来吃，结果红薯烤得半生不熟。学生还没有读完一遍课文，就让学生展示阅读收获；学生还未来得及深入思考，教师便急着兜售结论；学生刚开始欣赏，教师便急着做理性分析；学生刚要说出自己的看法，教师就急着将分歧化解；学生还没有对文本进行反刍整合，教师就急着做拓展延伸……学生还没有对文本进行比较深入、透彻的理解，或学生的情感和思维还没有进入文本和作者精神的深处，教师就急于将预设的答案告知学生，或者干脆先把教参上的结论展示出来，让学生进行演绎以印证这些结论。出现这种现象的根本原因在于教师并未深入思考学生的心理和思维需要经历一个怎样的过程。阅读是十分复杂的心理活动，不能将阅读学习过程、学生对文本的解读、阅读教学过程简单化、肤浅化。阅读教学应以写作基本规律为依据，对学生的阅读进行科学指导才能使其对文本获得正确解读。

无论是写实作品还是虚构作品，其生成过程都是客观世界在作者主观世界的一种反映，作品所表现的客观世界也都成为作者的主观世界，客观世界被主观世界"同化""融合"。这有多种情况：一是"理"在"事"

先。即"主脑"在先，生活在后。在生活的经历和体验中，作者内心深处生成了某种"理念"，即思想观点或情感意绪，突然受到外界信息的刺激，或者生活中发生某种事件、出现某种现象，它们与作者内心深处的"理念"建立起紧密联系，于是作者驰骋联想想象展开了生活情境的"重建"或作品内容的"建构"。二是"事"在"理"先。首先生活中发生了某种事件、出现了某种现象，作者因受到外界信息的刺激，而对某一事件或现象产生了某一认识或情感。于是以这种"认识"或"情感"作为出发点，对这些事件或现象进行补充、丰富或改造，然后用一定的语言形式呈现出来。三是因"理"造"事"。与第一种情况不同，作者内心里积存了某种思想观念或情意，却并没有受到现实生活的触发，于是作者按照生活"应有"的样子去创造生活情境，然后用语言呈现给读者。

归纳以上三种情况，可以得出作者建构作品的一般层次：首先，在作者头脑中形成某种"理念"，即某种思想观点或情感。这是写作的基础，是原始出发点，也是所形成的作品的深层意蕴，无论这个基础的前提是什么，没有"理念"就不可能形成作品。其次，作者内心的"理念"要通过生活事件、现象或情境等化为"意念"，即作者所呈现的作品内容包含了作者的思想情感倾向。再次，作者将头脑中形成的这些生活中实有的或应有的生活事件、现象或情境，运用一定的结构形式和语言文字呈现在读者面前。这个过程说明作者要将其"理念"变为语言文字是需要一个复杂的转化过程的。

阅读过程是怎样的呢？阅读一篇文章，不可能轻而易举直接把握作者的观念，也不可能一下子领悟作者意念层里的东西，它需要一个与作者写作方向相反的过程，即"逆向还原"。从作品语言文字入手，进入作品内容所包含的作者意念之中，最后到达作者观念所在之处，获得关于作品思想或情意理解的结论。因此说，"逆向还原"可以称之为阅读的一条基本规律。

首先，聚力语言文字。语言文字是读者了解作品所表现的生活世界和思想情感的凭借，只有通过语言文字才能走进作品所创造的情境，才能体会和领悟作者蕴含在作品之中的精神意念。由视觉作用于语言文字，再由语言文字进入大脑形成某种概念，然后经过概念之间的组合，最后形成某种思想认识，这就是所谓"理解"；在此基础上，获得的思想认识通过联想想象、分析判断不断建立新的联系，这便是"分析""评价""鉴赏"。阅读不能抛开语言文字凭空去臆断作品的思想情感和写作意图，也不能只是拿他人的解读结论来演绎印证，应该认认真真地读，入情入境地读，有情有味地读。只有这样才能变作者所表现的生活为自己的生活，变作者的思想为自己的思想。

其次，再现作品情境。要走进作品的语言文字，但不能在这里停滞不前，要通过它去认识作者所表现的生活世界，去体会作者的思想情感，并借助联想想象，将作品所表现的生活情境再现出来。语言文字所表现的生活是充满活力和立体多维的，因此要进入作品所创造的"世界"，就是要调动自己心智，发挥主观能动性，展开丰富思维，"再现"作品彼时彼地"情境"，切身"经历"作品事件过程，体验作品所创造的"意境"和所传达的情感。阅读中从语言文字到作者的理念，中间必须经过情境"再现"这个过程。否则对作品的内容意念体验会很肤浅，就不可能对作品所表现的情感有深层次理解，也很难正确深入把握作者精神理念。欣赏杜甫《望岳》如果只着眼于"会当凌绝顶，一览众山小"这两句诗，似乎也能看出作者所要表达的襟怀志向，但是缺少了依托和铺垫，就会十分苍白和抽象。如果能借助语言文字展开联想想象，再现作品所展示的泰山风貌，展示出"齐鲁青未了"所表现的群山绵延不绝画卷，"造化钟神秀"所展示的泰山的奇秀风景，"阴阳割昏晓"所表现的峰高千仞、遮天蔽日气势，"荡胸生层云，决眦入归鸟"所描绘的诗人沉醉于幽岫含云、林鸟飞翔动人情景的神情，那么也就能够具体充分体验到泰山的神秀、高大、绵延，也就能深入领会到诗人仰望泰山的激越情怀和由此生发的高远志向。

再次，达到深层理解。"深层理解"就是对作品蕴含的哲思、作者的精神理念进行深入探究。如果说对语言文字、文本情境进行的理解还是感性认识阶段的话，那么对文本的"深层理解"则进入到理性认识阶段。在

这个阶段需要运用多种思维方式尤其是纵横思维、综合思维和归纳思维，对文本内涵进行深入挖掘、横向拓展、反刍整合和提炼升华。这个过程应是自然而然、水到渠成的过程，不是生拉硬拽、牵强附会的主观臆断。文学作品深层次、内在的思想意义一般不显露在语言文字表面，而隐藏在对形象、事件、情境的刻画描写当中，因此需要读者由表及里、由此及彼，通过分析综合、抽象概括、提炼升华，透过现象挖掘隐含其中的本质，透过对形象、事件、情境的抽象活动，领会作品的深层意蕴。如苏轼《记承天寺夜游》，记述了作者与友人在月明之夜游赏承天寺所见景致和快乐心情，但是实际上这是挫折和坎坷下的"快乐"，表现的是作者敢于面对不幸挫折，勇于超脱现实苦难的人生态度，反映的是其宽广胸襟、豁达情怀和坚韧品格。可见，阅读如果不进行归纳概括、提炼升华就会停留在文本表层，看不到文本灵魂，"窥一斑而不见全豹"，那自然就不可能把握作品神髓，也不能从阅读中获得有价值的认识。

第二节 言意相生规律

规律是客观事物发展过程中的本质联系。本质也即事物内部的联系，是由事物的内部矛盾所构成的。从阅读本质上说，"日常生活阅读"与"语文课堂阅读"并非一回事，前者是自然的、非规范状态阅读，目的不确定，后者则是有明确目的、规范的阅读学习活动，其外延就是"学习语言文字运用"。

将规范的语文学习状态下的阅读定位于"语言文字运用"，是由语文学科的性质决定的。《义务教育语文课程标准（2011年版）》指出，"语文课程是一门学习语言文字运用的综合性实践性的课程"，这个定义包含的一是语文学习的内容，二是学习语文的基本方式。学习的内容是"语言文字的运用"，学习的方式就是实践中、综合理解运用中。语文阅读的本质特征就应是在阅读活动中"学习语言文字运用"。非语文学科的文本学习，要学习和掌握的多是文本内容，比如数学、物理、化学的公式、定理、原理，历史、政治中的事实和包含其中的思想观点，生物学中的类别和生命结构等，掌握了文本内容也就完成了学习任务，而语文阅读学习掌握文本内容是必要的，但还只是基础和前提，其更主要的目标是掌握承载文本内容的语言文字运用的方式方法。

着眼于"言"与"意"的关系我们不难发现，非语文学科的文本学习从言到意，其流程为"言→意"；语文阅读从言到意再到言，其流程为"言→意→言"。两者在遇到难以理解的内容时，便会出现由"言"到"意"的多次反复，但区别非常明显，数理化等非语文学科的落点是"意"，语文学科的落点是"言"；数理化等非语文学科"得意"后可以"忘言"，而语文学科却还需要在"得意"之后"以意求言"。

阅读教学具有多种矛盾关系，"言"和"意"的矛盾是最基本的矛盾。如果语文教学失去了"言"，那也就失去了学科的教学价值；失去了"意"的教学，往往会使语文变成零散的语言材料，语文教学就变成技术训练。所以正确处理好"言"和"意"的关系，就是抓住了语文教学的主要矛盾。

一、实际阅读教学在处理言意这对矛盾关系方面，存在若干问题

（一）轻"言"重"意"。许多阅读课堂，目的就是为了弄明白文本所写内容，或者文本的思想情感内涵，即以文本"写了什么""这样写表现了什么思想情感"之类作为阅读教学的主要任务或任务的全部，而关于文本如何运用语言去表达内容和思想情感却忽略了。虽然也有语句的分析，但是只注重于阐释语句的"内涵"。再比如古诗词教学只注重思想内容的"鉴赏"而忽略了语言文字的"品味"。

（二）"言"不解"意"。与第一种现象相反，看上去也注重文本语言的理解。但实际上一方面关注了语言却忽略了文意，对语言的理解没有指向文意的解读；另一方面其中所重视的"言"却是语言学上的"语言"，

而非运用中的"言语"，或者说是静态的词义和语法意义，而非语境中的语言理解。比如在文言文教学中，教师教学目的只是字词句解释的落实，能够正确翻译文本。这样的理解只能是释"义"而非解"意"。另一种现象是过于注重古汉语知识的传授，比如词类活用、特殊句式等。这样的文言教学只重视了"言"而忽略了"文"，甚至是只剩下古汉语知识，"言"也失去了。而关于作者"怎样"或"为什么"用这样的"言"去表现"文"就更无法顾及了。在一些文学作品教学中，看似由语言入手"以言解意""以言感情"，但所重视的"言"却都是一些表现技巧或者修辞手法等方面的概念知识，而语言的表现力却被忽视了。

（三）得"意"忘"言"。语言文字是一座桥梁，桥梁这边站着读者，那边站着作者及其所展示的生活世界。从这边走向桥梁那边才能走近作者，走入作者所表现的生活世界。中学生的文本阅读不完全等同于一般意义上的文学鉴赏，它们有相同之处，又有显著不同。一般意义上，鉴赏文学作品的主要目的是理解作者心意或与作者心意相通，而中学生的文本阅读，也需要理解作者心意或与作者心意相通，但其注意力要落到语言文字这座"桥"上，欣赏领会"这座桥"的作用应是主要目的。可实际的语文课常常过河忘桥，得"意"忘"言"。许多教师教学《孔乙己》，只是让学生分析人物性格或理解作品主题之类，而对于作品是如何运用语言文字去塑造形象和表达主旨的却避而不谈。

（四）得"意"忘"形"。形乃作品的呈现形式、内部联系，是作品的行文思路和局部之间的关系，也包括表现方法等内容。"言"应该包括"形"，但是在许多教师心目中"言"就是遣词造句，而"形"则属于艺术构思。因此教学中似乎很重视语言的欣赏品味，"哪个词句用得好，好在哪里"成为流行模式，而对作品呈现形式却视而不见。因此学生不能对阅读文本整体把握，不能深入理解作品各部分之间的关系，不能体悟作品的内外脉络。这势必造成文本解构的缺失和写作中结构文章能力缺乏、作文思路混乱的严重问题。

以上厚此薄彼、顾此失彼、互相隔离的教学现象，都违背了语文学习

"言意相生""言意共生"的基本规律。"言"和"意"的相生、共生，"意"因"言"而得到更加鲜明的突出，"言"因"意"而变得更加充分深刻，"言"和"意"共同生长，乃是深入体验文本"言"和"意"的正确途径。

二、正确处理阅读教学中的言意关系，既得言又会意

（一）追求言和意有机融合

第一，因"言"得"意"和因"意"悟"言"的多次往复。因"言"得"意"就是通过语言文字领悟作品的思想内涵，理解作者的写作用意。这就要通过语言文字这个载体深入到文本内容中去，体会语言文字所承载的思想内涵，探寻语言文字背后蕴含的情意。如执教《范进中举》设置如下几个环节：1.街谈巷议话中举。2.巅峰体验赏发疯。3.瞻前顾后见丑态。4.寻根求源探端的。第一个环节以周围乡里人身份谈论范进中举之事，这是提取故事"抢眼"内容，是因"言"得"意"的活动。学生需要在初步阅读的基础上转换角色，把文本中最重要的内容表述出来。第二个环节具体欣赏发疯的场面情景，紧扣具体文本语言，体会语言的表现效果，这是因"意"悟"言"的过程。第三个环节对比范进、胡屠户、众乡亲中举前后的境况状态、思想态度，这是进一步的因"言"得"意"活动。到了第四个环节，一是对人物表现做理性思考，解读闹剧的根源，这是又一次的因言得意的过程；二是对文本所表现出来的强烈的讽刺效果进行理性思考，体会作品的语言表现艺术，这便是因"意"悟"言"的过程。

第二，悟"言"会"意"与得"意"品"言"互相融合。更多的时候文本的语言和内涵需要结合在一起才能领悟到文本妙处。比如执教《观沧海》多数学生能发现诗歌所表现的恢弘气势和阔大境界，但是不能做出正确解释；能感受出诗人所传达的情感具有强烈感染力，但是却读得有气无力；能体会到作品艺术表现上的与众不同，但是又不能用清楚的语言做出说明。鉴于这种情况，可设计如下教学过程：1."吟沧海"。初读课文，说说该用怎样的语气语调语速朗读才能读出诗歌的意境和气势。在此基础上展示写作契机和背景，再读课文，看如何才能读得到位。2."观沧

海"。一是在理解字面意思的基础上，边读边想象，把课文所表现的内容想象成一幅或几幅画面，用自己的语言或用画笔描绘出来。二是归纳一下这首诗写了哪些景物，诗人所写山中秋景有何与众不同之处，诗人看到的大海和我们所了解的大海有何异同。3."悟沧海"。一是还原诗人登临碣石山时的心理感受和神情意绪，二是谈谈诗歌"情""景"关系，诗人如何表现其胸襟抱负。其中第一个环节诵读，自然是从语言入手，但是要读出情感、意境和气势也必须要领会作品的情感内容，这当然是需要悟言会意的。第二个环节借助诗歌语言展开联想想象，领会诗歌所表现的自然景物的突出特征，探究诗人笔下大海的独特之处，这需要由悟"言"会"意"到因"意"品"言"。第三个环节还原诗人心理，体悟情景关系和如何表现其胸襟抱负，则是悟"言"会"意"和因"意"品"言"的有机融合，既是读人，也是读文；既是会意，也是品言。

（二）意和言分步进行

阅读教学要"学习语言文字运用"，但运用语言文字的目的是表情达意，因而应凭借语言文字去领会它所承载的文本内容，而领会文本内容又应从语言文字入手。这样，阅读教学亦可自然而然地形成两个阶段：第一阶段"解读文意"，第二阶段"学习语言"。"解读文意"可以"因言"也可以"因意"。其中"因言解意"包括根据"语言"解释意义与根据"言语"解释意义。"学习语言"可通过"因意"与"因言"两种途径，既可以借助词句段篇之意学习语言，也可以借助已知学习未知的语言。

第一阶段：解读文意。

这里的"文意"包括"词""句""段""篇"的内容和内涵。就"篇意"来说，不同的体式有不同的含义。叙事性文本表现的应是思想和情感，我们称之为"思""情"；说明性文本传达的是事物的属性特征，称之为"知"；议论性文本阐述的是道理、观点或主张，称之为"理"。"思""情""知""理"是某种体式文本主要表达的"文意"，实际上各种体式所表现的"文意"不是单独单一的，而是多元相融的，比如议论性、说明性文本中也表达情感，叙事性文本中也蕴含道理、观点。

就解读"词意"来说，比如学习文言文不可避免地涉及对词语的解释，因为词语解释会影响到对句子和文意的理解，因此要"因言解意"，更需"因意解意"，借助"句""段"的意义去解读词意。《曹刿论战》中"公将驰之"中的"驰"词典解释为"驱马追逐"，但是前文有"公与之乘"，说明是驱车而行并非骑马而行，因此这里的"驰"意为"驱车追赶"。现代文阅读中的词意理解同样需要"因言解意"和"因意解意"，特别是许多词语运用在具体语境中意义已经发生了变化。

就解读"句意"来说，比如文言文既需"因言解意"，根据语言运用的技巧去解释，也要"因意解意"，根据"段"与"篇"的内容去解读句子的意思。如《郁离子·麋人舞猴》："郁离子曰：今之以不制之师战者，蠢然而蚁集，见物而争趋之，其何异于猴哉？"其中有一个关键性的词语"蠢"，应做"蠢笨""愚蠢"解，还是"躁动不安""浮躁无序"解，这就需要结合语境，或者结合"篇意"来理解。

现代文阅读中的难句大致有几种类型：一是运用修辞的句子，二是具有言外之意或丰富内涵的句子，三是长句。解读《故乡》中"两手搭在髀间，没有系裙，长着两脚，正像一个画图仪器里细脚伶仃的圆规"，这个句子就运用了形象的比喻来表现杨二嫂站立的姿态，突出了杨二嫂的不雅姿势以反映杨二嫂精神上的麻木和唯利是图的性格，这是"因言解意"；而通过背景知识与语境意义，对杨二嫂这种姿态以及表现的精神状态进行解读则是"因意解意"。如"孔乙己是站着喝酒而穿长衫的唯一的人"，这个句子中"站着喝酒""穿长衫""唯一"等字眼都表示了孔乙己的"与众不同"，这是"因言解意"。如果结合孔乙己的身份地位、经济状况、现实处境以及他后面的言行、遭遇，就可以理解这句话暗示的是孔乙己的二重性格和悲惨命运的原因，这又是"因意解意"。对那些比较长的句子的理解，既要分析结构，抓住主干，又要联系语段含意进行解读，也包含着"因言解意"与"因意解意"。

理解"段意"，一般则需要根据其内部句子的构成特点去探究，理解"篇意"则常常要依据段落之间的关系去把握。段落内部句子的关系有多种类型，以并列、总分、承接、因果等为主要类型。文章内部的结构往往表现在段落节次之间的关系上，类型更是多种多样，这些实际上已经涉及作者行文的思路。理解了文本的思路，其思想内涵自然也就清楚明了了。对文本词、句、段、篇的解读，看上去是通过分析语言运用来解读意义，即"因言解意"，实际上这些过程也都伴随着"因意解意"。无论是"自下而上"即由词到句、段、篇的阅读理解，还是"自上而下"即由整体篇章到段、句、词的阅读理解，都符合"解读文意"的基本规律。

第二阶段：学习语言

"学习语言"是在基本上掌握了"文意"的基础上进行的，即在前一阶段因"言"解"意"的基础上，因"意"悟"言"。

如何学习那些富有表现力的语言呢？

要运用第一阶段掌握的"文意"帮助分析与理解。如《壶口瀑布》："河水从五百米宽的河道上排排涌来，其势如千军万马……排排黄浪雾时碎成堆堆白雪。"结合文意就会发现，作者描山画水根本目的并不仅仅在于表现自然山水的特性及其热爱之情，更在于从对自然的审视中升华出对文化精神的感悟，因此"势如千军万马""排排黄浪雾时碎成堆堆白雪"这些描写一方面为河水冲入壶口的奇观铺垫蓄势，另一方面为阐发表达刚柔相济、不屈不挠、勇往直前的精神品质埋设了必要的伏笔。可见，借助文意理解这些词语，不但可以领会语言运用的艺术，而且能够从中领悟作者的思想蕴含。再如教学《范进中举》，让学生带着对范进性格和对科举罪恶的认识去理解范进中举时所说话中的词语"好""好了"，便可以深入理解范进中举后的心理活动、经济条件和社会地位的变化乃至于文本所表现的主题。

对于精彩的句子或语段，也可以运用第一阶段掌握的"文意"进行评析与理解。比如《秋天的怀念》中"黄色的花淡雅、白色的花高洁、紫红色的花热烈而深沉，泼泼洒洒，秋风中正开得烂漫"，应该怎样理解作者结尾对菊花的这些描写？如果抛开前文内容，也许只能得出是"我"与妹妹在秋天到北海看到菊花的情态，如果联系全文内容就会发现，这些描写一是扣住了《秋天的怀念》之"秋天"特征，又寓含"我"身体残疾后两次不同心境的比照。更重要的是，当"我"答应母亲出去看菊花时，母亲最后的这个愿望竟然没有实现，这铸成了"我"终生的遗憾；母亲去世后，"我"和妹妹终于来到北海看菊花，菊花成了"我"怀念母亲最深沉的一种象征和寄托，是对母亲最后的怀念，也是以实际行动告诉母亲，"我"已经彻底明白了她那句"要好好儿活"的深刻含义：像黄色的花，平平淡淡地活着；像白色的花，有尊严地、高贵地活着；更像紫色的花那样激情地活着，不屈服于挫折……甚而至于，在作者眼里，那些淡雅高洁、热烈深沉的菊花，正是母亲爱儿子胜于爱自己生命，面临生活的严寒依然坚忍的精神品格！

对于小说中塑造人物的手法，也可以运用第一阶段掌握的"文意"进行评析与探究。如教学《孔乙己》一文，学生掌握孔乙己的性格特征后，再让他们根据对这个人物形象的理解，分析作者塑造孔乙己还运用了什么表现手法，会与我们平时只是从语言分析到人物把握情况大不相同。比如"我们已经知道孔乙己性格具有矛盾的二重性：迂腐与善良、失落与固守、悲惨与滑稽，那么你能从作者多次写孔乙己的脸色以及酒店人们的笑，来领会孔乙己的性格特征吗？"学生经过思考与讨论，自然能归纳出鲁迅的白描艺术与以形传神的表现手法。

"解读文意"与"学习语言"这两个阶段在花费的精力上如何规划？具体情况具体分析。一般情况下，文意解读和语言学习大致各用相当的精力。如果文意不多么深奥，则可以压缩这个阶段的学习，将更多的精力用于"学习语言"；反之，倘若文本意思较为含蓄与深刻而难以顺利理解，如鲁迅的散文《藤野先生》、散文诗《雪》、小说《故乡》《孔乙己》，高尔基的《海燕》，宗璞的《紫藤萝瀑布》，朱自清的《背影》等，则要强化第一阶段"文意"理解的教学。

第三节　体验规律

体验"这种认知方式主要从经历的过程中发现对象的意义和价值，从而得到一种对生活、生命的感发和体悟。体验的方式主要是通过移情、融合、反思，在天人合一、物我两忘的过程中实现对世界和自我的认知"[①]。阅读作品的过程，绝不只是意义的理解和冷静的思考，还伴随着对作品所表现的生活的体验和复杂的情感体验。因为读者在阅读过程中必然要走进作品所表现的生活世界中，并将自己所经历、所拥有的生活世界与之进行观照，使作者和自己的心理情感进行交流。比如，作品曲折离奇、扣人心弦的故事情节会使人紧张恐惧；那些蕴含在作品里的哲思妙理，会令读者眼前一亮，受到智慧的启迪；人物的高风亮节，会令读者肃然起敬、赞叹不绝；那如诗如画的意境，令读者心旷神怡，得到精神的陶冶；人物的悲惨遭遇或悲剧命运，可能会使读者情不自禁潸然泪下……这一切都说明读者在阅读文本过程中常常会将自己的生活体验融入其中，将作品与自己的生活融为一体；常常受到作品情感信息的刺激诱导，将作品的情思变成自己的情思，从而形成一定强度的情感思维活动。

读者为什么在阅读中会将自己的生活和情感融入作品之中获得真切的"体验"呢？这是因为人们在过去的生活经历中，不但积累了生活经验，也积累了情感经验，即不但积存了生活记忆，还积蓄了情感记忆。即便是中学生，他们的阅读也不是在一张白纸上进行。阅读的过程很大程度上是唤醒和激活的过程。在阅读到一定程度之后，读者同作品中的主人公共同体验生活和情感的历程，从而使读者进入到作品的诗意中去，进入到作品主人公的情感中去，使读者增强了对生活的认识，产生了或喜或悲，或激动或惆怅，或愤怒或忧虑的情感活动。

---

① 张伟忠：《万千集》，南京：南京大学出版社，2015年版，第12页。

有时作品中的情感信息比较含蓄，学生不容易受到激发，有时学生缺少类似的生活和情感体验，因而不能产生强烈共鸣。阅读教学中，教师有必要适时创设学习情境，以便有效激发和唤醒学生的联想想象和情感记忆，"入境""入情"，体验作品所表现的生活和所传达的情感。

例如教学《济南的冬天》可以引导学生去整体领会济南"温暖的诗意"，从而进入作品所创造的意境。从济南就像一个沉睡在四周都是小山包的摇篮里的婴儿的想象中，感受到周围环境的舒适宜人和温馨美好的意境；从小雪后山上如同日本看护妇的松树和穿着花衣服的小山，感受到那温情而美丽的山景；从冬天的绿水像水晶铺展的地毯，感受到济南怡人心扉的水景。而从作者对济南冬天的描绘中感受到作者对济南深挚的热爱和无限的眷恋之情。在这里，通过引导学生学习文本富有温度和形象鲜明的语言艺术，走进文本所描绘的情景、所创造的意境，调动自己的生活体验，与作者一同陶醉于冬天济南温情而美好的景致里，与作者对济南山水树木深挚的热爱和无限眷恋之情产生强烈共鸣。

另有一种情形，读者阅读文本不仅可以通过"入境""入情"去体验、感受作者的情感，而且对作品生活的认识过程中也会产生情感。尽管读者没有这样的生活体验，但能够被作品吸引、打动，与作品主人公或作者的情感融为一体，读者似乎也变成了作品的主人公，变成了作者本人，与之同悲欢共喜乐，随作者进入物我两忘的境界，理解着作者的理解，经历着作者的经历，从而对文本境界和思想意蕴的感悟达到了一定深度。

例如教学《小石潭记》，通过文本阅读，跟随作者寻觅、发现小石潭，沉迷小石潭再到离开小石潭，进而体会作者心情的起伏变化。"隔篁竹，闻水声，如鸣佩环"，这时耳闻美妙的溪水声，作者自然是十分"欣喜"，读者也跟随着产生愉快好奇的情感体验；发现小石潭奇异的石形和清幽的环境，作者自然喜不自胜，读者心情也为之畅快；欣赏清澈见底的潭水和自由自在的游鱼，作者简直就是如痴如醉了，甚至读者同作者一样变成了潭水中那自由而快乐的游鱼了；而当感受到小石潭凄寒清寂的氛围，读者和作者便一同变乐为悲，转喜为忧了。在读者情感产生的过程中，也

伴随着对作者生活遭遇和这种遭遇下心情变化的理解。此时的小石潭处在偏远荒凉的野外，就是一个随处可见无人问津的石坑，而作者如此兴致盎然地去探寻欣赏，实际上反映了作者长期贬谪荒原之地，政治上找不到出路，生活上看不到希望，而借山水寄托情怀，排遣内心的孤寂抑郁。而小石潭环境如此宁静清幽，使他找到了暂时的心灵寓所，忘却了人世间一切的烦恼、不幸和挫折。那么，游览同一个小石潭，为什么作者心情前后会有巨大的变化和差距呢？因为政治上的失意和仕途上的坎坷在心中形成的块垒无法仅仅靠自然景观的抚慰来化解消释，当暂时的快乐消失后，作者很快就被现实的剧痛唤醒，那政治上的失意、精神上的苦闷、人生的坎坷以及对前途的迷茫又涌上心头。就这样，读者情感伴随着对作者人生处境遭遇和行为心理的理解而变化，对文本的解读也就达到了一定的深度。

第四节　教学相生相长规律

阅读中"教"与"学"关系涉及这样几个方面：一是"教"与"不需要教"的关系。二是需要和不需要教师怎样地"教"。三是"教"和"学"的关系。

一、"教"与"不需要教"的关系

"在课堂里教语文，最终目的在达到'不需要教'。"[①]1977年叶圣陶在《中学语文》创刊题词中说："教任何功课，最终目的都在于达到不需要教。假如学生进入这样一种境界：能够自己去探索，自己去辨析，自己去历练，从而获得正确的知识和熟练的能力，岂不是就不需要教了吗？而

---

① 叶圣陶：《叶圣陶语文教育论集》，北京：人民教育出版社，1980年版，第356页。

学生所以要学要练，就为了要进入这样的境界。给指点，给讲说，却随时准备少指点，少讲说，最后做到不指点，不讲说。这好比牵着孩子的手教他学走路，却随时准备放手。"1984年叶老又提出"教是为了达到不需要教"。我们认为叶老的观点十分符合中小学教学实际，今天看来，这些思想与课程改革的核心理念是不谋而合的。"教是为了达到不需要教"，是不是可以理解为"不需要教"重要，"教"不重要甚至不需要因而不必在"教"上多下功夫了呢？特别是课改以来有些教师热衷于赶"自主学习""小组合作""导学案"的时髦，不在教上下功夫，取消了教师这一主体地位，贬低了教师在教学中的价值作用，结果教师跟着学生走，课堂表面很热闹，学生却学得很肤浅、效率很低下。

"教"的最终目的是"不需要教"。"教"的价值取向既是实现长远战略目标，即当前的教是为了未来生活、学习、工作的"不需要教"，又是教学构思上的策略，即这里的"教"是为了那里的"不需要教"，或者这篇课文的"教"是为了另一篇课文的"不需要教"，或者这节课的"教"是为了下节课的"不需要教"。"教"是"不需要教"的前提，通过教师的"教"，学生逐渐获得了学习的思路或方法，即使教师不教，学生也能够有效地学，也能够获得比较理想的学习效果。"不需要教"是"教"的结果，是学生感悟到了有价值的经验和养成了良好的学习习惯，并能自主进行学习。

"教"是"不需要教"的手段和途径。没有哪个人是"生而知之"，尽管每一个中学生都可以进行阅读，但是没有教师的"教"显然不行。教师"教"的水平高低，影响着学生的阅读效益和能力发展。所以，如果教师不在"教"上下功夫，对学生信马由缰，没有高水平的"教"，就难以实现"不需要教"的目标。而"教"的目的是培养学生阅读能力、阅读品质，从而为"不需要教"奠定基础。有些学校硬性规定一节课教师讲的时间不能超过四分之一或五分之一，极大地限制了教师作为学习的策划者、组织者和促进者作用的发挥，片面突出学生的主体性而取消了教师的主体地位，导致学生"在黑暗中摸索"的低效状态。由于教师不重视对"教"

的研究，学生的阅读水平徘徊不前；即便少部分学生得到了好的分数，取得了一点"成绩"，那也是靠了延长学习时间、增加学习负担、牺牲发展潜能换来的。这样的教学实际并未发生真正的"教"，因为教师缺少对教材的深入钻研，缺少自己独到的发现，离开了教学参考书便一无所知；对学生的学习能力、学习需求缺少深入研究，不能为学生的阅读学习构建有力有效的支架。看上去天天在上课，学生天天在阅读，其实大量宝贵的时间付之东流。

教师工作的重心在"教"。通过"教"达到"不需要教"，绝非唾手可得，而需要在"教"上下足功夫，追求高质量，这样才能不断促进学生的阅读能力稳步攀升，才能使学生的语文素养发生由量变到质变的飞跃。

二、"教"与"学"的关系

阅读教学应以学生的"学"为主，"教"的目的是促进学生更好地"学"和"学"得更好；"学"因为"教"而取得理想的效益。

首先，"教"要确保学生的"学"真实发生。

阅读课上教师的许多行为并不能称之为真正意义的"教"：

一是知识教学的"旁逸斜出"。对某些知识率性提及，欲言又止，使学生产生困惑而无从解决。例如教师设计《猫》一文的教学，确定的教学内容是"选材与主题"，但又顺便提了一个新知识点"犯笔与避笔"的写法。而对这种写法却没有探究过程的设计和学习结果的反馈设计，这就是旁逸斜出。缺少明确指向、充分的学习过程和相应反馈检测，很难取得理想效果。

二是对文本解读的"教"求全而导致"散光"。看上去面面俱到，哪一方面也顾及到了，但是却淹没了重点难点，"眉毛胡子一把抓"，对文本核心教学资源的解读缺乏深度和力度，没有重锤敲打。

三是以教师的"教"代替学生的"学"。教师主导过分、过多，生拉硬拽或"先入为主""请君入瓮""省略学生思维"的现象比比皆是。从根本上说，教师中心传统观念仍然占据主导地位，认为阅读教学的目的是让学生记住"正确""答案"，而非培养阅读能力、阅读品质。这种情况有多种表现：其一，运用模式化解读代替学生的体验和思考。教师设置一个"万能"的句式作为阅读模式，让所有学生照着一个模式解读课文，把不同水平层次和个性需求的学生全装进一个套子里，这是典型的"削足适履"式教学。其二，以集体讨论代替学生个人的阅读感悟。忽视阅读中学生阅读感悟的一般规律，省略了学生自主阅读感悟过程，急不可待进行小组讨论。而由于学生个人缺乏对文本的深入理解，讨论大多局限于文本表面。其三，以导入语、作者背景介绍、图片视频、预设结果代替学生对文本的理解感悟。如教学李清照《武陵春》这样导入："在宋代词人李清照的眼里心中，最有沉重分量的事物是愁。她是如何写内心愁绪如何表现愁的分量的？"学生还没有阅读课文，教学导入便先将词表现的情意和独特之处告知了学生，而这些应该通过对文本语言和作品所创造的生活情景、意象研读涵泳、鉴赏品味去感悟获得。又如教学《紫藤萝瀑布》，学生还没有阅读感知课文语言，教师便将宗璞的经历、文学创作成就以及宗璞一家在"文革"期间的遭遇包括弟弟的状况等内容，都讲授出来。这时学生再去阅读课文就索然寡味了，一切秘密都不复存在，他们要做的就是印证。还有的课堂滥用图片、视频资料，以此代替学生对语言文字及其所表现的生活情景和思想内涵的体验和理解。

其次，"教"要促进优质地"学"。

教师通过"教"去引发学生自主独立学习的积极性，在"教"的指导下学会"学"，形成终身学习的能力；这种以教会学生学习为价值取向的教学观，必然重视"教"的科学性和对学生学习能力和学习兴趣的培养。

第一，"教"要使学生有效地"学"。

有教师提出了一个问题："什么样的教学才是高效教学？"张伟忠先生回答说："把低效和无效的部分丢掉，剩下的就是高效的教学。"这个回答有些揶揄意味，但却充满了智慧，既切中了语文教学存在的问题，也隐含了丰富的内涵，给人以深刻启发。

"教"要为"学"引领正确导向。有的教师在这方面做得恰恰相反。

例如执教《河中石兽》一课，学生阅读归纳，得出了凡事不能"据理臆断"的道理。于是教师针对这一道理，提出了一个话题让学生去思考展示：列举有关"据理臆断"的事例，探究造成这些现象的原因所在。这个环节花费了课堂三分之一的时间。文本解读理应"向内转"，要着力引导学生深入理解、把握文本的思想观点，这种观点赖以存在的根据以及这个观点之下各种要素的关系。如果文本内在的思想意蕴还没搞清楚就急着"向外跑"，跑到文本之外去胡乱探究，这是方向上的误导。

课堂缺失了教师的方向指引，学生势必像无头苍蝇一样乱飞乱撞。要根据文本核心教学价值正确规划学生的学习从哪里作为起点，最终走向哪里，达到什么程度。许多课看上去拿来了许多东西让学生学，但教师教得模模糊糊，学生学得迷迷糊糊、似懂非懂，与文本有不小的隔膜，究其根本是教师对教学方向缺少明确认识和清楚表达。到头来学生对文本的认识模棱两可，莫衷一是。

其次，"教"要促进有条理地"学"。学习的效果、效率，往往与是否学得有条理相关。"能力的长进得靠训练，能力的保持得靠熟习，其间都有个条理、步骤，不能马马虎虎一读了之。"[1]学生对文本理解的过程应该是具有一定逻辑层次的，教师提供的教学支架应该顺应学习的需要。课堂教学过程，环节不宜过多；前后之间因果相承，不可逆反。教学过程的设计，还需放到教学目标中去审视，一堂课甚至一个单元的课程，学习的终点在哪里应该十分清楚。这个终点实际上制约着一堂课、一篇课文、一个单元甚至一册书课程学习的每一步行为。这些内容之所以先学，是由于它距离教学目标在逻辑上相对较近；这些内容之所以后学，是由于它距离教学目标在逻辑上相对较远。教学过程规划以及教学实施应以这种逻辑上的远近关系为依据，这样才能确保学生"学"得有条不紊、循序渐进。

第二，"教"要使学生有价值地"学"。

---

① 叶圣陶：《叶圣陶语文教育论集》，北京：人民教育出版社，2015年版，第136页。

通过教师的"教"使学生"学"得方法。

学生能否在阅读活动中领悟到解读文本的方法，关键在教师的引导启发。对于经典篇目，需要引导学生深入理解和透彻把握其思想艺术内涵，此谓"教教材"；而对于非经典篇目，着重获取语言文字运用及语言表现上的经验，谓之"用教材教"。其共同之处在于均应将领悟方法经验作为教学内容。这个方法、经验包括阅读方面的和写作方面的。通过阅读实践，逐步掌握文本解读的思路方法，并将其迁移到更多文本的解读中。所以教材文本是凭借，悟得经验、习得方法是目的。阅读教学的落脚点，不是文本内容，而是文本形式。学生主要从阅读过程中去感悟文本解读方法、作品写作方法和语言表现方法。

需要指出的是，如何让学生获得这些方法十分重要。我们看到有许多教师热衷于让学生记忆背诵现成的"方法"，这样做没有价值，因为这样会将活的方法教死，而且"纸上得来终觉浅，绝知此事要躬行"，要获得文本解读方法、写作方法、语言表现方法，离不开文本解读和语言欣赏的实践。

"教"要使学生养成"学"的良好习惯。学习的主要目的一是获得知识，一是养成良好习惯。使学生将语文学习日常化、生活化、规律化，变成一种自觉的行动，这是教师"教"的重要担当。阅读学习的习惯涉及很广，如自主预习的习惯，能借助文本阅读、查阅工具书，自主阅读理解文本；如做阅读笔记的习惯，将阅读的感悟、产生的疑惑、重要语句的理解通过笔记和批注的方法写下来，同时应当在阅读过程中多思考、多比较、多归纳；如学习反思的习惯，通过一篇课文、一个单元的学习取得了哪些学习的经验，出现了什么问题，有哪些需要调整的做法等等，这些都需要教师的指导和引领。

第三，"教"应使学生优质地"学"。

教师的"教"要满足学生"学"的需求。

"不愤不启，不悱不发"，教师的"教"要教在当教之处，要教在学生需要之时。学生已经自己弄懂了，教师就不必不厌其烦地"教"；学生自己

弄不懂或者搞不清楚的地方需要教师踏实地去"教";学生对文本重要的教学资源认识不清或有所忽略,那就要通过"教"使学生对这些地方发生兴趣。总之"教"要有力地激发学生的学习兴趣和积极性,保持学习的内驱力,满足学习的心理需求。

教师的"教"要促进学生"学"得深入。

要使学生优质地学,就应调动学生的思维,使其能够深度参与学习。而要做到这一点,需在正确利用文本教学价值的基础上,通过质疑促进学生深入思考。《礼记·中庸》中说"博学之,审问之,慎思之,明辨之,笃行之",这样一个阅读过程,"思"是核心,"学"和"问"是缘起,"辨"和"行"是归向。阅读过程如果缺失了分析综合、比较辨别和归纳提炼等抽象思维,离开了联想、想象等形象思维,就不可能对文本进行有效解读。阅读的过程也是发展学生的思维的载体和途径,通过阅读培养和发展学生的思维能力和品质,开发学生的智力。

第五节　建构规律

阅读是在读者已有认知结构的基础上,使自己的认知结构不断丰富、改变、调整的过程,而就在此过程中,其阅读能力和水平不断获得提高。学生的认知以已有的认知结构为起点,并非在一张白纸上起步,按照皮亚杰发生认识论的"建构学说",读者主体与文本主体进行双向交流,读者的认知结构发生新的变化,从而使原有认知结构更加丰富或产生新的组合。建构主义认为,知识的意义并非由他人包括教者单向传输讲授而获得,而是学习者在某种特定情境中,凭借其老师和同伴的帮助,利用必要的学习资料,通过意义建构的方式而获得。因此,"情境""协作""会话"和"意义建构"是学习发生的四大要素。

当阅读主体受到阅读信息知识的刺激时,读者和文本之间便进行互动交流。当阅读主体和客体的认知结构没有差异或差异很小时，文本信息知识便被读者吸收，主体将客体"同化"；当阅读主体和客体认知结构有较大差异时，阅读主体就必须调整、改变自己的认知结构，将两者之间的差距缩小，将文本客体的信息知识吸收过来，这就是通过改变阅读主体的认知结构"顺应"文本客体认知结构。事实上，多数教材文本阅读需要学生心理的"顺应"过程。因此阅读是在探究他人的思想和思路，文本是作者借以反映个人生活经历和思想认知、情感体验的载体，那么阅读主要是读者以陌生眼光去审视作者于文本中所表现的生活历程和思想情感。

比如同样学习《小巷深处》这篇课文，教师发现多数双亲家庭的孩子都难以理解"我"与"养母"之间发生的情感矛盾和"我"情感发展变化的复杂心理；而一名单亲家庭孩子的理解就比较深刻和到位。这说明前者没有后者家庭的生活经历或与有缺陷的亲人共同生活的体验，其认知结构中缺少这种情感，因此需要一个"顺应"的过程；而后者由于自己有着类似的生活经历和情感体验，因而文本解读过程只需要一个"同化"的过程。再比如教学《赫尔墨斯和雕像者》，学生对作品结尾的"突转"比较陌生，即文本内容在其知识结构中是一个空缺，那么学生的学习就是一个"顺应"的心理过程，使自己的认知结构"顺应"文本的认知结构；而当在此基础上再去学习斯科特的《窗》这篇课文时，对于作品中的"突转"的情节特点已经有了比较清楚的认识，也就是说，学生的认知结构与文本《窗》的认知结构没有太大差距，这时候就会比较顺利地获得文本的意义，也就是运用已有认知结构"同化"阅读客体的认知结构。

第四章　阅读教学文本解读

　　阅读教学是一个系统的过程，它包含了文本解读——文本解构——内容选择——内容整合——教学构思——教学实施——教学反馈等诸多过程。

　　阅读教学中的文本解读，是一种主客观融为一体的思维情感活动，需要处理好文本、作者、客观世界、读者的多种关系。主导理念为"一体两翼"，"一体"是指以文本客观意义为主体，"两翼"是指以作者原初意图和读者具有个性化理解的意义为两翼。其基本思维图式为：以文本客观意义为基础，有效发挥读者的主观能动作用，包含个性化理解和独特体验，有价值地借助作者的理解和运用背景解读文本，以有效实现课程价值。其首要任务是解读文本的意义，进而理解作者的意义，在此基础上实现比作者更好的理解，从而全面、深刻、科学地认识客观生活世界的意义和语文学习的价值。

　　文本解读就是多维对话，是师与生，师生与文本、作者，师生与课标，学生与生活、自我的对话，通过多重对话，共同建构文本意义，不断发展提升学生语文核心素养。

第一节　文本解读的意义价值

语文阅读教学最根本、问题最突出的是文本解读，因为文本解读的质量、水平决定着阅读教学的水平效益和优劣成败。文本解读不管是对教师还是学生都十分重要，它制约着学生阅读能力发展的速度、质量。教师不能像过去那样只在教学过程、教学方式方法上下功夫，而首要的、重要的是在解读文本方面下大力气。

一、开拓新的生活视野

将文本客观世界与读者主观世界结合在一起，使两者进行互动对话、沟通交流，进而实现融合生成，这是文本解读的基本过程。任何阅读不是空中楼阁，也不可能独立存在，学生阅读的基础是当下已有的"生活视野"，阅读使学生进入作者生活视野，认识作者所表现的生活世界，学生眼里心中就有了两种生活世界，通过这两种生活世界的相互辨别、相互融合，视野扩大了，内容也丰富起来了，头脑中形成新的生活世界。而在新旧世界的有机融合中对人生和社会产生更为深入的认识理解，精神世界得到广泛拓展，人生经验不断增长，于是学生崭新的自我世界得以构建起来。

对文本解读者来说，任何文本都是一个开放性的世界，读者对文本的理解也是一个不断生成发展的过程。其中原先被误解的被后面的读者纠正，隐藏在文本中不被发现的意蕴被挖掘出来，曾经公认的结论被新的观点推翻。学生对文本的理解和感悟是个性化和独特的创造性理解，于是文本的意义价值就会不断得到拓展和重构。而且学生在解读文本过程中，融入并接纳新的客观生活世界，必然会开拓自己的生活视野。

二、获得精神成长

文本解读的根本任务是发展学生的语言感受力、理解力和运用力，但语言并不独立存在，语言及其承载的思想情感意义会同时影响学生的心灵世界，而母语教育的宗旨是通过语言文字学习继承和发扬人类优秀传统文化，涵养人文精神，因此陶冶情操、塑造人格、促进学生精神成长，也是文本解读的应有内涵。阅读教学不可能也不应该丢弃学生精神世界的建构。"阅读活动实际上是通过与作者的对话达到对作者与自我的双重发现，最终达到知识的传递与精神的升华，使自己内在的生命本质获得一种更高层次的新的形式。"①在文本解读过程中，学生既与文本、作者进行多方面交流碰撞，同时也对作品思想艺术理解接纳、消化吸收，在理解文本客体的同时也进一步理解自我，这种深度融合便促成了人生智慧与生活经验的不断增长。

三、创造美好的生命世界

文本解读过程也是学生自我生命成长和生命世界构建的过程，通过设身处地体验文本情景和情感倾向，领会文本的意义价值，对文本产生认同感，进而实现与文本思想情感、艺术表现的融合和认同。解读文本的过程实际上就是将文本客体生命与学生主体生命相结合的过程，学生将文本客体生命融合到自己生命中来，甚至成为自己生命的组成部分。也就是说，学生面对的不是文本而是有血有肉、有喜怒哀乐、鲜活的、充满生机的生命。阅读文本就是感受生命的美好与苦难，活力和坚韧。学生可以借助文本认识生活，领悟阅读的方法经验，更重要的是可以联系自己的生活经历和感受，利用直觉、情感、体验等感受生命的过程、本质，这就是再认识、再发现、再创造生命的过程。因此文本解读对学生是关于自然、人生、社会等生命体验的唤醒，对文本语言的感悟也就是对生命的感悟，生命活动通过言语活动直接体现出来，言语实践离不开对生命律动的感受。

---

① 钱理群：《语文教育门外谈》，桂林：广西师范大学出版社，2003年版，第283页。

只有这样的文本解读才能真正唤醒学生的灵魂，建立生命的审美属性，进而建构美好的人生。

文本解读从根本上说是一种自我体认的过程，客观生命现象进入学生生命主体，经过自我领悟去同化和吸收，使其生命世界变得更为宽阔高大，对世界有更为深刻的认识理解，其生命的品位也就得到提升，因此文本解读就是学生的自我实现。文本解读是学生以自己的生活视野、人生体验、阅读诉求、心理趋向、价值观念、认知基础和情感需要去理解、感受、建构，去铸造生命、建构人格。它是学生在投入全部生命力和融铸个性品格，与有血有肉的文本进行沟通碰撞中，在体味文本所表现的智慧、情感过程中，树立起人生目标，发现自我存在价值，得到精神愉悦，情感满足的过程。可见其不只是解读文本生命客体，而且观照和铺展自我生命。因而，理解文本中的人物形象就是审视自我，理解文本内容就是感受自己的生活，探究文本思想意义，就是理解自己的人生价值。文本解读需要唤醒学生的生活经验，不断审视自我内心世界，经常回顾自己的人生经验，在主客体融合的过程中，获得对生命、人生更新更深的理解认识，构建完整的自我生命世界。

四、影响教学立意的优劣高低

阅读教学的立意十分重要，"意犹帅也。无帅之兵，谓之乌合"[1]，有了"帅"，教学才会有灵魂，才会有明确的追求；有对学习结果的预期和学习效益蓝图的描绘，才会生成有效的教学策略和教学方法。确定教学立意的依据包括学生已有学习经验、认知水平、学习能力、学习需求，也包括课程目标、教科书的编排意图，还包括文本的"特质"和语文教学的核心价值等，最重要的当为文本个性及其独有的教学价值，因此对于文本理解认识的程度和角度，决定了教学的价值取向和教学效益的大小。倘若教师并没有正确认识文本资源，没有深入理解文本内容，也就无法确立科学有

---

① 王夫之：《姜斋诗话笺注》，上海：上海古籍出版社，2012年版，第45页。

效的教学目标，使文本解读流于肤浅，学生也就很难走进课文，进而领会作品独有的教学价值。阅读课上需要教师让学生踏踏实实地去感受作品的语言文字及其蕴含的思想情感和文化意蕴。阅读教学中常出现文本解读偏颇、保守、庸俗单一等现象。其原因与原语文课程标准中课程内容的抽象笼统有关，《义务教育语文课程标准》（实验版）对7~9年级设置了五个方面的分项目标与内容，这些目标看上去明确，但是具体到一册课本、一个单元、一篇课文中，目标是什么，教学内容是什么，我们要培养学生哪些语文能力，就模糊不清了。同时与教师的识见与文本解读能力有关。例如教学《猫》这篇课文是教学生体会描写小动物的方法，体会选材构思方面的特点，还是探究其包含的悲悯的人文情怀？课文的哪些方面或者哪些点才是教学资源，有些举棋不定。

五、促进教学内容最优化

教学立意的高低决定着教学内容选择的质量水平。为什么相当一部分学生对语文课兴趣不高？一个重要原因出在教师身上，对于学生已经懂了、会了的内容，教师引着学生"纠缠不休"，学生不懂不会的有价值的内容，教师却不能引导学生去思考、探究。浅的教不深，深的教不透。这就是对教材文本资源的认识水平欠缺。一篇课文究竟拿什么作为教学内容需要考虑三个方面：文本的突出特色和独有教学价值、教材的编排意图、学生的学习需求。而认识理解文本的特质和独有教学价值，其途径只能是文本解读。教学内容和教学构思的设计是不可分割的，缺少了哪一方面都不能形成有效的教学方案，选取教学内容并非是一个孤立的问题。例如小说《孔乙己》篇幅较长，人物众多，内涵深刻丰富，具有很高的思想性和艺术性，教学资源非常丰富。小说以塑造人物形象为中心，通过故事情节或生活事件的叙述以及深刻的环境描写反映社会生活，那么《孔乙己》突出的特色和独有的资源是什么？首先是形象的独特性。孔乙己是封建社会腐朽没落时期和科举制度衰颓阶段的特殊产物，同时他又是一个"与众不同"的处在社会底层的知识分子形象，他有那个时代"那一类人"共同的特点，但更多的是独有的性格和性格中的致命弱点。孔乙己形象具有深刻的隐喻内涵和丰富的人生哲理。其次是作品构思上的严谨缜密和自出机杼。无论是叙述者、叙述角度的选择，还是人物性格命运的发展逻辑，还是人物之间的相互关系，都显示出鲁迅先生作为大家超凡脱俗的思维创造力和高超的艺术匠心。再次是语言艺术方面的深厚造诣。包括精彩绝伦的白描和细节描写，包括语言的锤炼、语言的丰富含义。那么再作统整梳理：孔乙己独特的性格是怎样展现的？其性格与命运有着怎样的逻辑关系？孔乙己命运与周围环境又构成怎样的关系？关注这些内容应该也就把握了作品的精髓。

作品所具有的客观思想艺术价值，一旦进入教科书大都成为教学资源，教材编写者会根据课程设计有效选取和利用教学资源，因此阅读教学当然需要把握文本的课程价值和教学价值。例如《皇帝的新装》创作意图是讽刺鞭挞统治阶层的腐朽、昏庸，因为是童话，丰富的想象、奇特的夸张是其主要思维方式和亮点，这些都是文本的原生价值。统编教科书将其放入七上想象单元，在有效利用文本原生价值，如体会文本的丰富想象夸张的魅力之外，从课后"积累拓展""四，说真话需要勇气，有时还要付出代价。思考一下，如果你当时也在游行现场，会怎样做？然后结合生活体验，讨论关于说真话的话题"可以看出，教材编写者还利用了文本的客观价值，即要有勇气说真话，并以此作为文本"教学价值"的落脚点，这是十分巧妙而切合学生实际的。

阅读教学必须关注学生的学习需求，如学生的阅读兴趣点、思想聚焦点、情感激发点和疑难困惑点，并以此为依据，对文本进行深入解读或指导学生进行有针对的解读。例如教学《老王》，学生的兴趣点应该是老王和"我"身份地位、生活处境及其之间的交往，情感激发点应该是老王在临终前给"我"送鸡蛋和香油，疑难困惑点应是关于"一个幸运的人对一个不幸者的愧怍"的理解。而关于这三方面内容的解读密切关系到学生需求能否得到满足的问题和教学的价值问题。对于老王和"我"的身份地位、生活处境及其之间关系的理解，需要从文本中寻找答案，也需要相关背景资料的帮助，比如人物的遭遇、文革历史背景；关于老王临终前给"我"家送鸡蛋和香油的内容，则需联系文本所写老王如何对待"我"及我家、老王的心理愿望及其此后的去世来理解；关于"一个幸运的人对一个不幸者的愧怍"的疑难化解，则需要引导对双方对待对方的差异进行深入分析。作者之所以愧怍，是因为她对老王的好和老王对她的好，并不等价。作者对待老王就像对待朋友，力所能及，是物质上的帮助；而老王对作者是像对待亲人那样，倾其所有、竭尽全力，杨绛一家是其情感上的依托。这就是说，作者和老王对相互关系的认识一直不匹配。老王将"我"看作朋友亲人，从临死前拿鸡蛋和香油这些在当时最珍贵的食品给"我"家足以看出这一点，但是"我"一直没能明白老王这种情感。而杨绛如今终于能明白了老王的深情，领会到了自己的过失，但已经无法弥补，这才是杨绛心中最大的"愧怍"。这样解读一则适应学生的学习需求，二则有效化解了文本难点。

六、促进教学方法的合理选择和灵活运用

第一，教学立意的质量水平影响教学方法的选择。教学立意的优劣高低取决于文本解读的深浅、新陈的程度，没有文本解读的深刻性、科学性和新颖视角，就很难有教学方法的针对性和有效性，其关系当如源头之于河水，宝藏之于入口，门锁之于钥匙。只有通过文本解读把握了作品教学资源和独特审美价值，才会有的放矢，找到阅读欣赏适宜的思路和方法；反之再好的思路方法也毫无价值。例如《云南的歌会》最宝贵的教学资源和教学价值当为通过展现自然的生命形式以赞美人性之美，这样便可以发现整个作品的独到之处和显著特征。"云南的歌会"形式多样，不拘格套，作者挥笔如椽，开阖自然，从云南歌会的多种形态中选取了最具代表性的三种，突出了三种场面、形式的特征，展现了三幅清丽淳朴的民俗风情画卷。在艺术表现上，或粗笔勾勒，或精雕细刻；或渲染铺陈，或人景衬托；或大开大合，或点面结合，展示了云南歌会的多样化特色，寄寓了作者由衷的赞赏、敬佩之情。那么，便可以通过诵读，感受体会作品创造

的生活诗意、展现的风土人情和传达的思想情感；通过探究歌会的不同形式及其写法，领会不同歌唱方式与描写重点之间的关系；通过欣赏品味，领会作品出色的艺术表现和精彩描写所散发的魅力。

第二，教学内容的优化有利于教学方法的灵活运用。有深意和有新意的文本解读，能使师生更准确地把握文本的特质，以更加科学合理地选取教学内容。文本的特质不同，内容的深浅不同，采取的方法也应做到有的放矢。例如《范进中举》中最有价值的教学内容应该包括：以客观叙述和生动的细节描写塑造人物形象的写法；以展现人物在不同情境下的矛盾状态寄寓深刻的思想内涵；以漫画式的艺术手法，表现出辛辣的讽刺意味。认识到这些资源，方法也就随之生成。

第三，透彻到位、新颖独特的文本解读有利于教师在教学方式方法选择上扬长避短。教师应充分利用自己的特点和专长，以更好地选取适宜的教学方式引导文本解读，进而取得理想的教学效果。不同的教师各有所长，有的感性一些，有的理性一些；有的擅长朗读和朗读指导，有的擅长指导学生分析探究；有的擅长激发学生的情感，有的善于引导学生作理性思考；有的在调控教学过程方面见长，有的对学生的评价方面很有功夫……这就需要教师充分利用自己的长处，采取相应的教学方法。同样的内容当然可以上出侧重点各异、各有千秋、各有亮点的课来。例如《从百草园到三味书屋》如果把作品的思想内容定位于表现儿童生活的"趣"和美好生活失落的"憾"，那么教师可以引导学生去欣赏文中的"趣味景物""趣味事件""趣味传说""趣味人物"乃至"有趣"的场景和细节，领会"现实"情况带给"我"的"遗憾"，进而感受作者对童年生活的深切怀念之情。可以根据教师自己的特长引导学生以读为主线，以读带析，读品结合，读出作品的"趣"之所在和"憾"之情感；也可以设置主问题让学生研读从"百草园"到"三味书屋"变化的性质和内容，找出两者的异同之处；可以引导学生抓住作品"仔细观察、抓住特征、准确生动地描写事物的方法以及遣词造句的精妙"这条语言欣赏线索，体味字里行间蕴含的思想情感。

七、文本解读是规避教学"越位"的有效举措

虽然均为解读文本，但是教师和学生肩负的任务并不相同，其目的也不相同。教师进行文本解读，是为学生的解读提供方向引领、构建支架和设置载体，以自己的解读体验引导学生的解读。学生解读文本，是为了感悟文本内涵意蕴，经受艺术熏陶，提升审美情趣，历练人格品质，从文本中获得丰富滋养教益。由于受到多种因素制约，学生的文本解读往往存在许多问题，诸如认识不到位、观点偏颇、避重就轻等，需要教师引导帮助，因而，教师对文本的解读水平，直接影响着学生阅读学习的质量、获取教益的多寡。

如果教师对文本的解读科学、深入、透彻，那么对学生的引导肯定会有力有效，文本的育人功能就会充分发挥；反之，就会影响制约学生的阅读效益。但是教师文本解读常常出现"越位"和"失位"问题。

"越位"即解读文本过度，过犹不及。一种情况是阐释过度，为了获取更有深意和新意的解读，造成对文本意义和作者意图的扭曲，捕风捉影，剑走偏锋，钻牛角尖，以致生拉硬扯、牵强附会。另一种情况是泛政治化、泛概念化文本解读。由于受学科视野、习惯思维、解读能力等多种因素影响，有的教师沿袭封闭的（甚至过时的、错误的）欣赏标准和评价角度。如解读《我的叔叔于勒》，就是资本主义社会人与人之间赤裸裸的金钱关系；解读《孔乙己》，就是只有封建科举制度的罪恶；提到奥楚蔑洛夫就是媚上欺下、见风使舵的代名词……虽不能说这样的判断都是错误的，但问题在于将这样的结论兜售给学生，以此作为"先导"强加给学生，那么学生的文本解读也就失去了应有的价值，就难以在阅读过程中获得新的、属于自己的感受和体验。第三种情况是文本解读的泛标本化。教师越俎代庖，通过生拉硬拽的方式，设置圈套，将教师的解读变相灌输给学生，学生失去文本解读的自主性。教师唯恐学生不能全面、透彻、深刻地理解文本，便大量占用了学生独自阅读思考的时间和机会将文本做细致的解剖。这种用扩张"知识容器"来存储能量的做法，使得充满活力的文

本阅读教学沦为知识复制的流水作业。看上去学生得到知识了，而自己的阅读体验失去了，阅读能力、思维能力被禁锢了。

"失位"指教师解读文本时未能到位，宽不到边，深不到底，高不到顶，肤浅粗陋。受到"个性化阅读""多元化解读"等理念的影响，不少教师让学生"裸读"，忽视引导学生去关注作家生平经历和写作背景，不能对作者的写作意图进行还原，过于"尊重"个人的看法，结果使文本与学生之间的联系被割断，文本和学生之间难以进行真正的对话交流、思想碰撞。

因此，教师应充当不同的角色去阅读文本，以获得不同的阅读体验，对文本有更深层次的把握，产生丰富全面的阅读体验，这样才能有助于指导学生进行有效解读。

第二节　文本解读的三种视角

一、解读"作品"意义

"作品"的意义，就是文本意义，解读"作品"的意义就是对作品本身的意义进行细致深入解读。文本承载了作者对其眼里、心中生活世界的理解，读者通过阅读文本、理解获得某种客观意义。解读作品意义需要依据文本，从文本出发，而不是依据作者或从作者出发，这是因为文本的意义并不完全等同于作者的原创意图，会出现文本意义与作者意义存在差异的情况，作者内心隐藏的思想意义并不一定通过作品的外在语言完全直露地表达出来，所呈现的生活世界与读者的生活世界存在差异。解读文本内涵可以到作者那里去找答案，也可以发挥自己的联想想象，但却不可以脱离文本本身去随意发挥，文本毕竟是依据。波兰哲学家、文论家英加登说："所有对作品的判断都必须以作品所提供的东西或可以从作品中得到的东西来衡量，对文本意图、作者意图的推测要以文本为据。"[1]如前所述，文本表现作者的意图可能不会直接呈现在文本表面，这就要我们进行判断和推理。而且读者对于文本的解读往往不是一蹴而就的，不可能毕其功于一役，而是需要反复阅读反复揣摩。阅读文本可以初步得出某种假设性结论，但是这种结论往往还需要再回到文本中去检验，从各个部分包括各个细节作深入分析，然后得出正确观点。如果这种观点或结论是正确的，我们就可在此基础上用这个结论或观点去解读局部内容或细节。

解读作品中必然会遇到一些"疑惑"之处和"不确定"之处，尤其是文学作品，从内容到形式，往往具有含蓄性、多义性特点，这就需要读者结合上下文仔细琢磨和推断，或者联系作品的写作背景、时代生活，或借助自己的生活经验去解释和阐述。但这些也必须以文本为依据，并且要拿到文本中进行验证。例如《华南虎》一诗，诗人为什么描述这样一只被囚禁的老虎并在老虎身上倾注了那么强烈的情感？华南虎咆哮着腾空而去的幻觉究竟有何含义？关于这些疑惑和不确定问题，需要以文本所表现的思想情感倾向为基础，再联系诗人的生命遭遇去解释，才能获得合理的答案。

要获得对作品意义正确、科学、深入的解读，往往需要设身处地，透过语言文字表面，深入到事物的内部本质。《老王》中对"那是一个幸运的人对一个不幸者的愧怍"一句的理解，浅层看，"幸运"是指尽管杨绛一家在"文革"中受到迫害，"文革"期间她和丈夫只发生活费，但比起一般的人特别是像老王这样的底层民众来说，可以称得上是"幸运"了；老王的"不幸"是指他孤苦伶仃、无亲无故、生理残疾、生活窘迫、社会地位低下等，他属于社会的弱势群体。这样的浅表性解读是没有深入到文本内层，如果深入解读作品就会发现，"幸运"与"不幸"是就杨绛自己与老王相互关系的比较上说的："我"的"幸运"表现为在那特殊的年代里，老王把"我"当作朋友、亲人；老王的"不幸"有物质方面的，但更

---

① 〔波〕罗曼·英伽登：《对文学艺术作品的认识》，陈燕谷译，北京：中国文联出版社，1988年版，第152页。

深的"不幸"在精神方面，他迫切希望得到别人的尊重，希望别人把他当作朋友甚至亲人，而在与杨绛一家的交往中，他觉得杨绛一家是把他当作朋友、亲人的，所以临终还送香油和鸡蛋来。但是"我"对老王有怜悯、同情，并没有真正把他当作平等的朋友，更别说亲人了。这些是通过对文本深入细致解读而获得的，而不是用一般的生活常识代替的，也不是浅层理解就能获得的。

作品中有许多空白之处，这是文本解读中需要关注的部分。展开想象联想去补充这些缺失的空白，要考虑作品的语言环境和生活情境，合乎作品本身的思想情感逻辑和思维方式。例如解读《孔乙己》，其中"孔乙己大约的确死了"，孔乙己的死应该是确定无疑的，但他如何死亡、死亡时的情景却留下了空白。孔乙己腿被打折，直接导致了孔乙己失去生存能力而死亡，加速了其悲剧命运的到来，那么，孔乙己被丁举人打折腿的情景是怎样的，尽管这个问题与孔乙己遭受精神摧残的话题无关，但却是与人物命运密切相关的内容。这些空白，需要解读过程中联系作品内容，包括人物性格命运发展的逻辑，展开合理想象去加以补充。

二、解读"作者的意图"

作品是作者人生阅历、思想情感乃至人生追求的一种折射，传达的是作者对自然、社会、人生的理解和看法。解读作品不能脱离作者生活的时代、观念思想和人格品质等，所谓"走近"作者，就是走进作者的思想、情感世界，去领悟作者借助语言文字传达出来的写作意图，即作者理解的意义，这是文本解读尤其是对文学作品解读的根本任务。文学作品是经过作者艺术加工的生活世界，并非真实的生活世界本身，因为经过作者的创造，所以打上了作者主观思想感情的深刻烙印。读者阅读文本所理解的世界并非客观事实的世界，或并非直接理解世界本身，而是理解作者对世界的理解或作者的创作意图。如果把读者对文学文本的多种解读方向比作多条线索，那么这些线索有一个中心，这个中心便是"作者对世界的理解或作者的创作意图"。每条线可以向另一方向伸展，但却不能割断与作者理解、作者原意的联系。这样，读者的个性解读和创新解读不至于信马由缰、漫无边际。因此要努力探求作者的真意，对作者"知人论世"以解读作品的意义。

文本既有多义性、不稳定性、主观性的一面，同时也有其确定性和客观性的一面。作者的立意是通过构思和艺术形式呈现出来的，要引导学生去探究构思和艺术表现学习语言文字的运用，发展语文能力。作者通过语言文字表现其眼里心中的生活世界，会创造出栩栩如生的形象和立体多维的意境，如何引导学生走进作者所塑造的人物和所创造的意境至关重要。尊重文本的客观性和确定性，最大限度接近作者的原意。

《老王》写的是"文革"十年浩劫时期发生的故事，但作品意图并不是揭露、控诉、声讨"文革"对人生命、尊严和精神的摧残，倘若这样去理解《老王》显然不符合作者愿意。文中说，"'文化大革命'开始，默存不知怎么的一条腿走不得路了""我们从干校回来，载客三轮都取缔了"。其中"默存不知怎么的一条腿走不得路"其实是这条腿是被打断了的，但作者并没有这样说，其用意就在于避免读者从"文革"的角度去理解本文，写作意图不是批判"文化大革命"，而是进行人格心理上的自我反省。又如《散步》进入人教版教科书后，专家学者和一线老师对其解读主要有三种倾向，一是表现对尊老爱幼传统美德的赞扬，二是宣扬人的责任，三是倡导遵守"孝道"。这些解读也许可以自圆其说，是作品表现出来的"客观意义"，但并不符合作者的创作初衷。莫怀戚在《二十年后说〈散步〉》一文中说，"我认真回答：看起来当然是既尊老又爱幼，其实我骨子里是想写生命""文章写于1985年。我父亲刚去世。照料了他多年的母亲似乎一下子给抽掉了生活目标，身体情况变得很复杂。我有个弟弟是医生，私下说，母亲处在丧偶综合症中，这是一个微妙的阶段，必须谨慎度过，最不能缺的就是子女的陪伴。那次散步，就是一次陪伴。而与陪伴相伴的，就是对'生命'这个命题的感受和思考""但与其他动物有一点不同，就是人类的强壮的生命，没有资格独享强壮——它（我在这里说的是生命，而不是人）必须对它的两端的弱势负责，即强壮当对幼小和衰老负起责任来"①，而这就是"生命的规则"，而且是中国人之"生命的规则"。

三、解读出"读者自己的看法"

要解读作者的意图，理解作者对世界的理解，并不等于说读者不能发挥自己的主观能动性，不能有不同于作者的理解。作品问世以后就成为一种开放的、可生成的、读者可参与共同建构的文本。同一个文本，不同身份、年龄、经历和心理性格的人就会有不同理解与认识。读者阅读的主观能动性一方面要对文本意义和作者意图进行判断和推测，另一方面可能要获得不同于作者的理解认识，甚至是对作者意图的超越，进而实现"比作者更好地理解文本"和"比作者更好地理解作者"的目标。伽达默尔诠释学程序的最终目的就是比作者理解他自己还更好地理解作者。比作者理解他自己还更好地理解作者和文本是阅读教学的生命力所在，也为培养发展学生的创新能力提供了可能。

在文本解读过程中读者与作者具有平等的关系，不应是从属、服从的关系，在这种关系下进行交流对话，进行相互辨认、排斥或吸收。作者是作品的始创者，而读者则是作品的终稿者。文本的意义与价值，是作者思想的产物，但也是读者思想的产物，因为读者在解读过程中经过了涵泳，经历了生活的融合和心灵的洗礼，作品在读者那里得到了丰富和完善。读者的阅读过程就是参与作品的"创作"过程，它使得作品的潜藏意蕴不断地被揭示出来。这启示我们，对文本的解释不能只是恪守作者的意图，不能拘泥于一种固定的答案而抛弃多种意义的理解。要允许学生通过不同的理解去建构文本意义，以培养学生的创新意识和思维品质。

事实上作者在创作作品期间，往往是处于潜意识或无意识状态，对自己作品许多内容的认识并没有想得那么丰富、全面和深刻，那么，师生可以充分发挥联想想象，借助相关背景和知识，借助作品的语言文字拨开云

---

① 莫怀戚：《二十年后说〈散步〉》，载《课文作者谈课文》，《语文学习》编辑部，上海：上海教育出版社，2014年版，第94页、95页。

雾走进作者的意识中去,从作者无意识、潜意识领域中发现作者没有想清楚的问题之真相。教师除去自己的解读之外,还可借助专家学者、教科书编写者对作品的解读,进而获得比作者更有创意和深意的解读。尽管多数学生在一般情况下无法依靠自己的解读超越作者,但教师可通过课堂教学影响和引导学生对文本进行理解,为学生超越作者的解读搭建平台。

第三节　教师解读文本的一般过程

被赋予了教学功能的文本被称为"教学文本",它具有文学和教学的两重价值,是教师教和学生学共用的素材和载体,教师的解读应设身处地去考虑学生的解读需要和解读障碍,借助文本搭建教师、学生、作者多维对话的平台,因而教师的文本解读和专家学者有着较大的区别:

第一,专家、学者的解读,一般更侧重对文本或作者创作"宏观"和"中观"层面的解读,如在更广阔视域下作品所体现的作者风格流派、叙事方式、文本体式等;教师解读文本一般侧重于"微观层面"的解读,去探究隐藏在文本细部的秘密,获得阅读感悟,触摸作品意脉,欣赏艺术手法,行走在语言文字的深层中,并建立起文本细节与整体之间的有机联系。第二,专家、学者一般从评论者或鉴赏者的角度去解读文本,语文教师却以多种角色对文本进行解读。首先要以"鉴赏者"(或普通读者)的身份去理解作品,进行自然状态的解读,原汁原味读出自己的理解,将自己"毫无顾虑"地"融入"作品,与作者的心灵沟通,与作品的情感共鸣。然后以"语文专家"的角色再度走进文本,对作品作"专业解读",运用自己语文专业知识,探求作品呈现的文字、文章、文学、文化等方面的价值,深度开掘思想情感内涵和艺术精髓。再次以"语文教师"的角色研读文本,开展文本的"教学解读"活动,在充分认识文本核心价值的基础上,去发掘文本的核心教学价值,思考解决实际教学中"应该教什么""怎么教""教什么和怎么教才能取得实际成效"等问题。第三，专家、学者更重视对文本"文学价值"的开掘，语文教师更重视对文本"语文""教学价值"的发掘，从中选取合宜的"教学内容"。而且教师注重"教学文本"的多元性解读，要对教材、专家学者、名师经验、学生训练构思等多种教学文本进行审视取舍，广泛利用教学资源，在深入全面解读文本的基础上进行教学设计。

教师文本解读的基本过程应是怎样的呢?

第一阶段：原生态阅读。原汁原味地感受文本，获得直接真切的阅读体验。教师通过陌生化阅读，把阅读对象（即使是读过、教过多次的文本）当做全新的文本对待，暂且将过去的理解、体验和感悟搁置一边，建立与阅读对象之间的距离，进而获得新鲜的、原初性的感受和认识。或许对于新增课文来说这样做比较现实，但对于曾经教过多遍或者十分熟悉的文本做这样的阅读有一些困难，然而随着生活的发展变化，随着阅读视野的不断开拓，随着学生学习需求的不断变化，应当坚信经典文本是常读常新的，也是常教常新的，只要教师去积极追求新的发现，应该也可能读出新意。

首先，要抛弃已有的观点与结论。研读文本，不受已有解读和他人观点的干扰影响，尊重文本的客观思想意义，获得自己真实体验或自然领悟。其次，要挣脱传统思想方法的桎梏。教师在理解和评价文本标准和思想方法方面不能沿袭传统，墨守成规；要突破条条框框，开拓思想视野，开辟新的解读蹊径。一要正确认识各种体式的"变式"及其功用价值，二要从新的视角、新的思维方式解读文本意义。再次，以普通读者的角度进行阅读。教师不能只是以语文专业的角度去解读文本，还需要以普通读者角度去阅读，这样可以得到更真实也更贴近学生阅读过程的体验和认识。

第二阶段：多维度阅读。从不同维度、不同层面解读文本，获得对文本的全面解读。第一个维度，文本的原初意义。如果连作者的创作意图都搞不清楚，那解读文本就失去了基础。第二个维度，文本的客观意义。文章作品一旦进入社会领域成为读者阅读对象，它就不再受作者原初意图的约束，它会在人们的阅读交流中获得特定的意义，这个意义就是文本社会意义。它不是某一个读者所赋予和确定的，而是在漫长的时间长河和宽阔的空间领域里自然而然形成的。既要重视文本的原创意义，又应关注其社会意义，这样的阅读教学才是遵循阅读教学规律，才有生命力。例如《酬乐天扬州初逢席上见赠》中"沉舟侧畔千帆过，病树前头万木春"，本意是用来表现诗人久遭贬谪的失意悲凉和新贵们仕途得意的现实，满含激愤之情。欣赏者和引用者不再用它来表达这样的思想情感，而是常常用这两句诗表达一种哲理：没落的事物已经无可救药，新生的事物必然要发展起来，前景无限美好的生活道理。再如"但愿人长久，千里共婵娟"，苏轼以之表达的是兄弟之情、思念之意，后人常以之表达男女之间的爱慕。第三个维度，读者的个性化意义。表现为两种情况，一是在共同意向和认知基础上的不同解读。一千个读者心里就有一千个"林黛玉"，林黛玉这个形象很美，这是读者的共同意向和认知，但到底怎样的美，美到什么程度，各人有各人的理解，这便是个性化意义。二是没有共同理解意向的差异性理解。有人认为王熙凤是一个机关算尽、工于弄权作术、心狠手辣的人，有人觉得她是一个胸有城府、精明强干、机智过人的人。个性化阅读、多元解读应该均是基于读者对文本解读的原本差异。教师在阅读教学中应妥善处理好一元与多元、个性与共性之间的辩证关系。既不能过分强调文本理解的客观性，也不应过分夸大读者个人理解的空间，保证阅读向着正确的方向行进。

第三阶段：发现性阅读。 通过个性化和多元解读，教师能对作品获得新颖独到的发现。这需要通过寻找新的阅读视角、开辟新的解读途径、建立新的阅读联系，不拘泥于他人的解读，包括别人很有创意的、个性化的解读，进而获得有创意、有价值的结论。

首先，转换观察视角，有新意地解读文本内涵。经典文本是"常读常新"的，这个"新"应该是对文本内涵、艺术价值新的理解、感悟、发现。不同的人对同一文本会有不同的解读；同一个人对同一篇文本，观察思考角度不同，获得的理解感悟也会有不同。例如《我的叔叔于勒》，如果从作品中所表现的菲利普夫妇的形象内涵来看，作品反映了特定环境下在亲情与物质利益的冲突中人们性格的冷漠与自私；但如果从作品的叙述角度以及"我"的行为表现看，作品反映了一种在金钱利益主导人们思想情感的环境中对于人间真情的呼唤。

其次，开辟解读新蹊径，寻找新的解读突破口。我们在解读文本的过程中往往形成固定的习惯方式，对不同体式文本的解读也找到了一些惯常途径，但这些方式和途径如果固定下来，那就会成为解读文本的束缚，阅读思维变得僵化，对文本的解读很难出新。因此，需要不断进行变通，需要不断开辟新的解读途径和寻找新的突破口。例如《岳阳楼记》我们可以从作者已经呈现给我们的作品入手去解读作品的思想意义和艺术价值，也可以从作者创作的立意、构思、选材以及深化作品主旨的思维方法的角度去解读文本。

再次，要作理性审视和提炼，形成有创意的教学思路。教师需要在多角度解读文本的基础上，确定文本核心语文教学价值，寻找体现文本核心教学价值的内容之间的有机联系，从而发现文本解读的线索或激发点。例如《云南的歌会》作者表现云南的歌会突出了"活力"和"情趣"这两个特征，这就是其核心教学价值。那么作品是如何体现这两个特征的呢？写歌会三种形态，前两种形态是"果"，后一种形态是"因"，因与果写得妙趣横生；写"情歌酬和"本身富有情趣，方式灵活多样不拘一格、歌手神情举止活泼、穿着衬托人物的活力——充满活力；写"山路漫歌"，自然景物、人自由自在，和谐为一，极富诗情画意，自然中鸟的无拘无束和人的自由自在的生活与歌唱，既充满活力又充满情趣；写"金满斗会"声势浩大，气势磅礴，老人充满热情，焕发活力，传歌场面情趣盎然。又如《皇帝的新装》通过研读可以找到能够概括情节特点的一个动词"骗"，呈现"骗"的场面，探究皇帝大臣等人物"骗"的过程中心理活动及其被骗的原因，思考孩子没有被骗的缘由，归纳"骗"背后隐藏的深意。

第四节　文本解读的着力方向

伽达默尔说："只有通过两个谈话者之中一个谈话者即解释者，诠释学谈话中的另一个参加者即文本才能说话。只有通过解释者，文本的符号才能转变意义。"[①]使文本讲话就要依靠读者的主观能动性，使文本"讲"出的"话"有意义，解读文本就需要选取正确的着力方向。

一、文本的突出特色

凡是被选入教科书的作品，往往是文质兼美的经典，并且具有独特的教学资源。在文化内涵、艺术表现、思路意脉等方面具有鉴赏价值，需要深入解读。例如《曹刿论战》，作为先秦叙事散文，其写作目的当是再现历史，以资政道。作为史传典范作品，其独特之处显而易见：语言洗练优美，包含丰富的文言语言点；尤善于描写战争及复杂事件，长于通过对话和行动描写表现人物的性格特征；表现战争不在于描写、呈现战争场面，而在于阐述战争胜败的因果关系。再如《白杨礼赞》具有状物抒怀类散文鲜明特征，又具有显著个性特点：一是写景状物以形传神，进而建立白杨与人格精神的象征关系；二是通过铺垫、抑扬等手法运用，使行文脉络起伏跌宕；三是高昂激扬的情感抒发。只有将作品的突出特色和独有的教学资源解读到位，才算是把握了作品的灵魂，才会实施有价值的教学。

二、文本的空白之处

作品的美学价值是作者在创造过程中和读者在接受过程中共同创造的，这创造的基础便是空白。格式塔完形理论认为，面对整体中不完全的（包括有缺陷或有空白的）刺激物时，人们的心理便能出现一种进取的内

---

① 〔德〕汉斯·格奥尔格·伽达默尔：《真理与方法》，北京：商务印书馆，2007年版，第523页。

驱力，促进大脑紧张活动以填补"完形"，进而实现心理的相对平衡。解读文本中的空白，是对阅读心理规律的一种适应。解读文本的空白，也就是"无中生有"，以"还原"作品"应有"内容；通过一元读出多元，对文本作发散性理解；变静态为动态，驱遣丰富的想象；横向拓展，纵深挖掘，从有限中读出无限。解读文本空白，可着眼于多个角度、多个层面、多种途径：

第一，文本中的省略部分。出色的文学作品往往是"言有尽意无穷"或"言不尽而意无穷"的，以最俭省的文字达到"尺幅千里""以浅近而求旨远"的功效，这就需要读者展开丰富的联想想象去填补作者省略的内容。例如《我的叔叔于勒》，最后菲利普一家人换乘另一条船躲开了于勒，但这个故事到这里并未结束，接下来还会发生什么呢？这个"补白"当是作品的再创作过程，更是对作品意义的创意解读。再如《阿长与〈山海经〉》作者着重表现"我"在得到阿长买来的"三哼经"之后的震动与感动，却省略了阿长买书的曲折过程，这部分内容的"补白"有利于凸显人物的心灵品性，也有助于领会作者情感产生的因果关系。

第二，文本富有张力的意境。古代诗词多以简约凝练的语言创造富有个性、立体诗歌意境，表现丰富的思想意义，在解读中需要还原作品的情境，再现作品所表现的生活画面，领略其艺术魅力。如杜甫"造化钟神秀，阴阳割昏晓"所表现的泰山之秀丽神奇和高峻挺拔，王湾"潮平两岸阔，风正一帆悬"所描绘的大江潮水高涨、大江直流、平野开阔、波平浪静、船行一帆风顺的意境，马致远"夕阳西下，断肠人在天涯"所反映的羁旅游子的悲凉心境等，这些都需要读者通过"再创造"去弥补充实，才能走进其中的情境，体会诗人的思想情感。

第三，作品内容和语言的矛盾之处。出于艺术表现的需要，文本语言往往出现一些"反语法""反逻辑""反常规"的现象，这些现象就隐藏着各种矛盾，这给读者研读留下了"空白"。例如《我的叔叔于勒》以表现菲利普夫妇一家对"于勒"的态度为主要内容，为什么却以"我的叔叔于勒"为题？《藤野先生》回忆"我"与藤野先生的一些交往，所写内容也

无非是藤野先生作为一名老师应做之事，但作者为什么说"他的性格，在我的眼里和心里是伟大的，虽然他的姓名并不为许多人所知道"？这"伟大"又从何说起呢？

第四，艺术表现的妙处。形象思维是文学创作的主要方式，作者的观点主张、思想情感、理想追求等往往通过比况、象征、夸张等手法，或通过托物言志、借物寓意、融情入景等艺术手法表现出来。解读文本需要填补景与情、物与志、物与意、事与理之间的空白，以揭示具体形象所承载的内涵。高尔基《海燕》中所描绘的暴风雨、大海、乌云、雷电、海燕、海鸥、海鸭、企鹅形象，都是熔铸着作者的主观色彩、被艺术化、赋予了特定内涵的典型。文中还以海鸥、企鹅等在暴风雨来临之际的怯懦、畏惧、卑劣等表现作反衬，突出表现海燕的勇敢、矫健。这种"象外之象"的表达，给读者留下了想象的余地，只有用心玩味才可领会其深广含义。

第五，标点符号的价值。有些标点符号与语言文字一样，有着同样的表情达意的功用，包含着生动的场景画面、强烈深沉的感情、丰富的心理活动和言外之意。《孔乙己》《变色龙》中的标点符号简直就是无字的语言。以《故乡》为例，欣赏闰土形象可聚焦作品对闰土的语言描写展开探究，而无论少年还是中年闰土语言描写中使用了大量的省略号，以此可以窥视少年和中年闰土的精神状态。前者表明说话滔滔不绝，无拘无束，省略号表示有说不完的话；后者表示话语中断，反映他说话吞吞吐吐、断断续续、欲言又止，是"失语"。通过语言欣赏揭示人物饱经风霜的外貌神情背后的艰辛与贫困，借助省略号表现人物之间的隔膜以及人物命运的悲苦和精神的麻木。

第六，前后的变化。文学作品在其事件的发生发展过程中，一个人物的外貌、行为、语言、心理发生的前后差异哪怕是细微的变化，其中也暗藏玄机，往往有着某种必然的因果关系，需要仔细研读领悟。《范进中举》入木三分地写出不同人物在范进中举前后发生的巨大变化。以胡屠户为例，由于范进中举，他眼里心中范进形象有翻天覆地的变化，从"尖嘴猴腮""癞蛤蟆""现世宝"变成了"体面的相貌""文曲星""贤婿"。从"不是你的文章"是"舍与你的"变成了"才学又高",从"骂了一个狗血喷头"到"千恩万谢""笑迷迷的"。文章运用漫画式的笔法,将人物滑稽的表现和丑陋的灵魂,表现得栩栩如生、入木三分。

第七,故事情节的展开。在叙事性作品中,事件情节是人物性格、思想品质的载体或历史,生活环境是人物性格、思想品质形成的土壤。出色的作品往往具有引人入胜的情节事件,如设置悬念、伏笔、转折等,这些悬念、伏笔和转折又都是人物性格和思想品质的外在显现,而且也合乎"情""理",破解情节事件的这些表现和"情"与"理"关系的过程就是文本深入解读的过程。例如《最后一片叶子》小说只是写琼西始终没有看到墙上那最后一片叶子飘落下来,而她的病却因此渐渐好了起来。那么这片叶子究竟是谁怎样画上去的呢?这个情节的"空白"牵连了人物的行为和品质,也牵连了人物的命运,解读的过程自然也是化解悬念、认识作者创作意图、认识作品思想意义的过程。

三、文本的疑难之处

文本含义有的隐藏在语言背后比较含蓄,有的则言近旨远,很深刻,有的局部之间、局部与整体之间似乎没有紧密联系,有的似乎自相矛盾。更有一些情况是学生对文本的理解有障碍。所有这些都会成为文本理解的疑难问题,只有解决了这些疑难问题才会真正走进文本把握作者用意。如《斑羚飞渡》从创作意图上说,究竟以讴歌献身精神、团队意识为主导,还是以保护生态、珍爱动物生命为旨归呢?再如《皇帝的新装》为什么皇帝、大臣、成年百姓没有一个人说出真实的感受,只有一个小孩子说出真话。所有成年人都不诚实,这具有真实性吗?那么,这则童话究竟在隐喻什么?如《故乡》作者为何两次写到故乡"奇异的图画",由此看出作者意在写出几个"故乡"?作者回故乡情感经历了怎样的变化?作者表现人物为什么要对比他们的过去?这三个问题实际上涉及到了作品中"故乡的变化""人物的变化""心情的变化"及其因果关系等内容。通过"奇异的图画",展示作者对过去、现实、未来的思索;通过心情的变化,表现作者由现实而引发的对社会人生的思考；通过人物的变化，表现特定社会环境下人们被苦难扭曲的灵魂和精神上的麻木状态。又如《社戏》，有人认为此文虽然以"社戏"为题，但目的并不在于表现家乡"社戏"情景和特点，文中所写社戏并不好看，目的在于呈现看社戏的过程以及在这个过程中享受到的美好时光、经历的童年趣事和感受到的浓郁乡情。这种说法符合鲁迅先生原初的创作意图吗？如果不符合，那作者创作意图又该是什么？这些疑难之处需要通过解读语言文字内涵寻找答案，也需要联系写作背景对作者意图进行还原。

四、文本语言的含义

对语言文字包含的思想意蕴和构建的艺术形式理解到怎样的深度，文本解读也就达到怎样的高度。文本熔铸着作者对生活世界的深刻理解和体验，解读文本应引导学生挖掘文本语言背后的内涵，理解人物形象，体会思想情感，并深入领悟作品的表达技巧。如《猫》中"想到它的无抵抗的逃避，益使我感到我的暴怒、我的虐待，都是针，刺我良心的针"，作者运用比喻表明明白真相后，"我"的良心受到自己过错的谴责，生动形象而鲜明深刻地表现出"我"的愧疚和悔恨。《故乡》中写杨二嫂"她两手搭在髀间，没有系裙，张开两脚，正像一个画图仪器里细脚伶仃的圆规"。这描写人物形貌神态的语言可谓精彩绝伦、深藏机杼。首先，杨二嫂与圆规两者"形似"：都很瘦，杨二嫂的"凸颧骨"足以表明她的脸十分瘦削；都有尖尖的脚，"亏伊装着这么高底的小脚"，她是裹了脚的，这和圆规尖脚特征一致；圆规的结构，正像杨二嫂把手放在大腿上的样子。其次，二者"神似"："仪器"和"细脚"与杨二嫂的性格特点相似，这"仪器"往往是金属质地的工具，没有灵魂，透凉冰冷，这和杨二嫂的"世故冷漠"有内在对应关系；圆规底端的尖锐与杨二嫂的尖脚、尖酸刻薄的性格十分吻合。"圆规"用"支脚"能画出一个又一个的"圆"，但"支脚"是不变的，杨二嫂贪图便宜的自私内心作为"支脚"也是几乎不变的。

五、文本的异同

"不识庐山真面目，只缘身在此山中"，作品的个性特色之所以难以凸显，往往是因为鉴赏者身处其中，"目迷五色"，没有"跳出文本看文本"，没有把视野放开，没有建立作品的纵横联系，因此要认识作品独有的教学资源，就需进行求同比异。如何感受《武陵春》中词人所表现的满腹愁绪，认识词人所传达的悲痛情感呢？这就需要寻找一个更高的视角。中国古典诗歌有"以悲为美""以愁为工"的悠久传统。通过比较可以得出结论，李清照《武陵春》赋予"愁"以重量，写出了词人内心哀愁的沉重，可谓独出心裁。为什么词人能写出如此脍炙人口的千古绝句？那是因为她经历了国破家亡、家乡沦陷、文物丧失、丈夫病死等不幸遭遇，是其淤积的思想情感的长期熔铸与自然宣泄。

从同属于先秦叙事散文的《曹刿论战》和《邹忌讽齐王纳谏》两篇文章中，我们可以通过求同比异解读其各自的个性特色，以深入把握作品思想意义和艺术价值。首先，在思想方面，都表现贤臣谋士辅佐君王在政事或军事上取得显著成效的内容：一是取得了长勺之战的胜利；一是讽劝齐威王纳谏，使齐国国力逐渐强大起来。两文都表现了国君察纳雅言、任用贤能的重要性。其次，在人物特点方面，邹忌和曹刿都是具有强烈的爱国情怀、为国分忧、勇担责任的贤臣良士，都具有非凡智慧和卓越才能。差异在于，曹刿表现出超凡的政治远见、危难之中的果敢，有审时度势的气度；邹忌表现出的是讽劝君王巧妙绝伦的策略与技巧，如以家之小事比国之大事，顺理成章，水到渠成，充满政治智慧。两个国君，都能察纳雅言，从谏如流。在这方面鲁庄公可谓不拘一格，而齐威王未必那么大度，从邹忌煞费苦心的"讽"可窥其一斑，但从其下令进谏、广开言路来看也不失为一位开明的国君。再次，在体式和语言表现方面，都十分擅长描写人物对话，通过对话推动和呈现事件进程，展示人物性格特征和思想感情。第四，在行文构思方面，两文构思有异曲同工之妙：《邹忌讽齐王纳谏》从头到尾采用了三层排比的构思，如"三问""三答""三比""三赏""三变",使文章跌宕起伏,引人入胜,又因果相陈,水到渠成,意味深长。《曹刿论战》始终抓住曹刿与鲁庄公的答对,呈现出"两否一肯""两阻一许""一问两论"的形式。这种悬疑迭生、张弛不断、抑扬曲折的行文节奏,也产生了扣人心弦的艺术效果。

第五节　文本教学解读的定位、层级与限度

一、教科书文本解读的基本定位

语文阅读教学的文本解读,是以文本为中心的教学解读,重视考虑文本"可以教给学生一些什么"的问题,是基于语文经验获取和语文能力习得的解读。它不同于纯粹以作者意图为中心的作品解读,只力求追索作者原意,解读思想情感,解构思路和艺术表现,也不同于纯粹以读者为中心的作品解读,重在阐释文本所具有多义性和多元价值,还不同于文学类文本的以作品为中心的教学解读,此种教学解读不局限于单篇文本,而是由此及彼,以点涵面。

突出以文本为中心的教学解读,不是一概否定和排斥其他解读方式,而是兼顾其他解读方式之所长。比如文言文课文相对而言更侧重引导体味其中所包含的文化精神,若过于强调以文本为中心进行解读,忽视作品的生成背景和作者所处的时代因素,就会陷入机械的字词识记的泥潭,文本所具有的文化价值就会被大大削弱;童话寓言类文本多微言大义,意义多元,教师应适当考虑以读者为中心引导学生解读,以有效培养学生想象联想思维能力,而不至于将学生装进预先设定的套子中;教学古典小说类或现代长篇节选文本,如《智取生辰纲》《杨修之死》等,应当事先引导学生去阅读《水浒传》《三国演义》等原作,若只局限于节选的课文,解读就会出现断章取义的问题。所以,解读方式不能绝对,有必要因文而异,科学

选用，兼收并蓄，使其相得益彰，在对教材文本去粗取精、取精用弘的解读过程中，获得教学智慧的茁壮成长。

二、文本教学解读的层次

语文课程中的阅读教学是有计划进行的教学工作，作为教学解读，至少有三个层次不容忽视：第一层次为解读课程目标、教材编写意图、单元教学要求。确定单篇课文的教学目标不能随意而为，需要自下而上进行回溯，要贯彻语文课程、教材编排的意图。对于单元的编写框架、构成元素及其功用都应做深入细致的研究。

第二层次为解读教学文本的文字、文章、文学、文化要素甚至课后研讨与练习、教师用书的教学建议。本阶段主要任务是"研读教材"，深入认识文本的核心语文价值，充分发掘文本的教学资源。譬如解读文章要素，即研读文本文体特征的内容，例如小说文本要素的个性，诗歌文本的语言与意脉，议论文文本的逻辑思路和论证技巧等。解读文本的文学要素，如《最后一课》中的情节、照应、细节描写，《我的叔叔于勒》中的悬念、伏笔、突转、巧合、虚实、语言描写、神情描写、心理描写……解读文本的文化因素，则是思考文本的审美意蕴、文化价值，包括道德、社会、历史、哲学、心理、人生等层面的价值。

第三层次则是基于学情的文本解读，将文本解读与学情有机结合起来，它是独立的文本与学生思维之间的碰撞。这层解读是以上面两层解读成果作为基础的，要研究学生对文本的理解可能会到达何种程度，取得什么成果，会有怎样的疑难困惑，学生理解文本重难点会出现怎样的梯度。三个层次教学解读完成后，则可以确定教学过程，设计教学步骤和教学策略。

层次的含义还包括梯度，就是根据学生的实际情况，有针对性地提出不同的阅读要求。比如，同样一篇文章，在小学阶段与在初中阶段有什么不同，各应学习哪些内容，学习到什么深广程度要心中有数。关于同一文本，对不同学习能力的学生要求也不能一刀切。比如教师设置某个问题，

可能无论如何诱导，学困生也难以达到教师的预期效果，而那些优等生则早已有了答案，只能焦急等待或者心有旁骛。这就要老师区别对待因，材施教，考虑如何在文本解读过程中使所有学生都能在原有学力的基础上，获得成功的体验，都能有所提升，这就需要设计解读层次，要量体裁衣，有的放矢。否则，不同学生总是面对同样的要求，或者只顾着要求学生去解决深广繁难的问题，学困生和中等生就只能自愧不如，在不断的挫败中失去学习的信心。因此不管哪个层次的学生，只要有效投入，进行了有力的思考，教师就应该给予充分的肯定。而要做到这一点就应为不同水平的学生设置相应层次的问题，使其各尽所能、各得其所。

在借班上课的比赛课、公开课活动中，经常见到有老师对于某个年级的学生是否适应某篇属于高年级的课文而纠结。就语文文本本身来说，一定时段范围内谈不上适合与不适合哪个年级学生的问题，关键是教师能否从文本的原生价值中发现适合于这个年龄阶段和学生学力水平的教学价值，进而选取适当的教学内容。作家创作的作品虽然在潜意识上有读者受众，但大都面对所有读者，作家创作作品自然大都不是专门为做教科书而"量身定制"的，其原生价值并非等同于我们需要的教学价值，教师教学需要进行取舍。目前语文教学的"无序"状态并未得到根本解决，教师"教我所想教的""教我认为应该教的""教我喜欢教的""教教参"的现象还很严重。那么，致力于文本的教学解读，应该可以让我们走出"山重水复疑无路"的困境，并迎来"柳暗花明又一村"的曙光。

三、文本教学解读的限度

文本教学解读的限度表现在教学目标的聚焦、解读内容的取舍、人文价值的取向三个方面。文本解读也是定位教学目标的活动。阅读教学目标应依据工具性与人文性、言与意关系的角度进行聚焦，例如解读《下棋》初步解读结果为：1. 棋人棋事、棋人之相的表现淋漓尽致。2. 出色的幽默艺术产生了令人忍俊不禁的效果。3. 以对弈棋的态度表现对人生的态度。根据文本"特质"和学生的学习需求，将这种文本解读转化为对教学目标的聚焦：1. 领会作者使作品充满幽默智慧的语言表现艺术。2. 品读蕴含在"弈棋"中的人生态度。

目标聚焦点清晰，教学内容取舍便有章可循。课堂教学不可能承载文本教学解读的全部成果，否则课堂会因容量过大淹没重难点。课堂教学之前必须对文本的教学解读进行必要的取舍，其依据自然是目标的聚焦点。

解读文本的人文价值，可以因人而异。关于《散步》，初登讲台的青年教师可能会读出和谐的美好，中年教师可能读出的家庭的责任，老年教师也可能会读出生命的规律。但这些都是符合文本实际的个性化解读，不属于旁逸斜出、牵强附会或者过度阐释。课堂生成的人文解读可以不是教师的预设，但必须是文本意义的正确合理解读，如果超过了这个限度，那就会走向文本解读的歧途。

第六节　文本解读需要把握好的几种关系

文本解读是一个师生共同参与下感知、理解、评价、创生文本的过程。在这一过程中，读者主体通过观照文本客体与作者进行对话，有许多关系必须面对和处理。

一、入与出

入，就是师生能入得文本，只有"入"了，才可能与文本发生充分而深入的对话；出，即从文本中跳出来，对文本进行再创造，进行再审视。"入"是前提基础，要想"出"有成果，必须要深"入"透悟；"出"是"入"的收获和归宿，"看得亲切"才可"用得透脱"。

文本解读如何出与入呢？简言之就是深入巧出。"深入"，即为"入乎其内"，入其深处，因词得言，由言会境，由境悟情，从而领悟教学文本的神韵和魅力。朱自清《春》中有这样一段话："小草偷偷地从土里钻出来，嫩嫩的，绿绿的。"教师大都引导学生从修辞手法的运用去领会语句所表现的小草于不经意间破土而出情景、富有质感的色彩和作者惊喜的情感感受。这样解读没有错，但很难说是走进了文本深处，抑或是停留在了修辞手法等知识的表层，学生并没有真正领悟到小草出土的情态和它带给人们的惊喜。因此，不妨把学习小组当成一丛小草，然后引导学生：假如你是小草中的一棵，请你用一句诗意的话来表现你破土而出的情态、富有质感的色彩以及对这个世界的好奇。这样就把理性的解读还原成了对作者感性意图的描述与补充，从而让画面复活，把平面的铅字还原成了立体的感受。这样的文本解读就是引领学生在还原情境中感性品味，从而巧妙地完成了文本解读的"深入"。

"深入"之后，还要"巧出"，引导学生从文本走出，摆脱文本已有内容的束缚，进行文本解读的再创造，把解读经验转化为实际运用的能力。"出"可以是显性的也可以是隐性的，可以是针对文本的，也可以从文本进行生发。教学《斑羚飞渡》的某个过程，教师这样设置问题：品读文章，我们感受到了老斑羚们为了种族生存延续而表现出来的慷慨赴死、视死如归的精神，那无所畏惧的气度，撼人心魄，感人肺腑。请为这些老斑羚们写一则墓志铭。写墓志铭是对文本思想内涵的总结、提炼和升华，同时也是阐发学生独特的生命感悟，这种再创造很有价值。

二、表与里

表与里的关系就是浅与深的关系。阅读教学对文本的解读并不是越深越好，而应根据学情要做到深浅有度。"有度"就是合理适宜，正确把握火候，不要"过犹不及"，否则"物极必反"。文本解读总体上要面向集体中的多数学生，不能艰涩难懂，也不能浅易简单。过深，可能有利于发掘文本的深厚内涵，对少数个别学生有价值，但多数学生会陷入云山雾海之中；反之亦然。"有度"是课堂教学是否能取得良好效益的关键所在，充分尊重学生主体地位和深入把握学情是规避教学低效问题的重要前提。如果教师对文本的教学解读，脱离了学生的学习实际，就不能引导学生有效体验、感悟文本，也不能取得理想效果。

比如对鲁迅《孔乙己》的解读，有教师从"封建科举时代孔乙己的悲剧具有普遍性还是特殊性？有多少人科考名落孙山，落得像孔乙己这样迂腐穷酸乃至悲惨致死的结局"入手，分析人物活动场景，概括人物性格，把主要精力放在小说所表现的生活哲理的探究归纳上，放在领会鲁迅先生借西方文明"入侵"封建科举，传统文化衰败的特定历史时期，记录了人们在物欲面前主动接受异化的沉重一幕的理解上，这也许很深刻，但是对于初中学生来说却是望尘莫及的，如果学生学习《孔乙己》能理解到"一般社会对于苦人的凉薄"也就很不错了。所以文本解读应该力求"深浅有度，合情合理"。

三、简与繁

简与繁的关系实际就是疏与密的关系。"删繁就简三秋树，领异标新二月花"，我们不一味追求简，也不一味反对"繁"，应以简驭繁，以繁补简，繁简相生，相得益彰。古人论画讲究"疏可走马，密不透风"。对文本的教学解读也应正确处理好简与繁、疏与密的关系，力求"疏密有致""繁简得当"。只繁不简，只密不疏，就难以突出教学重点；只简不繁，只疏不密，则容易蜻蜓点水、隔靴搔痒。

一是应密中有疏。教学《安塞腰鼓》，品味语言所包含的丰富意蕴是教学重点和难点，就应作"密中有疏"的处理。课堂教学可设计这样两个主问题：（1）"安塞腰鼓"之_____美，因为_____；（2）《安塞腰鼓》之_____美，因为_____。前者是就作品所表现的腰鼓表演中表现的各种审美特征进行欣赏，比如"气势美""声音美""舞蹈形态美"；后者是就作品艺术表现的审美价值进行探究，比如"语言美""结构美""声韵美"等。这样教学，就可以避免文本学习时钻进牛角出不来，又可以引导深入到语言文字的深密处，可谓"提纲挈领""以简驭繁"。

二是应疏中有密。长篇的文本大多内涵深厚，具有丰富的教学资源，但在选取教学内容的时候需要"删繁就简"，选取重要的点或线，避免面面俱到；而在这"简约""疏落"的点或线上，就需要进行密集的解读。短小的古诗文或现代文学珍品，解读中不能一味简单处理，应通过文本细读"吃透"内容，同时还进行拓展延伸阅读，开展比较阅读，以更加深入地认识课文的特征。教学《望岳》，一方面可引导学生借助语言文字展开联想想象体会诗歌所表现的情境美，让诗人所描绘的泰山景致靓丽起来，生动鲜活地呈现立体泰山图景。另一方面，引入其他描写泰山的古诗，如陆机的《泰山吟》、李白的《游泰山》、谢灵运的《泰山吟》等，联系起来进行比较阅读，引导学生深切感受不同的诗作所表现的泰山的宏阔意境、奇特风光、雄伟气势，更加深入把握杜甫诗的别致之处。

四、宽与窄

文本解读是读者参与文本意义建构和生成的创造性活动。文本内涵的多义性和时间的推演变化，必然会发生读者对文本理解的多元化和个性化现象，即便如此，文本解读不能无限制地超越文本界限，而必须尊重文本的客观规定性。因而文本是解读的基点，也是落点。解读过程有时可以暂时离开文本去作者那里去找依据和答案，可以展开读者的联想想象，但不能脱离文本信马由缰。"文本的规定性也严格制约着解读活动，以使其不至于脱离文本的意向和文本的结构，而对文本的意义作随意的理解和解释"。①因而解读教学文本，把持多元有界，虚实结合，把握尺度的原则很有必要。实际教学脱离文本主要有两种表现：一是一味到作者生活思想经历中和时代背景中寻找解读依据，如考古式的考证；二是对文本的解读被读者的生活经验所代替。

多元解读应该以教学文本的主体内容为依托，不能脱离文本的价值取向。阅读教学应大力鼓励和支持学生阅读个性体验与多元解读，还应及时有力地纠正"越界"的解读，对违反文本实际的解读大胆说"不"。

---

① 〔德〕沃尔夫冈·伊塞尔：《阅读活动：审美反映理论（第四编）》，金元浦、周宁译，北京：中国社会科学出版社，1991年版，第195页。

五、放与收

1. 文本解读中的"放"

文本解读中的"放"，就是解放学生的心灵和大脑，解放学生的思维，特别注重直觉和个性感悟，注重立体、平面、纵向、横向、侧向、逆向、多路、颠倒、组合等发散思维的激发和展现。文学文本解读中引导学生发散思维从哪里着手呢？

第一，寻找文本的"不尽之意"。一是文本省略处。文学作品刻画人物性格往往借助语言描写，此中常常故意略去某些语言，以造成含不尽之意于言外的艺术空间，在读者的揣摩玩味中复活和展现文本的意义。如鲁迅《故乡》中，闰土见到"我"："他的态度终于恭敬起来了，分明的叫道：'老爷……'"此处这个省略号就是一个艺术间隙，学生需要根据课文的语境和对闰土生活境况、思想变化的把握去领略省略的意蕴。二是侧面描写处。有的文本常在正面给读者留下想象的空间后再从侧面进行描写，烘云托月，这是读者建构文本意义的一个有效的切入点。《陌上桑》就成功调动了多种艺术手段来描写秦罗敷的美丽：既用美好环境来渲染，又以精美器物来陪衬，还写了罗敷的服饰装束，那些行者、少年、耕者、锄者无一不为罗敷的美貌所倾倒。但罗敷到底什么模样，究竟有多么美丽，诗歌并未正面描写。这就为读者留下了广阔的想象空间，学生可依据自己的生活经验和美学观去再造罗敷。这样创造出来的罗敷形象，自然是丰富多样、千姿百态和各具特色的，或许是鹅蛋脸粉色面，或许是窈窕身材婀娜柔媚，或许是柳叶蛾眉明眸善睐；或许苗条俊秀如晴雯，或许丰盈温婉似宝钗……三是概括叙述之处。文学作品中叙述不同于描写，简洁而概括，但这就为学生展开联想想象提供了广阔的空间，解读中就可以把简洁概括的叙述变为形象生动的描写。

第二，创设开放性问题情境。学生能否在阅读教学中放开手脚、张开嘴巴、放飞思维，要看教师问题情境设置得是否具有开放性和伸展度。有些问题的开口很小，不利于学生发散；有的问题情境过于笼统又缺乏具体指向。有效的问题情境应该从文本解读的需要和学生的学习需求出发，引入、制造或创设具有激发性的问题情境，引起学生的情感体验，调动学生的知识和生活经验，指引学生迅速而正确地理解教学内容，通过联想进行思维发散。比如执教《老王》，首先让学生理解作品中老王和杨绛一家的交往，进而理解这两个主要人物的思想品质。在此基础上设置新的问题："作者为什么说'这是一个幸运的人对一个不幸者的愧怍'？""幸运""不幸者""愧怍"究竟该怎样理解？这样的问题情境，是很有开放性和挑战性的，它使学生再一次深入文本，又要适时跳出文本，在"入"与"出"的不断反复中，投入思维活动，获得对文本较为深入的理解。

2. 文本解读中的"收"

对文学文本的解读，"放"需要运用发散思维，那么"收"就要运用聚合思维。

第一，"收"就是发散基础上的聚合。"聚合思维"又称求同、集中、辐合和同一思维，是在已有信息材料中获取逻辑性结论，从不同来源、资料、渠道获取的材料或事实中寻求某种科学答案的有方向性、有条理性的思维方式。阅读教学中的聚合思维，应指在解读文本、解决问题时，充分利用知识经验和文本内容，把文本有关要素和阅读获取的有关理解纳入条理化的逻辑序列之中，从而得出合乎文本实际和逻辑规范的结论。聚合思维是要将感知、理解、体悟到的结果，通过由表及里、由浅入深、由现象到本质的改造制作，获取具有概括性和普遍意义价值的结论或方法。发散思维要从个别问题入手，可采用多种方法，寻求多种途径去解决问题。聚合思维也是为了解决问题，但这个问题却是"宏观"层面的问题，像渔网的纲，也像百川入海。在文本解读中，从发散思维出，对文本内涵和艺术表现进行多元解读，然后对这些包含着真与假、正确与谬误、优质与低劣、全面与偏颇、深刻与肤浅的要素加以辨别、分析、取舍，归纳出共性。

第二，不能只"放"不"收"。在实际课堂教学中，有一些教师没有有效控制学生的思维方向，曲解了多元解读，明明学生的理解出现了偏颇甚至误入歧途，教师却以为是发扬了教学民主。我们的确需要发扬教学民主，没有民主思想的解放，就没有创新的成果，但是多元解读是有"界"的，越过了"界限"也就成为谬误。教师教《皇帝的新装》让学生对文本中的人物形象作出评价，学生发散思维：有的说小孩子没有被世俗的利害所沾染，是纯正的灵魂；有的说作品中这样的骗子和欺骗是值得褒扬的，因为上当的是昏庸、骄奢、专制、虚伪的皇帝和大臣，以及从众的百姓……教师对此评价说都很有创意，思考都很深入。果真如此吗？这样的评价恐怕会把学生引向歧途。多元解读倡导不同观点的出现，但这些并存的观点必须是合理的，或者说是接近真理的，否则就不能一概肯定或否定。教师的主体作用就表现在学生展示自己思维的基础上，能够对学生的表现去伪存真、纠错改正、以全补偏、由浅入深。

第七节　文本解读的质性要求

文本解读的质性要求就是要做到相对透彻到位，还原作品本真的写作意图，阐释作品丰富客观的思想意义，对文本获得深刻感悟和理解，涵养语文品质，内化学习方法，进而获得多方面的教益。

一、意义解读的深度

经典作品的"思想"意义往往不是表面肤浅的，而是深蕴文中的，其所表现的生活内容多为作者生命历程的深情回顾与深刻反刍，凝聚着作者对自然、社会、人生的真知灼见，故而还原作品的原创意图需要一定解读深度；同时"形象大于思想"，作品进入读者视野后其"客观意义"会超越作者原创意图，那么文本的教学解读也需要这种"超越"，而要"超越"就需要一定深度的解读。

教学《刘姥姥进大观园》，许多学生把作品的学习方向确定为领会作者通过一顿饭反映仕宦豪门的骄奢淫逸和贫富悬殊，预示贾家的衰亡结局，欣赏如何描写不同人笑的不同姿态，这可能没有错，但是这些都失之肤浅，小说实际要表现的应是不同的人在特定场合下的思想性格和精神状态，而这些又与人物命运息息相关。

《华南虎》塑造了华南虎独特的形象，它有着"威武不屈"的刚烈性情与英雄气概，面对囹圄的束缚、扭曲生命的环境，顽强抗争，不屈不挠，表现出桀骜的性格、凛然的气节，同时其中也隐喻了诗人悲惨的遭遇，向我们泣诉社会现实的荒诞与残酷、生命的磨难与痛楚、心中的愤慨和不平。这样的理解是准确的，但还不够到位，实际上诗人从华南虎和自身遭遇出发，他所要表现的不仅仅是生命个体的痛楚与抗争，展现其"虽九死其犹未悔""吾将上下而求索"的心路历程，更寄寓了特定环境下一代多难的追求者乃至几千年来中国知识分子的阔大胸襟与崇高人格：虽面对政治的、经济的，肉体的、精神的各种打击和迫害，为争取自由、追求真理、憧憬美好理想，屡经磨难却矢志不渝，粉身碎骨也在所不惜！

二、要点解读的广度

出色的文学作品，往往具有苦心孤诣的思想，或引人入胜的情景事件，或别具匠心的艺术构思，或独特不俗的形象特征，或精彩的语言描写，或富有表现力的艺术手法，这些"要点"往往与文本其他因素、文本整体甚至与作品的体式功用有着密切联系，因此需要拓宽文本解读的视野，才能更好更深地理解文本。

《三峡》是一篇文质兼美的写景散文，我们可以从文学作品的角度去解读。但同时它是地理学著作《水经注》中的篇章，因此，我们也可以进行地理科学方面的解读，探究作者所展现的特征鲜明的三峡景物，背后隐含着怎样的地理现象和科学道理。如"自三峡七百里中，两岸连山，略无阙处"，这种山势是七千万年前的造山运动引起地壳变迁及江河成长的结果。其间该地区厚层岩石被挤压成三段山地背斜，在两侧的河流下切作用以及溯源侵蚀中这三个背斜便被切穿，形成三峡。此后，江水对河床和岩岸的切割侵蚀更为强烈，致使河床不断加深，长江三峡成为世界峡谷之最。"自非亭午夜分，不见曦月"，其中"自非亭午不见""曦"属于夸张不言而喻；"自非夜分不见""月"却与事实不符。每夜月出、月上中天和月落的时间各不相同。按照地球和月球自转公转周期推算，夜晚不一定"夜分"时才能见到月亮。"夏水襄陵"体现了本地区的气候特点，三峡属亚热带季风气候，年降水量非常丰富，夏季气温高而降雨多，江水暴涨就会漫上山陵。"晴初霜旦，林寒涧肃"同样体现亚热带季风气候冬季降水少气温低的特点。"绝巘多生怪柏"，"怪柏"自有其怪的道理，由植物顶端形成的生长素浓度较低，植物便会正常生长；若浓度高了反而抑制植物生长。三峡"绝巘"处受到光照强度、时长、所处位置和土壤状况等因素的影响，植物便难以正常生长。将文学性解读与科学性解读有机结合起来，有助于提高解读的宽广度，建立文本的客观意义，有效利用作品的学习价值。

三、思维视角的高度

文本解读可以按照文体特征探索作品的思想意义、框架结构、语言含义，但重要的是立足作品自身的思想价值，能够突破传统和惯性思维的窠臼，站在更高的视角实现对作品更有创意、更为深刻的解读。

我们可以从文学的角度解读《孔乙己》，通过孔乙己生活的片段建立人物生命遭遇的轨迹，揭示人物悲剧性格的因果逻辑，研读孔乙己生存的社会环境，揭示孔乙己悲剧命运的必然性。然而《孔乙己》的价值不仅仅在于塑造了典型的艺术形象，反映了深广的社会现实，而且在于对特定社会环境下之人性、文化环境下之生存乃至生命视野中之痛苦的本质属性和一般规律作了深刻的阐释，凝聚了作者的哲学思考。如"店内外充满着快活的空气"：孔乙己周围的人，或对其身份、地位乃至自尊给予无情的嘲笑与羞辱，冷酷地鉴赏他的痛苦；或以残忍的手段摧残其生命，践踏其人格。这就把"为了取乐而折磨同类""品性的恶劣程度远胜于纯然的野兽"这种人性之中极为残酷的一面展示出来，有力印证了"他人即地狱"的哲学命题。"又不会营生""以至弄到将要讨饭了"：文化塑造了人，也影响了人的生存能力和生命活力。问题要看所信奉的文化理念和追求的价值理想是否符合社会的需要和自身的现实处境，看文化人的自我定位和人们眼中的社会角色是否一致。而这两者在孔乙己身上的对立和背离，充分反映了特定属性的文化对人生存能力和生命活力的戕害，与现实悖逆的没落文化对塑造人生的消极影响。"孔乙己是站着喝酒而穿长衫的唯一的人"：孔乙己"唯一"的属性决定了他悲剧命运的必然性。他的"独立特行"遭到了人们的排斥，人们拒绝与他交流，他"便只好向孩子说话"。可见社会对"异己"者的排斥是残酷无情的；人倘若脱离社会群体孤雁独飞，则连同类的攻击也难以招架，他不可能有活路。

四、语言剖析的精度

"语言是思维的直接现实""语言是生活的直接反映"，解读语言，就是解读事物的外部情态和内在本质，就是开启人物或作者内心和情感世界的大门，就是破解事物隐藏的秘密。因此解读语言，既要由外而内地揭示真相，又要从平淡质朴中发现它的神奇；既要从简约中读出其丰富的内涵，又要关注言意的共生关系；既要"管中窥豹"，又要"会当凌绝顶，一览众山小"。可以说语言解读的视角、层面和方式是多种多样的，只有科学灵活把握，才能获得对文本透彻的解释。

如《春》就十分注重语言的锤炼，如"小草偷偷地从土里钻出来，嫩嫩的，绿绿的"一句，可以运用换词比较，体会"钻"所表现的破土而出的情景和蓬勃向上、充满生命活力的特点；还可以通过变化词语位置，体会作者所表现的小草的颜色质地；也可以运用情境体验，让学生把自己当做小草，说说小草钻出来后看到了什么，听到了什么，闻到了什么，想到了什么。

第五章　阅读教学文本解构

　　阅读教学的重要任务之一是师生共同进行文本解读，在互动对话、交流碰撞、反思沉淀的过程中实现对文本科学、深入、独到的理解，并不断感悟阅读方法，积累阅读经验，提升阅读水平。文本解读，无论解读"作品"的客观意义、"作者的理解"，还是解读出"读者自己的理解"，都更侧重于对文本语言所表现的生活内容、所包含的思想文化意蕴、所体现的情感倾向等要素，或者文本所运用的语言的理解、领悟与探究，这是必须的，然而仅仅如此显然是不够的。因为作者建构作品，在确立并表现写作意图、呈现主客观生活内容、投入主体情感的过程中，自然伴随着对作品功用价值以及承载这种功用价值的作品体式、人文内容呈现的历史轨迹及由此自然形成的作品框架结构，或文本语言要素之间的关系乃至由这些关系形成的层次等问题的思考。也是由于这种艺术性的"思维"过程，使得读者饱览小说、诗歌、戏剧、散文和科学小品、政论等各具形态、特征鲜明的作品体式，欣赏到作品独出心裁、巧夺天工的结构形态，陶醉于内外相融、精妙入神的语言表现艺术。因此，阅读教学的文本处理不但要进行文本解读，还需要进行文本解构，即对文本的结构思路、体式特征、语言表现艺术等进行破解。只有这样，才能更全面地还原作品本来面目，更准确地还原作者的原创意图，进而实现"比作者更有价值的建构"。

　　"解构"一词源自20世纪60年代以法国哲学家德里达为代表的"解构主义"理论，"解构主义"的"解构"有多种内涵，主要包括"分解完整结构"和倡导阅读的个性化、读者"对文本的意义生成、创造性阅读"等

要义。以下拟从其中的"分解完整结构"这一思想为原点，试图对文本解构做些探索讨论。那么文本解构的思维视角有哪些呢？

第一节　文本体式的解构

所谓文本体式是体制、格式的总体概括，是长期交流实践中约定俗成的规则和标准，有内在的规定性，也有外在的形式结构要求，内在规定性决定外在的形式结构要求。而内在规定性也就是文本的功用价值，不同的价值取向和功用自然需要相应的结构形式来呈现，而结构形式要满足传达功用价值的需求。例如如果要表现作者个人的身心经历、个人化的言说对象、个人的所思所想、独特的情感认知以引发读者共鸣，那么就需用散文体式；如果要通过具有典型性的人物和环境反映社会的共性和本质以供人欣赏玩味，那就需要用小说或戏剧体式；如果要解说事物特征、介绍科学发现、说明事理而给人以知识，就需用说明文体式。作品体式的解构，就是破解这种体式各构成部分之间的结构关系。这些构成部分包括：由作品价值取向转化而来的抽象意义上的写作目的；作品体式建构所运用的思维方式，如小说通过虚构，运用典型化手法，艺术地表现生活中应有的图景，散文借助艺术化手法表现生活中人们真实而独有的生活与情感，说明文则是实事求是、客观科学地呈现事物属性特征、传递知识信息；作品外显的格式，如说明文事物客观的属性特征，有条不紊的说明层次，灵活妥帖的说明方法，或如小说别有匠心的叙述视角，个性鲜明的人物形象，富有魅力的故事情节，蕴含丰富的典型环境等。破解各部分之间的结构关系，首先是解剖"写作目的"与"写作思维方式""作品外显格式"之间的关系，其次是破解"作品外显格式"构成要素之间的关系，再次是解析语言体式特征及其承载的思想内容之间的关系等。显而易见，倡导致力于作品体式的解构，不是向学生灌输静态的文体知识，或者用具体的文本去印证文体知识，而是要在把握文本核心价值和功用的前提下，力主"依体而教"、"因文施教"，遵循文本的本质属性和自身规律去开展阅读教学。

当前语文教学出现的"体式淹没""千课一面"的现象令人担忧和深思。"体式淹没"，只重视文本"写了什么""写得怎样"而忽略"为什么这样写"，或者重视了对文本人文内容和碎片语言的解读，却忽视了对作者写作价值取向和所遵循的写作规律的探索领悟。如"千课一面"，时下流行一种"万能"的教学"模式"：整体概括文意——局部解读个别段落、语句——拓展延伸、概括总结。不管现代文还是古诗文，文学作品还是实用文体，不管小说还是说明文，寓言或者传记，统统装到这种模式里去。这样，一方面不但抹杀了文本的个性，抛弃了文本的核心教学价值，也剥夺了教师文本处理的权利，否定了教师教学的创造性；另一方面混淆了文本不同体式的界限，消除了不同文本的差异，使文本处理丧失了应有的针对性，以致造成阅读教学浅陋偏颇，出现"买椟还珠"的现象。因而增强文本处理的体式意识、通过解构作品的体式实现对文本有个性、有深意、有新意的理解，既是必须的，也是完全可能的。例如郦道元《三峡》便可以通过对其体式进行解构来实现对文本的理解与把握。日常的教学大都将《三峡》作为山水散文去处理，这无可厚非，它在文学上也取得了卓越的成就。但是归根结底它是地理学著作，其价值取向是记载介绍江河湖泊及其相关知识的，只不过用文学性的写作手法和语言去表现，附带着文学鉴赏价值。作为地理学著作中介绍关于长江三峡段河流的文章，其体式有哪些要素构成的呢？一是三峡的地质地貌地势。二是三峡气候及长江水势特点。三是三峡动、植物生态。正是因为这些地理因素，造就了三峡景物卓然独立的形象特征。这样作地理学体式的解构，不但使我们强烈感受到三峡景物"与众不同"的个性特征，而且还能理性认识这些个性特征背后的成因。这样不但不会削弱对语言的品味，反而加深了对语言表现力的理解。以此类推，像《曹刿论战》可以做史传体式解构，《愚公移山》可作神话体式解构，《苏州园林》可作影集序言体式去解构……

第二节　文本结构的解构

文本结构的解构主要包括两个方面，一是对文本结构的还原，一是对文本各部分之间关系的破解。叶圣陶认为"作者思有路，遵路始斯真"，作者写文章是有思路的，只有遵循这条思维路径，才能正确把握作者的真正意图。对文本解构只有先做到"目有全牛"，才能进一步做到"目无全牛"，否则如果连作品的整体结构都把握不起来，就会"不识庐山真面目""只见树木，不见森林"，身陷其中以致造成对文本的偏见或误读。对文本结构的还原，一是运用直接显露法，通过寻章摘句、删减枝叶、勾画图表等方式，以呈现文本结构形态。例如像《中国石拱桥》《苏州园林》这类事物说明文和《驿路梨花》《皇帝的新装》等结构相对简单的记叙性文章，可以抓取并连缀文中的关键语句，提纲挈领，通过分析、辨别、判断来认清结构形态。对于一些看上去结构比较模糊的课文，如《回忆鲁迅先生》《社戏》等，则可以采用删减枝叶、瘦身显形的办法，剔除具体叙述描写，保留主干，从而将文本结构框架突显出来。另有一些课文内容层次多样、多种叙述方法并用，结构相对复杂，如《故乡》《藤野先生》，可采用列表格或勾画思维导图的方式去呈现文本结构。二是运用抽象提炼法，以把握结构的个性特征及其价值所在、巧妙所在。例如《孔乙己》用"二十年"前后的"店伙计"作为叙述视角，以"咸亨酒店"为空间截面，截取了人物的若干生活片断，呈现为组接式结构。这种结构的价值在于将人物放在一定的社会环境中，利于展示人与环境的矛盾关系，将看似毫不相干的片断，独具匠心地建立起有机联系，使前后片段构成条件与变化、原因与结果、特征与本质等多种关系，显露出人物性格与命运的逻辑关系，勾勒出人物悲惨的命运轨迹。《范进中举》则不同，以"全能者"视角展示人物活动，并以人物活动为中心，不断变换场所，逐次展开故事，呈现为连贯式结构。这种结构的作用能让读者在一连串情节过程中完整地把握文本内容的逻辑关系，人物言行的前因后果，而且由于作者善于设置波澜，并用繁笔和简笔，使文本结构开合自如，疏密相间，引人入胜。而《邹忌讽齐王纳谏》则呈现为三叠式结构，作为连贯式结构的变式，以"三"牵动全篇，由邹忌关于"孰美"问题的"三问""三答"，引发"三思"，由"三思"促成"三比"，威王下达"三赏"诏令取得了"三变"之功效。这种结构环环相扣、步步推进，显示出天衣无缝的严密性和耐人寻味的艺术魅力。

对文本各部分之间关系的破解，一是要运用整体观察的方法，辨析部分与整体、部分与部分之间的关系，从而达到对文本的正确理解。从整体构思的角度认识某一部分在其中的价值和作用，如果脱离了整体解读局部的意义往往会失之偏颇。例如《云南的歌会》，作者为什么写三种歌会场景，只写一两种不可以吗？这就需要探究作者整体结构安排上的意图。其一要表现歌会形式的多样性（有对歌、漫歌、传歌等），其二要分别侧重表现歌会活泼动人的情景、优美怡人的环境、恢弘感人的场面。二是运用变序比较法，辨别改变后的顺序与原文本顺序，以还原作者意图。例如朱自清的《春》主体部分"绘春之景"，作者为什么按照"春草——春花——春风——春雨"的顺序展开描写呢？先写春花再写春草，先写春雨再写春风不可以吗？原来这多幅诗意图景看似作者随意安排，信手拈来，但实则按照时令先后统筹顺序："小草偷偷地从土里钻出来"是早春的嫩草；"桃树、杏树、梨树……都开满了花赶趟儿"是仲春的花季；"风里带来些新翻的泥土的气息"是春分的风味；"像牛毛，像花针，像细丝，密密地斜织着"是暮春清明的细雨。如果更改顺序，那就杂乱无章了。

第三节　文本意脉的解构

　　意脉是作品意旨赖以贯穿全文而使作品成为完整有机体的内在结构形式。"意"即思想感情，"脉"即脉络联系。意脉与作品外在的章法结构不同，意脉乃是作品的内在神经脉络，而章法结构则是作品的骨骼支撑起来的肢体。意脉蕴藏于作品的里层，而章法结构则显露于外表。作品意脉有几个鲜明的特征：一是内在不外，暗藏不露。古人主张"脉忌露"，认为"血脉欲其贯穿，其失也露"，脉络太露，有可能就不畅通了。表面看，多数作品呈现给读者的是具体生动的人景物事、生活现象，读者看不到作者或人物思维的运行和情感的变化。二是不连而连，似断复续。意脉或如一条线索贯穿作品始终，或如一个核心统摄全篇内容，读者在寻绎的过程中，有时看得清楚，有时看得模糊，正如山与河潜入了地下，后来又重新冒出地面，表面上看不相连，但在地下是相连的。意脉的这种特点也为读者提供了探究领悟的机会。三是殊姿异态，别具风采。作者呈现生活内容的思维方式以及生活与作者情感的关系，决定了意脉多姿多彩的形态和鲜明的个性特征。有的曲折蜿蜒而舒展畅达，如鲁迅的《故乡》，回到阔别二十多年的故乡满怀"希望"，看到故乡萧索荒凉的景象心生"失望"，见到家乡的故人内心涌起深重的"绝望"，离开故乡燃起改变生活的"渴望"，这条情感脉络虽曲折起伏，但却舒展流畅，足见大家熔铸文章的功力。有的起落捭阖、跌宕摇曳，如李白《行路难》，要喝酒了却因满怀郁愤而"停杯投箸"，奋起"拔剑"却心生迷惘，于是壮志难酬的无限愤慨翻滚而来。世事艰难何不像伊尹那样以隐求仕，梦回现实又感到人生之艰难，最终坚定信念施展抱负的那一天必将到来。诗中之意脉，随诗人意识自由流动，信马由缰，纵横驰骋，淋漓尽致地倾泻出诗人郁愤而又矛盾的情思。有的层层递进，由浅入深，如郑振铎的《猫》，"我"三次养猫引发的情感和对生活的思索，不是平面运动，而是逐次递进：由"酸辛"到"怅然""愤恨"，再到痛彻心扉的"懊悔"；由重索取轻付出最终必然失去，到主观武断必然酿就悲剧，再到强者应该为弱者担起责任。这样就将作者的思想情感表达得强烈而深刻，充分而透彻。有的自出心裁，出人意外。如唐·金昌绪《春怨》，一方面一反常态的思维逻辑，不是先"因"后"果"，而是先"果"后"因"，后"因"又成为后句之"果"，因果相陈，层层推演；从另一个角度说，每一句都是一个悬念，后一句化解前一句悬念的同时又设下了新的悬念，最后一句似揭出了谜底却又令人心生悬念。另一方面，由"打起黄莺儿"这个"果"到"不得到辽西"这个"因"，从反向反映了主人公由"不得到辽西"的遗憾，到梦惊的烦恼，再到"打起黄莺儿"的怨恨宣泄的情感脉络，使读者借此认识到当时兵役制度下广大人民所承受的痛苦。又如文天祥《过零丁洋》，前面六句历数抗元救国经历，反复渲染悲愤危艰、沉痛悲苦的情调，最后以"人生自古谁无死，留取丹心照汗青"两句转出激昂慷慨的绝唱，表现出视死如归的高尚气节和英雄气概，这种意脉的突转，产生了震撼人心的艺术力量。

意脉的寻绎与破解可从多个角度入手。一是披文表以入情里。意脉作为潜藏在语言背后的事物，它既反映着思维情感的运行轨迹，又显示着其达到的深度和发生的强度，它当然不会脱离作品具体内容而独立存在，"形"与"意"、"外"与"内"却有着十分紧密的关系，从某个角度看，意脉具有连接、凝聚功能，既决定着文章熔铸的厚实度，也决定了文章艺术建构的完美度；从另一角度看，"形"与"意"、"外"与"内"互为因果、互相影响，因此，文本解构中，需要充分利用文本为我们提供的空间，以所见寻不见，借现象究本质，以浅层入深层，找到它们之间的联系，如果孤立地寻找意脉或局限于对作品表面肤浅的探索，只能是隔靴搔痒、买椟还珠，触摸不到文本的意脉。二是依旨而寻脉。脉络受到意旨的激发推动而伸缩舒展，其潜引暗渡始终受意旨的制约，寻绎意脉须以领悟意旨为前提。还原作者之本意需品味语言文字，也要"知人论世"。如前所述，《行路难》表现的情感摇曳多姿、波动起伏，要把握其意脉，就需要联系诗人处境。李白作成此诗，以表达怀才而不被任用的失意、郁闷、愤慨的意旨。依此可寻绎到作品的意脉：黑暗污浊的现实阻遏诗人宏大理想抱负而形成的心理冲突。这一意脉将失望与希望、现实与梦幻、抑郁与追求连接成有机的整体，袒露出诗人身在囹途而执着于理想追求，伤痛而不屈、郁闷而不羁的灵魂。三是循法而求意。作品章法结构取决于思想意旨，是表现作品情理的，服务于所表现的情理，与作品意脉相契合，古人创作主张"以意运法"而不能"以意从法"。而解构作品可反其道而行之，以"法"逆"意"，循着章法结构的起承转合，从"外文绮交"中领悟到"内义脉注"，寻求到意脉所在。如刘禹锡《酬乐天扬州初逢席上见赠》，首联诉说无罪而长期遭贬的苦难，颔联用典表达对遇害战友的悼念和对时事变迁的感叹，颈联对比自己的沉沦和新贵的得势，尾联表明自己意志不衰，坚忍不拔的气概。这种"诉身世、说因果、面对现实"曲折递进而又顺畅自然的结构形态，反映出了诗人激愤怨恨之情的步步深化、愈演愈烈，以至于突然逆转，表现出坚韧不拔、自强自立的精神意志，形成了不幸遭遇产生的愤慨之情及其面对人生危难的态度这条意脉。四是勾内而联外。许多文本的意脉，看上去"连而不连，似断非断"，有的甚至如雾中洲岛。这就需要勾联作品内外，展开联想想象，通过建立多种联系去寻找意脉。如杜甫《石壕吏》只按时间的进程呈现故事的变化，其中"暮""夜""夜久""天明"表明了时间线索，诗人及人物的思想情感并未显露出来，隐藏在故事当中。这就需要考察诗歌创作背景，了解诗人思想经历，联系"三吏""三别"等创作，想象故事发生的情景及其中诗人的角色处境，在此基础上挖掘出诗人情感心理的起伏变化：有惊讶，有理解，有愤慨，有同情，有无奈，这种既支持朝廷平叛又同情百姓悲惨遭遇的复杂矛盾情绪就构成了诗歌的意脉。

第四节　语言表现艺术的解构

　　语言表现艺术的外延十分广泛：修辞的运用，如炼字炼词炼句和修辞格；描写、说明、论证方法，如色彩描写、心理描写、听觉描写、作比较、举例论证；叙述方法，如倒叙、插叙、补叙；表现手法，如借景抒情、虚实结合、欲扬先抑、象征、悬念……语言表现艺术中任何一种手法或写法都是由多个要素构成，而且都与作品的意旨、内容、结构、脉络等文本构成部分有着十分密切的联系。解构语言表现艺术，就是破解要素之间的关系及其功用价值，探索其在建构文本意义中所处的地位和产生的作用。例如比喻这种修辞手法，至少在本体、喻体、比喻词之外，还包括相似点、比喻形成的思维过程及其目的和表达效果（在不同体式作品，如记叙文、说明文、议论文中使用比喻，有不同的目的和作用）等构成要素。又如心理描写，至少要探究其描写的角度，如是通过行为动作还是外貌神情，从语言入手还是借助环境烘托，描写所表现的具体心理状态及其与人物性格、事件发展、作品主旨的关系。又如解构《爱莲说》托物寓意的写法，从过程上来说至少要分两步走，一是探究象征手法的构成。其中包括象征体与本体二者的相通之处、运用这一象征体的动机。在这里，"出淤泥而不染，濯清涟而不妖"是说与环境的关系，"中通外直，不蔓不枝，香远益清，亭亭净植，可远观而不可亵玩焉"是说莲花形态和位置关系，可谓形神兼备。这些与君子品质——洁身自爱、庄重质朴、虚心正直、雅致脱俗、凛然不可侵犯有着共通的特征，二者在神似上实现高度融合。之所以将莲花象征君子品质，还因为与作者的理学思想有关，以莲性喻佛性，通过莲花形象为其人格道德做注脚。二是破解托物言志的构思。"说"出了"爱莲"的三种理由：莲之"形貌"卓然不群，品性与众不同，爱好者清高孤傲。而且这所托之物，能将抽象的感情化为具象。于是作者托莲所蕴含的君子品质寄寓自己的人生之志，即对追名逐利、世风浮躁的鄙弃，对洁身自好、不与世俗同流合污、庄重雅致人格美的崇拜和追求。

很赞赏黄厚江先生的比喻，"文本解读主要是理解某一电视机的工作原理，而文本解构则主要是对电视机硬件结构的了解和认识。对于修理电视的人来说，这两者同样重要"，文本解构是文本处理不可或缺的组成部分，当然也是阅读教学内容选择的重要前提，因为任何作品都是内容和载体的有机结合体，脱离了载体的内容，那么作品也就成为一堆散乱的语言文字碎片，阅读教学如果抛开了文本的体式、结构、艺术表现，只注重文本内容和语言理解欣赏，就会沉湎于一花一木的艳丽色彩和奇异形态不能自拔，就看不到花瓣的排列方式乃至花朵的分布形式以及花开在什么树上，弄不清支撑起树木奇异外形的干枝分布结构。只有站在内容及其载体的高度融合的视角上，才能真正领悟文本所熔铸的思想艺术真谛，进而实现完整而不残缺、科学而不愚妄、理性而不盲目、深刻而不肤浅地理解和利用文本教学价值的理想追求。

第六章 阅读教学内容

第一节 语文教学内容及研究的意义

一、教学内容研究的意义

多数学科"教学内容"，无论是课程标准还是教科书，都十分明确而清楚，只有语文学科"教什么"模糊不清。

这个问题可能与课程标准有关系。首先，教学内容缺失。2001年版和2011年版的《义务教育语文课程标准》的"总体目标与内容"规定了十条，7~9年级"学段目标与内容"有五个方面的分项目标。似乎教学目标和内容都很清楚了，可是一个学年、一本教材、一个单元、一篇课文教学的目标是什么，教学内容是什么，并没有规定和表述，因而模糊不清。2011版课程标准虽然在学段中名之曰"目标与内容"，实际上却只有目标没有"内容"。课程标准模糊不清，也没有理想的能够贯彻落实课程标准的教科书，统编教材虽有很大的改善，但编排的层次构架上也存在缺陷。于是建构教学内容的担子就落到了课标实施者——教师身上，然而教师并没有精力和能力去承担。课前、课上、课后究竟该"教什么"教师心里并不明晰。而且多个老师教学同一篇课文，会选取不同教学内容。例如学习郑振铎的《猫》，有的教学生体会描写小动物的方法，有的引导学生领悟选材构思的特点，还有的指导探究作者表达的悲悯情怀。这篇课文到底要

教、学什么，它的哪些方面才是这个学段学生应该去探究并从中获得效益的教学资源值得深思。其次，"语文"目标内容模糊不清。统编教科书采用双线组元的构架，将"人文性"与"工具性"结合起来，将"学得""习得""悟得"融铸在一起，使其"语文"能力培养找到了落脚点。但多数课文并非为成为教科书而专门写作，许多课文并不能很好地承担教学任务；"语文"能力培养的随机性也往往造成对学生学习需求的遗弃。单元"情感态度价值观"目标和内容很清楚了，可"过程与方法"的目标内容却不清楚。

语文到底"教什么""用什么教"？或曰："教教材""用教材教"。又问："'教'教材的'什么'"？或曰："不清楚"。有了课文只能说是有了教材内容，但教材内容并不等于教学内容。还问："用教材'教什么'"？"要从教科书中领悟哪些经验和方法"？或曰："也不确定"。

于是人们对语文教学就有一些不尊重了，语文水平高的学生并不认为是教师的功劳，语文水平差的学生，没有一个语文教师敢保证能把他的语文教好。可能这就是母语学习的特点，但应该也与教师在教学内容上的选择有着重要的关系。

二、语文教学内容的含义

其他课程学习的是言语内容，即"说了什么"，回答"是什么"的问题。语文课程以"说了什么""是什么"为基础，即以言语内容为前提，重点关注"说的怎么样"或者回答"为什么这么说"的问题，即以言语形式为落点。

教学内容具体包括：课程内容、教材内容和教学内容。课程内容，是从课程的视野确定学习内容，它所回答的是语文课程教什么的问题。教材内容，是从教材视野呈现的学习内容，它以课程内容为指导，通过具体教学材料或介体呈现、显示课程内容。教材内容还不是具体意义上的教学内容，只是确定了学习对象，它回答的是语文课程"用什么教"的问题。教学内容，是从教学视野呈现的具体学习内容，从教的方面说，主要指教师为达到教学目标在教学实践中呈现的种种材料。教学内容包括教师对教材内容和根据需要选用的教材以外的教学内容自主创生建构的课程内容。教学内容回答的是语文课程"教学实施需要教什么"的问题。

（一）课程内容

是国家根据对人才的需求，为使学校依据相应的培养目的有计划、有组织、有系统地培养人才所制定的课程设置的政策或文件（如"义务教育语文课程标准"），它规定了学科特定的事实、观点、法则和需要解决的主要问题，即需要学习的事实、概念、原理、技能、策略、态度等方面的内容。这些内容主要包括学科知识、当代社会生活经验与学习者的经验。所以，语文课程标准中的内容包括"知识与能力""过程与方法"和"情感态度与价值观"等领域的内容。课程内容是从宏观上解决"教什么学什么"的问题。

（二）教材内容

教材内容是一切传递、体现课程内容和承载课程价值的文字、图片、数据等材料，包括课堂上和课堂外师生使用的所有教学材料，如教科书、练习册、其他书籍以及音像、图片、网络资料。凡用于教学增强学生积累、发展学生能力、培养学生素养的材料都是教材内容。教材内容虽然并非学生直接学习的全部对象，只是作为目标达成的一种媒介，却也规定、影响着教学活动。教材编写是对课程内容的"教材化"，课程内容也只有"教材化"，即通过具体的事实、现象、素材表现出来，才能进入教学状态。教材编写既要遵循学科逻辑，更要遵循学生学习的心理规律。

（三）教学内容

教学内容即课堂上教师实际所教的与学生实际所学的内容。这类内容包括正确、错误、即时生成的信息。教学内容的确定，要考虑学科逻辑与教材特点以及学生学习的心理特点。它是对教材内容的"教学化"，即将教材内容具体化、过程化和方法化。教师对课程、教材与学情进行整合和提炼加工形成教学内容，这个加工应该包括选择、取舍、重组，之后是构建过程。

语文教材与语文教学内容，两者有交叉重合的部分，但二者并不等同。教学内容是一个包含情感思想熏染、建构运用语文知识、领悟语文学习经验和提升语文能力素养等功用特征的整体，语文教材只是语文教学的一种媒体中介，它可以承载教学内容，并适用于学生的学习。教学时可以从同一教材中获得不同的内容，相同的内容则可以从不同的教材中获取。

课程内容与教学内容。课程内容属于理论和法定层面，教学内容属于实践层面也是可变层面。课程内容一般规定不同阶段乃至某一阶段教学的标准，教学内容则是指具体教学材料和教学用具。课程内容是概括、宏观的，教学内容则是在教材内容基础上的进一步细致化、微观化与可操作化。课程内容一般需要物化为教材这个中介，教学内容也需要借助教材这个传媒进行创造性、个性化的演绎。教学内容固然体现着教师教学的个性化和创造性，但追求特色和个性也必须以课程内容为前提，因此，教学内容无论怎样千变万化，都离不开课程标准这一法定的根本依据，都必须以课程标准为基本导向。

第二节　教学内容确定的基本依据和着眼的维度

语文教材的选文多为经典之作，有广泛的课程资源，它们所体现的价值取向或隐含的培养目标是多维的，这为教师开发利用教学价值提供了广阔的空间，使教师使用教学内容具有了自主性和选择性。教师可以依据自己的理解选取不同的教学内容进行教学。但不能不说，并非所有的教师选取的所有教学内容都具有语文核心教学价值，因为确定教学内容需要参照多方面的依据并着眼于多个维度。

一、依据课程性质特点与文本资源

首先，阅读教学内容的确定需要体现语文课程性质特征。"工具性与人文性的统一"是语文课程的基本特点，"工具性""人文性"两者需统筹兼顾，不可厚此薄彼、顾此失彼。如果偏重"人文性"就会产生阅读教学"泛语文化""去语文化"的现象；如果过于偏重"工具性"就会落入"语言文字技术化""得言忘意"的泥潭。注重人文性，并非只停留在文本思想意义和精神教育的层面，而置言语形式于不顾，更应注重研究文本思想内容是借助怎样特有的语言形式承载和传达出来的。因此要"因文悟道""以道解文""以言述道"，或"以言解意""用意释言""驱言表意"。

语文课程的重要理念之一是全面提高学生的语文素养。确定语文教学内容，就要践行这一理念。语文素养从大的方面说包括语言和精神素养，语言素养指对语言的积累、感受、领悟、理解、概括、评价、运用等能力、方法和习惯；精神素养是指人文精神、审美趣味、科学精神，如积极向上的情感态度、正确的价值观念、高尚的审美情趣、高雅的文化品位和求真、质疑、探究、创新的品质等。

教学资源的丰富性和教学内容的多元化，是语文课程的又一突出特征。当前统编初中语文教科书是活动与文选相结合的形式，既使教材教学任务活动化，又使教材教学内容具有较大的开放性。就一篇课文而言，其客观内容包括自然、社会、人生多个方面。语文因素方面也包含了构思、写法、语言等多个要素及多种特点。同一篇课文放到不同的学段，选取的教学内容应该有所区别，即对同一篇课文的教学，其内容可作不同的选择和设计。例如教学朱自清《春》可以从学习写景状物、借景抒情的角度通过"入情入境地诵读""有情有味地鉴赏""设身处地与人景对话"等方式解读课文，也可以从培养学生鉴赏审美的角度，通过"品味语言美"、"欣赏意境美"、"体验情感美"的途径解读作品。教学陶渊明《饮酒（其五）》，可以定位于文学鉴赏，也可以定位于文化传承，那么教学内容的选取就有很大差别了。前者指向作品的意象意境、思想意蕴、节奏韵律、表现手法与语言运用等内容的解读，后者指向对诗人文化思想、生活方式、理想志趣与审美方式的探究。那么在实际教学中应该如何把握呢？那就要考虑教材文本资源特点及教材编写意图。

其次，阅读教学内容的确定需要依据文本资源。文本资源包括文本特质或核心教学价值。

教学内容确定的根本依据就是文本，文本往往具有突出的个性特点，实施教学的目标和内容也就因此体现差异。

文本的差异首先是体式的差别。人教版统编教科书以人文话题和语文能力培养双线组合，各个单元作品的体式往往有多种，这为教学内容提供了多样化的资源和广阔的空间。《义务教育语文课程标准（2011版）》对于阅读教学从整体上提出了基本要求，对不同体式的作品提出了具体要求："能够区分写实作品与虚构作品，了解诗歌、散文、小说、戏剧等文学样式""欣赏文学作品，有自己的情感体验，初步领悟作品的内涵，从中获得对自然、社会、人生的有益启示。对作品中感人的情境和形象，能说出自己的体验；品味作品中富于表现力的语言""阅读简单的议论文，区分观点与材料（道理、事实、数据、图表等），发现观点与材料之间的联系，并通过自己的思考，作出判断。阅读新闻和说明性文章，能够把握文章的基本观点，获取主要信息。阅读科技作品，还应注意领会作品中的科学精神和科学思维方法。阅读多种材料组合、较为复杂的非连续性文本，能领会文本的意思，得出有意义的结论""诵读古代诗词，阅读浅易文言文，能结合注释和工具书理解基本内容。注重积累、感悟和运用，提高自己的欣赏品位"。阅读教学内容应当依据课标提出的关于各种体式的阅读目标适当选择。

适当的教学内容主要依据文本特征和学情来确定。文学类作品的内容多虚构而成，表达的意义相对含蓄、丰富、多元，形象性和情感性丰富，这类作品的内容有利于引发读者的审美活动，引导读者体悟人生，理解社会生活的本质。科技类作品以科学现象、科学研究和科学发现为内容取向，意义相对明确清楚，其意义在于启发读者的心智，其教学目的在于获取科学知识，体会承载科学内涵外在形式的作用。论述类作品其内容主要是借助事实材料和相关论断、结论来阐明作者的观点、主张，有利于培养读者的理性思维，有利于培养务本求真的精神。

文本的差异还表现在文本自身的突出特征和独有价值。一篇经典作

品往往既具有这一类作品的共性，又具有这一特定作品的个性，是两者的
有机统一。选取教学内容应以该类文本共同特征作为起点，探寻文本的个
性。统编本九年级下册选用的小说作品产生的国别、地域、内容都不相
同，但是都通过塑造鲜明生动的人物形象、设置人物活动的环境和历史，
呈现人物的生活历程和生命特征，反映时代和社会的世态人情与精神面
貌，同时每篇作品又有鲜明独特的个性，如《孔乙己》分别从"二十年"
前后店伙计的视角、身份和心态呈现孔乙己这个人物半生的遭遇；聚焦特
定的地点和场面，截取人物生活的几个重要片段，反映人物的命运轨迹；
通过"以形传神"的白描和生存环境的烘托渲染塑造人物形象，批判世态
的凉薄，揭露没落文化酿造人生悲剧的罪恶。《变色龙》则以全能者视
角，聚焦于警官处理"狗咬人"这个富有幽默色彩的事件，通过人物语言
中多变的"称呼"，尴尬的"中断"和摇摆式的"反复"，反映人物胆战心
惊的畏惧、言不由衷的虚伪、摇摆不定的窘迫、令人不寒而栗的媚态，借
助人物特色鲜明的语言表现心理、反映思想、塑造性格；再通过人物性格
和讽刺手法揭示和鞭挞腐朽的社会现象。这些都是教学内容应该选取的资
源。作品的特征大都是"冰山"之一角，作品的思想情感、哲理意蕴大多
被隐藏起来。阅读教学就是要通过"袒露"出来的"特征"，认识隐藏在下
面的意蕴。

认识这些文本特征的目的，是将其作为教学资源，发挥其教学价值，
以培养学生的阅读理解和鉴赏能力。如研究《孔乙己》的白描手法和场面
描写，可以引导学生通过人物形貌特征或"面色表情"窥视人物内心世
界，探究人物性格形成发展的因果逻辑，进而探寻人物性格和生活环境的
同人物命运的必然联系。研究《变色龙》，充分理解人物语言变化的表层
和深层原因，引导学生深刻领会语言覆盖下的人物思想心理、处世态度、
性格特征和阴暗腐朽的社会风气。研究《蒲柳人家》，通过欣赏多角度、
多层面地刻画人物的方法，体会人物形象的含义，领略作者借助人物形象
的塑造反映社会风貌的匠心。

二、依据教材编写意图

课程标准设定了课程目标，那么达到这些标准或要求的载体或途径是什么呢？可能有很多，但主要载体或途径是教科书。教材编写依据是课程标准，语文教科书体现语文课程标准的基本思想、内容及教学要求。所以，语文教科书是达成课程目标、完成课程内容与教学要求的主要学习内容。语文教学需要认真研读教科书的编写意图、编写体例与框架结构，领会各种内容的来龙去脉，正确利用编者所选文本的教学价值。充分正确使用语文教科书是完成课程内容的必要条件，如果不能正确理解教科书内容结构、编写意图，任意选用教学内容，则可能会中断教科书内部的各种联系，甚至会浪费教科书的教学价值。一篇作品独立存在时和进入某教科书某个单元时，其教学内容指向是有差异的。在教科书环境下，确定某课的教学内容，需要瞻前顾后，研究课文之间的区别和联系，要考虑这些课文构成的单元具有怎样的目标取向，某篇课文在单元乃至整册书中具有怎样的教学功能，承担着怎样的教学使命。

三、依据学生特点

确定教学内容还必须研究学情，深入了解学生学习心理、年龄特点、认知水平等。如果轻视了对学生情况的研究，主观盲目地确定教学内容，有可能出现内容选择很好而学生学不好的问题，教师"一厢情愿"必然造成师生之间的"龃龉不合"。不同的学生在知识积累、理解水平、阅读习惯、兴趣爱好、思维水平等方面有较大差异，教师应该对学生有明确的层次意识和类别意识，正确把握本学科不同水平学生学习的个性特点，分层次、有针对地设置教学内容，避免千篇一律、一刀切、一网赶的盲目教学。通过分类设置教学内容，使不同认知水平、兴趣爱好及学习需求的学生各取所需，各尽其能。这样，才能促进学生积极主动、快乐、有创意地学习和高效学习。

阅读教学是在教师引导、帮助、促进下学生自主构建阅读作品意义的心理过程，这一过程是对学生已有认知结构的"同化"或"顺应"，是对已有经验积累的扩充、更新和发展，也是对新的阅读内容的领会接纳、吸收内化。阅读教学内容确定，不能脱离学生已有基础和学习需求，那些未知的、新鲜的、能引起学生思想情感共鸣的，才容易激发他们的学习兴趣和渴望。这些学习需求从阅读角度说包括文本理解、体验感悟、表达呈现、鉴赏审美等；从学生发展角度说，是满足"人生"和"生存"需求。对一个人来说"人生"与"生存"问题都是客观存在的，语文阅读教学离不开对人生、生存主题的探索，这就是学生的心理需求。语文教科书中很多课文都涉及到了对人生或生存问题的诠释，现代文如《秋天的怀念》《一棵小桃树》《老王》《说和做》和《植树的牧羊人》，古诗文如《岳阳楼记》《小石潭记》《桃花源记》《爱莲说》《记承天寺夜游》《过零丁洋》《归园田居》《登岳阳楼》及《水调歌头·明月几时有》，或呈现人生的艰难困顿，或心怀对人生理想的执着追求，或表达对人生的理解感悟，或阐述自然所给予的人生启迪；或借景抒怀，或托物言志，或借事寓理，这些对于青少年如何正确理解人生、生命、生存的价值，如何直面人生的挫折、现实的苦难，执着地追求人生理想，都是十分宝贵的精神财富。

实际教学中教学内容的确定方面有两种倾向需要纠正：一是低于学生认知的"最近发展区"，一是超出"最近发展区"。前者教学内容更多地落在学生已知的浅表层面，对学生没有挑战，没有吸引力。没有贯彻"不愤不启，不悱不发"的基本原则，没有把理解学习的重点放在读不懂、看不准、领会不深、理解不新的地方，不清楚学生哪些已经懂得了、清楚了、学会了，哪些没懂得、不清楚、没学会。第二种情况过分追求内容理解的深度和新颖度，而超越了多数学生的认知水平高度。这就需要适当降低内容的高度和理解的难度，顺应学生的基础和思维趋向，让学生能够"跳而有得""学有所获"。

四、尊重作者意图

文学文本往往具有多义性和模糊性，解读文本从语言文字入手深入领会作品的思想意蕴，尊重作者和作品，正确领会作者原创意图。这既需要反复阅读和推敲，也需要跨越时空，追根求源，知人论世。如果偏离歪曲了作者的原创意图，任意发挥，随意阐释，那就会误读文本、误导学生。事实上，正确把握作者原创意图并非唾手可得的事情，因为一则作者创作意图大都隐藏在语言文字背后，蓄含在作者所表现的生活内容之中，需要由表及里、由浅入深地挖掘；二则作品毕竟是作者个性化的经历、个人化情感或独特的思维，学生与作者的"隔膜""距离"需要反复思考和深入探究才能够消除。倡导多元化解读应以领会作者原意为基础。例如《斑羚飞渡》表现出来的客观意义应是颂赞可歌可泣的献身精神或弘扬团队精神，这种解读符合文本的实际。但是沈石溪先生在谈《斑羚飞渡》的创作体会时说，"《斑羚飞渡》能给中学生有益启示的地方，就是以一个特殊的视角，提出了尊重另类生命这样一个具有鲜明时代特征的命题""其实就是一曲生命赞歌……斑羚们在人类黑洞洞的枪口下，所表现出来的凛然大义和壮怀激烈，不能不令人肃然起敬，只要是稍有点人性的人，无不感到心灵的震撼"。[①]

五、彰显教师个性特长

教材内容包含着教学内容，教学内容应该是教师根据课程目标要求对教材内容进行教学化处理而形成的教学资源，这个过程可以对教材直接利用，也需要对教材内容进行重构。教材内容并不等同于教学内容，教师运用专业化思想和技术开发的内容才是实际的教学内容，优秀教师在教学过程中每篇课文力求"创造性地理解和使用"，也即对教材内容进行的合理甚至创造性的教学化处理，同样的教材或教学内容，不同的教师在教学中会表现出明显差异。譬如教学《孔乙己》，有的教师可能更偏重作者对人物语言的描写，则引导学生通过人物语言把握人物性格；有的可能更欣赏对人物外貌神态和动作的描写，则引导学生研读白

[①] 沈石溪：《敬畏生命》，载《课文作者谈课文》：上海，上海教育出版社，2014年版，第117页。

描手法体会作品艺术表现的匠心；有的可能青睐于小说的场面描写，则引导学生通过绘声绘色诵读和入情入境的演读，反映并体会社会对于苦人的凉薄。教师需扬长避短以成就课堂教学的精彩。教师在教学内容选择上具有充分的自主权，但并不意味着随意选取教学内容，不能一厢情愿把自己感兴趣有研究的内容"浓墨重彩"地呈现在教学上，而自己比较陌生或并不感兴趣但却十分重要的教学内容就蜻蜓点水、浮光掠影地轻描淡写而过，那也会顾此失彼。

第三节　不同体式作品阅读教学内容的选择与确定

一、小说

小说是通过人物、情节和环境的具体描写来反映现实生活的文学体裁。这是曾经的定义，但随着小说家创作活动的不断进行，人们对小说特征的认识和探索也处在变化发展之中。文学创作和文学批评不断发展，以结构主义、叙事学、解释学、对话论等视角研究小说形态，小说的价值绽放出七彩光芒，也变得光怪陆离。从专业发展的角度说，教师不应故步自封、抱残守缺，而应当积极了解、研究和接纳这些理论成果，以开拓视野，丰富积淀，提高专业化水平，并应用到语文教学中去。

以下从不同的视角谈谈小说教学内容的确定问题。

（一）三个要素

从传统的小说三要素的角度看，"人物""情节""环境"就如小说"三原色"。通过它们我们可以明晰小说的真相，正确选取小说的教学内容。

1.人物形象

塑造人物形象是小说的主要任务，人物形象是小说的重要特征，小说鉴赏不可能不关注人物形象。英国评论家福斯特提出了圆形人物和扁平人

物的说法，他认为"扁平人物在自身上的成就是无法与圆形人物匹敌的，而且喜剧性的扁平人物最能讨巧"。①

扁平人物又称"类型人物""漫画人物"，是以一个十分简单的观念或特征而塑造出来的形象，其性格只有"一种"，并且十分"鲜明"。同时，扁平人物又是类型化、固定化的人物，性格特征是典型化了的，被贴了标签，代表的是生活中的这一类人。扁平人物凸显其某一性格特征，其他特征淡化，而且其性格没有多大变化，按照这一性格逻辑去展开他的一切行为。《变色龙》中的警官奥楚蔑洛夫就是一个具有戏剧性的扁平人物类型，他趋炎附势、媚上欺下、见风使舵，是沙皇专制统治的忠实走狗。

圆形人物则具有复杂性格。其性格具有多义性与多变性，有形成与发展变化的过程。这种人物的塑造方法，打破了好的全好、坏的全坏的简单模式，按照生活的本来面目刻画人物形象，更真实、更深入地揭示人性的复杂、丰富，具有更高的审美价值，它往往更能给读者带来心灵的震撼。圆形人物的性格比较丰满、复杂，立体感强，且往往有一个比较稳定的性格轴心，并呈现出不同的性格侧面和性格层次，它们之间相互交错融合，构成一个丰满鲜活、立体真实的"人物形象"。其性格轴心及多侧面、多层次的性格特征，是在不断变化的环境和复杂的矛盾关系中显现出来的，因而人物性格稳定而不凝固，有一种流动性。这是一种动态型或发展型的人物塑造方式，要求空间感和强调色彩。因此，典型的圆形人物，其性格必然是一个闪烁着各种色彩的多面体，容量大，具有说不尽的性格内涵、多方面的审美意义，显示出多质、多向、多义的特点。

圆形人物有多种类型。如向心型，各种不同的性格特征并非矛盾抵牾，而是构成性格合力，围绕着核心性格转；层递型，情节的发展、环境的变化是性格变化条件，性格随着情节的发展、环境的变化而发展变化；对立型，性格呈现两种矛盾对立的形态，各种因素彼此不断冲突激荡。《孔乙己》中的主人公就是这样一个人物。作者将孔乙己置身于"五四运动"前"新旧文

---

① 〔英〕E·M·福斯特：《小说面面观》，冯涛译，上海：上海译文出版社，2016年版，第67页。

化"尖锐冲突的交替时期。在孔乙己的身上，喜剧性和悲剧性并存，作者对其态度同情与批判同在。孔乙己本身就是矛盾的统一体。一是"迂腐"与"善良"。"闹到将要讨饭了"却穿长衫、满口"之乎者也"，足见其迂腐透顶。孔乙己有着畸形的"善良"品性，尽管他是以此寻求失落的价值和被践踏的尊严。在遭受别人的冷嘲热讽而感到孤独寂寞时，他主动教小伙计识字，分茴香豆给孩子们吃，可是这些人性的"闪光点"也逐渐被这个社会消磨光了。二是"失落"与"固守"。孔乙己内心存在两种自我，一种是理想中的金榜题名者，一种是事实上挣扎在社会底层的落魄者。而这两种处在不同领域中的自我无法统一起来。三是"悲惨"与"滑稽"。孔乙己因行窃而被打"折"了腿，死了却还欠着酒钱；沦为社会的"异己""笑料"却全然不知。孔乙己就是"一个整体""一个世界""是完整的有活力生气的人"，而不是某种孤立的单一性格特征式的抽象物，他是一个跃然纸上、呼之欲出的圆形人物。

小说教学以领会人物形象内涵作为教学内容，意义十分重要。因为小说就是通过塑造典型的人物形象反映深广的社会现实，理解形象的典型意义和生活的本质特征，进而把握小说的主旨意蕴和作者的思想倾向。把握人物形象，就要研究人物的社会角色，领会人物的思想性格，理解人物形象的价值意义。具体可从几个方面入手：一是准确领会人物形象的个性特征。个性特征也是本质特征，要抓住"这一个"形象的独特特征，并由个性提炼出共性，将两者有机结合起来。典范小说作品中的人物形象往往是"独一无二"的，个性特征十分鲜明。如《芦花荡》中的"老头子"就很有个性，勇敢、机智、自尊同过于自信有机结合成为"这一个"独特的"老头子"的性格特征。同时他又是白洋淀地区抗日军民的一个典型代表，他有着抗日军民共有的思想品质和精神，充满革命英雄主义和革命乐观主义精神。再如《最后一课》中的小弗朗士，既是阿尔萨斯地区普通学生中的一员，有着他们的共同特征，但同时他在上学路上和"最后一课"中的见闻、心理乃至情感又是"独一无二"的。二是应借助情节、事件、场景等分析理解人物形象特征。情节是人物性格形成、发展、变化的历史，事件和场景是人物性格形成的环境氛围和外在表现。三是应深入细节解读人物形象。人物外貌、神情、动作、语言、心理的细节是人物内心世界、性格特征的显微镜，也是金矿石。四是理解人物形象不能脱离时代背景和社会生活环境，这是人物性格形成的外部因素。

按照现代分类方法，小说可以分为人物小说、情节小说、心理小说等，其中人物小说以人物为中心，通过塑造鲜明、突出、典型的人物形象反映作家对生活的观察与理解。这类小说以人物塑造为中心任务，并不刻意追求故事情节的生动离奇和完整性，情节过程也不一定都有开端、发展、高潮、结局等部分。其情节内容的设置、多个事件或场景、事件场景之间未必有十分紧密的联系，只要有利于塑造人物形象即可。同时，其自然、社会环境描写，甚至所创造的意境，也均是为了表现人物心理活动、塑造人物典型、突出人物个性。因此，选择人物小说的教学内容，不应选取情节而应选取人物，道理不言而喻。人物性格大都隐藏在语言文字的背后或深处，鉴赏人物性格宜于从表现人物性格表层的描写入手，逐步过渡到深层，或从人物的侧面性格开始，逐步去挖掘其性格主要方面；又由于人物性格的内在规定性和一致性，需要寻找人物性格的线索或话题。

例如《芦花荡》，它的情节尽管扣人心弦，但也是为塑造人物形象而服务的，作者浓墨重彩描写诗画般美丽的自然环境，其用意也在于呈现社会情境，为人物形象的形成寻找土壤。因此，可以把"老头子"的言行举止、神情心理作为重点，特别是"老头子"的语言，以此为主线，再结合相关事件，探究人物性格特征和内心世界；以此为基础，引导学生探究文本的环境描写对人物形象塑造所起的作用，领悟作者热情歌颂白洋淀抗日军民革命英雄主义和革命乐观主义这一主旨。又如《孔乙己》虽然没有前后贯穿、始终如一的故事情节，只是选取了人物生活的几个截面镜头，但人物形象栩栩如生、跃然纸上。若以情节作为教学内容，很难深入到文本的深处，难以找到作品鉴赏的有效途径。因此，教学本课可以从人物的一个表象、一种表现或局部入手去探究人物的内心世界，领悟小说的思想内涵。比如从孔乙己的衣着外貌的表象入手，探索人物与众不同的"个性"，进而探寻人物如此"模样"的原因，推知其命运遭际。在此基础上，再研读有这副与众不同的"模样"的人物，以如此身份地位在这般的社会环境中有哪些行为表现和不幸遭际，领会人物性格的因果逻辑，最后追溯人物悲剧命运的因果关系。再如以"手"作为研读内容，找出孔乙己"手"的表现和用途，并体会其与人物性格、命运之间的关系。孔乙己本来写得一手好字，替人家抄书可以养活自己，这也是维持生计的一种依靠，但他这双手却不老实，这"手"为他招致了若干灾祸，使他失去了赖以活命的工作，便有了"伤疤"和"折"腿的遭际；将两个指头的长指甲"敲"着柜台，用指甲"蘸"了酒，想在柜上写字，显示出孔乙己兴奋、热切的心情，折射出他对由读书走上仕途经济的向往和迷恋；分豆给孩子吃，却又伸开五指将碟子"罩"住，写出了他的慌张和迂腐；用手"排"钱来自我炫耀，自我慰藉，而从"排"到"摸"，写出了付酒钱时手的动态变化，表现了断腿后的孔乙己的悲惨境遇；断腿后用手"走"到酒店，又用手"走"去，说明他由直立行走蜕变成爬行动物，手的功能异化，表明孔乙己从人到非人的异化，最终必然地"走"向了死亡。通过孔乙己的"手"，我们可以看到他的行为方式，透视其性格心理，把握其生命轨迹和这种命运的因果关系。当然我们更可以选取小说中众人的"笑"、孔乙己的"脸色"等作为教学内容，以有效解读作品的人物性格、思想内涵和艺术表现上的匠心。

2. 情节

情节是在小说所提供的特定艺术描写环境中，由于人物之间的相互关系和人与环境间的矛盾冲突而产生的一系列生活事件发生、发展直至问题解决的整个过程。构成情节的基本单位是事件，构成事件的基本单位是细节。情节的过程往往有一条贯穿其中的线索。小说也像戏剧一样往往以矛盾冲突推动情节的发展，矛盾是情节发展变化的内在动力。冲突双方的人物性格对情节进展的趋向具有决定性的制约作用。

福斯特将故事和情节作了区分，他认为故事属于叙述中的低级形式，情节则较高级。"我们已经给故事下过了定义：对一系列按时序排列的事件的叙述。情节同样是对桩桩事件的一种叙述，不过重点放在了因果关系上。'国王死了，后来王后也死了'，这便是故事；'国王死了，王后死于心碎'就是情节了"。[①]福斯特还认为小说的情节具有多方面特征，如因果性、可能性、必然性。小说创作和理论研究也在不断发展，比如阿根廷小说家博尔赫斯创作的小说，大都截取生活的一个横断面，没有完整的情节。从这种情况来看，小说的形态已有很大变化，在这里，小说情节的因果链断了，情节在小说中不再具有举足轻重的地位。

现代小说分类中的"情节小说"，其特点十分突出，即以叙述情节为中心，小说中人物性格、行为、外貌、语言、心理等描写都在情节中展开，有的则成为情节发展的铺垫，情节具有连贯性、完整性与整体性。情节小说在教学内容上有必要关注情节，甚至可以围绕情节来确定教学重点。多数情节小说具有开端、发展、高潮和结局等过程，但在具体的小说中其表现又是不同的，而且也有例外。选取情节作为教学内容需要具体问题具体分析，依据小说情节的个性特点灵活确定。通过解读情节，可以把握作品中各种矛盾冲突，并从中理解人物性格，挖掘小说的深刻主题。具体来说可有以下几个视角：

一是情节的逆转。有不少教师引导学生解读情节往往只是关注"开端""发展""高潮"等过程在作品中的界限，未必有多大价值。把握情节上的特点应该更有利于小说特色和内涵的解读。如教学《我的叔叔于勒》，多数教师将教学内容定位于理解"人物形象"，事实上，虽然菲利普夫妇、若瑟夫甚至于勒等形象都非常鲜明，但其性格内涵并不复杂。比如菲利普夫妇在遇见于勒前后情感、态度迥然不同，但其内在性格并没有本质的变化，也就是这篇小说人物性格的内涵并不具有太大探究价值。而将教学内容定位于情节的逆转，既可梳理作品故事的前因后果，又可通过研读"逆转"鲜明展示"人性"存亡的戏剧性变化。菲利普夫妇的态度随着于勒身份的变化而不断变化，于勒败家，对他憎恶有加；于勒到美洲赚钱

---

① 〔英〕E·M·福斯特：《小说面面观》，冯涛译，上海：上海译文出版社，2016年版，第75页。

了，对他望眼欲穿；于勒穷困潦倒，便恼羞成怒、怨恨交加。这种转折变化，十分耐人寻味，尤其是船上遇到了穷困潦倒的于勒，菲利普夫妇态度发生了一百八十度大转弯。小说的结构在"转变"中得到了诠释，人物思想性格特征在这三次"转变"中昭然若揭，而作者所传达的思想倾向也呼之欲出。

二是情节的悬念。《智取生辰纲》中的杨志是一位恪尽职守、充满智慧、谨小慎微的人，但没想到落入了吴用等好汉的"圈套"，生辰纲被夺。作品中所写从"对面松林影着一个人在那里舒头探脑价望"，到白胜唱歌，到五次"不卖"，再到杨志一行人饮用掺药的酒，一切都如一个"谜语"，让读者摸不着头脑，直到最后才恍然醒悟，这一切都是吴用为杨志他们设下的连环套。白胜唱歌到下药的若干情节都是好汉们摸透了杨志一行的处境、心态和杨志的性格特征而事先埋设的"伏笔"。这种悬念的设置，使小说产生了曲折生动、引人入胜的魅力。而通过两方智慧的较量深刻地反映出精明谨慎、武艺超群、理想远大的杨志无论如何进取与挣扎，最终只能落草为寇，从而揭示了社会不给好人出路的本质特征。落草为寇是杨志的悲哀，更是社会的悲哀。再如《最后一片叶子》中琼西的病一天天好起来，竟然挣脱了死神的纠缠，其原因就是墙上的那片叶子并没有飘落下来，琼西在坚持中获得了新生。那么这片叶子为什么不怕飘落下来？如果是有人画上去的，那这个人是谁？作者设置这个悬念，实际上牵动了小说的所有情节内容，更引发了读者对作品思想意义的思考。而作品在化解这个悬念的过程中不露声色，半掩半露，读者在品味咂摸的过程中，猛然醒悟，原来是老贝尔曼在风雨之夜用自己的生命画上去，心灵也受到强烈震撼。因此，选取情节设置悬念作为教学内容，可以以点带面，牵一发而动全身，从而实现对作品的有效解读。

三是情节中的矛盾冲突。情节小说的一个突出特点就是制造激烈的矛盾冲突，通过描写矛盾冲突表现人物的强烈情感、性格特征和丰富的内心世界。如《最后一课》给人印象最深的是小弗朗士前后的"变化"和韩麦尔先生最后一课上的心理"表现"。小弗朗士的"变化"，实际上是"平常的日子"和失去祖国、失去民族语言之间的"矛盾",是家乡沦陷与爱国情感的"矛盾",理解了这个"变化",也就领会了这个人物的情感与性格特征。韩麦尔先生对自己过去的不当行为作了检讨,对小弗朗士和学生进行了"谆谆教诲",上完了最后一堂法语课。当教堂的钟声响起,普鲁士兵收操的号声传来,到了该下课的时候,这是一个令韩麦尔悲愤交加、痛不欲生的时刻,热爱教师职业与即将失去这个职业,热爱祖国和民族语言同失去祖国、失去民族语言,侵略者的卑劣行径同坚强不屈的抗争意识等矛盾冲突达到了尖锐激烈的顶峰,所以才会有韩麦尔先生"惨白"的脸色、哽咽的话语、"使出全身的力量"在黑板写上"法兰西万岁"的举动,才有了"头靠着墙壁""呆在那儿"的神情,那百般无奈却令人难以忘怀的手势。这个激烈的矛盾冲突有许多情节和情感上的铺垫,把它作为教学内容的重点,有利于学生深入体验作品人物的思想情感和性格特征,从而理解作品鲜明深刻的爱国主题。

四是情节中的细节。情节由若干细节组成,文本的情感意蕴都隐藏在细节中。以此为教学内容可以由表及里、由浅入深地发现人物的隐秘心理、情感倾向和性格特征。如《爸爸的花儿落了》对小英子毕业前去医院探望爸爸这一情节进行了细致入微的描写。爸爸那么爱自己的女儿,女儿在爸爸的抚育下健康成长,却为什么不参加女儿这么重要的毕业典礼呢?爸爸到底是怎么想的呢?"哑着嗓子"写出"爸爸"的病很重;"笑笑"则说明"爸爸"强忍病痛,强装笑脸,不让英子知道自己的病情;"他把脸转向墙那边,举起他的手,看那上面的指甲",说明爸爸十分想去参加英子的毕业典礼,因为六年前就想让女儿代表全体同学领毕业证书和致谢词,现在女儿做到了,可他生病了,病重了,已经不能"硬着头皮去闯"。关于这一点,前后文已有铺垫和注释:"住在医院里""他的喉咙肿胀着,声音是低哑的""他为了叔叔给日本人害死的事,急得吐血了"。他不能告诉女儿自己的病情,因为女儿"第二天要代表同学领毕业证书和致谢词",他怕影响女儿的表现。不能参加女儿的毕业典礼,他可能再也见不到自己心爱的女儿了,弥留之际心如刀削,泪水已经在眼里打转，所以"举起手看指甲"是为了转过头去，因为他不想让女儿看到他的眼泪，他要掩饰自己的痛苦和悲伤；不让女儿知道自己的难过，转移女儿的视线，不影响女儿第二天的表现。父亲说的"没有爸爸，你更要自己管自己，并且管弟弟和妹妹，你已经大了，是不是？"有生离死别的悲痛，也有对女儿的愧疚，还有郑重的嘱托。通过这样一个细节的解读，把父女之间生离死别的情感表现得淋漓尽致，感人肺腑，动人心扉。

3. 环境

环境描写是小说作品对人物活动的环境和事情发生的背景作描写。环境描写分为自然环境和社会环境描写。自然环境描写是指对人物活动的时空环境的描写，包括对日月星辰、山川河流、花草树木、鸟兽虫鱼、时序节令、风霜雨雪等自然景物的描写。社会环境描写是对人物活动的生活背景、社会形态以及人际关系等描写，是对处在一定社会历史时期的现实生活、时代风尚、风土人情的描写。环境描写具有显示故事发生地域及政治背景以揭示社会某种本质，营造气氛以奠定某种情感基调，烘托人物心理或性格特征，推动情节发展或为情节发展作铺垫，深化作品主题等多方面的作用。

传统观点认为，情节发展来自性格推动，环境决定性格，也即所谓"环境塑造了人"。恩格斯在给哈格纳斯的信中，曾把现实主义归纳为除了细节的真实外，还要求典型环境中的典型性格。个性尽管是特殊的，但多数在环境中都能找到其源头，即所谓典型环境决定典型性格。诞生于18世纪50年代的现代派小说并不倚重环境，包括意识流小说在内很多小说只是写人物的意识本能，展示和揭秘人物的内心意识，环境不再是决定人物性格的因素。小说创作和文学批评的不断发展，改变了人们对小说性质特征的认知。之后一些小说更多地把"环境"推演为"场景"，以场景作为小说构成的最小单位，犹如一个句子中的基本词汇。其内涵不仅包括单纯的"自然环境"或"社会环境"，而是以人物为中心的与环境相关的描写，是某一历史时期内社会生活的横截面。这些横截面就是小说的基本单位，它们组接、摇曳、曲折、变化、发展组成了故事。例如19世纪俄国作家契诃夫的小说即善于截取底层社会的横断面来表现"小人物"。其《变色龙》选取了俄国社会生活的一个横断面——警察奥楚蔑洛夫处理狗咬人的案件，借助特定时间特定场景中人物的"表演"构成小说内容，淋漓尽致地刻画了奥楚蔑洛夫的典型形象；小说揭露抨击的绝不只是那个游走于广场没收一点醋栗、像狗一样维护着沙皇权威的警察，而是那个崇拜官爵、欺骗百姓、趋利避害的俄国社会，以及沙皇专制主义钳制下"小人物"的可怜、可鄙、可恨。

小说教学选取"环境"作为教学内容，可着力于几个方面：一是体会环境与作品气氛色调的关系。《故乡》一开始写回故乡途中所见的情景，"我冒了严寒，回到相隔二千余里，别了二十余年的故乡去……这不是我二十年来时时记得的故乡"，这部分文字写出了回乡的急切心情，但眼前故乡阴冷天气和萧条景象却与作者的期望形成了对比。这样的气氛，渲染烘托出了作者悲凉的心境，也为表现故乡"人"的变化做铺垫。这就从总体上奠定了小说的灰黄色调和低沉压抑的情感基调。二是关注环境与创作意图之间的关系。比如《变色龙》的环境，表面上看像是温情脉脉讲究法治的社会，实际上却是一个残暴专制的社会，亚历山大三世为维护其专制统治，加强了宪兵警察等专政机构，整个俄国处在白色恐怖之中。"广场上一个人也没有"，商店和饭馆敞开的门口"连一个乞丐也没有"，一片萧条败落、死气沉沉的景象。小说便在这样的环境氛围中通过"狗咬人"这件极为平常的小事，表现一个尖锐、重大的社会问题，即警察像恶狼一样维护统治阶级利益，专制制度肆无忌惮地欺压人民。这就是那个社会、那个时代的现实，也是作者创作的原初意图。三是重视环境与情节、人物性格变化发展之间的关系。首先，《孔乙己》的写作背景对于理解文本十分重要，对探求人物形象思想性格的社会根源有重要意义。《孔乙己》写于1918年至1919年间，中国正从农业社会向工商社会过渡转折，传统的儒家智力文化正经受着西方经济文化的强力冲击，小说中的孔乙己就是这样一个在"过渡"中受到"冲击"而灵魂和肉体成为畸形的人物，表现了鲁迅先生以西方文明的宏阔视野来审视中国当前社会现实产生的一些感悟，展示的是中国被迫走入现代文明的前夕所存留的"仓促与慌张"。其次，小说人物之间互为环境。如《孔乙己》中何大人、丁举人、短衣帮、咸亨酒店掌柜等。通过科举而登上上层社会的丁举人，作为读书人的"楷模"，令孔乙己们梦寐以求、羡慕不已，一旦科考得手，便会一步登天，迎来荣华富贵。因此从科举中败下阵来的孔乙己对科举念念不忘，穷得将要讨饭了，却仍然舍不得扔掉那代表读书人身份的长衫。酒店掌柜对待顾客"看人拿菜碟"，对长衫主顾毕恭毕敬，殷勤有加。而对于"品行却比别人都好"的孔乙己，不但不尊重和善待，反而把他当做笑料取悦顾客，当孔乙己被打折了腿，掌柜想到的是孔乙己欠的钱，足见其何等势利冷酷！何大人因为孔乙己的"偷窃"行为，让孔乙己脸上屡添"新伤疤"；而丁举人则把孔乙己"打了大半夜"以至把他的腿打折，表现出他们对弱者生命的蔑视和无情摧残；短衣帮虽然同孔乙己一样地位卑微，但对不能自食其力的孔乙己不但没有些许同情，反而大肆嘲弄、取笑，他们通过"设圈套""揭伤疤"变着法让孔乙己上当，受到精神刺激，不达目的决不罢休，直至孔乙己出现尴尬痛苦的窘相，他们便引之为乐。这就使孔乙己进一步遭受精神上的打击和伤害，加深了孔乙己命运的悲凉色彩。总之，孔乙己周围的人，或对其身份、地位乃至自尊给予无情的嘲笑与羞辱，冷酷地鉴赏他的痛苦；或以残忍的手段摧残其生命，践踏其人格，这就把"为了取乐而折磨同类""品性的恶劣程度远胜于纯然的野兽"这种人性之中极为残酷的一面展示出来，有力印证了"他人即地狱"的哲学命题。

（二）内容和形式

从内容和形式的角度看，小说教学内容的确定应该关注表现的思想意义和叙述艺术。

4. 主题

毋庸讳言，主题是小说意义价值所在，这也是小说体式功用的一个重要体现。小说以反映社会现实生活为构思，以体现作家对自然、社会、人生的本质认识为目的。指导中学生阅读鉴赏小说，是为了涵养文学素质，张扬阅读个性，获得情感态度价值观的教益。小说作品同其他文学作品一样,"形象大于思想",思想包孕在人物行为乃至人物性格里,这就为主题阐释预留了广阔的空间。

小说阅读教学如果仅仅把教学定位于通过欣赏故事情节和环境描写,理解人物思想性格特征,那是远远不够的,还需在此基础上探究、提炼、归纳、升华作品的思想意义。因此以作品主题和意义为教学内容:

一要研读人物形象的典型意义。小说通过塑造典型环境中的典型人物反映生活的本质,一篇小说可以没有情节、没有环境描写,但不能没有人物形象。如《范进中举》范进中举后喜极而发疯,这是现实中很极端的事情,在即便是视科举仕第为至高无上追求的封建时代并非司空见惯的事情,或者说范进不能代表科举时代的金榜题名者,但这样写却有着深厚的文化根基、本质的真实性和内在的必然性。从范进命运的变化即可发现,科举仕第与其生存状态有着怎样息息相关的关系。他的邻居、老丈人、张乡绅在范进中举后态度的巨大反差,也充分反映了中举的巨大影响。正是因为巨大的利益诱惑,乃至改变几代人生存状态的诱惑,哪怕全家人忍饥挨饿,即便屡战屡败考到五十多岁,即使连自己的老丈人也肆无忌惮地鄙视、谩骂、羞辱,范进也忍辱负重、在所不惜。一旦高中,看起来那么怯懦猥琐、自卑自贱的范进,很快就显露出自私虚伪、世故圆滑、深藏城府的本质特征。科举能让读书人孤注一掷、梦寐以求,让他们忍辱负重、家徒四壁追求大半生;科举能让人焦头烂额、神经失常;科举能让人一夜之间青云直上;科举可使贪婪、丑恶的欲望膨胀。所以范进是科举时代读书人的一个典型的代表,是腐朽社会制度、世俗文化环境下的必然产物,这便是人物形象的典型意义。

二要还原作家的创作意图,领会作家的思想倾向。课标实验版教科书将《爸爸的花儿落了》编排在"成长"单元,意图在于通过这篇小说让学生领悟:成长需要关爱,勤奋与坚持,勇于"闯练"敢于面对,养成良好的品质……这样理解文本教材资源和教学价值是说得过去的。然而如果将课文放到原作《城南旧事》来考察,这样的解读与作者原初的创作意图就有了出入。林海音从孩童时期的"小英子"和二十年之后的作者两个视角回溯这段生活往事，她在《骑毛驴逛白云观》中说："很久不去想北平了，因为回忆的味道有时很苦。"她在《我的京味儿回忆录》中说："至于地方，我常笑对此地的亲友说：'北平连城墙都没了，我回去看什么？'正如吾友侯榕生十年前返大陆探亲，回来写的文章中一句我记得最清楚、也颇同感的话。她说：'我的城墙呢？'短短五个字，我读了差点儿哭出来。""爸爸的花儿落了"和"我也不再是孩子"之间并非直接简单的因果关系，其中也有属于"我"也属于林海音个人的生命记忆，而且是有创伤的生命记忆。当林海音回忆往事，缅怀父亲的时候，内心依然难掩"我十三岁，开始负起了不是小孩子所该负的责任"以及"童年美梦，顿然破碎"的无奈、悲痛之感，而且这种无奈、悲痛也散落渗透在课文其他许多地方。"落花"是一种告别，是生命经历的一个瞬间，隐含了爸爸生命和英子童年的结束，同时也照应了书中疯女人、妞儿、小偷等人物故事的结局，这些人物都以不同的方式离"我"而去。因此作者更侧重于表现的是：在爱、痛苦和离别中长大；回忆的目的在于使逝去的一切得以重临和再生，以慰藉悲痛的灵魂。

三要探寻作品的客观意义和价值，重视学生自我观照下思想意义的生成。"形象大于思想"，读者可以对作品的主题做出自己的阐释。从创作意图上说，《变色龙》所表现的是俄国沙皇专制主义对于小人物的人格扭曲，披着法律外衣而维护专制统治的宪警制度对人民的严酷统治，反映的是人们出于生存需要对于权贵的崇拜。如果撇开时代的投影，拿社会现实作观照，那么，读者可以从奥楚蔑洛夫身上读出人性当中的某种劣根性，如媚上欺下、见风使舵、趋利避害、自相矛盾、寡廉鲜耻等。

5. 叙事艺术

叙事艺术指作者叙述故事采用的形式、结构、语言体式等。小说的叙事艺术包含的意义非常广泛，如叙述者、叙述视角、叙述结构与线索、叙述内容特点、叙述语言等。

首先，认清小说的叙述者身份和叙述角度，有利于对作品思想意义价值的还原。例如《我的叔叔于勒》，课文以第一人称作为叙述者，若瑟夫是以家庭成员之一孩子的角度"看"这个事件的，包括看待父母的做法、看待于勒叔叔。在这样的视角下菲利普夫妇虽然十分势利、冷漠，甚至以金钱决定亲情，却并非对父母的做法乃至品行全然否定，对于父母因生活拮据而无可奈何的处境是理解、同情和宽容的。如果这篇小说换成第三人称的全能视角，"我"从故事中退出，那么必然会陡然增强作品对"人与人赤裸裸金钱关系"的批判力度，批判鞭挞主题的倾向性会更为鲜明。如果把课文删去的开头和结尾还原到课文中去，由成年的若瑟夫的一个朋友转述若瑟夫的故事，并且申明成年后的若瑟夫不管什么时候再遇到"要饭的"也会慷慨相助，这样就突出了若瑟大施舍乞丐的行为和愿望，使创作意图由对金钱关系扭曲的社会现实的批判，升华到对作为整体的人的悲悯，由对人性卑劣、人情冷漠的绝望转变为对人性、人情的期待和信心。可见叙述者、叙述视角的不同对于作品所表现的思想意义也会有巨大的差别。而《变色龙》则使用全能全知视角，广场上的一切都在作者的注目之中，把这样的横断面截取下来，有利于对病态的社会作切片分析，从中找出病因。

《故乡》也使用第一人称的叙事方式，以"我"的视角来叙述故事和表现人物，"我"是作品中的人物，自有作为小说中人物的情感，同时也寄托隐藏着作者的思想情感。小说以人物"我"的情感和经历来呈现故事的内容和发展进程，这样将小说叙述者"我"和小说中人物"我"有机结合起来，令小说更具真实性，也使读者更容易与"我"进行思想感情的交流。使用第一人称"我"令读者能清楚地看到叙事者内心的矛盾，人物形象"我"与作者实际上在文本中进行了一场内心的对话，那就是如何看待故乡、故乡中的人物以及回故乡心情的变化，甚至如何理解这些变化的原因等。第一人称叙述抒情的直观性和内容呈现的真实性有利于表达作者对世事的情怀和态度。可见第一人称叙事不仅可以更好地呈现故事内容，而且更有利于反映小说的思想意蕴。

其次，理解小说叙事结构特征及作用，有利于领悟作者构思上的神妙之处和领略表现人物形象方面的艺术魅力。《变色龙》作者不肯让警官奥楚蔑洛夫简单地处理狗咬人事件，而是写得千回百转，尺水兴波。通过精彩绝伦的人物对话形成了结构的频繁摇摆，人物的性格就在反复摇摆中淋漓尽致地呈现出来。《故乡》运用了大量的插叙，使其成为复合式结构。插叙的运用有效拓展了内容视野，使人物形象更加饱满，使作品主旨也更加鲜明和深刻。从外部看，小说结构呈现出线性特征：回故乡——在故乡——离故乡，脉络一目了然。但内部大量运用插叙，回到故乡，母亲提起闰土很想念"我"，于是小说便以"我"的回忆为线索，插入了儿时与少年闰土的往事，其中看西瓜和捕鸟的情形，展现了少年闰土的鲜明形象，也为后面与中年闰土的对比作铺垫。对杨二嫂的表现也是如此，当遇到杨二嫂后，便插入了二十年前对豆腐西施形象的回忆，前后对比，相形见绌，物是人非。插叙使得人物的现实和历史有机联系起来，给读者以强烈的视觉对比和内心情感落差的冲击，从而表达作者对当时社会生活的思想认知和情感态度，展示出作者内心的矛盾、彷徨，追求理想却又迷茫和无奈的状态。

再次，研究小说的线索有助于理解作品内容的结构形式，领会作品的艺术匠心。《孔乙己》从叙述的角度看，至少有两条线索，一条是"我"的见闻与感受，即以店伙计的视角展现人物命运遭际。选取的内容是截面式生活场面，没有完整连贯的情节事件，但之所以能够形成密不可分的整体，是因为作者以"我"的见闻感受为线索。第二条线索是暗线，是人们对待孔乙己的态度。小说中不同的人所处阶层、地位不同，但对孔乙己其人其事却是惊人的相同：鄙视和冷漠。这病态麻木的精神状态作为连贯作品的理性线索，将人物、事件、细节紧凑严密地结合在一起。作品对孔乙己这个人物形象命运的表现也使用了不同的线索：一是孔乙己由自命清高穿长衫，到最终不得不脱下"长衫"穿破夹袄，从而表现孔乙己精神追求的破灭；二是孔乙己由向往坐着喝酒，到最后被打断腿再也站不起来，表现其物质追求的破灭；三是孔乙己由不欠钱，到最终永远欠钱，表现其人格追求的破灭。

（三）阅读能力

从学生阅读能力形成与发展的需要角度看，小说教学内容要考虑解读方式和鉴赏方式。

6. 解读方式

小说教学的关键是让学生"进入"作者所描绘的小说世界，而主要不是考察学生小说阅读的"产出"，即学生有多少思想、观点、感悟从中产生。如果学生不能有效"进入小说世界"，那就说明在"解读方式"方面出现了问题。正确恰当的解读方式是解决学生小说阅读障碍和提升小说欣赏能力的关键所在。因此使学生领悟解读方式应该成为小说教学的主要内容之一。解读方式是学生解读文本、鉴赏作品能力发展的需要，学生学会解读小说的方式就掌握了小说解读的途径和方法，就可以自由自主地运用它去解读同类或非同类的、相似的甚至陌生的小说作品。小说文本中包括着表达方式，如词语、句式、语调、结构、修辞、视角、细节、手法等，也包含表现的对象，如人物、情节场面、环境等，还包含表现意图，如作者意图等。采取的解读方式应该包括与表达方式有关的解读方式，如品味词语、解析句式、体会语气、分析结构、赏析修辞、掌握视角、赏析细节、把握手法等，与作品本身表达对象有关的解读方式，如联系时代背景、写作背景、体会文本特点等，作品宏观的解读方式，如整体感知、自我体语、反思阅读、概括提炼、作品变式演读等。

7. 鉴赏方式

所谓鉴赏方式就是小说教学在不同的阶段所运用的方式和应达到的水平。

首先是体验。《义务教育语文课程标准（2011版）》提出："欣赏文学作品，有自己的情感体验，初步领悟作品的内涵，从中获得对自然、社会、人生的有益启示。对作品中感人的情境和形象，能说出自己的体验；品味作品中富于表现力的语言。"其中两次提到"体验"，根据初中学生心理发展特点，可以将小说教学内容的定位侧重于"体验"。体验，通常表示人们在经验获得及行为变化过程中的心理感受、认知顿悟、反省内化等心理活动。阅读体验，是阅读过程中在心灵上引起的各种感受，它大都出现在人们阅读作品的第一时间。阅读文学作品，就是体验作家所表现也是所体验过的生活。体验作家所体验经历的生活，并将其作为小说教学内容，这是小说解读和鉴赏的基础。对具备一定文学素养的成年人来说，理解作品的内容没有太多障碍；读仔细了可能会有一些阅读困难，如空白和"悬疑"。中学生要能正确把握作者所体验过的生活世界，理解文本内容，却是需要花费一些功夫的。小说作品语言表现往往具有多义性和含蓄性，其中包括带有"言外之意""文外之味"，作家的许多真实的意图和一些深层的思考就藏匿在语言背后，如果不能认真仔细品味、探究，其言外之意就难以破解。譬如"孔乙己是站着喝酒而穿长衫的唯一的人"，"孔乙己大约的确死了"，"希望本无所谓有，无所谓无的。这正如地上的路；其实地上本没有路，走的人多了，也便成了路"，这些语言都含有丰富的言外之意，破解这些语言背后的秘密，正适应了学生的学习需求。

其次是"欣赏"与"审美"。小说往往有意识地回避对社会生活认识的具体明确的解释，隐藏作家的写作意图。如莫泊桑、契诃夫，就喜欢把写作的意图、人物的心理隐藏在作品中，从而令不同的读者在阅读同一篇小说的时候能够产生各种不同的体验、认识和启示，因此应尊重学生个性化的体验和独特的理解认知，这才是真正意义上的"欣赏"。

小说作品体现了作家的审美理想，反映他们所理解把握的自然、社会与人生的美，是现实美最集中、典型、理想化的形式。深入挖掘教材中的审美因素，是进行小说审美教育的首要前提。一是挖掘思想内容的美。作品的思想内容包含了各种形态和各种性质的美。《范进中举》的讽刺美，《孔乙己》的悲剧美，《驿路梨花》的诗意美，一篇篇文质兼美的文本构成一幅幅优美的图画，新颖艳丽，雅致疏放，层层叠叠的美景逸韵爽人心目，如置身苏州园林，令我们目不暇接。这些都蕴含着丰富深刻的美学内容，教师的任务就是引导学生发现、感受、呈现它们的美，享受它们给我们带来的审美愉悦。二是领会艺术形式的美。如作品语言之美，结构形式之美，情景或意境之美。如《老山界》的场景之美，《孔乙己》的多线索结构之美，《智取生辰纲》《最后一片叶子》的悬念之美，《溜索》的险恶美。这些往往是学生体会不到或者体会不深的，通过审美活动，使学生领会享受作品的"美"，进而学会如何创造"美"。

二、散文

今天似乎已经很难给"散文"从内涵上下一个定义，但是这里所涉及的散文在外延上是指在除去小说、诗歌、戏剧、影视文学以外的、且与之并列的一种文学体裁。表达方式上包括叙述性、议论性、抒情性等，内容性质上包括写人叙事类、写景状物类、抒情类、审智类、闲话类、文化类等，体式上包括杂文、小品文、随笔、游记、传记、见闻录、回忆录、报告文学等。

现当代散文在中学语文教科书中占到三分之一，如果除去古诗文则占到二分之一。正确有效确定散文教学内容是一项十分艰难而复杂的工作，需要教师从多个视角、多个维度进行研究。

（一）确定散文教学内容需科学处理好多种关系

确定散文教学内容，一是处理好散文之共性与文本个性的关系，二是处理好人、景、物、事等内容与意旨的关系，三是处理好作品内与外的关系，四是处理好体式与学情的关系，五是处理好散文作者写作意图与文本教学价值之间的关系。

这些关系涉及多个方面的内容，包含了散文教学内容的基本外延。

在实际的散文教学中，有一个明显的缺陷就是只重视了散文的共性，而轻视甚至忽略了散文的个性。散文的共性特征自然需要把握，这是基础，但仅此是不够的。学生学习了很多散文却可能只掌握了一些共同特征，从大概的角度认识了散文或者从这个类别角度去解读散文。事实上散文的共同特征比较明显，而个性特点却难以掌握。而阅读、欣赏散文的目的在于发现每篇作品所独有的特点、独到的地方、独特的教学资源。这样才能从一篇篇各具特色的作品中受到熏陶，得到教益，而不至于重复相同的文体知识。

　　发现作品个性，才能找到相对应的解读视角，才能科学利用文本教学价值。首先要"裸读"。排除"干扰"，"沉乎其中"。其次借助"比较"，跳出作品，"出乎其外"，认识该作品的与众不同。例如引导学生将《春》和《春风》进行比较，发现各自的个性特征。《春》通过蒙太奇手法，表现春天的全貌；从不同的感官创造出恬美动人的图景，抒写出浓烈的热爱、颂赞之情；在写春天自然景物的同时融入"人"的活动，建立自然与人的关系。而《春风》运用抑扬跌宕的笔致和铺陈渲染的手法，表现北国"春风"的粗犷性格、威猛气势及其给人们带来的惊喜，从而传达出对春天的无比热爱。以作品的这些个性作为教学内容，是有效利用文本教学资源的基本思路。

　　散文是表现个人经历、抒写个人情感和表达个人对生活世界的观点和看法的作品，自然会写到相关的人、事、景、物之类，但写这些内容并不是主要目的，主要目的是通过这些内容来表达自己个性化的思想观点、情感态度。因此散文教学既要从人、事、物、景开始，又应关注其背后所隐含的思想观点、情感态度等，从而把握作品意旨。

　　"内"是指作品本身所呈现的客观意义，"外"是指与作品本身所呈现的客观意义相关的写作意图、写作社会生活的背景、对作者创作本作品的阐释等。文学作品教学需要作品之"外"的东西来做辅助和支撑，但不能过于倚重，否则就会使作品之"内"的内容解读不够深入透彻，就会本末倒置。作品的解读，应该重视作品之"内"的内容让其自己出来说话，而不是让与作品之"外"的内容来发言，即使需要作品之"外"的东西来佐证或解释，也应从作品之"内"的蛛丝马迹去探寻。

　　作品体式和学情决定教学内容选择的范围，教学内容不能太容易，学生自己能够理解、解决的，不需要教；如果是太难的内容，即使教了学生也不能理解，同样不能教。因此，应在文本体式与学情的交融中选择并确定教学内容。

　　作品写作意图与作品教学功用之间有时并不是重合对等关系。"形象大于思想"，创作意图包含在作品意义当中，阅读教学首先应考虑选择并还

原创作意图。若创作意图与教材教学取向一致，那么研读创作意图就是有效利用教材的教学功能。若二者出现龃龉不合的情况，则应探究作品形象的"客观意义"，以此作为教学内容。

（二）散文的功用体式特征

从功用体式上说，散文主要特征为：第一，散文是作者个性化经历、情感、思想以及内心世界的反映，是作者独特"自我"的展现。第二，散文是以抒写真人真事、真情实感为特征的文体，尽管也采用虚构，但以真切自然为主要追求目标。第三，散文以形式的自由灵活、内容的丰富广泛、写法的不拘格套为其表现特征。

将散文放在更宽泛的环境中比较，它的特征有哪些呢？

首先，散文不同于狭义记叙文。记叙文是一种作文教学用的训练性文体，突出强调记叙要素的完整性，十分规矩地叙述事情的来龙去脉；而散文"很像一条河流，它顺了壑谷，避了丘陵，凡可以流处它都流到，而流来流去却还是归入大海，就像一个人随意散步一样，散步完了，于是回到家里去"①。散文叙述事件"行于所当行，止于所不可不止"，不那么讲究套路和规矩，而以审美眼光摄取有"意味"的片段，借助艺术构思构建散文整体，这仿佛把闪光的珍珠串成绚丽的项链。

其次，散文与议论文不同。除去审智类、哲理类以外，总体来说，有一大部分散文特别不"讲理"，即使是"讲理"，也不像议论文讲究严密的判断、推理，讲究理性逻辑层次，更多的是依托情感的逻辑，汪洋恣肆，自由挥洒。有一些散文很"讲理"，且情理并融，趣味横生。比如哲理散文，往往形象譬喻其外，哲思义理其内，启人心智的同时，也给人悠远深长的审美遐想。在理性中融入感性，将哲理与情味有机融为一体。

再次，散文不同于小说。散文和小说都讲究文学性，但小说是虚构的艺术，散文强调真情实感；小说往往重视形象的塑造、生活历史的呈现，散文则以深情的眼光记写生活的片段，表现人物是为了表达情感意旨；小

---

① 李广田：《谈散文》，载《中国现代散文理论》，广西：广西人民出版社，1983年版，第148页。

说的作者一般是潜藏于作品内容背后不抛头露面，散文的作者力求祖露"自我"思想；小说中的语言多是"人物"的语言，重在反映人物性格，而散文的语言则注重追求美感和意味。

（三）散文的言语体式特征

散文言语体式属艺术语体，文学创作领域。写作目的是倾诉作者自己在与审美对象"交流"时所产生的丰富的思想情感和价值倾向。散文凝聚了作者个性化感情和性格特点，是最能给人以直观美感的言语文体，其人、景、物、事、情感、意境等都可以用审美的眼光欣赏，而这些美都以语言形式的美为载体，散文语言所表现的美受散文作者的个人情感、语言风格、审美思想等因素的影响，散文的语言运用、旋律韵味等都是作者个性情感、意识的外现。抒发情感和创造审美价值，成为散文最突出、最根本的体式特征。语言成为散文的艺术生命，成为创造散文主体的构件和手段，承载了作者的灵魂。因此散文阅读教学就要感受体验散文语言的艺术魅力，从中获得散文语言的熏陶感染。

散文语言体式与日常谈话、政论、科学、事务和报道等实用语体大不相同。散文是语言的艺术，它以作者个性化描写叙述表现主观情感、客观事物，散文的教学内容应该放在语言的欣赏领悟上，也即作者是怎样借助语言传情达意的。而实用体式的文章则呈现事物的实在存在，反映事物比较注重真实、客观。但在实际教学中常把散文当作普通实用性文章来对待，重点无非就是篇章结构之类的文体层面或对作品思想内容作理性分析，在语言理解方面重点寻美段、赏美句、品美词，对运用的修辞格作繁琐分析，并没有对文本语言个性作深入理解，效果可想而知。

散文语言用来表情达意，这种情意性表现在多个方面：语音、词句、形象、意蕴等。

首先，散文的语言声音节律，讲究疾徐快慢、抑扬跌宕，给人以美的韵律感。例如《春》中"小草偷偷地从土里钻出来，嫩嫩的，绿绿的。园子，田野里，瞧去，一大片一大片满是的。坐着，躺着，打两个滚，踢几脚球，赛几趟跑，捉几回迷藏。风轻悄悄的，草绵软软的"，以短句为主，节奏清晰，格调明快，生动地表达了春天的生机活力和人们欢快喜悦的情感。又如《秋天的怀念》中"母亲就悄悄地躲出去，在我看不见的地方偷偷地注意着我的动静。当一切恢复沉寂，她又悄悄地进来，眼边红红的，看着我"；《听听那冷雨》中"惊蛰一过，春寒加剧。先是料料峭峭，继而雨季开始，时而淋淋漓漓，时而淅淅沥沥，天潮潮地湿湿，即连在梦里，也似乎有把伞撑着"，两篇文章大量运用了叠音词、拟声词、双声词、叠韵词，不但恰如其分地呈现出事物的特点，而且展现出心灵跳荡和情感流动的节奏旋律。

其次，在使用词语和句子方面，注重多种语言的自由使用和有机融合，如口头语言与书面语言、日常语言与陌生化语言、客观性与主观性语言等结合，这样有利于传达事物多样特征和丰富的情感意蕴。如《下棋》将平淡的语言与幽默的手法结合起来，十分具有生趣，留给我们深刻的印象。《济南的冬天》中"对于一个在北平住惯的人，像我，冬天要是不刮大风，便是奇迹；济南的冬天是没有风声的。对于一个刚由伦敦回来的，像我，冬天要能看得见日光，便觉得是怪事；济南的冬天是响晴的……在北中国的冬天，而能有温晴的天气，济南真得算个宝地"，有整句也有散句，有长句也有短句，这种曲折回环的语句让我们深切地感受到作者对济南的一往情深和温馨无比的感受。艺术性语言或称诗化语言的运用也是散文使用词句的特征。《土地的誓言》中"在春天，东风吹起的时候，土壤的香气便在田野里飘扬。河流浅浅的流过，柳条像一阵烟雨似的窜出来，空气里都有一种欢喜的声音。原野到处有一种鸣叫，天空清亮透明，劳动的声音从这头响到那头"，其中"香气""飘扬""浅浅""烟雨""窜出来""欢喜""鸣叫""清亮透明""响"等词语从形态、色彩、声音、动作等多个角度，渲染故乡春天的美丽动人，借以表达对沦亡故土的无尽思念和深沉热爱。

第三，散文语言多通过词语的锤炼和运用比喻、拟人、夸张、排比等修辞手法增强语言的形象性、立体效果。借助审美化语言，生动细致地描绘事物各种美好形态、色彩、声音，人物的言行举止，给读者以身临其境、如见其人、如闻其声、如睹其形之感。例如《紫藤萝瀑布》"每一朵盛开的花就像是一个小小的张满了的帆，帆下带着尖底的舱，船舱鼓鼓的；又像一个忍俊不禁的笑容，就要绽开似的。那里装的是什么仙露琼浆？"《济南的冬天》"最妙的是下点儿小雪呀。看吧，山上的矮松越发的青黑，树尖上顶着一髻儿白花，好像日本看护妇。山尖全白了，给蓝天镶上一道银边。"这些富有活力生气的语言，使作品产生了无穷的魅力。

第四，在思想意蕴方面看，作者主观意念、情感倾向均渗透浸渍于散文的语言当中。《那树》"老树是通灵的，它预知被伐，将自己的灾祸先告诉体内的寄生虫。于是弱小而坚韧的民族，决定远征，一如当初它们远征而来。每一个黑斗士离巢后，先在树干上绕行一周，表示了依依不舍"，这些看上去十分客观真实的叙述，其中却隐含着对蚂蚁所具有的坚韧顽强、感恩图报等精神品质的称颂、尊重和敬意，反衬人类在创造文明过程中所表现的自私与野蛮。《端午的鸭蛋》中"平常食用，一般都是敲破'空头'用筷子挖着吃。筷子头一扎下去，吱——红油就冒出来了。高邮咸蛋的黄是通红的。苏北有一道名菜，叫做'朱砂豆腐'，就是用高邮鸭蛋黄炒的豆腐。我在北京吃的咸鸭蛋，蛋黄是浅黄色的，这叫什么咸鸭蛋呢"，运用语言造型，用富有表现力的语言写出事物的特色，通过"扎""冒"和"吱"这些传神的词语，再现了吃鸭蛋的那种动态、情态和快感，同时也把作者对家乡鸭蛋的"情有独钟"表现得鲜明形象。散文体式的语音、词句、形象和意蕴这几个维度是一个整体，都紧紧围绕情感的抒发和审美境界的构建而展开。散文语言的这些特征为我们解读散文思想艺术的秘密找到了钥匙。

（四）普遍特征视域下散文教学内容的确定

根据散文的相关特征，教学内容应考虑相应的几个方面：

1. 作者独特而富于个性化的语言表达、章法运思

散文的语言既自由任性，又讲究精心锤炼，既语出天然，又极富审美个性。这就为学生涵泳散文语言提供了宝贵而丰富的资源。欣赏文本语言需要抓住作者语言的个性，如朱自清写景散文的语言特色，一是具有鲜

活的生命力。朱自清写景散文在语言上追求"生意"，常常借助"移情"赋予自然景物蓬勃的活力和生命的灵气。"以我观物，故物皆着我之色彩"（王国维《人间词话》），赋予自然景物以人的神态情感，其笔下的景物便"活像是真的"。二是追求意境创造。朱自清善于在描写景物的过程中，创造出如诗如画、怡人心神的意境，具有感人至深、动人心扉的艺术魅力，如《春》《绿》等作品就是其中典范。而且朱自清的写景散文十分讲究层次性和多样化，总体上表现出严谨的结构、井然的次序，然而其中又有跌宕变化，十分引人入胜。同时代的作家沈从文的民俗散文在结构上看上去率性而为，但却严谨细密，张弛有致，因果相承。这些都极富个性化，是散文的思路，也是语文的思路。《云南的歌会》也可算是其中代表。

2. 作者独有的经历见闻及其个人化的言说对象

散文是用来抒发作者情感的，而不是阐释客观对象的。散文有现实所指，所表现的人景物事是客观外在的，但散文属于文学作品，这些人景物事被作者个人化，成为特定的言说对象，是作者眼里心中特殊情境中的独特的感觉，客观的外在对象已经被融化在作者的思想情感当中。那么这个带有"主观性"、"个人化"的"内容"正是我们要选取的"教学内容"。"紫藤萝"花开花谢、繁疏盛衰是自然使然，并非人为，但是宗璞却将紫藤萝的盛衰繁疏与人的命运联系到了一起，"花和人都会遭遇各种各样的不幸，但生命的长河是无止境的""从未见过开得这样盛的藤萝，只见一片辉煌的淡紫色，像一条瀑布""每一朵盛开的花就像是一个小小的张满了的帆，帆下带着尖底的舱，船舱鼓鼓；又像一个忍俊不禁的笑容，就要绽开似的""紫色的瀑布""流向人的心底"。"紫藤萝"是自然界客观存着的，更是作者眼中心里的，作品中的紫藤萝为什么会有这样的遭遇而令人难以忘怀？那是因为作者特别的命运遭际，作者遭受了十年浩劫的苦难，承受着亲人病重而带来的痛苦。可以说，只有经历过严冬的人，才会体会到暖春的温馨；只有经历过长夜的人，才会在明丽的生活面前心荡神摇。"紫藤萝"似乎从自然的植物中蜕变出来，变成一种能够寄托作者情思的、象征美好事物的载体。世上美好的事物是抑制不了、扼杀不掉的，生活的河流会朝着更美好光明的方向追寻、奔走，永不停息。不同的人观赏安塞腰鼓表演，都会有不同的感受，刘成章眼里的安塞腰鼓更是别有一番气韵风姿：其人质朴而强悍，其情喷涌而激烈，其势恢弘而磅礴，其力火烈而强劲，其舞蹈震天动地、撼人心魄。他以"安塞腰鼓"热烈地讴歌高原生命，诗意地赞颂民族气魄，传达他对生活、对时代、对人心灵的审美感受。这是因为他在陕北生活多年发现了无数闪闪发光、夺人魂魄的人类美质，是因为"无意瞟了那么一眼，但这一瞟就放不下了，觉得那些农民简直神透了，他们舞臂啸风，踢腿喷火，他们的每一个动作扑打着我，点燃着我""我们剧团那几十号基本功过硬的专业舞蹈演员，却硬是没有一个能够学会的""安塞腰鼓是安塞农民骨头里生出的艺术，没有那样的骨头，你休想学会""但在此后的八九年里，我从来没有想到把它写一写""我曾看过一篇外国的写花朵开放的散文，受其启发……而只留下观看安塞腰鼓表演的一小段，正面描写它"。①可见他之所以能成就"安塞腰鼓"，与他长期生活在陕北的经历有关，与他深刻强烈的艺术感受力有关，与他长期的思想酝酿和独特的表现视角有关。

3. 作者个人的所思所想和个性化的情感认知

散文中的"情思"和"理趣"是散文的灵魂，而它所叙述的人事景物，当为表现其情思与理趣而服务。散文也比较重视思想的表现，但这思想被浓郁的情感所浸染，并不是论说文那样赤裸裸的论证和思辨。这也是散文教学内容确定需要重视的一个特征。

我们为《秋天的怀念》中"母亲"与"儿子"的故事而深深感动，这确与作者笔下的故事感人肺腑有关，但更为重要的应是"母亲"与"儿子"情感上的不对等、不同步所引发的，母亲对于儿子的"爱"无微不至、无处不在，全然不顾自己已经身患重病，对于这一切，"儿子"竟全然"不知道"；而当"儿子""知道"了一些真相感念"母亲"的时候，母亲却离开了人世。"母亲是世界上活得最苦的母亲""她来此世上只是为了

---

① 刘成章：《关于〈安塞腰鼓〉》，载《课文作者谈课文》，上海：上海教育出版社，2014年版，第99页、第100页。

替儿子担忧，却不该分享我的一点点快乐"（史铁生《我与地坛》），这是作者独特的生活经历，更是其独有的情感经历和体验，因此他能够透彻深入地理解母亲所说的"好好儿活"的真正含义。

《走一步，再走一步》表达了作者对生活的感悟、对人生的哲思：不要被貌似巨大的困难所吓倒，把大的困难分解成许多小的困难，一个一个地解决掉，最后就会解决大困难而取得成功。或不要因为目标远大、路途漫长而心生畏惧，踯躅不前，而应关注最浅近的目标，从眼前脚下的事情做起，积跬步以至千里，最终到达高远的目标。这其中就融入了作者的情感，由在困难面前的无助到恐惧，到不知所措的慌乱着急，再到父亲到来的喜极而泣，最后到在父亲指导下一步一步走下岩石。其中对父亲的感激并非只是出于对父亲在他遇到危险和困难的时候救助了他，更重要的是父亲使他感悟到了人生的经验，这样作者将对生活的思考和对父亲的感激之情有机结合起来。

4. 个性化的叙述脉络与情感经历

散文的情感发生发展有其先后过程，更有其前因后果。因此触摸情感脉搏，追溯情感历程是解读散文内涵的重要视角。

散文叙写的事件往往是作者的亲身经历或耳闻目睹的事实，抒发的是作者对人、事、景、物的情感，表达的是对自然、社会、人生的理解认识和感悟，因此情感和思想感悟是阅读散文应当关注的内容。但是，散文所抒发的情感、所表达的思想等大都不显露在外部，而是隐藏在字里行间，隐藏在所叙之事、所写之人、所绘之景、所状之物中，因此理解它们不是唾手可得的事情，而需要深入体悟思考。而且作者笔下的人、事、景、物不是纯粹客观意义上的搬用和照相，而是融入了作者情感意绪的，是已经个人化、情感化的内容，阅读散文更要注意那些被打上了作者情感烙印的人、事、景、物。

情感的脉络则与作者的生活经历、文本叙述脉络密切相关，有着内在与外在、结果与原因、现象与本质等多种关系，这就需要以外显内，以果导因或以因求果，借助叙述脉络挖掘情感脉络。比如课文《猫》，作者写了三次养猫的经历及带给"我"的三种不同感受。三只猫不同的性情和结局，带给"我"不同的情感体验，两者之间明显存在着因果关系。这样就可以梳理三只猫的性情特点及"我"因此产生的态度，三只猫的亡失及"我"产生的情感反应。在此基础上探究对三只猫产生如此态度、如此情感的深层原因，进而领会作者勇于自我解剖、自我反省的精神，以及应关注保护生命弱者的意旨。

（五）不同类型散文教学内容的确定

散文可以分为若干类型，从作品表现内容和外部表达特征可以分为写人记事类、写景状物类、哲理寓意类、民俗文化类等；从表达方式上可以分为叙事类、抒情类、议论类等。

1. 写人记事类

首先，以情感作为核心。这类散文描写人物的思想品格及命运遭遇，或者通过叙述具体事件表达作者情感。散文的叙述和小说的叙述有着明显的区别。小说叙述的情节是虚构的，且往往曲折离奇，悬念迭出，扣人心弦，小说的人物形象鲜明典型；而散文是情感表现的艺术，叙事写人都是凭借或载体，其目的是传达情感，所写的人和事都是真实存在的。许多小说中的"我"是小说中的人物形象，不一定就是作者本人，而散文中的"我"大多就是作者本人。因而，引导学生感受作者所见所闻，要透过真实的人和事，体会出包含其中的情感。杨绛的《老王》写到了老王、"我"两个主要人物，有教师把该课教学内容确定为"下层劳动人民的优秀品质"或"老王是怎样的人"，这并非本文核心教学价值所在，也并未从文本中探究"作者的存在"。作者以大量篇幅写了老王，但大都是将老王与"我"一家的交往结合在一起，写老王目的不在于表现老王的人品和特点，而在于通过写老王表现作者的情感。"我渐渐明白，那是一个幸运的人对不幸者的愧怍"，这句话对作者情感进行了揭示，由此我们可以梳理作者的情感脉络，由同情、宽容到后来被触动，再到惊异，一直到老王死后，才逐渐理解老王，甚至被老王感动，进而感到愧怍。

其次，以事件和人物为主体。这类散文所表达的情感当然不是空穴来

风，而是借助对事件的叙述和人物的言行举止来传达的。传统意义上的小说比较注重情节的相对完整性，注重对人物表现的真实性和典型性，情节之间联系紧密，并借助情节展示矛盾冲突，表现人物形象。而且调动多种手法，多角度表现人物性格特征，进而反映小说的深刻内涵。写人叙事类散文处理情节就比较灵活，一般不追求事件的完整性，往往根据需要选取最能表现情感的部分进行叙写，情节之间比较自由，对人物的描写多注重从某个角度入手。所以鉴赏散文的情节与人物，都应从作者情感的结合点入手，选取最能表现作者情感的事件、细节作欣赏。重视体会各种事件、情节、细节之间各是从哪些角度表现情感的，领会作品在布局构思上的艺术特点。应特别关注这类散文如何注重对具体的细节进行刻画，以表现细腻强烈的情感。《老王》中老王临终前送香油、鸡蛋的情景刻画得十分细致，尤其是对人物体貌形象和相关行为动作的描写，鲜明地表现出老王如何把杨绛一家当做平等的亲人、朋友来对待，进而引发了作者的深刻反思和"愧怍"。

再次，以语言为媒介。首先要解读叙述性语言的密码。语言是情感的载体，要领悟散文情感，必然要借助语言品味鉴赏。不同的作者均以富有个性化的语言表现生活内容，叙述相关人和事件，因而需要通过触摸文本语言感受作者情感的温度。比如杨绛先生的语言特点十分简洁质朴，又洗练醇厚，不乏本色的灿烂华丽，又蕴含着深厚的情感意蕴，藏锋不露，清雅隽永。其次应关注叙述中的议论与抒情。小说大都将作家自己的情感隐藏在深处，借助人物或情节环境的描写表情达意，散文则与之相反，常常比较直接地借助议论与抒情表达自己的情感。那么只要抓住富含情感的议论和抒情便有利于领会作者的情感倾向和思想观点。如《藤野先生》中"但不知怎地，我总还时时记起他，在我所认为我师之中，他是最使我感激，给我鼓励的一个……他的性格，在我的眼里和心里是伟大的，虽然他的姓名并不为许多人所知道"，这段文字直接表达了作者对藤野先生的看法和独特的情感，通过这段文字，读者便可理解作品中许多事件描写的含义。

第四，寻绎结构脉络。散文中的内容源于现实生活，取材范围十分广泛，一人一事一景一物皆可入文，形式不拘一格，但这并非说此类散文如飘絮飞花，毫无章法，恰好相反，由于该类散文的情节不像小说的情节那样连贯地呈现或围绕塑造人物活动展开，事件、情景比较零散，将生活中一些点滴片断贯穿在一起，因而解读散文结构需要仔细进行梳理，进而弄清作者的情感走向、脉络。

抓关键字眼。文本中往往有关涉及全篇内容和作者情感的重要字眼，它们可能就是散文的眼睛或窗户，透过它可以更好把握文章的内容和情感。比如《散步》中"好像我背上的同她背上的加起来，就是整个世界"，《壶口瀑布》中"黄河博大宽厚，柔中有刚；挟而不服，压而不弯；不平则呼，遇强则抗；死地必生，勇往直前"，《秋天的怀念》中"黄色的花淡雅，白色的花高洁，紫红色的花热烈而深沉，泼泼洒洒，秋风中正开得烂漫，我懂得母亲没有说完的话。妹妹也懂。我俩在一块儿，要好好儿活……"这些语句都包含关键字眼，都涉及到作品的思想情感的灵魂，需要仔细深入体味。抓线索。叙事性散文往往有明晰的线索，或以时间或以空间或以情感或以事物等为线索。一篇看似"散乱"的文章，一旦抓住线索就能提纲挈领，将全文的结构理顺清楚，从而获得对作品整体的正确理解。

2. 写景状物类

写景状物散文其价值在于将自然景物的审美属性呈现给读者，让读者获得美的熏陶和情感的濡染。因此，教学内容应侧重于"会意、审美、体情"，以"鉴赏"为价值取向，感受自然景物的本质属性之美，领悟作品艺术表现手法之美，体味传达的情感之美。

首先，领略景物的属性特征美。我们知道，自然属性特征并非美的根源，自然美主要是以它的感性形式特征直接作用于人的视觉、听觉、嗅觉，引起人们的美感，自然的某些感性属性如颜色、线条、状态、音响、气息、质感等具有不可忽视的审美触发力，它是自然美形成的基础条件。不同的景物，都有它独特的自然属性特征，正因如此，便构成它们各自独特的美。如泰山之雄、华山之险、黄山之奇、峨眉山之秀……散文教学首

要的任务就是去欣赏散文所呈现的自然美特征。比如《春》中的春草，不像夏天的茂盛，不像秋天的强劲，却那样清新和惹眼，那样充满活力、生机；春花五色斑斓，一片片、一树树、一枝枝、一点点，异彩纷呈，引来蜂飞蝶舞；"吹面不寒杨柳风"，春风既不像冬天的风那么凄厉，也不像秋天的风那么萧索，而是"像母亲的手抚摸着你"，形象地写出了春风的温度和质感；春天的雨细密、轻柔而温润，更有春雨中忙于耕种的人。春天独有的形态、色彩、质感、温度和气息，带给读者以美的观感和享受。因此抓住文本内容的特征是欣赏这类散文的基础。

其次，领悟作品艺术表现美。形式是用来承载内容的，内容与形式的统一是散文表现的共同追求。一是行文脉络。不管是具体的游记类还是抽象的描写类散文，大都有多样的观察视角，通过这个视角展现不同景物的个性特征或同一景物不同侧面的不同特征，从而形成作品的脉络。这个脉络或通过空间来构成，或借助时间来布设，有的依据人们的认知特点来形成，有的通过景物之间的内在联系来确立。例如鲁迅的《雪》，粗浅地看，课文是以空间的转换分别表现了江南"雪"的"优美"和朔方"雪"的"壮美"特征，实质上是以思维的逻辑设置描写内容层次的。前者描述江南雪景和塑雪罗汉的快乐，意在展露追求美好理想的心声，后者描述朔雪的那种撼天动地、锐不可当的气势、勇气和力量，意在暗示实现理想的途径和凭借，即应像北方的雪那样，敢于直面惨淡的人生，要用顽强战斗创造春天般美好的世界。二是语言表现。写景状物散文以语言的形象性和立体感为自然景物造型。如《济南的冬天》先从整体的构思上形成对景物表现的规划，一是济南城算是一个小摇篮，二是由山体做"看护妇"看护这个小摇篮，三是看护妇和摇篮所在的地面上有蓝水晶和镶有小团花的小灰色树影的地毯。在这种整体构思下，再呈现具体景物的特征，如"这一圈儿小山在冬天特别可爱，好像把济南放在一个小摇篮里""最妙的是下点小雪呀。看吧，山上的矮松越发的青黑，树尖上顶着一髻儿白花，好像日本看护妇""等到快日落的时候，微黄的阳光斜射在山腰上，那点薄雪好像忽然害了羞，微微露出点粉色""自上而下全是那么清亮，那么蓝汪汪的，整个的是块空灵的蓝水晶"。这些派生出来的比喻，与整体上的比喻框架构成了"续喻"，将冬天的济南形象化、立体化、审美化，给人留下难以磨灭的印象。

再次，体悟作品的情感美。人与自然的关系，是一种人对自然界的理解、利用、改造、支配并使之为"我"存在的关系，自然美便是这种基本关系的积淀和反映，没有人对自然的能动作用，自然美便不存在，因此自然美又是"自然的人化"。自然美被作家写入散文作品，就是展现"自然的人化"或"人化的自然"。作家首先呈现"自然的人化"的共性，然后以此为基础，表现出作家审美的个性和独有的情感体验。"一切景语皆情语"，道理正在于此。作品中的春夏秋冬、日月星辰、山川树木、江河湖泊、花草虫鱼、风霜雨雪、蓝天白云、沙漠孤烟、亭台楼阁、文化古迹等，往往也染上了作者情感的色彩，成为"人化"的自然。读朱自清的《春》，扑面而来的是作者对春天浓烈的爱、由衷的赞美和倾心的向往。读高尔基《海燕》，读者会被文中的海燕形象而感染，体会到作者对海燕勇敢、执着、不畏强暴和勇于献身的崇高精神所给予的热烈歌颂，感受到作者面对革命风暴的豪情以及唤醒民众争取解放和投入战斗的渴望。作者的情感都是借对自然景物的描写表现出来的，那就需要研读文本中的景物的描写，深入到字里行间体悟这些情感。至于作者为什么会有"这样的情感"，似乎不需过分深究，因为初中学生对这类散文的解读达到审美层次就不错了，如果再追寻情感的根源和具体内涵，有可能会破坏阅读中的审美，也会将蕴含其中的"情感"冲淡。

3. 哲理寓意类

哲理寓意散文大多通过叙述生活事件、描述客观事物或虚构故事个人化呈现事物特征，寄寓作者独特体察、感悟、思想认知和生活的哲理。从创作角度来看，一种是作者首先在潜滋暗长中逐渐形成了对社会、自然、人生，对现实生活的思考甚或看法，然后寻找现实载体加以表现；另一种是作者在经历了生活的过程，其中包含了生活的哲理，呈现生活事实的同时呈现其中包含的意蕴。据此，这类散文教学内容的确定应考虑：

把握事件、事物的独有特征。哲理寓意类散文并非生硬地、赤裸裸地向读者灌输某种道理，而常常呈现一种自然现象、某个生活事件、某种景物的某种特性或荒诞的故事和倾向性描写，并通过这些蕴涵哲思物理。因此，读懂文本中的事件、故事、物性和倾向性特征是基础，进而还原生活的本来面目。例如《一颗小桃树》这棵"小桃树"既不生长在桃园里，也没有靓丽繁华的身姿，而是一棵有着艰难曲折生长历程、不屈不挠抗争的、寄寓了"我"人生梦想的小桃树，而且作者将小桃树的生命特征与"我"的生命追求高度融合在一起。莫顿·亨特《走一步，再走一步》在孩子脱险过程中，父亲指点孩子不要想距离有多远，先把左脚放到最近的一块岩石上，然后移动右脚到稍低的地方，以此类推，每次只移动一小步，最后爬下了悬崖。

建立事物、事件与人生哲理之间的联系，寻找两者的相同或相似之处。散文叙述事件、故事，展示物性和倾向性特征，其用意在于揭示其中寓含的哲思物理，启迪人们的智慧，升华对人生的思考。那么它们与人生、与哲思物理有怎样的关系？《白杨礼赞》将白杨树积极向上、笔直挺拔、不折不挠的品性与北方农民、士兵乃至中华民族质朴、坚强性格精神有机结合起来。《走一步，再走一步》则将孩子一步一步脱险的过程，与人生中将大困难分解为小困难，一步一步克服解决的工作思路有机联系在一起。这就是体会并挖掘出作品所包含的哲思。

领会哲理寓意的客观意义。这类散文通过呈现事件、故事，描述物性和倾向性特征，蕴含人生哲理，从而启迪人们的智慧和升华人们对人生的思考。这种特征也需指导学生去总结归纳，借助具体课文水到渠成地提炼出来，如"以事寓理""托物言志""借物寓理"和象征、比喻、类比等。这些生活哲理或人生道理反映了生活的本质属性，因而具有典型性和普遍意义，现实生活中也常有类似的事件或现象，因此，有必要引导学生展开联想想象，联系现实生活世界，以现代生活或学生生活观照作品的思想意义，通过阅读散文读出"自我"，与作者共同建构作品的思想意义。比如学习《走一步，再走一步》，可引导学生思考自己的生活中有没有像莫顿·亨特一样，遇到过令自己胆怯、手足无措的困难或问题，又是如何解决这些困难和问题的？你从中又得到了怎样的人生感悟？学生可以谈与课文内容相似的遭遇，也可以谈如何面对和解决遇到的困难和问题，而在这个过程中，不但拓展了文本的思想意义，也学会了感悟和思考生活，并从中获得人生教益。

4. 文化习俗类

文化散文指具有丰富文化含量，取材具有一定历史文化内涵的自然事物和人文景观，或借助叙述人事景物表现历史文化精神的散文。"人情种种，世俗百态，成为一些散文家观照的热点。由于这种观照常取文化视角，伴以历史文化反思，故又称为'文化散文'；由于这种观照多以非凡的机智，集中透视矛盾诸相，故行文常含幽默，还由于作者故作'超脱'与'旷达'，所以常有苦涩掩藏于闲适中。"①

这类散文包括文化艺术和民风民俗两大类。语文是人类文化的重要组成部分，戏曲、音乐、舞蹈、绘画都属于文化艺术范畴，是散文作家非常关注的话题，作家大都通过对文化艺术的体验和感悟，生发出对人生的理解和思考。民俗是文明积淀的重要组成部分，反映的是民生和民间文化，像地方风俗、节日习俗、市井特色、俗世奇人等，作家常常通过对民俗风俗风情的描写叙述，展示日常生活的无穷乐趣，呈现丰富多样的生命形态，寄寓深厚情感。

文化习俗类散文的突出特征，首先是取材上的文化视野。一般的散文可以是写些身边琐事，花草树木，山川河流，个人哀乐。而文化习俗类散文要有突出的文化意味和丰厚的文化底蕴，有些甚至是表现民族智慧和精神的内容。其次是写作立意上强烈的文化意识。这类散文从文化角度和以文化意识来表现相关事物，其魅力在于作者对文化现象和文化载体的生命投注，充分显示出作者的文化价值取向、文化理念和审美情趣。再次是思想内涵上的文化属性更加鲜明。文化习俗散文常常立足于时代精神，用

---

① 余树森、陈旭光：《中国当代散文报告文学发展史》，北京：北京大学出版社，1996年8月版，第258页。

当代眼光审视历史，审视人物、事件，从中提炼出新的文化内涵，寻找传统文化与当代文化的交融点，得出有意义的结论。第四是行文上的文化意味。文化意味既包括散文作品文化的品格和文化内涵，凭借文化的历史脉动呈现个体大起大落、大开大阖的人生际遇，同时也包括文化批判的价值取向，将叙事、记人、考据和文化判断融为一体。

文化习俗类散文教学内容的确定应考虑以下几个方面：

首先，领略文化习俗的审美表现和审美特征。

文化艺术、民风民俗可谓内容丰富，意蕴深厚，且形式多种多样，涉及多种文化史实和背景知识。作家大都能巧妙开启入口，或选择崭新视角，为我们呈现文化艺术、传统习俗的绮丽风景，让读者领略其审美表现和审美特征。例如云南民歌融入到云南人生活的各个领域、各种活动之中，他们以歌唱倾诉男女爱情，表达劳动热情，传达对逝者之哀悼，抒发丰收的欢欣、节日的喜悦……歌唱形式更是丰富多彩，但《云南的歌会》只是从中撷取了三个具有典型性的场景，呈现云南歌会的基本特点，可谓取精用弘，独辟蹊径，以展示云南歌会形式的多样性和宽广丰富的内涵。因此从作品表现的三种场合下的歌唱入手，即可对云南歌会的歌手、环境、场面、内容、形式获得整体了解和审美感受。再如《端午的鸭蛋》是表现端午习俗的，但如果只是泛泛介绍端午有哪些风俗，虽然能够让人了解到风俗特点，懂得相关风俗知识，但是很难表现出习俗的独特之处，更难反映其文化内涵和作者的思想感情。于是汪曾祺把目光投入到"端午的鸭蛋"上面，角度为之一变，十分新颖。作者首先介绍"家乡的端午"习俗，为写"端午的鸭蛋"做铺垫，然后自然引出"家乡的鸭蛋"，重点表现其特点和与众不同，以此为基础，最后让"端午的鸭蛋"顺势而出。这样从"鸭蛋"的视角去写民俗文化，不但可以集中呈现端午风俗的突出特点，更加有力地突出了风俗中鸭蛋的重要地位，进而呈现这个承载着丰富文化内涵的鸭蛋的审美特征。

其次，深入体悟承载的文化内涵和情感倾向。

文化艺术、民风民俗承载了社会现实生活和思想精神的丰富内容，当然也寄托了作者的情感，这是作品的灵魂，需要深入体悟。例如该怎样理解《安塞腰鼓》的文化内涵？安塞人的击鼓舞蹈有着悠久的历史，它原本是一种艺术传承，在古代常用它来激励边关将士冲锋陷阵、英勇杀敌、浴血奋战，也用来迎接征战将士们的凯旋。因此，它是激情与力量的宣泄，是生命和思想的狂欢与迸发。之后腰鼓成为一种节日文化表演活动，成为一种娱乐形式，人们于浪漫中宣泄生命的激情，于诗意中追求永恒的精神力量，并多次征服了世界上许多国家观众的心。所以"安塞腰鼓"所释放传达的，不仅是黄土地的地域文化气息，更是中华民族坚毅不屈、意气风发、蓬勃向上、积极进取的精神象征。从创作契机说，正值二十世纪八十年代，新的时代氛围也使陕北农民焕发了生命的活力，他们要挣脱、冲破、撞开物质上、精神上的束缚和阻碍，他们要痛快淋漓地释放生命的能量，去创造美的生活。

不同的地方端午风俗是不尽相同的，但从渊源上说，是统治者为树立忠君爱国标签来纪念屈原而设。《端午的鸭蛋》应该也是带着这样的思考去表现家乡端午节习俗的，它将对正义、爱国品质的崇敬，同对家乡的热爱之情有机结合起来。写端午习俗、家乡鸭蛋、端午鸭蛋层层铺陈，总体上有深度地传达出作者对民间风俗和民族文化的深情。同时作者重点描写家乡鸭蛋的审美特征，并寄寓了浓厚强烈情感，借以抒发了内心深处对生活、对家乡深深的喜爱、赞美之情以及对美好童年的怀念。家乡的端午节、童年的美好记忆，使汪曾祺对生活充满了乐观和感恩，使他关注生活中的小事、用自己的作品构建了一个积极向上的精神世界，而这些都是学生需要吸收的精神营养和思想食粮。

再次，理性探寻作品艺术表现。

第一，自由舒展而严密矜持的构思。表面看上去不经意而为之，但实际上却深藏机杼。把握散文构思才能厘清作品所呈现的文化艺术、民风民俗等相关内容的前因后果、来龙去脉。如《社戏》写了月夜看戏的前后过程，想看戏却没有船，找到了船飞向赵庄，却又大段描写行船路上的景色；看上了戏却没有看到蛇精和跳老虎，见老旦唱个不止便往回走；月夜归航中又生出偷豆吃的岔子。这些内容看上去随意为之，但是仔细思考便会发现，作者是以"看戏"为核心，统摄了全篇内容。"看社戏"既是目的，也是全文表现的重点。作者用了大量的篇幅描写社戏的表演，而月夜行船、月夜归航都是派生的内容，这即作者本来的写作意图。平桥村的成年人、孩子们的淳朴、真诚、友善，是与这里的文化环境、文化底蕴有密切联系的，其中"社戏"便是这种文化氛围形成因素的有机组成部分。只有这样的理解才正确把握了这篇作品的深刻文化意蕴。

第二，创造的诗情画意。文化艺术、民风民俗的诗意属性，决定了散文表现要创造出如诗如画的意境，使人从中感受艺术美和风俗美的魅力。因此体会作品创造的诗情画意是这类散文教学的重要内容。如《安塞腰鼓》通过短句成段如"一群茂腾腾的后生"，急促的节奏如"痛苦和欢乐，生活和梦幻，摆脱和追求，都在这舞姿和鼓点中，交织！旋转！奔突！辐射！翻飞！升华！"，排比、迭句和反复如"骤雨一样，是急促的鼓点……""好一个安塞腰鼓""隆隆隆隆的豪壮的抒情……"使整篇文章表现出一种雄奇的诗意美，使人受到气势的冲击、力量的震撼和美的感动。

第三，审美化、情趣化的语言传达。文化习俗类散文的语言往往追求清新和情趣，以承载作品思想内容和情感。如"别说鸭蛋都是一样的，细看却不同。有的样子蠢，有的秀气"，在孩子眼里鸭蛋也有丑俊之分，写出了别样的情趣。"卖山里红的靠戏剧性来吸引人，'就剩两挂了'，其实，他身上挂满了那用绳串起的紫红色果子"，写出了吆喝的人的故弄玄虚，情趣盎然，让人忍俊不禁。又如《云南的歌会》"性情明朗活泼，劳动手脚勤快，生长得一张黑中透红枣子脸，满口白白的糯米牙，穿了身毛蓝布衣裤，腰间围个钉满小银片扣花葱绿布围裙，脚下穿双云南乡下特有的绣花透孔鞋，油光光辫发盘在头上"，这段文字通过浓墨重彩对对歌人的相貌和服饰进行描写，表现出富有活力的特点，非常具有审美价值。

三、古典诗词

《毛诗·大序》载："诗者，志之所在也。在心为志，发言为诗。"严羽《沧浪诗话》云："诗者，吟咏性情也。"《尚书》云："诗言志，歌咏言"。孔子认为诗"可以兴，可以观，可以群，可以怨"（《论语·阳货》）。吴乔《围炉诗话》："文出正面，诗出侧面，意思犹五谷也。文，则炊而为饭；诗，则酿而为酒也。"

诗歌是高度集中、概括反映社会生活的一种文学体裁，它饱含着作者的思想感情与丰富的想象，语言凝练而形象性强，具有鲜明的节奏、和谐的音韵，富于音乐美，语句一般分行排列，注重结构形式的美。古诗词有几个基本特征：第一，高度集中、概括地反映生活；第二，抒情言志，饱含丰富的思想感情；第三，丰富的想象、联想和幻想；第四，语言具有音乐美。

按照有无故事情节分为叙事诗和抒情诗；按照语言有无格律分为格律诗和自由诗；按照体裁可分为古体诗、近体诗、词、曲；按照语言形式分四言诗、五言诗、七言诗、长短句；按照题材分乐府诗、田园诗、山水诗、边塞诗、隐逸诗、怀古诗、酬唱诗等；按风格特色分绮丽繁华的诗、古拙平淡的诗、奇思妙想的诗、浑然天成的诗、壮怀激烈的诗、温柔缠绵的诗等。

《义务教育语文课程标准（2011版）》对第三、四学段提出的教学建议为："欣赏文学作品，有自己的情感体验，初步领悟作品的内涵，从中获得对自然、社会、人生的有益启示。对作品中感人的情境和形象，能说出自己的体验；品味作品中富于表现力的语言。"评价建议为："文学作品阅读的评价，着重考察学生感受形象、体验情感、品味语言的水平，对学生独特的感受和体验应加以鼓励……"针对第三、第四学段有："可通过考察学生对形象、情感、语言的领悟程度，以及自己的体验，来评价学生初步鉴赏文学作品的水平。诵读古代诗词，阅读浅易文言文，能借助注释和工具书理解基本内容。注重积累、感悟和运用，提高自己的欣赏品位。"

古典诗词中学阶段广义上的价值取向包括：丰富积累、欣赏能力发展、审美、涵养人文精神、思维品质养成等；狭义的价值取向包括：理解性阅读、鉴赏性阅读、拓展探究性阅读三个层次。

古典诗词教学内容确定的思路与视角：

1. 意象

意象是诗人的主观情感与客观事物在诗人笔下融合而形成的独特而有审美价值的艺术形象。"意"是指诗人通过客观事物所表达的情意，"象"是指诗人所表现的富有其情感意味的人、景、物等的客观存在。"象"是客观外在的，它独立存在时不依赖人的意志和喜怒哀乐情感而发生变化。但是"象"一旦进入诗人的思想视野和情感范畴，就带上诗人的主观色彩。这时它要经受两个方面的"洗礼"：一则经过诗人审美经验的淘洗和遴选，以符合诗人的美学追求和美学趣味；二则经过诗人审美感情的化合和浸染，融入诗人的人格和情志。经过这样洗礼的物象进入诗中就是意象。诗人的审美经验和审美情感、人格情志，即意象中"意"的内涵。因而，意象是融入了诗人主观情意的事物。从物象到意象，在诗人那里，不是照相式的反映，而是融进了诗人自己思想感情的能动创造，物象已成了表达诗人思想感情的载体。

《周易》曰"立象以尽意"，又曰"书不尽言，言不尽意"。"立象以尽意"，即以"象"可以明"意"，因为"象"是具体生动的，可以将"意"寄托其中。孙绍振认为，"心象"决定"物象"。"象"是看得见摸得着的，"意"是看不见摸不着的，"意"在"象"中，"意"为"象"主。"枯藤、老树、昏鸦、古道、西风、瘦马"一系列的意象，都染上了后面"断肠人"的情绪色彩。

（1）意象的特征。

第一，意象的创新性。

李白有诗"寒雪梅中尽，春风柳上归"（《宫中行乐词八首》），这里的意象就经过了诗人的联想、想象，是诗人的主观情感和客观事物间的一种虚拟性吻合。他对早春之美的感悟，同"梅"和"柳"的审美特征联系在一起了。从客观事物特点看，这是一种慧眼发现；从主观感受来说，这是一种独特的体验、聪慧的顿悟；从意象的产生来说，这就是一种创新。宋代董颖《江上》"万顷沧江万顷秋，镜天飞雪一双鸥。摩挲数尺沙边柳，待汝成阴系客舟"，古诗中"柳"总与"别"相关，此诗却把"柳"与"不别"搭在一起，字面上不诉说怨思离情，读者却能心领神会，可谓不落窠臼，巧妙之至。这沙边小柳的"象"被赋予系舟消愁、可结束羁旅漂泊之"意"，这是独一无二的，也是诗人的独特发现。又如《观沧海》中"日月之行，若出其中。星汉灿烂，若出其里"，在中国古代，人们把日月星辰比作大自然的主宰，是创造万物、播撒光明温暖的"造物主"和"救世主"，但是曹操通过假定性的想象，让大海成为世界"主宰者"，包蕴宇宙万物，吞吐日月星辰，这种意象符号就是诗人独到的创造了。

第二，意象的个性色彩。

著名诗人的诗歌意象大都是独特而富有个性的，如屈原诗中的美人、香草、凤凰等，李白诗中的美酒、黄河、明月、大鹏、剑侠等，杜甫诗歌中的秋风、草木、鹰、高江、急峡、落花、落日、寒月等。这和诗人要表达的内容感情以及诗人的风格有关。同一个意象，不同的诗人也会寄寓不同的情感，具有不同的含义。如龚自珍《己亥杂诗》中"浩荡离愁白日斜，吟鞭东指即天涯。落红不是无情物，化作春泥更护花"，其中的"落红"意象从离愁中解脱出来，飘落后再去孕育春天，表达与黑暗势力抗争、对美好事物的不懈追求和献身精神。而刘次庄《敷浅原见桃花》"桃花雨过碎红飞，半逐溪流半染泥。何处飞来双燕子？一时衔在画梁西"中写出"碎红"飞扬的活泼灵动和美好际遇，从而表达对生活的热爱和对美的执着追求。个性色彩还表现在同一意象，在同一诗人创作的不同作品中，比如李清照的《如梦令》："常记溪亭日暮，沉醉不知归路。兴尽晚回舟，误入藕花深处。争渡，争渡，惊起一滩鸥鹭。"与《武陵春》："风住尘香花已尽，日晚倦梳头。物是人非事事休，欲语泪先流。闻说双溪春尚好，也拟泛轻舟。只恐双溪舴艋舟，载不动许多愁。"都有"舟"这一意象，但是其内涵已有很大的差异。前者写到乘"舟"溪水，兴不尽则不"回舟"，至"兴尽""回舟"天色已晚，着急找到正确的路径，却惊飞了洲渚上的水鸟。这舟承载了诗人因美好的自然而流连忘返的陶醉状态和愉快心情。而后者写到的"舟"本来也是载人以观春景的，但是由于经历了

国破、家亡、物失、夫死等一系列劫难之后，处境十分凄惨，心情异常悲恸，这"舟"成为不能承载深重苦难和愁绪的工具。

第三，意象的共性化。

意象共性化是指某种意象在不同诗人的不同作品中经常出现，或在诗作中被反复运用而约定俗成，形成特定的内涵意蕴。因其具有特定的内涵和特殊意蕴，读者能因此产生相关的联想，形成思想意义上的共识。如读到"谷口春残黄鸟稀，辛夷花尽杏花飞"（唐代钱起《暮春归故山草堂》）中的"杏花飞"就会令人想到春残花落，时光不再，产生无尽的伤感。读到"乡书何处达？归雁洛阳边"中"归雁"，就会引发对故土的怀念和向往；读到"采菊东篱下，悠然见南山"就会由"菊"想到恬美而远离尘世的超脱之意。读到"流水落花春去也，天上人间"（李煜《浪淘沙》）的"流水"，就想到时光脚步的匆忙或即将逝去的美好事物；读到"人有悲欢离合，月有阴晴圆缺，此事古难全"就会由"月亮"想到人世的艰难或对于亲人的思念。意象这种内涵意义上的共性化、约定俗成的特征，需要引导学生通过具体的诗歌内容进行提炼和概括，在不断的感悟积累中丰富诗歌意象的视野，增强诗歌解读的有效性。

第四，意象的隐括性。

首先，从呈现事物形态的视点来看，古代诗词意象大都不太拘泥于事物细节，而讲究含蓄性和总括性。如《望岳》"岱宗夫如何？齐鲁青未了"，泰山到底怎么样呢？到底怎么绵延不绝？诗人并没有具体说出来。"造化钟神秀，阴阳割昏晓"，具体有多么神秀多么雄奇高峻，诗人似乎也没说清楚，留给读者自己去想象吧。"荡胸生层云，决眦入归鸟"，氤氲的层云、飞翔的鸟儿究竟多么有魅力，以致于作者的眼角几乎都要裂开了。恐怕诗歌之所以能令人百读不厌原因正在于此，作者并不刻意将意象展现得多么具体入微，而致力于把事物特征和诗人的情感传达出来，从而创造出形象鲜明、蕴含丰富的意象，为读者留下广阔的思想空间。意象的这种含蓄性和总括性特征需要学生"入境"基础上的深入参与才能正确把握。

其次，从情景关系上说，注重创造"无我之境"，借描述具体形象，使诗人情思具体化。这类诗歌意象读者看到的是自然景物的客观状态，但其暗中渗透了诗人的情意和审美思想。如元好问《颖亭留别》"寒波淡淡起，白鸟悠悠下。怀归人自急，物态本自暇"，其中"寒波淡淡起，白鸟悠悠下"是自然景物的客观展现，没有人的主观情感的介入。然而这种悠然自得、不慌不忙的情态，与诗人急切的心情形成了鲜明的比照。"枯藤老树昏鸦，小桥流水人家，古道西风瘦马"，单看这三个语句所表现的情境当为"无我之境"，然而仔细体会"断肠"人的悲凉、愁苦的情绪却深深隐藏在字里行间。

再次，从艺术表现上看，往往通过具有象征性或隐喻性的形象，使诗人情思具体化。这种意象往往是诗中实有的景物，然而又是诗人表意、抒情、言志的凭借和载体，这些意象本身具有特定的文化内涵。如南宋陈亮的《梅花》"疏枝横玉瘦，小萼点珠光。一朵忽先变，百花皆后香。欲传春信息，不怕雪埋藏。玉笛休三弄，东君正主张"，通过表现梅花清瘦明丽，敢为花先，传报春信，傲雪凌霜的特点，实际上寄寓了对高洁、坚韧品格的由衷赞美和让这种品格永留世间的愿望，这不正是诗人品格的写照吗？

第五，意象的形象性。

意象的形象性，主要是指意象的生动性和立体化。通过喻体形象或拟体形象，使诗人情思具体化。例如李清照《武陵春》所写一夜长风过后，尘土中混合着落花的香气，而树枝上花朵落尽了，这看似对客观景象的写实，但却又隐喻了作者的生命际遇。国破、家亡、夫丧以及生活的种种不幸凝成的愁情苦绪是看不见摸不着的，也是无以容纳的，但是词人借舴艋舟来承载它，愁绪不但有了形态，更有了重量，形象生动、新奇别致。又如张旭《山中留客》："山光物态弄春晖，莫为轻阴便拟归。纵使晴明无雨色，入云深处亦沾衣。"着一"弄"字，使山中景物赋予了人的行为神态，生动地写出了山林春光明媚、生机勃勃的美好景象。

第六，意象的同一性和矛盾性。

一首诗中的意象是相互联系的，构成一个意象群，或者有色调上的相协、内容上的相接、情感上的相融，或者有色彩上的相悖、内容上的对立、情感上的冲突，以突出表现诗歌的意旨。马致远《天净沙·秋思》中的"枯藤""老树""昏鸦""西风""瘦马""夕阳"就是一组色调灰暗凄凉的意象，给人郁闷、怅惘、萧索之感，这些意象的自然组合，形成了苍凉、落寞、萧疏、凝重、凄婉的意境。而"小桥""流水""人家"，则是一组安适温馨的意象，给人轻柔秀美之感，它们组合起来，构成典雅、灵动、温暖的意境。两组意象在色彩和情调上形成强烈的反差，有了"小桥流水人家"的温馨宁静作反衬，天涯羁旅者的悲凉、惆怅、愁苦也就跃然纸上了。又如钱起《暮春归故山草堂》其中"黄鸟""辛夷花""杏花"是一组色彩、情调相似的意象，都表现出"春残"之意。从全诗内容看，鸟、花意象还有一个共同点，那就是"改"，即畏惧春残、为俗所屈，而这个特征与诗歌主要意象"幽竹"不从世俗、忠贞不渝、坚忍不屈的特征形成鲜明对比，表达了对幽竹品质的赞美之情。

（2）从意象入手解读诗歌。

第一，把握意象之间的内在联系。

一首古诗词常常由多个意象构成，意象的有机组合，形成诗词意境，展现出优美的生活画卷，表现出深厚的情感意蕴，给人以独特的审美感受和生命的智慧启迪。把握意象之间的叠加、承接、递进、因果、假设、对照、比况、烘托等关系，理清具体内容的相互联系，有利于形成对诗歌的整体认知。如王湾《次北固山下》有两组意象，一组由"客路""行舟""青山""绿水""潮水""江岸""和风""船帆"构成，展现江上行舟所见，写出平野开阔、大江直流、波平浪静、风顺帆悬的景观，渲染的是一种开阔空旷、平静安谧的氛围，正是在这样的环境氛围中诗人要乘舟驶向遥远的"客路"之外，为表现羁旅之思打下基础。另一组意象由"海日""残夜""江春""旧年""乡书""归雁"构成，海日初升，春季到来，一群北归的大雁掠过晴朗的天空，乡思愁绪油然而生。当残夜还未消退之时，一轮红日已从海上升起；当旧年尚未逝去，江上已经呈露春意，时序交替不停留，时光流逝如白驹过隙，怎不叫人顿生思乡之情呢？前一意象群写时光流逝的过程，后一意象群写由此生发的结果。意象之间的关系还有可能是相反相对的，如上文提到的《天净·沙秋思》和《暮春归故山草堂》，这就需要引导学生去体验和感悟这种对立意象设置对于表达事物特征和诗人思想感情的作用，体会诗人的匠心所在。

第二，抓住意象再现情境。

既然古诗词的意象往往是隐括含蓄的，具有"言有尽而意无穷"的特点，那就需要引导学生发挥想象、联想，化概括为具体，化抽象为形象，展现诗人所表现的情境。例如《望岳》解读文本可以有"辨读诗意""创读诗境""悟读诗理"三个过程。以其中"创读诗境"为例，首先，概括泰山的特点：秀美——"造化钟神秀"；绵延——"齐鲁青未了"；高峻——"阴阳割昏晓"；神奇——"荡胸生层云"。然后展开联想想象，把诗歌的意象联系起来想象成一幅或几幅画面，用自己喜欢的方式如图画、描述等有创造性地展现出来。在此基础上可选定画面，按照勾勒形态——着色敷彩——化静为动或添加声音的顺序展开想象。教师也可出示诗意画面描述的范例为学生提供借鉴："阴阳割昏晓"——泰山主峰巍峨峭拔，直刺苍穹，蓝天下，山阳面明亮，山阴面暗淡，如巨斧将早晨和黄昏劈成两块。然后由学生自主欣赏。这样的"创读诗境"，先由学生诵读或听读，使语言文字变成声音；借助联想想象，将声音转换成画面；最后展现新的意境，用语言文字描绘画面。诗歌意象具体化了，意境立体化了，学生能调动多种感官去感受诗歌意象；而想象的展开和创造性的描述，则锻炼了学生思维能力和语言表达能力。

第三，涵泳语言，领悟意象。

一方面，古诗词意象是借助语言塑造出来的，要认识和领悟意象的形象美需要涵泳咀嚼语言。例如王维《使至塞上》"大漠孤烟直，长河落日圆"中的意象"沙漠""黄河""孤烟""落日"形象鲜明独特，意境开阔雄浑，留给人的印象是相当深刻的。这需要品味诗人富有表现力的语言才能悟得。因为沙漠茫茫无边，所以用"大"字才可描摹；空间境界开阔、没有遮拦，才可见烽火台上的"孤烟"直上云霄；如果风雨飘摇，烽烟便不会有"直"上云天的奇观；沙漠广袤无垠，黄河遥无尽头，才有了"长"的景观出现；而风尘俱净的沙漠和迤逦千万里的黄河之上的"落日"当然是"圆"的了。借助作品语言认识诗歌意象特征，借助这些意象体会西域领土的广大，风光的雄浑壮美和王维诗歌"诗中有画"的特点。另一方面，诗歌意象的含蓄性特征，也需要通过语言的解码去领悟，去领悟包含其中的意蕴和情感。例如温庭筠《望江南》"过尽千帆皆不是，斜晖脉脉水悠悠"，表面是写"望"见的景和物，似乎没有什么情感的融入，是"无我之境"，但是结合上下文就会发现，诗中的主人公独倚望江楼，在仔仔细细观看一艘艘驶过的客船，终究没有看到盼望的远行人归来，结果又一次失望了，后文写主人公肝肠寸断。所以"过尽千帆皆不是"就蕴含了无数次盼望和无数次失望的无限悲伤之情，"斜晖脉脉水悠悠"，本无情感的"斜晖""流水"此时也含情脉脉，悄悄收拢着余晖，不肯离去。景物仿佛懂得主人公的心情，悠悠无语，默默流淌。这样就把人物的情感写得立体鲜明、透彻淋漓了。

第四，感悟常见意象的含义。

意象的共性化特征，为理解诗歌意象内涵提供了基础，可从具体的诗歌作品入手，分类梳理诗歌意象的原创意义和客观意义，再对包含相同意象的其他诗歌进行"演绎解剖"。如从"人有悲欢离合，月有阴晴圆缺，此事古难全""月下飞天镜，云生结海楼"，可归纳出"月"这一意象多表达离愁别绪，营造苦闷悲寂氛围。从"过尽千帆皆不是，斜晖脉脉水悠悠""羌管悠悠霜满地"，可归纳出流水、斜晖、羌笛等，多暗含离别之苦、相思之情和内心孤独之境。从"塞下秋来风景异，衡阳雁去无留意""乡书何处达，归雁洛阳边""夕阳西下，断肠人在天涯"中提炼出"雁""归雁""天涯"这些意象所包含的羁旅漂泊、思念家乡的情感内涵。从"采菊东篱下，悠然见南山""待到重阳日，还来就菊花"中领悟出"菊花"意象所包含的高洁志趣。从"昔我往矣，杨柳依依""渭城朝雨浥轻尘，客舍青青柳色新""杨柳岸，晓风残月"，概括出"柳"这一意象所表达的感伤离别的情绪特点。当然这些意象的"共性"内涵只是作为基础，具体到不同的诗歌中，同一意象常在"共性"前提下表现出"个性"，这需要"具体对待"。

2. 意境

意境，又称"诗境"，"艺术境界"。意境指文学作品中作者的主观情意与客观事物情境互相交融而形成的，能诱发人们想象思索的艺术境界。其中的"意"可以是诗人作家的真挚情感，也可以是"情"与"理"、"意"与"志"的融合体；"境"可以是"景""物""人""事""场景""情景"，或多种因素兼而有之。可以说，意境为客观世界的主观反映，是主客观的统一体。优秀的文学作品往往会创造出各种意境。诗歌意境多由意象相互连缀、有机融合而创造出来以表达诗人思想情感的诗意氛围或境界。

（1）古代诗词意境的特征。

第一，整体性。

意境是一个整体架构，因为它常常有某种脉络贯穿其中。这个脉络作为一条红线将各种看上去并不相关的意象穿在一起，以开合、承接、正反、虚实、因果等逻辑关系将诗歌融合为一个统一整体。意境的整体性，并不是意象的简单相加，而是意象群之间的高度融合。融合的功能大于各意象要素之和，因此说诗歌某个意象美不等于诗歌意境美。如果只有某个意象很有审美性，那只能说是诗歌局部美，诗歌整体未必和谐。意象之间内在的脉络隐秘而深邃。有的诗情感、意念变化波动比较大，却可以通过诗歌脉络呈现出意境的整体性和统一性。例如《望江南》在短短的几十个字的篇章里，展现了多个画面场景。一是"梳洗"打扮。离别已久的爱人可能就要回家，那是怎样的欢乐和幸福，忍不住要修饰打扮一番。二是"倚楼"望江船。流淌的江水、高高的楼阁、倚楼瞭望的女子构成一幅视域开阔、素雅清丽的画面，倚楼远望的她该是多么激动，多么迫不及待，也该会回忆起过去那美好的生活情景吧。三是"过尽千帆"未见良人。千帆过尽，天色已晚，眼前只有落日的余晖、脉脉的流水。主人公的情感由喜悦激动变成了无尽的失望与惆怅。四是看"白𬞟洲"而肠断。主人公的情感再次迈上一个更高的台阶，一时间百感交集，情不自已，那往昔的欢乐时刻，那过去的依依惜别，心头袭来巨大的失望、强烈的烦恼与沉重的痛苦。这首曲呈现了多种情景意象，如千帆、江楼、落日的余晖、默默流水以及水中洲岛等，这些景物意象之所以能够紧密融合成为一个有机整体，那是因为作者准确把握了主人公情绪的曲折变化和内心世界的深层蕴含，因为作者对与这位思妇有着共同遭遇的人的深刻理解与深切同情，因而创造出婉丽而优雅、清淡而又浓烈、平静而又涌动的意境。有的诗情感、意念变化波动不大，通过诗人的内心与客观事物的融合呈现出意境的整体性和统一性。

第二，含蓄性。

从诗歌外部看不到意境，它隐藏在字里行间，因为多数诗歌意在境中，情在景中，"不着一字，尽得风流"，"诗家之景，如蓝田日暖，良玉生烟。可望而不可置于眉睫之前也。象外之象，景外之景岂容易可谈哉。"（司空图《二十四诗品》）其中"象外之象""景外之景"便是诗歌隐藏在语言背后的情意，即言外之意、味外之旨。而这些却使得诗歌具有了不可穷尽的意味和境界。

"秀"和"隐"是古代作诗之要诀，讲究"用意十分，下语三分"（南宋何溪汶《漫斋语录》），诗歌语言相对于意境为"冰山之一角""林木之一翼"。首先，追求语言上的张力和活力。以富有活力的意象构成丰富多彩的意境，达到"尺幅千里""境生象外"之效果。王湾《次北固山下》"海日生残夜，江春入旧年。乡书何处达，归雁洛阳边"，此中五个意象构成意境，使读者眼前浮现出一幅旅人在远离故乡的江船上叹息时光流逝、思念故乡的情景。其次，注重诗意的留白和意象的虚实相生。如《己亥杂诗》中"落红不是无情物，化作春泥更护花"，字面上是写离京沿路所见，春景中落英缤纷，飞花淋漓；落花归去，来年在故树上盛开的是新花。但花落归根，化成泥土，则可孕育新的春天，为后来者奉献自己的力量。而诗人实际所要表现的是：辞官归乡，把自己的学业和思想传递给生徒，为国家和黎民献出绵薄之力，也是值得庆幸的事。又如曹操《观沧海》中"水何澹澹，山岛竦峙。树木丛生，百草丰茂。秋风萧瑟，洪波涌起"是实写眼前所见景物；而"日月之行，若出其中；星汉灿烂，若出其里"既是眼前景，也是胸中之景，是想象的产物。诗人心中，光泽宇宙的日月、辉映万物的星辰，也被蕴含在无边无垠的大海之中，任其自由吞吐推纳。这种奇特的想象和夸张的联想所创造的境界，淋漓尽致地表现出诗人作为政治家、军事家囊括万物的阔大胸襟、超卓不群的霸主气魄、远大的政治抱负和一统天下的雄心壮志。全诗虚实相生，创造出气势磅礴、雄奇昂扬的诗歌意境。

第三，鲜活性。

作为充满生命活力和纷纭变幻的自然、社会的能动反映，诗歌意境也一定是生动活泼、充满生机的。创造出丰富而富有魅力的意境，作品往往既具有生命的活力，又表现出独特个性和精神风貌。如张养浩《山坡羊·潼关怀古》写潼关的地势胜景可谓一字含千金、尺幅容千里。"峰峦如聚，波涛如怒"，着一"聚"字，既写出了群山林立、峰峦挺拔的地势，又变静为动，使山峦具有了人的生命和意志，表现出向潼关聚集的动势，仿佛那些峰峦为了共同目的，从不同的方向奔来，拱卫着潼关。用一"怒"字，不仅形象展示了黄河洪流澎湃、奔腾咆哮的气势，而且将其人格化，带上了人的情感，狂怒地奔跑号叫，因为在这个古老的土地上曾几何时有过那么多的苦难和悲剧。如杜甫《望岳》"造化钟神秀，阴阳割昏晓"，泰山究竟有多么美，诗人没有具体描绘，而是通过一种假定性说法进行虚写，造物主对泰山情有独钟，将天下山川树木、自然万物的神奇秀丽都聚集到泰山身上了，要多神奇有多神奇，要多美有多美。这样，不但给读者留下了广阔的想象空间，而且也把泰山的美写活了。泰山究竟有多么巍峨高大，诗人也没有堆砌辞藻描绘，而是着一"割"字，展示出泰山高耸入云，遮蔽阳光，像一把硕大无朋的大刀将高耸的山峰割成了两半的景象。诗人把泰山雄奇高峻的精神栩栩如生地表现出来了，令人心生仰慕和敬畏。又如岑参《白雪歌送武判官归京》"北风卷地白草折，胡天八月即飞雪。忽如一夜春风来，千树万树梨花开"，八月飞雪是够神奇的了，加之骤然间大雪铺天盖地，于是呈现出千树万树白雪挂满枝头的奇观。但诗

人并没有正面描述，而是换了一种视角，一夜春风，骤然间千树万树的梨花开放了，那雪白的花不是一朵一朵，而是成团成簇，压满枝头，耀眼醒目。这样写别出心裁，把雪之急之大之美传神地表现出来了。

第四，真实性。

真实性是指艺术表现的真实、自然，不雕饰、不做作，这是意境的一个重要美学特征。钟嵘主张抒写"即目""所见"的"直寻"；李白喜欢"清水出芙蓉，天然去雕饰"；司空图主张"俯拾即是，不取诸邻。俱道适往，著手成春。如逢花开，如瞻岁新"（《二十四诗品》）。王国维认为"故能写真景物、真感情者，谓之有境界，否则谓之无境界"，又谓"大家之作，其言情也必沁人心脾，其写景也必豁人耳目。其辞脱口而出，无矫揉妆束之态。以其所见者真，所知者深也"（《人间词话》）。

白居易《钱塘湖春行》便可称为典范。首先，选取的意象十分典型，如"早莺""新燕""初平"的"水面"和低低的"云脚"，都是春天特有的。"乱花""浅草"也是钱塘湖春天特有的景物。其次，诗人用语往往注重"真实""精到"，因为是初春季节，所以有"早"莺和"新"燕，因为是"早莺"，所以争抢向阳的暖树，因为是"新燕"，它才啄泥衔草、营建新巢。也因为是初春，才不能是"家家""处处"而是"谁家""几处"。因为随着春天脚步的行进，花儿会逐渐开得姹紫嫣红，草也会没过那些游春者的马蹄了。这样，在真切自然中，创造出了莺歌燕舞、百花争艳、绿草如茵、游人如织的令人爽心悦目的意境，春意盎然，生机蓬勃。

第五，交融性。

交融性就是情景交融，这里的"情"泛指情、意、理、志等主观倾向，"景"泛指景、物、人、事的客观事物。王国维《人间词话》："有有我之境，有无我之境。'泪眼问花花不语，乱红飞过秋千去''可堪孤馆闭春寒，杜鹃声里斜阳暮'，有我之境也。'采菊东篱下，悠然见南山'，'寒波澹澹起，白鸟悠悠下'，无我之境也。有我之境，以我观物，故物皆著我之色彩。无我之境，以物观物，故不知何者为我，何者为物。"

写景诗词如范仲淹《渔家傲·秋思》，上片"塞下秋来风景异，衡阳雁去无留意。四面边声连角起，千嶂里，长烟落日孤城闭"，看似纯粹写景的"无我之境"，但又融入了主观情感，是"我"心里眼中之境，是与"我"所在的中原家乡相比有着巨大差异的"意境"，如"衡阳雁去无留意"，秋天里边塞的大雁过早地向衡阳飞去，因为边塞天气如此寒冷，所以大雁毫无逗留之意，与家乡吴地甚"异"。"四面边声连角起"，风吼、马嘶、军中号角声混杂在一起，这也与家乡之声响有"异"。"千嶂里，长烟落日孤城闭"，在崇山峻岭中的古城一到太阳落山就便关闭城门，这也与没有战事的中原华灯初上之景观迥然相"异"。"羌管悠悠霜满地"虽是写景，但加在对人事描写的中间，将悱恻的笛声、厚重的霜雪同思念家乡、"燕然未勒"导致的将士白发和眼泪融合在一起，情境相生，创造出悲凉、壮阔的意境，感人肺腑。

咏物诗常有比兴自然、寄托遥深、物我交融而意境浑成的审美效果。或借物寓意抒怀，或托物言志寓理。如骆宾王的《在狱咏蝉》："西陆蝉声唱，南冠客思侵。不堪玄鬓影，来对白头吟。露重飞难进，风多响易沉。无人信高洁，谁为表予心？"通过咏蝉，传达出诗人无罪入刑的痛苦，流露出对世道艰险的悲愤，向世人表明自己的高洁人品，期望别人能够辨明是非，为其洗雪沉冤。诗的前四句由物到我，后四句亦物亦我。把物、我有机联系在一起。全诗将蝉的处境与人的遭遇结合起来，创造出物我相融、寄寓深厚、含蓄蕴藉的意境。

（2）意境的捕捉与解读。

第一，借助画面和情景感受理解意境。不管是写景状物还是写人叙事，诗歌往往呈现若干画面或情景，从中反映事物的特征，也寄寓诗人的情意。感受领会这些画面和情景，就会展现出诗歌的意境。

《关雎》就勾勒了多个画面：第一幅是于河之洲遇见窈窕淑女，心生求之之意。第二幅于河之洲，日夜求之之情景。第三幅进一步写求之而不得，愈加思念，夜不成寐。第四幅想象求而得之，以琴瑟友之。第五幅，想象以钟鼓乐之。借助这些画面展现出一名男子对一个女子的思念、追求的过程，它所表现的是古代男女追求爱情的心理状态和彼时的风俗习惯。

创造出了自然清新、屈曲婉转的审美意境，使人感同身受，心驰神往。又如《茅屋为秋风所破歌》描写了多个场景：秋风破屋、秋雨漏屋、秋夜难眠，这几个场景实际上写出了杜甫居住成都草堂时困顿的生活状态和诗人在这种状态下生发的一种理想愿望，没有雕饰和做作，能从日常生活情景中开掘深刻的社会主题，产生尺幅千里之效果，全诗营造出凄楚而悲壮、舒展而开阔的意境，感人至深。

第二，展开联想、想象，还原意境。"鉴赏不是被动的接受，而是一种富有创造性的艺术活动。如果说艺术创作是自己的生活体验借着语言、声音、色彩、线条等表现出来，那么艺术鉴赏就是用联想，将语言、声音、色彩、线条等还原为自己曾经有过的类似的生活体验。"①古代诗词中所表现的"象外之象""景外之景"只有借助读者的联想、想象才能获得；古代诗词尤其讲究"炼字""炼句""炼意"，将大量的生活现象和思想意趣浓缩在简练的词句中，而要展现这些现象和开掘其中的思想意趣，需要读者积极投入思维情感；古诗词鉴赏是读者、诗人共同建构"作品"的过程，这个过程，自然离不开读者创造性思维活动的参与。

如《武陵春》中"风住尘香花已尽，日晚倦梳头。物是人非事事休，欲语泪先流"，其中所表现的情景具有跳跃性并有较大留白空间，一是春去花落，二是晚起梳洗，三是睹物落泪。读者可以联系词人坎坷的人生经历和具体写作背景，根据自己的生活经验去扩展词人所凝练浓缩的生活，以此近距离地与词人对话，具体地感受词所表现的冷寂、凄婉的意境。又如《天净沙·秋思》可以把作者所表现的意境形象地呈现出来：时已深秋，一位远离故乡的"断肠人"还在天涯飘泊。他骑着瘦马，冒着西风，在荒凉的古道上奔波，不知哪里是他的归宿。哦！那纠缠着枯藤的老树上已经有乌鸦栖息，又到黄昏时候了。一条溪水从小桥下流过，桥那面出现了人家。然而那不是他的家啊！看到小桥流水人家，他便想起自己的家，也很想回家，却怎么能回得了呢？过了小桥，经过河边的人家，骑着瘦马，冒

---

① 袁行霈：《中国诗歌艺术研究》，北京：北京大学出版社，1987年版，第133页。

着西风、忍着饥饿，在那荒凉的古道上颠簸。太阳已经落山了，他仍然在天涯飘泊，飘泊……通过这样的"还原"，曲中秋日景致和游子的凄苦愁楚便历历在目，从而体会到作品主观情绪和客观环境的高度融合，感受到其中凄楚、悲凉的艺术境界。

第三，整合意象，展现意境。诗中的多个意象无论是从属、因果、承接、假设、转折、对比中的哪一种关系，都是一个统一体，这些意象都是构成诗歌意境的组成部分，都是为表达诗人思想情意而服务的。因此诗歌鉴赏需要体悟、梳理意象之间的关系，建立起意象之间的有机联系。例如《望岳》从意象上可以分为两类，一类是"眼中"所见泰山景致，一类是诗人"心中"所见景致。这两者有着必然的联系，前者是基础，后者是前者的必然结果。正是由于诗人眼中观赏到的泰山是那样绵延逶迤、神奇秀丽、高峻雄伟，才会产生"凌绝顶""小众山"的愿望。前三联写泰山的雄奇秀丽、高耸入云的态势，是对泰山的高度赞美，也是对祖国山河的赞美，这也是诗人少怀大志、奋发有为、积极向上的一种表现；最后一联是诗人立志要攀登人生顶峰的誓言，表现的是诗人不怕困难、敢于攀登绝顶、俯视一切的雄心和气概，从而实现"致君尧舜上，再使风俗淳"的远大理想。因此这两类意象在表现诗人胸怀大志、奋励有为、积极用世方面获得了统一，创造出神异秀美、阔大雄浑、深远蕴藉的诗歌意境，赏心悦目而又耐人寻味。

第四，认识情景关系，体悟意境。

从诗歌作品特征本身看，情景关系的构成有多种方式。

① 触景生情或睹物生情。作者心中虽有某种情感，但却隐含积存而无所寄托，由于受到当前情景的触动而使之得以激发，从而引发作者用诗歌将其表达出来，呈现在诗歌中写景传情。如陈与义《登岳阳楼（其一）》首联"洞庭之东江水西，帘旌不动夕阳迟"，写登临的岳阳楼的地理位置和近观远望之所见。帘旌不动，湖面风平浪静，落日缓缓下沉。多么富有诗情画意，这是诗人丰富遐想的基础和起点。颔联"登临吴蜀横分地，徙倚湖山欲暮时"，写景却开始融入词人的情感，想到此地经历的历史事件，心

生惆怅之情。颈联"万里来游还望远，三年多难更凭危"，直抒胸臆，喊出了一个亡国之臣心中强烈的愤懑，万里逃难，国亡三载，此般苦闷伤痛，何以消解？尾联"白头吊古风霜里，老木沧波无限悲"，对无限悲凉的身世发出深深慨叹。以登临岳阳楼为触发点，表现所见、所思、所感，创造出了宏深开阔、苍凉悲壮的意境。

② 借景抒情或因事抒怀。包括两种情况，一种是情感呈现于前，开篇言情，直抒胸臆，或喜或怒、或哀或乐、或欢或悲，而后通过对景物进行描写加以渲染、渗透、衬托，使情景相生。另一种首先写景状物叙事，然后依此为基础水到渠成抒发情感、表达思想，或写景状物叙事与抒发情感、表达思想同时进行，两者相融相生，不分你我。温庭筠《望江南》："梳洗罢，独倚望江楼。过尽千帆皆不是，斜晖脉脉水悠悠。肠断白蘋洲。"截取了一位女子从早上到傍晚倚楼望江、盼人归来这段时间里的情绪变化，写尽了无边的思念和悲伤。开始满怀希望，满心欢喜，梳洗打扮，期望能够盼来远行的心上人乘帆归来；但是千帆过尽，却未见人归，只见斜阳脉脉江水悠悠，由期盼到失望转而到深深的绝望，内心巨大的痛苦翻滚而来；于是浮想联翩，过去的美好时光历历在目，不禁柔肠寸断。这首小令将叙事、写景、抒情高度融合在一起，具有感人肺腑、动人心扉的艺术魅力。《茅屋为秋风所破歌》"秋风破屋""秋雨漏屋"是基础，是铺垫，而"秋夜难眠"的感慨和追求才是叙事的目的，是诗歌的高潮。情因事而生，感因情而发。

③ 缘情设景。即因情用景，景由情生，情傍景生，情景交融。诗人事前已浓情在胸，转而喷薄而出。为了更好地表达情感，便虚设景物以寄托和熔铸情感，以达水乳交融的效果。景物一旦着上了诗人感情之色彩，也就意象化了，情中生景，景中寓情。白居易《忆江南》："江南好，风景旧曾谙。日出江花红胜火，春来江水绿如蓝，能不忆江南？""江南好"，开篇直抒情怀，以"好"字总揽江南美好景色之特征，同时也传达出作者浓烈的赞颂之意与向往之情。唯其"好"方生"忆"，而此"忆"乃切身体验的美好生活。"日出江花红胜火，春来江水绿如蓝"生动形象展示了旭

日东升，江边春花如火焰般繁盛，江水蓝如翡翠，光彩夺目，令人心旷神怡。表现了作者对江南水乡红日高照、水绿如蓝、江花胜火的明丽景色一往情深的怀恋和赞美，创造了色彩绚丽、气势磅礴、引人入胜的艺术境界。

④ 寓情于景，或寄情于物、寓情于事。景为情之载体，情为景之魂灵。诗歌以景物出现，情感含蓄地隐藏在所描写的景物人事中，景物色彩的不同，其情感差别也迥异。即所谓"无我之境"一类。

如陶渊明《饮酒（其五）》其中所写"采菊东篱下，悠然见南山"被称为"无我之境"，这种境界把抒情主体的情感完全融化在写景言事之中，难以分得清何者为景，何者为情，而情却自然寓于其中，纯粹的景、物、人、事之外，透露出清闲自适、了无羁绊、悠然自得之情。"山气日夕佳，飞鸟相与还"，抒情主体有所浮出，主观情感有所体现，写景附带了对景物的感受和评价，但情景是完美无瑕地交融在一起。全诗写景言事与抒情言志有机结合在一起，飞鸟结伴而还与悟出的返璞归真之人生真谛紧密相连，水到渠成。而这"真意"便是倾心自然、自立于黑暗污浊的社会之外的人格追求与人生理想。前四句为内心独白，是感受到自然之趣、独立于浊世之外的内在因素，为下面写景抒情做了铺垫。

把握了诗歌创作中情与景的多种关系，我们就可以更清楚地看到情景结合的方式，也就更能真切地把握诗歌意境的内涵与特点。

3. 意脉

意脉又称"义脉""血脉""气脉""语脉""文脉""脉络""动脉""筋脉""理脉""草蛇灰线"等，而"意脉"一词正式出现在诗论、词论之中者，则是始于宋末张炎对秦观词作的评论："秦少游词，体制淡雅，气骨不衰，清丽中不断意脉，咀嚼无滓，久而知味"（《词源·杂论》）。宋人李涂在《文章精义》中也曾提及要"贯穿意脉"。而宋人严羽在其《沧浪诗话·诗法》中进而提出了"脉忌露"的诗歌创作原则。

意脉乃诗词之意旨赖以贯串于全诗的文理脉络，也即诗词情意表达的内在联系。"意"即思想感情或意旨，"脉"即脉络联系。意脉之于古代

诗词，有如经脉之于人体。就如人体中有十二脉，从脚趾发端，深藏于肌肉，遍布于全身，协调控制人体行为，发挥人体的各种生命功能。

意脉与"章法结构"不可同日而语，意脉乃诗词的内在神经脉络，而章法结构则是由诗的骨骼支撑起来的躯体四肢。意脉蕴藏于诗的里层，而章法结构则显露于诗的外表。清人方东树说："章法，形骸也；脉，所以细束形骸者也。章法在外可见，脉不可见。气脉之精妙，是为神至矣"（《昭昧詹言》）。

（1）意脉形态及特征。

时空推演型。即意脉按一定的时间、空间顺序，由前向后，或由后向前，逐层推移延展。这其中主要包括时间、空间、因果的顺向型和逆向型。杜甫《望岳》全诗以"望"字统领内容，首联是遥望所见，目尽所及，也目尽所不及，颔联仰视泰山主峰，写泰山的神奇秀丽和巍峨高峻，颈联则是细观泰山层云和飞鸟，尾联则想象将来有朝一日"凌绝顶"之所见。全诗空间景物的不断转换，情感意脉随之不断起伏变化。李清照《武陵春》从全词整体看，上下两片内容体现出明显的因果关系：正是由于"物是人非"，国破、家亡、物失、夫死的悲惨遭遇，才酿就了难以排遣的痛楚与愁苦；正是因为这痛楚与愁苦的浓厚深重，才有了"只恐双溪舴艋舟，载不动许多愁"的感慨。从局部看，由于是春残时节，才触动了词人对苦难生活的回忆，也才有"闻说双溪春尚好，也拟泛轻舟"排遣忧愁的打算，进而才有了"载不动许多愁"的担心和沉重的悲哀。

这几例都是时空、因果的顺向意脉。逆向意脉也常存在于古诗词的思想情感运行中。唐代金昌绪《春怨》前两句"打起黄莺儿，莫教枝上啼"呈现一种结果，而这一结果本身又带有疑问：黄莺儿的歌唱婉转动听，令人心神驰荡，难得洗耳恭听，可女主人公为何不准它鸣叫，却要把它"打起"呢？"啼时惊妾梦，不得到辽西"，这就是答案，原来女主人公正做着好梦，可是这梦却被黄莺儿的鸣叫吵醒，而不能在梦中与远戍辽西、阔别多年的丈夫团聚了。这一看似反常的举动，巧妙地表露出了女主人公的心态。这样的意脉乍看出人意外，不断设置悬念，随着悬念的不断化解，读者的疑惑逐渐化解，读来意味深长。

脉络贯穿型。在诗词中有一条意脉将其中意象群贯串起来，使之成为一个有机的整体；或以一个外显的中心词贯穿统摄全诗；或意脉潜隐不露，若河水潜流于地下，涌动不息却并不外现；或看上去脉络断脱而其实暗中相连相接。

李清照《武陵春》篇幅十分短促，却写尽情绪的曲折跌宕，无论情感如何变化，但都有一个中心贯穿统摄，那就是"愁"。无论一夜东风将树上的花吹打得一干二净，还是从尘土里传来的残落春花的香味，也不管是日色已晚也无心梳洗打扮，还是感怀往事，言未出而泪先流，还是"闻说双溪春尚好""也拟泛轻舟"的担心，都离不开一个"愁"字，都有它一脉贯穿。

有一些诗歌常在结尾处设置点睛之笔，可谓水到而渠成，图穷而匕现，以显露作品的意脉。张养浩《山坡羊·潼关怀古》写潼关地势的险要和河水气势的雄伟，写路经潼关横生的感慨，写几度盛衰而今只剩荒凉的西安城，其中都隐含着王朝兴衰、世事沧桑的感慨及其与百姓生活命运的关系。于是在作品的结束处把这种意脉以"兴，百姓苦；亡，百姓苦"的直白形式，画龙点睛般呈现出来，水到渠成，使所想、所见、所感融为一体，产生了振聋发聩的效果。

有的诗词意脉不断转换或情绪会遽然逆转。如文天祥《过零丁洋》，从首联回顾自己一生的主要经历开始，起兵抗元，四年中出生入死、竭尽全力，自己兵败被俘，大势已去，到颔联写国土遭到元军蹂躏，文天祥曾经两次被俘，数次自尽而未果，如今亲人被俘，自己身陷敌手，再到颈联概括抗元经历和眼前处境，都满含着因国破家亡而生发的深切沉痛、悲愤和哀伤之情，悲愤艰危的气氛已经到了极致，接下来最后两句笔锋一转，情绪由悲愤转为激昂，由压抑转为高亢，表达了舍生取义的决心和宁死不屈的崇高民族气节。前面六句反复渲染忧愤悲苦的情调，最后两句转出激情慷慨的绝唱，完全是气节精神的自然流露，这种意脉的突转，产生了震撼人心的艺术力量。

　　另有一些诗词，意象之间没有表面上的语言联系，诗句之间甚至没有虚词的续接，从而令诗词意象看似水中洲岛，星罗棋布，时隐时现，若有若无，看上去意脉了无痕迹，却隐藏在意象之中。杜甫《石壕吏》只是按照时间的进程呈现故事的变化，"暮投石壕村"，"有吏夜捉人"，"夜久语声绝"，"天明登前途"，其中"暮""夜""夜久""天明"构成时间线索。其中的人物或诗人思想情感，并未显露出来，因此看不到。通过考察背景、了解诗人，联系"三吏""三别"等创作，人们便可以去挖掘诗人情感的起伏跌宕，这其中有惊讶，有理解，有愤慨，有同情，有无奈，复杂矛盾的情绪隐藏其中。

　　意识流动型。受到现实生活的激发和促动，诗人有时会情不自禁放纵思绪，呈现复杂的心理活动，自由驰骋，不拘格套。这便是诗词中原始的意识流。李白的《行路难》（其一）："金樽清酒斗十千，玉盘珍羞值万钱……长风破浪会有时，直挂云帆济沧海。"诗人从友人设酒钱别送行开始写起，酒桌上因念及自己初出茅庐就跌入泥河，怀才不遇的苦闷郁结在胸，便"停杯投箸不能食"。怨恨顿生便奋起拔剑，有怨不能伸，有恨不能诉，环顾周围，无所适从。转而心生感慨："欲渡黄河冰塞川，将登太行雪满山"，远大抱负难以施展，多么令人悲痛！于是转念便想，既然世事如此艰难，何不偷闲"垂钓碧溪上"，走"终南捷径"呢？便自然想到了伊尹在出仕前，也曾隐居江湖做了个乘船遨游至日边的好梦，多么希望自己还有像伊尹那样实现宏图大略的机会。从梦想又回到现实当中，不禁感叹人生仕途太艰难了，到处是岔路口，又该选择哪条路呢？于茫然、忧愤、痛楚、苦闷之际，最终找回了自信，"天生我材必有用"，最终会有"乘风破浪""直挂云帆济沧海"的那一天！纵观诗中之意脉，任凭诗人意识的自由流动，信步由缰，纵横驰骋，因而能尽情倾泻出诗人那种极其郁愤而又矛盾的情思，从而完美地表达出了"行路难"的题旨。

　　持续稳定型。有一些诗词，意脉是从动态变化走向静态，或从静态作为起点再走向静态，是以情绪的持续稳定为特征，这就是静态意脉。

　　如李白《送孟浩然之广陵》这首诗的意脉是稳定的，没有起伏曲折逆转的巨大变化。从"孤帆"到"远影",是同一个景物,视角没有转换,目光凝滞不变;"碧空尽""天际流"所表现的都是远远地望着流去的江水,说明诗人送友人远去,最终只留下远处的景致,凝神不动,若有所失。这种持续稳定的状态却有着很强的激发性,引导读者联想、想象其中情景,十分耐人寻味。

伏笔照应型。在诗的前面埋下伏笔,设下悬念,后面予以照应或化解悬念,使意脉开合有致,天衣无缝。如杜甫《石壕吏》开头:"暮投石壕村,有吏夜捉人。老翁逾墙走,老妇出看门……"故事会有怎样的发展变化?老翁后来怎样了?这就设置了悬念,而到末尾以"天明登前途,独与老翁别"照应前文,化解悬念。这中间老翁去哪里了?有怎样的故事发生,就需要读者自己去想象补充。而当"夜捉人"的小吏离开了村子并抓走了老妇之后,村子里又恢复了原来的平静,老翁才又溜回家里,于是就有了诗人"天明登前途""独与老翁别"的内容。诗中始断而终续的意脉隐约可见。

(2)意脉的寻绎与破解。

当下古诗词教学存在的问题是"分析一首诗好像把一朵花揉成片片",这样就极大破坏了诗词固有的美。我们认为,欣赏诗歌当然必须关注情感、意象和语言,但若仅仅如此显然不够,还须重视意脉,这样才不致把诗"揉成片片"。

诗人词人的创作十分讲究意脉的设置与贯通,而解读欣赏诗歌也应重视意脉的寻绎。傅庚生说,"首宜求其旨意,次必寻其脉络,然后乃可以探骊得珠也""必细审钩元,明其一贯,然后可与言文事也"。[①]"寻其脉络""明其一贯"就是要找到意脉所在并进行破解。诗歌教学也只有注重寻绎意脉,才能引领学生进入诗歌所表现的情感思想世界,才能窥见诗歌的底蕴,真正领悟诗人情意流泻的原委,诗歌意象构合的隐秘,乃至驱遣语言文字的高超艺术。意脉作为隐性潜在的情绪意念,它勾画出情意思维的

---

① 傅庚生:《中国文学欣赏举隅》,西安:陕西人民出版社,1983年版,第73页、74页。

行进轨迹，又昭示着这种情意思维达到的深度。如果我们只注重于浅层意义和思维的理解，止步于印象式、浅表化的解读，忽视内在脉络的寻绎，那么就很可能只浮于诗歌意义的表层，而不能深入挖掘到作品的意蕴，进而体味到诗歌深刻浓烈的思想情感。同时，意脉的联络顺接、凝聚冶炼功能，不仅决定了作品语言熔铸的紧密度，而且影响着作品艺术建构的完美度。倘若只倚重于只言片语的分析，而忽略各意象、构架之间的逻辑联系，那么我们只能从微观上得到零星的理解，获得一些艺术美的碎片，不可能踏实进入作品所创造的意境之中，不能从整体上获得谋篇运思的有益启迪。

首先，凭依领悟诗作意旨。

诗歌脉络的屈曲伸展必然受意旨的激发、推动，脉络的运行变化始终受意旨的牵制，寻绎意脉当以体悟意旨为基础。而领悟意旨应主要依靠作品的语言文字，当然某些诗歌的意旨仅从语言表面是难以把握的，可能需要"知人论世"，要了解作者所处的时代和社会生活，要了解作者的生命追求、人生经历、精神气质等。

如前所述，李白《行路难》看上去表现的情感摇曳多姿，似乎比较杂乱，情感波动反差大，如何把握其意脉呢？这就需要联系李白此时的处境，李白被举入朝，不久又被赐金遣返还乡，朋友们设宴为他饯行，于是写下了这首诗，以表达怀才而不被任用的失意、郁闷、愤慨。我们可以依此寻绎作品的意脉，黑暗污浊的政治现实对诗人宏大理想抱负的阻遏，在诗人心中形成心理冲突，这一意脉将失望与希望、现实与梦幻、抑郁与追求连接成有机的整体。通过这个意脉，我们可以触摸到诗人那伤痛而不屈、郁闷而不羁的灵魂，为了追寻理想在充满荆棘坎坷的路途上怒吼狂奔，受到情绪的感染和灵魂的震撼。

孟子"知人论世"的解诗思路很值得我们借鉴。诗歌作品不是孤立存在的，也如同诗人不是孤立存在的一样，它们都有与之相互联系的若干因素。所以，赏析理解文学作品包括诗词，要考虑到种族、环境、时代三原则。歌德认为："假如他(莎士比亚)不是跟他生活的时代融为一体的话，他就不会对我们发生那么大的影响。"①任何人都不会脱离社会时代，都会带上时代精神的烙印，古代诗人也是如此。因而鉴赏一首古诗，不能不联系产生它的时代、社会、人文背景。

其次，通过解构作品章法。

沈德潜《说诗晬语》："诗贵性情，亦须论法。乱杂而无章，非诗也。然所谓法者，行所不得不行，止所不得不止，而起伏照应，承接转换，自神明变化于其中。若泥定此处应如何，彼处应如何，不以意运法，转以意从法，则死法矣。"又说："一首有一首章法，一题数首，又合数首为章法，有起有结，有伦序，若减一不得，增一不得，乃见体裁。"如此看来，创作诗歌自然要讲法度，否则就会章法大乱，诗不成诗；作诗的法则取决于思想内容，因此需要"以意运法"。倘若"以意从法"，使思想内容遵从于章法结构、表现技巧，那便会变成"死法"。章法是作品的组织结构，是对所承载的情理的统筹安排。刘勰《文心雕龙·章句》云："启行之辞，逆萌中篇之意；绝笔之言，追媵前句之旨。故能外文绮交，内义脉注，跗萼相衔，首尾一体。"文章的表面形态即章法的"顺序"，是为表现情理而服务的，契合于作者的思路。所以，读者依循章法的承转进出，即可于"外文绮交"中体会到"内义脉注"，凭借文章的章法而探求文章意脉，为读者披文入情、由外及内的不二途径。倘若作诗要"以意运法"，那么，欣赏诗歌便要因法求意。

刘禹锡《酬乐天扬州初逢席上见赠》这首诗在内容和情感的表达上层层递进。首联实际上交代情感发生的缘由，由于参加政治革新而遭到贬谪，谪居生涯达二十三年之久，因而为全诗奠定了激愤不平的情感基调。颔联使用典故表现对故友遭遇迫害的同情、怀念和对时光流逝、世事变迁，回归故里竟然恍若隔世的无尽感叹，激愤之情进一步深化。颈联实际上是叙说自己遭到贬谪而新贵们春风得意，通过比喻和对比将诗人愤激、悲凉之情渲染得更加鲜明而深刻。尾联以酒席之事表现其意志不衰、坚忍

---

① 范大灿：《歌德论文学艺术》上海：上海人民出版社，2017年5月版，第317页。

不拔的气概。从无罪罹难而被长期贬谪的不幸遭遇开始，到探寻根源对遇害故友的悲切缅怀，再到时光荏苒、世事变迁的感慨，再到对自身落难和新贵得意的无限愤激，到最后表达百折不挠、自勉自立的决心，使诗歌表现出"诉身世——说因果——面对现实"曲折婉转而又顺畅自然的结构形态，形成了不幸遭遇产生的愤慨之情及其直面人生危难的态度这条意脉。愤激而不浅陋，感慨而不消沉，惆怅而不颓废。

第三，借助联想想象。

古诗词的语言有着丰富深厚的思想蕴涵，如果不能调动学生进行联想、想象，便不能从有限的语言中解密其所包蕴的情意。苏轼《水调歌头·明月几时有》这首词，醉饮中秋，把酒问月，怀想亲人，感慨世事，扣问人生，内涵十分丰富，词中月亮与人事、现实与幻想、政治与亲情之间有些许"断层"，上下片之间、上下句之间也有不小的跳跃性，那么，是什么使词人将其凝聚为完美艺术整体的呢？是与亲人的别离和对亲人的思念？是个人仕途的不幸遭遇和政治处境的失意？似乎都不是，其中哪个方面似乎也难以贯穿整首词的内容。这就需要寻绎这首词的主体意象"明月"，月亮在古代诗词歌赋中有着丰富的文化内涵，月光普照大地，给世界送来光明；月圆亲人相逢，可以寄托对家乡和亲人的思念；月亮具有晦明阴晴、盈亏圆缺的自然特征。在这首词中，苏轼将月亮的审美内涵与自身的生命遭遇高度融合在一起，生命旅途中不可能总是一帆风顺，逆境和曲折常来相伴，长相离别的亲人难得相见更是人间常有，故而应当有月亮的精神气度，要从月亮的晦明盈亏中领悟生命的真理，并获得直面人生苦难和精神折磨的勇气和力量。由此可以看出这首词的意脉：探明月之圆缺，感亲人之离合，叹仕路之俯仰，释人生之襟怀，整首词体现了对达观人生境界的追求。

第四，利用蛛丝马迹。

有些诗歌表面上看去很难看出情感意念的运行过程或分布情况，这就需要从语言文字中寻找蛛丝马迹，深入到意象的含义中去寻找、辨识。如白居易《钱塘湖春行》，开首两句"孤山寺北贾亭西，水面初平云脚低"

是写环境，并描述"孤山"水云的特点，第三四句"几处早莺争暖树，谁家新燕啄春泥"通过"早莺""新燕"表现春天初来乍到、大自然复苏觉醒的生气与活力，乍见的喜悦溢于言表。第五六句"乱花渐欲迷人眼，浅草才能没马蹄"首先聚焦春花表现出春天强大的视觉冲击力，令人心神骀荡，接下来写浅草，按照自然规律，春天草的生长要先于百花的开放，而此处先写花再写草，是由于作者看来，钱塘湖春天最惹人注目的是"没马蹄"的"浅草"而不是"渐欲迷人眼"的花。于是，诗人索性下马，徒步行走在白沙堤的草地上与浅草亲密接触，从而对欣赏明媚春光的喜悦、喜爱之情达到了最高点。总之，这首诗通过"几处""谁家""渐欲""才能""最爱"这些蛛丝马迹，让我们发现了诗歌的意脉，那就是对明媚春光喜爱情感的逐渐增强和不断加深。

4. 情理

情理，也即诗歌的情意哲思。"感人心者，莫先乎情，莫始乎言，莫切乎声，莫深乎义。诗者，根情，苗言，华声，实义。"（白居易《与元九书》）陆机提出"诗缘情而绮靡"（《文赋》）的看法，刘勰认为"夫缀文者情动而辞发，观文者披文以入情"（《文心雕龙》）。《诗·大序》曰："诗者，志之所之也。在心为志，发言为诗，情动于中而形于言。言之不足，故嗟叹之。嗟叹之不足，故咏歌之。咏歌之不足，不知手之舞之足之蹈之也。情发于声；声成文，谓之音。"由此可知，古代诗歌的"缘情"和"言志"是并存的，"情理"即包括这两方面的内容。

"情理"当为诗歌的灵魂，也是诗歌创作的用意或心理动机。以"情理"作为教学内容是引导学生读懂、读通诗歌的基本要求。

（1）情感。

第一，解标题，探究情感倾向。题目是诗歌的眼睛，不但显示着诗歌的内容，也常常隐藏着诗人的情感倾向。岑参《白雪歌送武判官归京》题目中的"送"一词告诉我们这是一首送别诗，由此推知作者表达的情感倾向应该是对友人的依恋之情。李白《行路难》，由其使用常用以表现人生困顿和世事艰难内容的乐府古题"行路难"为题，可以推断这是一首表

217

现自身遭遇和现实处境的诗歌。陶渊明《归园田居》，从诗题上便可看出作者是表现田园风光和隐逸之乐内容的，马致远《天净沙·秋思》看曲名"秋思"，即可大致判断作者表现秋天景致以抒发岁月迟暮、羁旅怀乡的悲苦凄凉情感。

第二，赏意象，领悟承载的情感。意象是景物与情感的结合体，当然包含着诗人的情感，古诗词中有些意象具有约定俗成的文化内涵，需要探究这文化意蕴的具体内容，从而把握诗人的情感。有一些意象是诗人的独创，其中包含的情感自然也是个性化的，这就需要仔细探究。例如李清照《武陵春》中的"轻舟"这一意象就有独特的意蕴，舴艋舟是现实实有的，常载人赏景游玩，但又是承载作者情感的"轻舟"，那这种情感自然也是李清照所独有。

第三，看词句，体味诗人情感。有许多词句是诗词的"眼睛"，透过这扇窗户，我们可以窥见作者的情感。从马致远《天净沙·秋思》中的"断肠"就可以体味到作家羁旅在外、苦不自胜、愁不自负的凄楚心境。又如王湾《次北固山下》，从"乡书""归雁"这些字眼我们就可以领会到诗人对故乡的深切思念之情。再如范仲淹《渔家傲·秋思》中"将军白发""征夫泪"这两个词语写出了将军、征夫戍边艰苦、思念家乡带来的外貌神情变化和心理感受，由此可以看出诗歌悲怆情调中隐含的对执政者腐朽、软弱，不修武备、不重边功的愤懑不平。

诗词中有些句子直接或间接表露作者思想情感，这对于我们把握作品的内涵提供了基础。如杜甫《茅屋为秋风所破歌》"安得广厦千万间，大庇天下寒士俱欢颜，风雨不动安如山"体现的是杜甫身处草野、身居茅屋而心系百姓、心怀天下的宽广胸怀。杜甫《望岳》"会当凌绝顶，一览众山小"，抒发的是踌躇满志要攀登人生顶峰的愿望。《望江南》《武陵春》《春望》的结句"肠断白蘋洲""只恐双溪舴艋舟，载不动，许多愁""白头搔更短，浑欲不胜簪"明显包含着强烈的情感倾向，为我们理解整个作品所表达的情感找到了可靠的依据。

第四，捕捉事物特征，体悟包含的情感。"一切景语皆情语"，诗歌中常有一些景物描写与传达的情感存在多种关系，把握景物特征，便可触摸到诗人所要表现的情感。诗歌或因景生情，或缘情写景，或景中寓情……景物是诗人情感的载体或寄托物，因为这些景物融入了诗人的主观色彩和感情倾向。鉴赏抓住诗人笔下景物的个性特征，分析景物所创造的氛围，进而探寻所表达的感情。诗人笔下之景或明媚绚丽，或阴森晦暗，或清丽淡雅，或诡谲奇异，或雄浑壮阔，或婉约娟秀……色彩风格各不相同，却都折射出诗人心理底色和活动状态。"树木丛生，百草丰茂。秋风萧瑟，洪波涌起"，这是曹操眼中秋天的景观，虽然已到秋风萧瑟、草木摇落时节，但是诗人眼里的树木却是那样的繁密苍翠，草色却是那样的茂盛丰美，一派生机盎然、欣欣向荣的景象。既没有楚辞中"萧瑟兮草木摇落而变衰，憭栗兮若在远行"的感伤，也没有汉诗"秋风起兮白云飞，草木黄落兮雁南归"的惆怅。这些景物显然已经不是真实的自然山水了，而是浓重地浸染了诗人奋发有为的自豪感、踌躇满志的信心和积极用世的追求。

（2）理趣。

理趣指诗歌作品包含的思想意义与生活道理。在艺术表现上，不但写景状物言事，而且还寓含道理、表达思想，因而富有情趣。这里的"趣"是指诗歌能以形象中包含道理，叙事中表达思想，从而引发人们的审美情趣。理趣不是借物作比喻来说理或表达思想，而是举景物作例来概括所说的理或思想。可包括景中寓理和比喻说理。

景中寓理。在景物中含有道理，它是景物，又是道理；表面看是景物，背后看又是道理。或者既是写景，又是说理。王湾《次北固山下》"海日生残夜，江春入旧年"展现的是拂晓和初春的自然景致，表达的是时序交替，时光匆匆，时不我待的感慨。如果生发开去探究诗句中包含的自然普遍现象，那就是理，它表示海日生于残夜，将驱尽黑暗；江春闯入旧年，将赶走严冬。其中隐含带有普遍性的生活道理，那就是美好的事物必将要代替不美好的事物，从而给人以乐观、积极、向上的精神力量。龚自珍《己亥杂诗》"落红不是无情物，化作春泥更护花"，是春天自然景物的实写，也是诗人精神抗争的宣誓，是内心无悔的表白，同时还是一种生命状态普遍性的生发概括，那就是生命常以给予和奉献来延续，没有无私无畏的牺牲，焉能有生命的再生和灿烂？还有一种情况，诗中写景寓理，并不那么明显，它表层是景，里层是理。杨万里《小池》"小荷才露尖尖角，早有蜻蜓立上头"，这是写眼前所见，似乎没有什么道理可言，但深层思考却有多种意义隐含其中，如"是金子最终会被发现和赏识"等。

比喻说理。景中寓理是诗人无意说理而含理趣，而比喻说理则是诗人有意说理。有两种情况，诗中整体设喻说理和局部设喻说理。如《酬乐天扬州初逢席上见赠》"沉舟侧畔千帆过，病树前头万木春"，是在表明一种事实感叹自己的身世，自己被贬谪之后，那些官场新贵春风得意。而其所包含的生活哲理也十分鲜明突出：没落的事物就让它没落罢，新生的事物必然要发展起来，社会在前进，前景无限美好。又如杜荀鹤《小松》："自小刺头深草里，而今渐觉出蓬蒿。时人不识凌云木，直待凌云始道高。"这首诗以小松为依托，阐述诗人对社会现象的看法。松树可以算是才子，也可以算是栋梁之才，也可算作品质坚强的英雄。可是凌云巨松是由刚出土的小松成长起来的。小松虽小，即已显露出必将"凌云"的苗头。开始路边野草都比它高，以至被掩没在"深草里"，但它的"刺头"——那长满松针的头，又直又硬，一个劲地向上冲刺，锐不可当。它既有坚强不屈的性格、勇敢战斗的精神，又具有强大的生命力，"而今渐觉出蓬蒿"就是证明，它由小变大。但是只有关心、爱护小松的人，时时观察、比较，才能"渐觉"；至于那些不关心小松成长的人，就没有发现的慧眼。至"时人不识凌云木，直待凌云始道高"，就把人们的短视表现得更鲜明了。有多少作为栋梁之才的小松，由于"时人不识"而被摧残、被砍杀啊！至此作者所表现的生活道理就全部揭示出来了：张大思想的眼睛，伸出真诚的双手，去发现、呵护并重用人才吧。

5. 表现艺术

古代诗歌的表现艺术包括词语的锤炼、修辞手法的运用、表达方式的选择、艺术手法的使用和篇章结构的安排等方面。

（1）词语的锤炼。

刘勰在《文心雕龙》中说："句有可削，足见其疏；字不得减，乃知其密。"宋人晁补之在《题陶渊明诗后》中指出："诗以一字论工拙。"由此可见，对诗词某些字眼锤炼的程度，决定着诗歌艺术的优劣高下，也因此影响着诗歌的表达效果。古人锤炼词语常在几个方面下功夫：一是化喑哑为铿锵，如"鸟宿池边树，僧敲月下门"中的"敲"字，"蝉噪林逾静，鸟鸣山更幽"中的"噪""鸣"二字。二是化呆滞为灵动，如"星垂平野阔，月涌大江流"中的"垂""涌"字，"大漠孤烟直，长河落日圆"中的"直""圆"。三是化直露为含蓄。如"白头吊古风霜里，老木沧波无限悲"中的"吊古"。如董颖《江上》"万顷沧江万顷秋，镜天飞雪一双鸥。摩挲数尺沙边柳，待汝成阴系钓舟"中的"系钓舟"等。

词语的锤炼有几种情况，一是动词的选择和锤炼。相传苏轼、黄山谷、苏小妹相约"玩诗"，在"微风细柳""淡月梅花"两种情景下各添加一个动词，构成一联五言诗。最后填写结果为：苏轼——"微风摇细柳，淡月映梅花"。黄山谷——"微风舞细柳，淡月隐梅花"。苏小妹——"微风扶细柳，淡月失梅花"。三人所填孰高孰低、孰优孰劣，自然相形见绌。而区别高低优劣的标准自然是用语上的功夫。二是形容词的选择和锤炼。"春风又绿江南岸，明月何时照我还"就是典范。三是数词的选择和锤炼。"潮平两岸阔，风正一帆悬"，"一川烟草，满城风絮，梅子黄时雨"足见数词使用的造诣和妙处。四是副词的选择和锤炼。"万里来游还望远，三年多难更凭危"中的"还""更"写出流离失所、颠沛流离的辛酸和痛苦，表现出亡国之臣心中强烈的愤懑之情。

锤炼词语会产生良好的艺术效果。首先，有利于突出表现诗词的主旨。如"会当凌绝顶，一览众山小"中的"会当""一览""凌""小"鲜明有力地表现出诗人期望攀登人生高峰的决心和意志。其次，有利于增强诗词的形象性，突出事物特征。毛泽东《沁园春·雪》"山舞银蛇，原驰蜡象"中"舞"和"驰"字化静为动，化平凡为神奇，山和高原就立体化、形象化了。"大河上下，顿失滔滔"中的"顿"字则写出了大雪覆盖一切的气势。再次，有利于营造诗词的意境。如王湾《次北固山下》句云"潮平两岸阔，风正一帆悬"，潮涨时，水漫两岸，视野更加开阔；风正时，和风鼓帆，船帆高高挂起。诗人通过"两"、"一"的两相对照，表现出了原野开阔，潮平浪静的景色，创造出优美的意境。

（2）修辞手法的运用。

古代诗词广泛运用修辞手法，不但创造了无以计数的千古名句，也成就了不可胜数的传世名篇。欣赏诗歌自然不可能越过修辞手法的运用。李煜的"问君能有几多愁？恰似一江春水向东流"，使用引人思索的设问、形象鲜明的比喻和极度的夸张，写出了愁绪之绵长不断。李清照的"只恐双溪舴艋舟，载不动许多愁"，运用了假设的比喻将愁搬到船上，写出了愁之重。贺铸的"试问闲愁都几许？一川烟草，满城风絮，梅子黄雨时"，三句诗三个比喻，写出了愁之多样形态和无处不在的特点。这些诗句均将抽象的感情化为具体的形象，产生了强烈的艺术感染力。

（3）表达方式的选择。

表达方式是指记叙、描写、议论、抒情等，但在这几种表达方式之下，又可分为若干表达形式，这需要根据不同的诗歌具体问题具体分析。描写依据繁简可有白描与工描，依据表现角度又有正、侧面之分。描写的顺序有远近、先后、上下、左右、动静、外内等；描写感受的角度有感觉、听觉、视觉、味觉、触觉等。如白居易的《夜雪》："已讶衾枕冷，复见窗户明。夜深知雪重，时闻折竹声。"整首诗运用多种角度多个侧面写雪，具体来说分别从触觉、视觉、听觉三个角度写雪之大，令人拍案称奇。抒情又可分为直抒胸臆和间接抒情。间接抒情在诗歌中主要体现为情景交融，有的寓情于景，即有"有我之境"和"无我之境"，或议论中抒情。把握情景结合的形式有利于欣赏作品意境和情感。

（4）艺术手法的使用。

我国古典诗歌源远流长，在其发展过程中，艺术家们就很善于总结和运用诗歌艺术规律、创作方法和艺术技巧，并逐渐趋于完善。这些约定俗成的表达技巧又反过来成为诗人们创作遵循的规律。而解读诗歌就是要破解这些艺术手法的功用效果，实现与诗人的共鸣共建。这些艺术手法包括：

① 赋、比、兴。朱熹《诗集传》："赋者，敷也，敷陈其事而直言之者。比者，以彼物比此物也。兴者，先言他物以引起所咏之词也。"如《木兰诗》"东市买骏马，西市买鞍鞯，南市买辔头，北市买长鞭"就是运用了敷陈其事的写法，渲染了木兰及其一家战前准备的忙碌和紧张。如《关雎》："关关雎鸠，在河之洲。窈窕淑女，君子好逑。"开始两句以雎鸠起兴，渲染了爱的气氛；又比喻男女相亲相爱，非常形象贴切。《木兰诗》中的"唧唧复唧唧，木兰当户织。不闻机杼声，惟闻女叹息。问女何所思，问女何所忆"其实是借用了北朝民歌《折杨柳》中的一首，因此这里当然也是起兴手法。《蒹葭》诗的每章开头"蒹葭苍苍（萋萋、采采），白露为霜（未晞、未已）"都是采用了赋中见兴的笔法，描绘眼前真景，呈现出一个空灵飘渺的意境，通过反复渲染深秋空寂悲凉的氛围，抒写诗人怅然若失而又热烈企慕友人的心境。《木兰诗》中的"雄兔脚扑朔，雌兔眼迷离。双兔傍地走，安能辨我是雄雌"是典型地运用了"比"的手法，意象不但符合民歌的体式特征，而且使故事增添了神奇色彩。

② 用典。用典就是引用前人的故事或诗句入诗。它在诗歌表现上有着十分重要的意义：可以借古而喻今，历史一直在现实中延续或重复；可以使诗歌更为精练概括，并丰富作品思想内涵，给人悠远的回味；可以使诗歌表现更委婉蕴藉，尤其在某种特殊背景和特有目的下，诗人可以通过典故表达自己隐晦的思想；可以形成类比、比喻、象征、暗示等修辞，取得艺术性表现效果，从而有效增强诗歌形象性和感染力，使诗歌更富于文化蕴涵和历史深度。

用典在古诗中是非常讲究的：一方面用典与作品内容结合得非常融洽。王士禛在《池北偶谈》中说"作诗用事以不露痕迹为高"，应"使事无迹"；宋代张炎《词源》说，"善织者无隙缝，工绘者无渍痕，用典者宜师此意，乃所谓现成也。能紧著题，融化而不涩，用事而不为所使，则进现成为浑成，斯为美"。假如读者不知用典也无关紧要，不会妨碍读者去把握作品的主要内容和意旨。倘若明白是用典，应该能够对作品有更为深刻的领悟。苏轼《江城子·密州出猎》"持节云中，何日遣冯唐"，苏轼非常期望自己能够受到重用为国御敌，建立功勋，如同汉朝长汀任用冯唐赦魏尚那样，这种意愿就通过这个典故表达出来，十分自然，不事雕琢。二是生僻和熟悉典故的巧妙运用。所谓"僻事实用，熟事虚用"，意思是说比较生僻的典故可以直接在诗词中点明，使用其本意融入作品内容，以避免读者看不明白；而对于大家耳熟能详的典故，则在使用的时候不必说的那么实在。三是借典故中最具表现力的因素入诗。李白《行路难（其一）》"闲来垂钓碧溪上，忽复乘舟梦日边"，这里把典故中人物的故事同自己的思维有机融合起来，形象鲜活，用意明了又不露痕迹。

③虚实。虚写主要指诗人创作思维的跨度。诗中所写内容并不全是当时客观现实，也包括对历史和未来的联想想象；实写就是写眼前之景和现实之物。虚实结合、虚实相生是诗歌创作中经常使用的一种艺术方法。辛弃疾《破阵子·为陈同甫赋壮词以寄之》诗中所写的戎马生涯和战争场面为主要内容，这些大都为梦境中的虚幻内容，而对现实的描述作为辅助。作者将追求的理想梦境与灰色的现实进行对照，抒发了以金戈铁马建立功业的愿望和理想不得实现、壮志难酬的郁愤和不满之情。

④想象。想象就是在已有观念和材料的基础之上创造出新形象、新观念的思维过程。曹操《观沧海》"日月之行，若出其中；星汉灿烂，若出其里"，就展开了丰富而奇特的想象，将"眼中"景与此处的"胸中"情融合为一，从而创造出大海浑涵万物、气宇盖世的艺术境界。

⑤联想。由某一事物联系到与之相关联的其他事物或者把事物类似的特点联系起来，创造出一个崭新的典型，这就是所谓联想。杜牧《赤壁》"折戟沉沙铁未销，自将磨洗认前朝。东风不与周郎便，铜雀春深锁二乔"。由"折戟"想到了三国赤壁之战，这是运用了相关联想；倘若周瑜不能借到东风，那么赤壁之战的结果可能是与之迥然不同，这便是运用了相反联想。这种联想构思自出心裁，立意深刻新颖，令人掩卷长思。毛泽东《沁园春·雪》上阕极写壮丽雄奇的祖国山河，下阕则紧承上阕，因景生

情，江山如此多娇，历史上的英雄人物为了江山又是怎样的一种表现呢？于是自然展开了联想，并对历代英雄加以评说。全词由自然到人事，由现实到历史，思维自由驰骋，气势恢弘磅礴，有力地表现了作者的阔大胸襟与远大抱负。

⑥ 对比。把两种矛盾对立的事物或者同一个事物的两个不同的方面放在一起，相互比较，这就是对比。运用对比，其用意或使对立事物的矛盾鲜明地突出出来，从而揭示其本质，给人深刻启示；或使对立的两个方面互相映衬，相互比况，给人深刻印象。马致远《天净沙·秋思》中"枯藤""老树""昏鸦""古道""西风""瘦马""夕阳"等是一组意象，另一组是"小桥""流水""人家"。前者显得晦暗、凄苦，后者显得明丽、温馨。通过这种对比，有力地表现出羁旅游子浓重的悲哀和乡愁。

⑦ 衬托。利用事物间近似或对立的条件，用一些事物为陪衬来突出某些主体事物的艺术手法。《木兰诗》"策勋十二转，赏赐百千强。可汗问所欲，木兰不用尚书郎；愿驰千里足，送儿还故乡"，大量运用铺陈，将木兰战功之显赫，天子赏赐之多和木兰辞官不就，愿回故乡形成一种衬托关系，突出反映了木兰淡泊功名利禄、质朴谦逊的宝贵品质。

⑧ 渲染。渲染就是通过对环境、景物或人物行为、心理的描写、形容或烘托等，以突出形象，加强艺术效果的一种表现手法。《蒹葭》运用"苍苍""凄凄""采采"，写出了芦苇的颜色由苍青到凄青到泛白，把深秋凄凉的气氛渲染得越来越浓，烘托出诗人当时所在的环境十分清冷，心境十分寂寞。

⑨ 烘托。烘托本是国画的一种技法，用水墨或色彩在物象的轮廓外面涂抹，使物象明显突出。用于诗歌创作，则指从侧面着意描写，"烘云托月"，借描绘别的事物以突出主要对象。白居易《琵琶行》："东船西舫悄无言，惟见江心秋月白。"这个情景描写真切地烘托出听者沉浸于动人的艺术境界中，醉心神往的情思，含蓄地表现了音乐的神妙动人。

⑩ 正侧。就是直接描写和侧面描写。汉乐府《陌上桑》："头上倭堕髻，耳中明月珠。缃绮为下裙，紫绮为上襦。行者见罗敷，下担捋髭须。

少年见罗敷，脱帽著帩头。耕者忘其犁，锄者忘其锄。来归相怨怒，但坐观罗敷。"前面四句关于罗敷的服饰美是正面描写，后面八句就是对罗敷的侧面描写，写人们被她的相貌神态所吸引而表现的一些举止神态。这两种描写都匠心别具而成功突出了罗敷的美丽。

⑪ 动静。通过动态和静态的描写来突出某种氛围或形象的一种方法。有些描写是动静结合，如《白雪歌送武判官归京》"忽如一夜春风来，千树万树梨花开"与"瀚海阑干百丈冰，愁云惨淡万里凝"就是动与静的对比。有些描写是化静为动，如《山坡羊·潼关怀古》中的"峰峦如聚，波涛如怒"，《沁园春·雪》"大河上下，顿失滔滔。山舞银蛇，原驰蜡象，欲与天公试比高"都是十分典型的例子。

⑫ 托物言志（或借物寓理、象征）。在描摹事物以曲尽其妙的基础上，融入作者的感情，寄托作者的心志。陆游《卜算子·咏梅》："无意苦争春，一任群芳妒。零落成泥碾作尘，只有香如故。"这里就是托梅言志，表现了诗人不与人争宠邀媚、不同阿谀逢迎之徒为伍，不畏谗言、不怕摧残、坚贞自守的高洁品格。陈亮《梅花》："疏枝横玉瘦，小蕚点珠光。一朵忽先变，百花皆后香。欲传春信息，不怕雪埋藏。玉笛休三弄，东君正主张。"寄寓了对高洁、坚韧品格的由衷赞美之情和让这种品格永留世间的愿望。

⑬ 抑扬。把要贬抑否定的方面和要褒扬肯定的方面同时说出来，只突出强调其中的一个方面，以达到抑此扬彼的目的。抑扬按形式可分为欲扬先抑、欲抑先扬两种。叶绍翁《游园不值》："应怜屐齿印苍苔，小扣柴扉久不开。春色满园关不住，一枝红杏出墙来。"前两句写要乘兴游园，却被拒之门外，有些无可奈何；后两句却写出诗人塞翁失马，另有所得，欣赏到了满园春色和出墙红杏。可谓抑扬跌宕，引人入胜。

古诗词教学内容不限于上述五个方面，还应该包括作品的框架"构思""叙事艺术""知人论世"等有关内容，这些内容在其他体式作品或章节中有所体现，恕不赘述。

四、新诗

（一）新诗及其特征

新诗，又称新体诗，自由诗。首先，它是诗体的一种，它高度集中概括地反映社会生活，饱含着诗人丰富的思想和感情，语言凝炼而形象性强。其次是"新"。"新"既是时间概念又是其特质：时间上它兴起于五四时期，与传统的古诗有显著区别；古诗多需押韵，部分需符合一定平仄和对仗，而新诗完全不受押韵、平仄和对仗之规范，只保留意象精炼的特性，创作方式极其自由。

诗人公木在《新诗鉴赏辞典·序》（上海辞书出版社，1989年版）中指出，新诗不仅因为它时间上属于现代，更因为它反映了中国诗歌现代化的进程，是现代意义上的诗歌。他认为新诗就其主流而言有四个特征：第一，在科学与民主的文化启蒙下，以现代的民主主义、社会主义思潮为思想基础，集中表现对于人的命运和人民命运、民族命运的关注，创作主体的个性、自我意识和描写对象社会化的广度和深度得到强化；第二，以改变诗歌语言为突破口，以白话为武器，形成了完全独立于传统的古代诗词之外的崭新诗歌形式，并建立起现代诗歌的新传统；第三，不断接受外来影响并溶化在自己的民族风格中，在语言铸造和诗艺运营上，愈来愈与外国诗歌趋同，逐渐增加了世界性色彩；第四，完成了旧传统的打破和新传统的建立，但并非割断，而是推陈出新。公木先生是从新诗这一文学式样产生、大的社会背景及其与古诗词的区别方面，阐述了新诗的基本特征。出于教学的需要，我们还应该从语文课程的角度，思考新诗教学的价值取向，思考中学生阅读欣赏所要把握的新诗体式特征：

首先，高度的凝练性。新诗与现代散文、小说相比，是高度浓缩而概括的文学式样。它继承了古诗词的优秀传统，正如清代吴乔《围炉诗话》所谓："意思犹五谷也。文，则炊而为饭；诗，则酿而为酒也。"例如牛汉在《华南虎》一诗中，把"华南虎"曾经的坎坷遭遇浓缩在被关在动物园匍匐在地上的那一刻，把诗人自己半生的悲惨遭遇和不幸经历、在逆境中不屈的抗争精神和追求生命自由的信念，浓缩在一只被"囚禁"的华南虎身上，甚或将特定环境下一代多难的追求者乃至几千年来中国知识分子虽面对政治的、经济的、肉体的、精神的各种打击和迫害，但为争取自由、追求真理、憧憬美好理想，屡经磨难却矢志不渝，粉身碎骨也在所不惜等精神气度和崇高人格，也寄寓在华南虎身上。而诗人所描述的被囚禁的"华南虎"，没有具体的时间、地点和踏实的前因后果，便是诗歌语言凝练的体现。

其次，想象的丰富性。依靠形象思维创造意象是新诗的表达特征，跳跃的思想，丰富的想象力，都与形象思维有关。不把笔墨花费在写实性的时间、地点、事件上，而是在联想想象的空间中驰骋纵横。戴望舒曾说，"诗是由真实经过想象而出来的，不单是真实，亦不单是想象"[①]。《我用残损的手掌》中"残损的手掌"即是由真实的被摧残的肢体经过想象创造出来的，因为它不单是指作者受残害的肢体，也象征民族遭受的伤痛和屈辱，象征祖国残缺的版图，这就是诗人想象的成果。而且借助"无形手掌"的活动，想象国土的今昔变化和不同区域不同的色彩、情景，形成诗歌的丰富内涵，寄寓深厚情感。在诗人"心灵的手掌"的抚摸下，创造出一个个"意象"，而这些意象熔铸了诗人深挚的情感。《在山的那边》诗人首先把人生梦想想象成"海"，把追逐梦想过程中的重重艰难想象成"山"，然后，把"不断地战胜困难向梦想走近"想象成海潮"漫湿了我干枯的心灵"。这是十分具有表现力的，也给人以无尽的遐想。

再次，语言的变异性。新诗的语言不同于古代诗词的语言，不同于现代日常语言，也不同于现代散文小说的语言，它的语言是对规范语言的"变异"。如倒置、特殊搭配、省略、跳跃、互文、词性转变、语句凝缩等非常规语言手段的使用，增添了诗歌的弦外之音和韵外之致。教学何其芳的诗歌《秋天》，倘若注意紧紧抓住"栖息""游戏""梦寐"三个词，当然没有错，可是这样赏析又常会落入"生动形象地写出了秋天的……"的老

---

① 戴望舒：《我的辩白》，南昌：百花洲文艺出版社，2017年版，第139页。

套路。倘若从"非常规搭配"的角度入手，追索"秋天栖息在农家里"这句诗的思维方式，"秋天""栖息"对吗？"秋天游戏在渔船上"中"秋天"怎会"游戏"在渔船上？"秋天梦寐在牧羊女的眼里"一句中，"梦寐"可否更换为"栖息"？如果按照平实语言去描述对于诗意的表达有何影响？也就是抓住这些"变异"性的语言，去领会诗意表现的妙处。这是新诗语言"诗性"的突出表现。

第四，多元的陌生化。新诗与古代诗词更大的差别在于其"现代性"，内容上的现代性是一个方面，而最重要的是表达上的现代性令新诗确立了其在文学上的特定地位。艺术的目的就是为了使人感觉事物，而非感知事物。感觉过程就是审美，新诗延长审美过程的手段已不仅仅停留在古典诗歌的"倒置""省略""跳跃""互文"上了，而是更加疏离、变异普通语言，甚至"扭断语法的脖子"，运用悖论、隐喻、含混、反讽、蒙太奇、戏仿等手段，追求新奇的表达效果。陌生化主要表现在三个方面：

一是主题的陌生化。新诗主题在发展的过程中不断扩大和变化，尤其在本世纪七十年代末期，思想解放和政治环境的促动，真实地表现诗人的内心世界，对自我生存际遇和人生价值的思索，对人民、民族、国家命运的关注，挣脱了话语权力的桎梏，内容上出现百花齐放的繁荣局面。诗歌主题的扩大和延伸形成了诗歌表现意向的丰富性和多样性，主题陌生化成为新诗的第一个突出特征。如芒克《阳光中的向日葵》：

你看到了吗/你看到阳光中的那棵向日葵了吗/你看它，它没有低下头/而是把头转向身后/就好像是为了一口咬断/那套在它脖子上的/那牵在太阳手中的绳索

你看到它了吗/你看到那棵昂着头/怒视着太阳的向日葵了吗/它的头几乎已把太阳遮住/它的头即使是在没有太阳的时候/也依然在闪耀着光芒

你看到那棵向日葵了吗/你应该走近它/你走近它便会发现/它脚下的那片泥土/每抓起一把/都一定会攥出血来

这首诗就打破了世俗固有的思维方式，改变了过去人们对于向日葵的一贯认识。他所写的是一种不向日的向日葵，"把头转向身后"，"咬

断""那牵在太阳手中的绳索",从而表现出鲜明的个性色彩和崭新的价值取向。诗人要改变"向日葵"的名字,要创造出自己心中的向日葵。因此,与其说诗人是在写向日葵,不如说他是在传达一种内心的声音。

二是意象的象征性和荒诞性。这是造成诗歌陌生化的又一种途径和表现。意象的选择与精心构思是诗歌质量优劣的关键所在。如北岛《结局或开始——献给遇罗克》第一节:

我,站在这里/代替另一个被杀害的人/为了每当太阳升起/让沉重的影子像道路/穿越整个国土

这里的变形意象是"影子",这一意象被做了无限夸大处理。

又如北岛《宣告——献给遇罗克》的结尾:

从星星的弹孔中/将流出血红的黎明

这两句诗是写正义的献身与光明到来之间的必然联系。诗的意义很深刻但并不新鲜,独到的是诗人的表达,是其意象生成的与众不同。在自然界中,"星星"和"黎明"间具有必然的时空联系,但这些与"弹孔"之间却风马牛不相及。只有"星星""黎明"两个意象构筑诗意难免流于普通和庸俗,支撑不起诗的情感与力量。于是诗人让"星星""黎明"同"弹孔"发生联系。这样以来,诗人建立起了新的艺术逻辑和艺术时空,它取代并超越了自然的逻辑和时空关系。让"星星"成为"星星的弹孔",便与正义的罹难发生了联系;让"弹孔"变成"星星的弹孔",自然就会流出了"黎明"。诗人借助"星星的弹孔"与"血红的黎明"之间的关系,很有创意地诠释了正义的献身与光明来临的必然联系,发人深思。以"黎明"作象征体的诗比比皆是,而"星星的弹孔"这一独创的意象、这一深层意义上的比喻却是富有创意的。可见,新诗意象生成,与传统诗相比有很大差别,其主观色彩浓厚,物象与物象间的联系常常是超越常规的,是极具跳跃性的,正因如此,它蕴蓄着极其丰富的思想意蕴,带给读者的审美感受是难以言尽的。

三是语言的陌生化。如悖论、隐喻、含混、反讽、蒙太奇、戏仿、变形、繁复、艰涩、层次杂糅、结构奇特等,都是新诗语言陌生化的表

现。如舒婷《祖国啊，我亲爱的祖国》中"我是你簇新的理想/刚从神话的蛛网里挣脱/我是你雪被下古莲的胚芽/我是你挂着眼泪的笑窝/我是新刷出的雪白的起跑线/是绯红的黎明正在喷薄"，这些隐喻的构想就很有创意，也很有内涵，能有效激发读者的联想、想象和情感。又如江河《星星变奏曲》中"谁愿意，看着夜晚冻僵/僵硬得像一片土地/风吹落一颗又一颗的星"，运用直觉和印象形成悖论，借助新奇的意象形成立体意境，使诗歌内涵获得宽阔空间，耐人寻味。

第五，内在韵律和外在形式的创新性。

诗人理想人格和可贵精神所产生的是美的、诗性的情感，那么创作出来的诗歌就会是成功的。情感活动本身具有主观能动性，情绪本身具有音乐和绘画的作用，表现在诗歌的言语中，就相应构成自然的节奏韵律和画意。在诗人创作过程中，感知情绪和重组情绪的过程中，起重要作用的则是诗人的想象力。因此，所谓诗歌的内在韵律是由情绪和驾驭情绪的想象力共同创造产生的。诸多情感材料、动机与冲突经过想象力的汰选、重组、扭结、综合，日常经验也就被诗化、艺术化，这种想象力是因情绪而起，又作用于情绪的审美知性能力，它唤醒内心相互冲突、彼此矛盾或毫无客观关联性的种种印象、经验、动机，使之相互作用并不断修改、再造，最终融会成新的有机体，展示为具有内在统一的诗歌情绪的延绵起伏。于是构成了诗歌的韵律。

新诗在语言的结构形式上力主创新，追求形式美，不断取得新的成果。

例如伊蕾《黄果树大瀑布》：

白岩石一样砸下来

砸

下

来

"砸下来"特意采用竖写格式，从上向上，如瀑布垂下的形状，表现出了瀑布"气势恢弘"的特点。

又如胡学武《升帆》：

> 升
>
> 　升
>
> 　　升
>
> 　　　升
>
> 升，产生了许多串珍珠
>
> 海与船才赢得动人的神圣

五个"升"字呈斜线形状排列，模拟升帆的形态，同时，又显出"升"的动感，确实达到了较好的效果。这样的形式自然具有一定美学内涵。

新诗的特征也许还有许多。但无论形式怎么翻新，无论内容和表现上多么现代，它依然与古典诗词有着神似甚至共通的东西，比如意象意境、内在的旋律等，对于中国新诗而言，不可能是纯粹"横的移植"——模仿西方，自然也不可能纯粹只是"纵的继承"——沿袭古代，而是东方、西方、古典、现代多种元素的有机融合。

（二）新诗教学内容的确定

第一，诗意的破解。借助诗歌语言这个载体，引导学生入境，领会诗人所表现的生活内容以及由此触发的情感、思考。这个过程应该是语言——意象——意境——生活内容与情感。就是说理解诗歌"写了什么"，就需要借助意象、意境去理解，读懂诗歌表现的生活内容是什么。虽然新诗是用白话写成，但是由于意象具有内隐性、个性化和不确定性，也由于新诗流派风格的多样性以及表现主题的开放性、陌生化，还由于作者独特的生活经历和生活历史的隔膜，致使学生对诗歌内容难以读懂。而读懂诗意是解读、鉴赏诗歌的基础。例如艾青《我爱这土地》，诗人为什么把"我"假设成一只鸟？一只"嘶哑着喉咙"的鸟？而不是一只猛虎，一头雄狮？很显然这里与诗人所处的时代背景有关，也与诗人的身份有关。为什么是这样的"土地""河流""风"和"黎明"，前三者与后者又是什么关系？歌唱土地、死后羽毛腐烂在土地里的"鸟"与"土地"又有什么关系？又如余光中《乡愁》中为什么说"乡愁"是"邮票""船票""坟墓""海峡"？"邮票""船票""坟墓""海峡"这几个意象与母亲、新娘、大陆有怎样的关系？首先，破解诗意还要"知人论世"，根据诗人的生平际遇，如时代背景、生命经历、家庭情况、师友交游等，引导推断诗歌作品中蕴涵的情感意向，进而诠释诗歌语词的深层意蕴，明白为什么诗人在他所处的时代会写出这样的诗歌，这诗歌对其所处的时代又有什么样的意义和价值。即进入产生诗歌作品的"时代"背景中，缩短学生与作品的距离，更好地揣摩诗歌的原初意义，并观照当前的现实生活，从而有所思考，有所感悟。其次，破解诗意还要"以意逆志"。《孟子·万章上》："故说诗者，不以文害辞，不以辞害意，以意逆志，是为得之。"学习和鉴赏诗歌，当以己之心观之，设身处地地忖度诗人之心，建立起自己的心灵与诗人的心灵世界的联系，将两者深度融合起来，与"诗人"共同创造、建构诗歌意义，这样方能得到诗歌的主旨。诗歌本来就是诗人情感和意志的表现，"以意逆志"，是对诗人心路的寻觅，是对诗人心灵世界的体察与感悟，同时也是通过作品对自己的一种心灵拷问和锤炼，借助诗歌读出自己。要通过诗歌与诗人的心灵发生碰撞与交流，充分领会诗人的情感与意志，实现与诗人的心灵共振。

第二，脉络的寻绎。把握诗人创造的意境或形象之间或画面之间的内在联系，进一步探索诗人思维或感情变化推移的线索脉络，从整体上理解诗人构思的过程。诗歌以丰富的联想想象呈现生活情景画面，创造意象和意境，而联想和想象的轨迹形成作品的构思，也形成情感的脉络。这样就需要抓住关键的诗句，抓住诗人创造的一个个形象或画面之间的内在联系，找到诗人联想和想象的起点、过程和感情变化推移的线索。如戴望舒《我用残损的手掌》借助联想想象，用思想的"手掌"，"摸索""这一片湖""江南的水田""岭南的荔枝花"，"轻抚""那辽远的一角"，"把全部的力量运在手掌""贴在上面"，情感经历了"痛苦和仇恨""热爱与幸福""向往与期待"的变化推移，从而表现了诗人虽身陷囹圄遭受非人折磨、国土遭到强盗蹂躏，但坚贞不屈、热爱祖国、向往光明的信心和决心。郑愁予《雨说》中，"雨"是春天使者和爱的使者，这种想象别具一格。运用拟人化手法，展示出"大地等待春雨"到"大地结出了果实"的自然逻辑过程，反映出"雨"由探访四月急切的心情，悲悯的情感，到把天地织在一起的亲昵和轻柔表现出对孩子们的热爱，再到期望孩子们不要拒绝享受爱和幸福，再到孩子们迎接春天、勇敢地欢笑、快乐地成长的美好心愿，最后到润泽大地，大地结出果实的欣慰和牺牲自己的快乐。情感逐步递进，最终升华到很高的境界。

第三，艺术表现的揭秘。抓住了情感的脉络，就可以解析诗歌的框架构思；把握了诗人情感思想的沸点，就可以领悟诗歌的意旨；同样，把握了作品的思想意义，就容易解构作品艺术表现的特点。"写了什么"很重要，"怎么写的""为什么这样写"同样需要重点关注。余光中《乡愁》，既有现代诗的自由洒脱，又具有了古典诗词格律美和音韵美的特点，四个小节句式对称、字数对等，并且大致押韵。同时，这首诗整齐中有变化，长短句错落有致。每小节同一位置上使用重复词语和叠词。这些艺术形式对于表现作品的旋律和情感又有怎样的作用呢？再如《我用残损的手掌》诗人为什么虚拟祖国的广大土地就在眼前，随思维变化转换空间，"用残损的手掌"去抚摸广大的土地，直接说"我"想到了祖国大地遭受的践踏和蹂躏不更直接吗？再者，诗人为什么将抚摸"广大的土地"的感受与轻抚"那辽远的一角"的感受结合起来去写？这些艺术构想和表现手法，如"虚拟""对比""象征"等在诗歌思想情感表现的过程中发挥了怎样的作用？舒婷《祖国啊，我亲爱的祖国》使用"重复"的写作艺术即运用圆周句式不断重复"我"与"祖国"关系，这对于拓展和表达"我"、"祖国"、苦难，"我"、"祖国"、新生的希望，和"我"对于祖国的责任有什么作用呢？还有诗人为什么运用第一人称来创造意象、抒发情感呢？

第四，语言的涵泳。新诗语言追求"变异"和"陌生化"，破解语言的密码，自然也是读懂读透诗歌的必要前提和必由之路。一方面是要读懂语言的含义，另一方面就是要欣赏语言的妙处，领会其表达作用和效果。如《祖国啊，我亲爱的祖国》中运用了三组不同色彩的意象，每组意象表达的思想内容均不相同，每一个意象都具有独特的内涵。第一组，"老水车""矿灯""干瘪的稻穗""失修的路基""驳船"等，用来表现饱经沧桑的过去。第二组，用意象"花朵"及暗喻等，表现贫穷凋敝的现实。第三组，"簇新的理想""古莲的胚芽""笑涡""起跑线""绯红的黎明"，表现挣脱羁绊走向希望的历史机遇和愿望。这些语言运用远距离的暗喻和奇异的搭配，蕴含十分丰富，需要仔细揣摩才能深入把握。领会了这些意象的内涵，也就领会了作品的思想情感。再如《我爱这土地》诗人说为什么说这只鸟"用嘶哑的"喉咙歌唱，而不用"清脆嘹亮的"？击打着土地的"暴风雨"是指什么？"汹涌着悲愤"的是"河流"吗？"无休止的刮着的激怒的"是"风"吗？怎样理解"——然后我死了，连羽毛也腐烂在土地里面"这句话的含义？如果能够领悟到诗人运用的"移情"和比拟的手法，就能够破解这些异常的"搭配"和"陌生化"的意义。再如何其芳《秋天》"放下饱食过稻香的镰刀""秋天栖息在农家里""秋天游戏在渔船上""秋天梦寐在牧羊女的眼里"，运用拟人、移就，化抽象为具体，化平凡为神奇，很有新意地表达了秋天事物、人物的特点，富有审美意味。

五、戏剧

（一）文类解说

戏剧，指以语言、动作、舞蹈、音乐、木偶等形式达到叙事目的的舞台表演艺术的总称。戏剧的表演形式多种多样，常见的包括话剧、歌剧、舞剧、音乐剧、木偶戏等。

戏剧是通过舞台演出而诉诸观众感官的艺术形式，其中心是演员的表演。因此，又被人称为"舞台艺术"或"演员艺术"。在戏剧作品中，人物与人物之间，由于性格不同和思想追求的不同而展开的矛盾斗争叫戏剧冲突。戏剧作品总是由一个冲突的出现、发展和解决而得以完成的。戏剧冲突的成功与否是戏剧成败的关键，所谓戏剧性正是由于戏剧冲突解决得独特、新颖、内涵丰富而形成的。

文学上的戏剧概念是指为戏剧表演所创作的脚本，即剧本。中学语文

教科书中所谓的"戏剧"就是指"剧本"。剧本是一种文学形式，是戏剧艺术创作的文本基础，编导与演员根据剧本进行演出。在文学领域里，它是一种独特的文体；在艺术领域里，它接近文学；在戏剧领域里，它是一切戏剧活动的根本出发点。

剧本主要由台词和舞台指示组成。对话、独白、旁白都采用代言体，在戏曲、歌剧中则常用唱词来表现。剧本中的舞台指示是以剧作者的口气来写的叙述性的文字说明，包括对剧情发生的时间、地点的交代，对剧中人物的形象特征、形体动作及内心活动的描述，对场景、气氛的说明，以及对布景、灯光、音响效果等方面的要求。剧本的主要特点：一是舞台性。剧本要适合舞台表演。其人物形象要通过在舞台的唱、念、做、打等动作，与观众直接见面。而布景、灯光、道具等又把剧中人物生活的环境表现出来，让观众去体验、感受。二是人物、事件、场面高度集中。其三是矛盾冲突尖锐、激烈。

（二）戏剧教学内容的确定

确定戏剧教学内容，一是考虑文学本质，二是考虑体式特质。

车尔尼雪夫斯基说："艺术的真正内容，特别是诗，根本不是自然，而是人的生活。"[①]而且一再强调艺术之于历史的区别，历史讲的是人类的生活，而艺术讲的是人的生活。

在戏剧这种文学艺术体裁里，作家正是通过对"人"即人物形象的塑造，为读者呈现人生故事，抒写世间的喜怒悲欢，表现出一定的人生境界。艺术形象对文学作品来说是灵魂，古往今来那些戏剧家都为写好、写活人物形象而进行了艰辛的探索和追求。塑造成功的戏剧人物形象十分艰难，"对于文学这种借助于语言描绘的艺术来说，它的形象感性特征，主要却并不是表现在形象的外貌和形体上，更重要的是用揭示人物的精神面

---

① 〔俄〕车尔尼雪夫斯基：《车尔尼雪夫斯基论文学》，辛未艾译，上海：上海译文出版社，1978年版，第202页。

貌、揭示人物的性格特征来表现的。"①这一观点，对戏剧或小说教学内容的重点定位问题，是一个正本清源的答案。

语文教师有必要引导学生将审美观照的眼光主要投向作家是如何表现笔下人物心灵上来，而不是像某些课那样，浮光掠影地走过人物形象的欣赏，迫不及待地组织学生对作品的主题意旨进行空泛的讨论分析。这样的课堂，似乎气氛活跃了，有了深度了，但是那些具有真正教学价值的教学内容，却被白白浪费掉了。因此戏剧教学应该重视心灵对心灵的审视和观照，重视学生对戏剧作品最宝贵的言语智慧——表现灵魂的艺术——的关注与欣赏。

在戏剧阅读教学中，一般通过哪些方式去引导学生关注作家所表现的人物的心灵？

一是关注作品的矛盾对立和复杂多样的人物心灵。人的心灵世界具有丰富性、复杂性、矛盾性特征。狄德罗认为："人是一种力量与软弱、光明与盲目、伟大与渺小的复合物，这不是责难人，而是给人下定义。"②作家、戏剧家正是基于对人的这种深刻的认识，在塑造人物形象时，尽可能地避免扁平式单一模式，如鲁迅先生所说的"欲显刘备之长厚而似伪，状诸葛之多智而近妖"的绝对化的写法，而是爱而知其恶，憎而顾其善，从不同侧面表现人物心灵的丰富性和复杂性乃至矛盾对立。

《威尼斯商人》中夏洛克是高利贷者的代表，是一毛不拔的守财奴，极端利己的形象。但爱财如命的夏洛克在这场戏的开头却一反常态，不要比借款多几倍的还款，而要一块无用的人肉，置对手于死地而后快，其心胸品性是何等狭窄、冷酷、贪婪、狡诈。同时，联系社会背景可知，犹太人当时被欧洲各国视为劣等民族，宗教上受禁锢、政治上被限制权利和自由，经济上也受到各种束缚和排挤。因此夏洛克的报复有合理而又复杂的动机，他仇视身边那些挥霍祖产、生活浪荡的公子哥儿。人们对夏洛克，

---

① 钱谷融、殷国明：《中国当代大学者对话录·钱谷融卷》，北京：中国文联出版社，2000年版，第113页、114页。

② 〔法〕狄德罗：《狄德罗哲学选集》，江天骥等译，北京：商务印书馆，2011年版，第50页。

既鄙夷他的贪婪，憎恨他的残忍，又免不了会同情他所受的种族压迫和屈辱。因此需要辩证地认识理解人物冷酷、无情的另一面才是比较客观的思路，因而夏洛克既是可恨可恶的，也是十分可怜和值得同情的，这样有利于正确揭示出该形象的心灵本质，有利于正确把握人性内涵和作品主题。

二是关注人物心灵的独特性和具体性。个体的心灵虽在不同的时空情境下有着方方面面的表现，但这些"面"在灵魂的内部并非均等地呈现出平衡状态。有的面是体现出个体形象内涵的丰富性，有的面则决定了个体性格的独特性。个体的性格虽然立体多元，但根本的内核是不变的，这个内核就是质的规定性。作家、戏剧家塑造典型人物时，一方面要展现形象作为"人"的心灵的丰富性和复杂性，另一方面更注重表现这形象作为"典型"的心灵的独特性和具体性。《变脸》塑造了重男轻女思想根深蒂固的"水上漂"形象，当他得知狗娃是女孩的真相时，是那样的失望而愤怒、痛苦，甚至狠心地抛弃狗娃。作者的创作意图应该不在于展现人物之间的性格矛盾，而是要表现人物命运之间的冲突，从深层看，这人物命运的冲突实际上是我国传统社会极其恶劣的生存环境与底层人民艰难求生矛盾的集中反映。而且作者表现的落脚点是水上漂这一人物内心善良的品性，正因为如此，他才有将狗娃救起的举动。作者借助这样的剧情逆转，艺术性地表现了对重男轻女观念的否定。所以《变脸》教学重点应定位于人物心灵的基本特征，那就是善良，那就是人性的光辉。

在教学中，教师既要引导学生关注作家对典型人物丰富心灵不同侧面的表现，更要去关注作家对典型人物独特心灵的重点、核心点的表现，否则，学生对典型人物的解读就不得要领。有一些课堂不管学生对人物形象做怎样的风牛马不相及的甚至是错误荒谬的解读，都一味地肯定赞扬，看似尊重学生的多元解读，其实却是教师不作为的表现，抑或教师想有所作为，但由于方向和侧重点出现问题，忽略了对典型人物独特心灵的重点表现的研读，所以无法作为。

三是关注人物心灵由渐变至突变的变化流程。心灵运动的规律与整个世界的运动规律遥相呼应。作家、戏剧家表现人物心灵的丰富性和独特性，总是把它们放在历史的进行中和多样的世界中，置于心灵的逻辑变化过程中。人物形象心灵变化流程的形式丰富多样，表现它们的构思和方法也不会雷同。重要的是在戏剧教学中，应引导学生去审视作家是怎样细密具体地表现人物内心由渐变至突变的过程。作家为了淋漓尽致地刻画并突出人物形象，常常要展现人物内心的巨大变化或突变。而这正是创作的难点所在，需要作家巧妙设置铺垫，安排好前后的逻辑关系，当突变到来，使人感到既出乎意料，又顺理成章、水到渠成，不违背生活逻辑。

作家这种将人物心灵变化表现得自然、流畅的叙述智慧，应当作为阅读教学内容引导学生关注。教学《变脸》就应引导关注水上漂抛弃狗娃这一行为的客观意义，同时体会水上漂心灵产生先期渐变的有关描述，既把握作者如何对水上漂重男轻女思想形成发展进行铺垫的过程，又理解水上漂最终又将狗娃收留思想情感变化的铺垫过程。这样学生就能清楚看到作家是如何完成矛盾冲突设置和人物思想性格塑造的。

从体式特质来看，戏剧教学还要理清作品结构，梳理剧本线索。对剧本的结构进行剖析，列出结构图，这是进行鉴赏的重要一环。如《威尼斯商人》课文节选的是第四幕第一场，也是全剧的高潮。这场戏以鲍西娅上场为节点，分前后两个部分。前半场主要表现夏洛克的贪婪、阴险；后半场表现鲍西娅与夏洛克斗争的三个回合及出奇制胜的经过。前半场以夏洛克坚持"照约处罚"为线索，后半场以"诱敌入瓮"为线索，使得戏剧的矛盾冲突在尖锐的斗争中展开，表现了资本主义早期商业资本家与高利贷者之间的斗争。同时，还应引导鉴赏品味剧本人物个性化的语言，理解人物的思想性格。抓住矛盾冲突最激烈时刻的人物语言进行赏析很有必要。

六、文言文

（一）文类解说

文言的"文"是指作品语言所蕴含的思想感情、文化底蕴等人文因素；"言"是指字词句篇章技巧本身的意义或作用。与白话文相比，文言

文显得十分简约，首先它是书面语体，并非古代白话；其次浓缩了白话中的语言要素；再次是行文讲究俭省。另外，文言文的词类活用很普遍，虚词更替现象很突出，语序、句式也与白话文有所不同。但正如朱光潜所说，"文言和白话的分别并不如一般人所想象的那样大""较好的白话文都不免要在文言里面借字借词，与日常流行的话语究竟有别。这就是说，白话没有和文言严密分家的可能……白话文必须继承文言的遗产，才可以丰富，才可以着土生根"。①朱先生辩证地阐释了文言与白话的关系，对我们今天为什么要教学文言文作出了科学的解释。看到两者的区别，又看到两者的联系，是我们明确"为什么教文言文""文言文教什么"的必要前提。

（二）文言文教学内容确定的思维角度

1. 文体角度

首先，文体的界定。文体的界定对于教学内容的确十分重要。如《愚公移山》在人教版教科书将其界定为"神话"，沪教版则界定为寓言。神话和寓言有交叉，但二者并不是一回事。马克思认为神话是"在人民幻想中经过不自觉的艺术方式所加工过的自然界和社会形态"。意为神话是远古时代的人民对其所体验理解的自然现象、社会现象，幻想出来的具有艺术意味的解释和描述的集体口头创作。因当时人们认识水平低下，故神话笼罩着一层神秘色彩。概而言之，神话是人们凭借幻想企图征服自然的思想表现。其中神的形象多具有超人的力量，是原始人类认识和愿望的理想化。而寓言是用比喻性的故事来寄托意味深长的道理，给人以启迪的文学体裁。寓言一般篇幅短小，具有讽刺性和教育性，故事情节是虚构的，常用比喻、夸张、象征、拟人等手法。实际教学中有不少教师从语体的角度出发，把《愚公移山》当成是文言记叙文来教，引导学生分析地点、人物以及起因、经过和结果。这与作者原初意图是相悖逆的，并没有顾及经典文言作品的核心价值。对作品体式理解不同，教学的方向和着力点也就会有很大差异。

---

① 朱光潜：《朱光潜自传》，江苏：江苏文艺出版社，1998年版，第280页、281页。

其次，文言散文文体的厘清。初中教科书的文言散文大致可分为以下几类：一是史传文。如《孙权劝学》《曹刿论战》《邹忌讽齐王纳谏》《陈涉世家》《唐雎不辱使命》《隆中对》《孙权劝学》《五柳先生传》。二是杂记文。包括山川景物人事记：如《与朱元思书》《小石潭记》《岳阳楼记》《醉翁亭记》《满井游记》《桃花源记》《核舟记》《口技》《记承天寺夜游》。杂记文还包括笔记文：如《河中石兽》《狼》《〈世说新语〉两则》。三是论说文。论说文包括先秦诸子散文、说、神话寓言和书信等。先秦诸子散文：如《两小儿辩日》《〈论语〉十二章》《公输》《得道多助，失道寡助》《生于忧患，死于安乐》《鱼我所欲也》《〈庄子〉故事两则》。说：如《爱莲说》《马说》。神话、寓言：如《夸父逐日》《共工怒触不周之山》《愚公移山》。书信：如《答谢中书书》。奏议：如《出师表》。其他如《送东阳马生序》等。

再次，文体特征的把握。当前文言文教学篇与篇大同小异，每一篇作品的独特性却被忽略了。每一种体式都有着自己内在的、独有的特性和规律。对不同体式的文本，除了关注共性的阅读规律之外，着眼点更应集中在体式本身的突出特点上。每种文体都具有独特个性色彩，理解和品味这些特点，才能由篇及类，触类旁通，感受不同体式文言文的艺术魅力。这里的体式既包括作品功用价值，又包括表情达意的技巧方式。因此，要关注"文章"层面的教学内容，关注"文本体式的独特性"。

一是史传文。史传文又叫历史散文，是历史和文学的融合，教学中我们既要读历史又要品文学。教学《曹刿论战》，可先让学生通过阅读课文思考这是一场怎样的战争，其答案可以是春秋时期的战争、齐国和鲁国之间的战争、侵略战争、反侵略的战争、发生在长勺的战争、以弱胜强的战争等，以捕捉文本中的历史信息。当然还要认识其突出的文学价值。《曹刿论战》以生动形象地刻画人物形象见长，着意刻画了曹刿这个主要人物，他具有卓越的军事智谋和指挥才能，能在复杂多变的战争中沉着、冷静、果断地号令军队，是长勺之战取得胜利的关键人物。作者对他的称赞，蕴含于精心的描写之中。另一个是鲁庄公，人物形象也很鲜明。于是从日常教学看，许多教师便将教学重点放在曹刿或鲁庄公两个人物形象分析上，从文本解读途径的多样化上来说可能无可厚非。但是，我们还应当考虑到，性格塑造多为小说和戏剧专属，历史和散文，不以性格塑造为最高目标，把力气花在说明本文如何成功地刻画人物上，应该说是鉴赏者没有弄清楚先秦时期的史书，主要用来记事而不是刻画人物。《曹刿论战》选自《左传》，与《国语》中《曹刿问战》内容大体相同，只是《左传》之文不仅记战前之问，而且记了战时之情和战后之论。记叙精练、完整、细致、传神，《国语》仅记战前之问，而且很不简练。由此可知，《左传》之文的妙处在于其工于记言、得当的剪裁和引人入胜的悬念设置上。

二是山水游记。山水游记文以展示自然万物之美好特征为主要内容，融入作者的主观情感。景物与情感、自然与心志的关系正如王国维所述之"有我之境""无我之境"。把握作者描山画水的巧妙构思和领悟寄寓其中的思想情感，理解景与情之间的关系，是这类文本的重点也是难点。如《小石潭记》前半部分，并未反映柳宗元长期被贬的凄苦、郁闷之情，小石潭成为一席胜地。作者用极为简练的语言生动形象地写出了鱼儿悠然自得的神态、轻灵自由的身影。但四周"悄怆幽邃""其境过清"让我们看到了作者暂时的快乐消释后，很快被现实的剧痛唤醒，那政治上的失意、精神上的苦闷、人生的坎坷以及对前途的迷茫又涌上心头。体会文中景物和作者心情的关系是打开文本奥秘的钥匙，非常重要。《记承天寺夜游》是作者被贬黄州时所作，作品描绘了清澈空明的月色，寥寥几笔便勾勒出一幅清幽的写意图，展现了高妙的想象力。"何夜无月？何处无竹柏？但少闲人如吾两人者耳。"豁达的情怀和洒脱的人生态度被十分鲜明地表现出来。作品意境充满诗情画意，又不乏人生哲理，既令人赏心悦目，又获得精神的启迪。虽说作品的侧重点各有不同，但我们都需通过读景、品情、悟理，来感受古典山水文学的神韵。

三是论说文。论说文教学对于提升学生的思想认识水平、培养严密的逻辑思维、提高说理论辩能力等方面具有十分重要的意义。作者所阐述的观点之间的关系复杂多样，所以要关注中心观点与相关思想观点的关系。更重要的是，论说文中所体现的作者宽阔的视野、充足的论据、巧妙的论证智慧都是今天我们取之不尽用之不竭的思想财富。如孟子《生于忧患，死于安乐》第一段连续列举出六个从逆境和苦难中奋起而取得成功的事例，昭示出一种人生普遍的共性，论据典型而有说服力。然后通过归纳得出了"天将降大任于是人也，必先苦其心志……"的结论，振聋发聩。接着又从理论上进一步提升，从正反两方面论证了人处困境能激发斗志，国无忧患易遭灭亡的道理。最后，进行更深邃的提炼："生于忧患，死于安乐。"行文舒展而层层推进，腾挪跌宕，开合有致，充满无以辩驳的气势。因此文本论说的层次、内在逻辑性及其构成的论辩气势和说服力量，自然应当是教学的重点。教科书中这些论说文无不闪烁着先贤们智慧的光辉，包含着高妙的说理技巧，教学中要把握其思想精髓与说理艺术，以丰富语感，滋养心灵。

2. 价值取向角度

义务教育语文课程标准提出"诵读古代诗词，阅读浅易文言文，能借助注释和工具书理解基本内容。注重积累、感悟和运用，提高自己的欣赏品位"。"文言文"学习的价值作用有：第一，丰富语言积累，增强语言积淀，为文言文学习奠定基础。从"读通"的角度说，文言文首先应该通过阅读能疏通大意，并在积累一定数量词汇的基础上能够根据语言环境推断词句意义。第二，增强文化积淀，涵养人文品质。文言承载了中国几千年来丰富灿烂的文化思想，是中国文化百花园中的奇葩，教科书编选的文言课文都是文质兼美的珍品，在注重梳理字、词、句的同时，更要注重对中华民族精神的传承和弘扬，让诚实善良、敬老爱幼、坚持真理、勤奋好学、爱国爱民、自强不息等传统美德发扬光大。三是学习方法与经验的积累。通过指导学生阅读文言文，不断探索文言文阅读的思路和经验，体会阅读的方法，"在阅读中学会阅读"。

（三）文言文教学内容的确定

实际文言文教学存在的共同问题是"言""文"分离，教学分成两块：一块疏通课文的字词句，扫清文字障碍，把课文翻译出来。另一块是理解

文意，理解文中包含的文化精神，欣赏写法和技巧，最后联系生活谈感悟。形成的所谓文言文教学"理论"为："文"与"言"教学，要让学生掌握基本的古汉语字词句的意义用法方面的知识，这是教学的基础；注重对课文内容的整体把握，分析篇章结构和写作技法，这是教学的关键；最后强调古文化的传承和熏陶，这是文言文教学的归宿。即通过这种分块式教学令文言、文章、文化融为一体，和谐共生。如果这样去理解，文言的"言"即为古汉语字词句知识，"文"即课文的内容、结构和写法。文言文教学就是教词汇知识、文章写法、思想意义、文化传统。这三者或"基础"或"关键"或"旨归"，都很重要，缺一不可。问题是这三者之间具有怎样的关系呢？通过什么过程去破解这些关系呢？

当代有人用"死于章句，废于清议"来批判文言文教学的弊端。"死于章句"是说在课堂一个时段内死抠字词，梳理字词句的意义用法，而抛开文本内容，对文言文所蕴涵的文章、文学、文化要义视而不见。把它当做孤立的"语言材料"处理，而不是当做有血有肉富有生命活力的"作品"来教学。"清议"则走向另一个极端，将语言文字架空，脱离语言妄谈思想、文化、写法等。这两种倾向，要么钻进语言文字的牛角，要么离开语言文字谈论空洞的思想道理，都不是文言文教学应取的思路。

如何解决文言文教学"死于章句"和"废于清议"的问题呢？那就要建构一种科学的教学思路："言文结合"或者"言文并重"。有两个问题需要说明，一是假如"言文结合"的"言"是指字词句意义用法的理解，"文"专指作品内容和文化内涵、写法技巧欣赏分析，那就不能区别于现代文阅读教学了。因此文言文语言文字是需要引导学生下功夫反复触摸、反复领会的，比如句读停顿、句式句意揣摩、语词溯源等。二是前面落实字词，后面着力于文章、文学和文化的理解，这不也是解决文言文的首要矛盾词句的理解吗？这不也是"言文结合"吗？显然，这不能算是言文结合，而是"言"与"文"的简单相加和拼凑，因而也是文言文的分离，也不可能跳出"死于章句，废于清议"的藩篱。在不同课堂时段或不同课时，"言"和"文"教学上各有侧重，但侧重并非分隔分离。对于语言的理解，应以篇章语境为基础，并密切联系篇章语境；对于作品思想内容、写作技巧的解读欣赏，当是在字词句揣摩玩味基础上去进行，并与字词句的揣摩玩味密切结合。这样"言文结合"，当为学"言"中亦有赏"文"，品"文"中亦有悟"言"。所以教学内容确定应考虑：一是教文言文的"言"和"文"，有效积累文言字词，欣赏富有活力和表现力的语词和句子，感受文章的格调气韵，理解文章思想内容，承继蕴含其中的文化精神，感悟其中的写作经验；二是教"言文融合"中的"言"和"文"，不是"言"和"文"孤立的碎片。文言文教学要从语言作为起点，在感悟思想文化内涵的基础上，再落脚到语言上来，这样才能全面把握作品的语文教学价值。例如教学《爱莲说》，可设计"作者为什么喜爱莲花"这一核心问题，引导学生在不同形式、目的的反复诵读中，逐步深入地追问，由浅入深地理解作者喜爱莲的理由，渐次加深对文章内涵的理解。以问题带动"阅读"，在阅读中疏通字词，理解文意，领会主旨。文学作品更不能像实用性文体那样只求字面意思的理解，不能先"翻译"字词句，再阅读理解，而应在"文章阅读"中套入翻译和疏通，在教"文"中教"言"。文言文教学具体应该教些什么呢？

一是句读停顿。一方面文言文在古代没有标点符号，学习句读自然有其学习用途。另一方面在已经带有标点符号的作品中在句间和句中正确进行停顿，这是读通文章的一种有效方法。这两种情况技术含量都很高。如果能正确断句和添加标点，需要较高的文言语感素养。叶圣陶先生就曾设想过："国文教本要有两种本子：一种是不分段落，不加标点的，供学生预习用；一种是分段落，加标点的，待预习过后才拿出来对勘。"①倘要正确断句和标点，就要推测判断字词意义，就需梳理文段的运行脉络，甚至要领会文本旨意。断句标点，既涉及到"言"也指向"文"，是文言语感能力的科学训练方式。在实际教学中有不少教师就把课文标点隐藏起来，让学生阅读并断句、加注标点，在这个过程中需要学生对文章上下牵连，推求比较，既领会词义，又清理文路，体悟情感。因此没有必要花费太多功

---

① 叶圣陶：《叶圣陶语文教育论集》，北京：教育科学出版社，2013年版，第4页。

夫过度讲授语法知识，而在断句停顿的过程中，一些经验性、方法性的知识已化入学生的语感中；教学中表面上是在分析几个标点，讨论几处句子的停顿，实则在"言"与"文"之间进行了反复的揣摩。

二是精神气质、气韵格调。曹丕《典论·论文》说："文以气为主，气之清浊有体，不可力强而致。譬诸音乐，曲度虽均，节奏同检，至于引气不齐，巧拙有素，虽在父兄，不能以移子弟。"其所谓之"气"就是文气，是文章所体现的作家精神气质、气韵格调，其具体内容指作家天赋个性和才能，所以是独特的和可遇而不可求的，是不能传授和移用的。他以"文气"作为文章的特征，也作为写作和批评的准则。李白的诗有飘逸之气，杜甫的诗有沉郁顿挫之气，文天祥的诗有正气，李贺的诗有鬼气，刘禹锡的诗有清气，曹操的诗有俊爽之气，孟子的文章有浩荡之气，司马迁的作品有奇气，苏轼的文章有侠气，柳宗元的文章有俊洁之气，《战国策》有机智之气……阅读一篇文章，常常能够感受到其或强或弱、或隐或现的精神气质、思想艺术风格。这就为我们正确解读文本奠定了基础。由于文气是通过语言的声韵传达出来的，因此古人有"因声求气"的说法，就是由有形的声音传递无形的"文气"。那么阅读文言文，只有领会了文章的文气，才能深入领悟文意、文辞、文法。古诗文教学，朗读和吟诵既是有效的教学方式，又是教学内容的组成部分。诵在口而动在心，出声朗读与动脑思考、动心感悟有机结合，相得益彰。

要引导学生读出文言的腔调，使学生在多样诵读的过程中体会文气，把握主旨，反过来在文意理解的前提上进一步提高诵读的水平。例如《爱莲说》最后一段的最后四句话，可指导学生通过朗读体会其表达的情感。首先揣摩"噫"这个感叹句的读法，该读得简短还是语气拖长？该用上扬调、下滑调，还是起伏调？其次文章最后三句话各属什么句式，该怎样朗读？陈述句、反问句、感叹句分别该怎样读出其特点和情感？如何分别读出平淡而遗憾、强调而悲哀、感慨而对追逐名利向往富贵的蔑视？这三个句子中，那些词需要重读？再次是这三个句子的顺序为何不与上面的三句话一一对应起来？原来把"牡丹之爱，宜乎众矣"放在最后应是按照作者的情感来安排的，越到后面情感越强烈。本文表达了对君子之德的追求，也表现了对当时追求富贵、趋炎附势恶劣世风的讽刺、鞭挞。把"牡丹之爱，宜乎众矣"置于最后，用意在于以爱菊、莲之人的疏少来衬托出爱牡丹之众的繁多，以达到有力讽刺的效果。可见能够触摸到文气、文势、文法的朗读才是阅读教学的理想追求。

三是语言涵泳。文言文教学需引导学生用心品味体会，咬文嚼字。涵泳语言实际上不能也不会离开言与文的结合。疏通字义词义、句意时，需要进行语法意义的解释，也需要对篇章的阅读理解，并以此为背景理解词语的语境意义。解读篇章结构，也离不开对语言作用的解读。可见，语言的涵泳也是注重了"言""文"的有机联系，在理解中欣赏，在欣赏中理解。如教学《五柳先生传》梳理字词句意义，其中"颇示己志"中"颇"理解为"非常"还是"稍微"？如果望文生义，很可能解释成"非常"，但是如果从整篇内容上去考虑，"颇"当作"稍微"解，由"闲静少言，不慕荣利"可以看出主人公淡泊明志、不事张扬的品性，解释成"稍微"更符合作者品性。再如领悟《小石潭记》的主旨，可从寻找表现小石潭的环境氛围和表现作者心绪的具体语句入手，如"凄神寒骨，悄怆幽邃""以其境过清"，如"皆若空游无所依""同游者"等。这几种情况，不管选取哪一种，都能将语句与文意有机结合起来，进而领会作者的情感思想。

四是提炼经验，领悟方法。引导学生将旧知和新知联系起来，探索规律性的知识。如解释"谈笑有鸿儒，往来无白丁"的意思需要从互文角度去考虑，可从学过的课文中找到例证，如《木兰辞》"将军百战死，壮士十年归""东市买骏马，西市买鞍鞯"等，之后进一步归纳这种修辞的一般规律特点，这样学生既获得了文言语言的规律性知识，也获得了解读的方法。同时要关注文言和现代白话的区别，也要关注两者之间的密切关系。语言是在继承基础上发展变化的，文言里不少鲜活的因素仍然保存在了现代汉语中，现在使用的大部分汉语来自文言古籍。同时文言文教学还需要培养学生发现探索、揣测推断的能力，从中探得文言文学习的规律。例如"置人所罾鱼腹中""忿恚尉""大楚兴，陈胜王""渔人甚异之""其一犬坐于前""不能名其一处也"的"瞽""忿恚""王""异""犬""名"就是词语活用现象，"何陋之有""时人莫之许也""予爱莲之出淤泥而不染，濯清涟而不妖""甚矣，汝之不惠"的文言特有句式，还有一词多义等现象，这些需要引导学生根据语境推断猜测，从中找出规律性东西，悟得梳理文意之经验。另外，教学文言时，联系现代白话的语言经验，以帮助文言理解和积累。比如讲解《狼》中"犬坐于前"一句，可联系到现代汉语的一些常用词语"狼吞虎咽""蚕食鲸吞"等，相互观照更有利于学生总结其中的规律。

五是翻译的要求。翻译是理解与表达的思维过程，这个过程有深浅优劣高低之分，尽管学习文言文最终目的不只是理解文本的字词句，但这是基础，应当追求学习的质量，对文本翻译应尽量做到"信""达""雅"。清末思想家严复在《天演论》中讲到："译事三难：信、达、雅。求其信已大难矣，顾信矣不达，虽译犹不译也，则达尚焉。""信"指意义不悖原文，译文准确，不偏离，不遗漏，不增添意思；"达"指不拘泥于原文形式，译文通顺明白；"雅"则指译文选用的词语要得体，追求文章本身的古雅本色。初中学生文言文理解做到"信""达""雅"并非易事但应该朝这个方向去努力。要做到"信"，首先需要对文本整体有较准确的把握，离开了文本整体或者还没把握文本整体，对局部的理解往往会失之偏颇。其次，应根据文言环境反复揣摩、推测字词句的意义，直到认为比较贴近文本原意为止。而要做到"达"，先要"明大概"，把这句话整体意思搞明白。再根据这个整体意思用符合现代汉语语言习惯和规范的语言表述出来，不拘泥于个别字词的一一落实，做到文从字顺意明。而要达到"雅"的要求，就需要考虑文本的文气风格，文采意味，翻译用语追求典雅凝练，气质相通。有不少教师比较关注学生在"信""达""雅"方面存在的欠缺、出现的问题，引导学生去辨识，去讨论修改，很好地培养了学生的文言语感，提高了文言翻译的能力和水平。

六是融入与濡染。文言文教学需要在文言课堂中"嵌入"更多的文言语料，融入更多的文言成分，让学生自然接触文言，使用文言，掌握文言。

教学《爱莲说》可在适当时机将《宋史·周敦颐传》中"敦颐断案"的内容放到课堂上来："有囚法不当死，转运使王逵欲深治之。逵，酷悍吏也，众莫敢争，敦颐独与之辨，不听，乃委手版归，将弃官去，曰：'如此尚可仕乎！杀人以媚人，吾不为也。'逵悟，囚得免。"拿这段文字过来不是再学一篇文言文，而是作为学习课文的辅助进而领会作者的思想品行，从而更深入地理解文章意旨。常见教师在课堂最后一个环节问学生："通过这节课的学习，有收获到了什么？"学生要么老虎啃天，不知从何说起，要么泛泛而谈，缺少实际内容。可否从一个小的角度设问，比如你从今天的学习中遇到了哪些有意思的文言词汇或句式？另外文言文教学有必要引入他人对课文的一些批注赏评，让学生结合这些赏评批注，谈出个人的理解。可以对不同的人的看法作辨别，也可以谈出自己与名家看法不同的认识，这应该又是一种很有价值的互动。

七、说明文

（一）文体特征

说明文以说明为主要表达方式，解说事物属性或道理，其突出特征表现为说明内容的客观、实用和语言表述的准确、严谨，对于读者认识世界，了解科学技术的发展，锻炼思维的严谨性、语言的简洁性有着独特的社会价值和教学意义。说明文一般按照空间、时间、事理顺序安排内容结构。一般介绍事物的形状、构造、类别、关系、功能，解释事物的原理、含义、特点、演变等。说明文实用性很强，它包括广告、个人简历、影视剧情介绍、说明书、提要提示、规则章程、解说词、教科书、科学发现介绍、科学论述、科普小品等。

说明文分为不同的类型：依据说明对象和说明目的，分为事物说明文和事理说明文；根据说明语言和表达方式，分为平实的说明文和生动的说明文。

说明文的特点就是"说明白"，要忠实于事实的客观性和知识的准确性。准确性是说明文语言的基本特点。说明文顺序常见的有时间、空间、逻辑等顺序。为了把事物特征说清楚，或把事理阐述明白，必须有科学的说明方法，如下定义、列数字、打比方、作诠释、摹状貌、配图表等。

说明文写法平实，内容相对枯燥，有些篇目艰涩难懂，多不为师生青睐。可是说明文的应用性、前沿性，对于学生未来学习工作和生活具有深远意义。教学中应培养学生获取、处理信息和分析概括能力，更要注重学生科学精神的培养。语文课程标准提出的要求是"阅读科技作品，注意领会作品中所体现的科学精神和科学思想方法"。所以说明文教学中要重视文本的知识性、实用性、思想性和可读性。

（二）说明文教学内容确定的思维角度

一是体式特征。体式特征不只是文本的外在类别格式，更主要的是文本的交际功用、价值取向。首先是弄清"说明文"与其他类文本体式的不同特征和本质区别。说明和记叙的任务都"在于说出客观的真实"，说出客观事物是"这样子"，然而它又不是堆砌客观事物材料，而是作者对客观事物思考结果的呈现。说明的思维方式主要不是进行形象思维而是要进行抽象思维，表达客观事物内在的真实。说明文与议论文虽然都是主要运用抽象思维建构，但议论文抽象思维的对象融合着作者强烈的主观愿望，而说明文的抽象思维却尊重于客观事物本质规律。其次是说明文自身的特征，即说"明"说"清"。说"明"客观事物的真实面貌特征和本质属性，因而必然要按照一定的逻辑层次，突出事物特征，运用一定的说明方法和相应的语言等。

二是文本原生价值。文本的原生价值是指选入语文教材前原本作为社会阅读客体而具有的信息价值，如获取知识、交流情意、欣赏玩味等。一般说来，选文的原生价值是课文教学价值的基础并决定课文教学价值的取向。要弄清原生价值，就必须搞清楚文本的写作背景、本来面目、写作用途。例如《苏州园林》是七十年代末叶圣陶先生应约为香港一家出版社拟出版的摄影集《苏州园林》写的序文。《百科知识》杂志将其发表在1979年第4期上。刊发时，删去了文中关于为摄影集《苏州园林》作序的有关内容。编入语文教科书时，又删去了文中第一段，题目也改成"苏州园林"。

三是语文学科本体。工具性和人文性是统一的整体，不可偏废，任何文体的文本在教科书中都包含这两种属性。文学作品固然要重视学生人文精神的培养，实用性文体也需要重视人格品质的涵养。一是进行科学精神和科学思想方法的渗透。有必要通过学科教学培养发展学生的"科学"素养和"文化"素养，其中"科学"素养就应该包括科学精神和科学思想方法。二是进行文化审美教育。有一些说明文所表现的内容，在包蕴丰富科学技术内涵之外，也蕴藏了宝贵的文化价值，因而阅读的过程也是文化审美过程。虽然说明文所包含的内容涉及文化艺术、科学技术、自然环境等各种领域，但是我们却不能把语文课上成地理课、环境课、艺术课、医学课和物理课，要侧重其"工具性"特征，注重对于文本"怎么写""为什么这样写"以及语言运用的特点和作用等"语文"本体上来。

（三）说明文教学内容确定

1. 读"清楚"文本的个性

教科书中每一篇文本，其内容和形式、思想和语言都是具有个性的。一是课文在文类中的"与众不同"。在阐述性、介绍性、文艺性等某一类说明文的体式下，此文本与同类体式作品相比，有其"与众不同"的地方。倘若无视这种个性，教学就会落入"千篇一律"的泥潭，就不能因材施教和有的放矢。如同是关于"桥"的说明文，《中国石拱桥》与《桥之美》的差别就十分明显，前者是平实、规范的说明文，后者是带有文艺笔调的小品；前者侧重表现桥的多种特征，后者侧重阐述桥的审美价值；都运用举例说明，但前者语言科学、平实，后者则多用描写或抒情，语言文字的文学性、表现力和感染力较强。行文结构上，前者以"石拱桥历史悠久、形式优美、结构坚固"这一总体特征为中心，通过一些实例以不同的结构形式的桥为例说明这一共同特征；后者以"桥在不同的环境中，起着各不相同的形式作用，即具有不同的审美效果"这一看法为核心，运用不同的例子从不同的侧面、角度介绍说明。这些"个性"在教学中需要重点关注。二是文本独有的教学价值。从阅读学的角度来看，要实现说明文的

"教学价值"就要着眼于文本的"语文"特质，可以从"是什么""为什么""怎么样"等角度去理解，最终领会作者是如何以一定的思路和语言去承载作品内涵的，其语言的智慧表现在哪里等。阅读教学就是利用文本教学价值培养和发展学生的语文能力，这些能力包括"筛选、提取、处理文中的信息""概括归纳内容""分析判断作者的观点""根据文章已有内容进行推断和补充"，这都是利用说明文的"原生价值"来发展学生的语言理解、信息筛选整合、逻辑判断推理、文意分析提炼等语文阅读能力。根据文本独有的教学价值发展学生语文能力，就需要弄清楚哪些地方是这一文本所独有的，哪里适合进行信息筛选、提取和整合，从什么角度概括文本要点，哪些地方给读者留下了推断和想象的空间等，这是一项艰苦的智力活动，需要教师投入精力和智慧。

2. 读"明白"文本的内容

也就是理解文本内容。这在说明文中需要换个说法，即能够"从阅读材料中捕捉、提取和处理重要信息"。这些信息应该包括说明的对象、说明对象的属性特征、说明的观点看法等，这是说明文的内容精髓。这些虽然不是说明文教学的主要目的，但很有必要：第一，语文教学的目标之一是培养学生对科学读物的阅读兴趣，培育学生"科学""文化"素养。第二，这个要求并不低，实际教学中学生读懂说明文有较大难度，常常读得似是而非、似懂非懂。第三，应重视"领会作品中所体现的科学精神和科学思想方法"。"捕捉信息"和"领会科学精神和科学思想方法"是说明文教学目标，也是教学内容。说明文以传递信息为主，阅读教学需要从不同侧面培养学生筛选、提取、推断、处理信息的能力。首先是通过阅读读通文意，特别是那些疑难语句要及时解决，整体上把握基本内容。其次是筛选信息。根据探究要求，筛选关键词句。尤其是那些表示事物内在联系的概念和关联词语句子，如中心句、过渡句、议论句等。再次是比较辨别。注意词句和有关内容范围的扩大、缩小，程度的加深、减轻，数量的增加、减少；分析先后顺序、因果条件、主次关系等。通过这些正确把握文本的重要内容。"明白"文本的另一个含义应是弄清楚文本呈现了事物什么特征，是怎样抓住特征进行介绍的这个关键。

3. 读"清楚"文本的结构层次

作者写作都十分重视说明文的结构顺序安排，这由其写作的价值取向而决定。大都很讲究说明内容的先后安排，讲究根据客观事物和作者的认识对各部分之间的关系进行有层次、有条理的介绍，以达到"说"明白、"说"清楚的目的。而阅读要想把握作者的说明思路，进而正确理解说明内容包括各要素之间的关系，就必须注重说明顺序的寻绎。如弄清楚是总分、并列、递进、因果中的哪种结构，是时间、空间、逻辑等顺序中的哪种顺序。梳理文本顺序或结构的目的在于理解事物之间、事物的构成要素之间的关系，进而正确解读文本意义，领悟作品构思的匠心所在，获得写作经验的启示。说明文段落内部也十分讲究句与句之间的结构关系和先后顺序，因而从培养学生的思维能力角度看，有必要引导学生去体会作者结构段落、安排顺序的严密性和逻辑性及其表达效果。

4. 读"透彻"文本语言运用的妙处

说明文语言运用的突出特征是准确简明的客观性，当然也不乏形象生动，如科学小品语言大都富有艺术表现力。说明文教学重视语言的品味和欣赏，根本目的是领会作者如何借助语言展现文本意义。说明文语体是科学语体，对于中学生来说，这种语体只能在书上才能学到，由于它使用的是理性语言，学生理解起来有一定难度，因此需要投入理性思维。如阅读《奇妙的克隆》后如果让学生说出"什么是克隆"，学生即便看着课文也回答不出来，这是什么缘故呢？倘若要说出"什么是克隆"，只进行内容的概括显然是不够的，更需要把握定义概念的能力。这个过程实际上包括：具备并运用相应思维方式——理解处理文本语言——呈现新的结果。说明文就是人们"寻求事物的本质"所得结果的语言文字呈现。说明文呈现作者观点主张大致是两种方式，一是借助判断推理来阐明观点看法，二是凭借实验研究或探索发现来证实自己的主张。《阿西莫夫短文两篇》就是典型的运用演绎和归纳的推理方法，借助语言构成相应内容间的逻辑关系。《落日的幻觉》则是展现作者科学探索发现的有关内容表达自己的看法的。明白作者的行文思路，学生才能从中得到行文构思的启发。说明文教学最终目的不是要研究和解决科学问题，而是要解决与之相关的表达表现问题。欣赏说明文语言需要对语言进行解构，例如运用打比方这种说明方法，语言上比不用打比方要生动形象得多，那么就要辨析打比方的本体和喻体是什么，打比方的目的或作用是什么，它与记叙文中的比喻在目的和表达效果上有何不同等。

5. 寻求"兴趣点"，关注"隐藏点"

说明文体相对艰涩枯燥，学生缺乏阅读兴趣。在这种情况下教师应首先指导学生"跟着感觉走"，在阅读感受文本的过程中，发现自己的阅读兴趣点，然后进行深入阅读。其次应在师生共同研读文本的过程中，通过设置阅读情境，激发学生阅读探究的兴趣，也就是要弄清楚文本、说明文知识和学习需求的关系。这样，既抓住了文章的本质，又抓住了学生的心。适应学生的学习愿望，就是重视学生的阅读感受，也是"以人为本"教学理念和充分发挥学生课堂主体地位的体现。同时，学生容易看到文本显性的特点或资源，但对文本隐性特点或资源往往认识不足，这就需要教师加以引导，在学生忽略的地方、在语言文字的背后让学生去发现文本的学习价值。

八、议论文

（一）文类特征

议论文是以议论为主要表达方式，运用抽象思维的方法，阐述事物的道理，揭示事物的本质或规律，表明作者的见解或主张的一种文章样式。议论文是由古代"论""辨""原""说"等文体演变而来。常见的议论文有政论、学术论文、杂文、书信、演说、评论、驳论等。

议论文具有理论性、逻辑性和概括性等特点。理论性是指议论文追求的是对事物的普遍性、本质性的认识，而不是具体形象的感知。逻辑性是指必须遵循判断、推理的逻辑规则，运用抽象思维，运用正确的分析方法，系统地展开论述，以揭示事物的本质和规律。逻辑性还指理性看待事物，语言严密，经得起推敲。概括性是指议论文要从丰富复杂的具体事物中抽象概括出具有普遍意义的并带有规律性的东西。概括面越广，内容越丰富，其理论性就越强，事物的本质属性就越能得到充分的显示。

议论文一般由论点、论据和论证三个要素组成。论证的基本方法有例证法、喻证法、类比法、对比法、反证法、归谬法和引证法等。优秀的议论文在表达上具有言之有理、言之有情、言之有物、言之有序的特点。议论文因其理性、智性、思辨的独特价值，在中学语文教学中"发挥"重要的作用，是学生思考人生、认知社会的桥梁。

（二）议论文的教学内容确定的思维视角

一是课程标准维度。阅读简单的议论文，区分观点与材料（道理、事实、数据、图表等），发现观点与材料之间的联系，并通过自己的思考，作出判断。论述类文本教学应着重关注：一是文本的基本特征；二是重要概念和重要句子在文本的特定含义；三是观点与材料的关系，段与段、层次与层次之间的逻辑性，论述思路的条理性与严密性；四是文本主要内容的归纳，作者观点态度的概括；五是论证的科学性和语言的准确性，注重培养学生的理性思维能力。

二是文本体式维度。文本体式包含两个方面，一是文体的一般特征；一是作者的写作风格。论述类文本一般以议论文的形式出现，以议论为主要表达方式，以阐述观点、说明道理、分析事实、驳斥错误观点、论述新的主张等为主要内容。因而要引导学生把握作者的观点，作者如何用材料和论述来支撑这个观点，各个观点呈现的逻辑过程，使用怎样的语言等等。特别要重视学生理性思辨能力的培养。文本体式决定制约着阅读方法，阅读不同文本方法既有共性，也有个性，这个性可能是解读这种文本所应有和独具的。《中国人失掉自信力了吗》《不求甚解》这类杂文大都观点鲜明，论证方法十分巧妙，往往具备生动形象的特征，具有很强的文学性。既然这类文本观点都十分鲜明，就可以去寻绎表明观点的语句梳理行文思路，在此基础上领会其中使用的论据和采用的论证方法，从而深入领会作品的说服力量。

三是学情维度。教学应根据学生的认知能力、学习愿望、疑难困惑、学习状态等确定教学重点和教学方向。要分清哪些是学生喜欢的，读不懂的和关注不到的，这是教学的起点。论述类文本的教学对中学生来说有一定挑战性，教会学生阅读论述类文本的方法与策略，培养阅读的兴趣和理性思维能力十分重要。例如在教学《中国人失掉自信力了吗》时，要考虑到九年级学生对鲁迅杂文接触很少，还不能真正领悟文中驳论据与驳论点和正反对比的论证方法以及幽默犀利的语言风格，对文章的写作背景、意义，尤其是对文章的价值存在着疑惑。因此可将其教学目标确定为：1. 认识鲁迅杂文的特点。2. 理清文章所选用的论据和所运用的论证方法。3. 学习鲁迅的驳论方法和讽刺艺术。4. 体会立论文与驳论文的相同点与不同点。

四是理性维度。初中学生正处在理性思维发展的重要阶段，他们开始思考现实生活，思考社会人生；试着用理性的眼光观察现实，分析问题。议论文所具有的理性色彩为培养和发展学生理性思维能力提供了宝贵载体。议论文教学应该充分利用和挖掘这类文本的理性因素，发展抽象、批判性等思维能力，培养学生质疑、探究、思辨、表达等能力。如《事物的正确答案不止一个》一文的教学目标可以确定为：1. 辨析观点与材料，并理解两者之间的关系；2. 反思作者的论述过程，对论点、论据、论证做出自己的优劣判断；3. 大胆质疑，探究文中提出的一些问题，发表自己的看法；4. 学习论述语言。目标"3"就是引导学生进行探究性学习，对问题大胆质疑，提出看法，培养学生感受、分析、判断的能力，发展理性思维和批判性思维能力。教学《应有格物致知精神》应关注其清晰简明的逻辑层次，这是培育学生理性思辨的独特资源。通过引导学生揣摩遣词造句的精确、段落结构的缜密，通过有效利用文本展开对理性的个性化解读，真切感受到演绎、归纳、置换等逻辑之美，使学生的语言表达逐步趋向严谨和周密。

（三）议论文教学内容确定

议论文教学在内容选择上存在简单化、模式化、考点化的倾向等多方面问题。简单化主要表现在教师对议论文教学资源缺少研究，认识不足，认为论点、论据、论证方法之外，其他没什么东西可讲。事实上议论文蕴含了丰富的思想、有力的思辨、精彩的语言表达、人性的光辉等，这些都是学习的内容。模式化是指议论文教学的内容被固定化，成为万能的套路，如了解作者的思路——理解论证过程——品味议论语言。套搬模式，就抹杀了文本的特点、个性。还有的教师将考试的考点作为教学内容，在文章中部分内容设计几个问答题，一上课就出示出来，让学生阅读文本解答这些题目，将教学内容分解得支离破碎。虽然在一定程度上训练了学生的思维，但却将语文课变成了习题课，这是走向了歧途。

议论文的教学内容有哪些？应该从议论文文类可以教什么，文本自身可以教什么，学生需要什么和能学到什么等方面来选择。

1. 依文本内容选择教学内容，培养学生的理性思维和科学精神。学习诗歌、散文、小说可以发展学生的形象思维能力，学习议论文则更有利于发展学生的抽象思维能力。这应作为选择议论文教学内容最基本的依据。有人归纳中学生语文学习状况是"一怕文言文，二怕作文，三怕周树人"，为什么怕周树人？根本上说是怕在批判精神上，初中学生正处在由形象思维向抽象思维能力发展的时期，抽象思维能力比较薄弱。议论文教学则是培养学生抽象思维能力的重要载体和途径，要通过议论文教学，让学生体悟到怎样科学、辩证、理性地思考、分析问题。认识浅陋是现在中学生的通病，不管是对文本的理解能力，还是写作中对社会现象与生活事件的理解认识能力均是如此。因此，将课文思想的深刻性、观点的科学性、逻辑的严密性作为教学内容，是议论文课堂教学之必需。

2. 依文类特征选择教学内容，做到读写结合。认识文类特征，需让学生体会到议论文独具的论辩性、逻辑性和说服力，掌握一些论证方法。在写作方面，可以充分利用文本材料进行片段训练，或以议论文基本的写作思路、作者的观点陈述技巧和论证艺术为教学内容，并以此作为示范，引导学生学习写作议论文。因此，可以在理清作者思路的基础上，了解作者陈述的基本观点，分析文章的理论和事实论据，重点研读作者所运用的论证方法。从较为规范的议论文中学习到作者如何陈述观点、如何论证、分析问题，不但有效解读了议论文，也为学生写作议论文提供了有力的帮助。

3. 关注不同文体的不同特色和鲜明个性。要指导学生感受体会杂文的幽默与睿智，演说辞的激情与鼓动性、感染力，政论的深刻与理性等突出特征。找到一篇文章独特的"资源"，就是找到了文章的个性、特色，课堂教学也就避免了千篇一律。这样的课堂是个性化的和有的放矢的，因而也是卓有成效的。

4. 根据学生的个性差异选择教学内容，让学生享受学有所得的乐趣。针对不同的学生，选取有差异的语文教学内容，从而使他们逐步达成共同的课程目标，这是一堂语文好课的最高境界。一个班的学生差异很大，个性、思维能力、知识视野差异都很大，教师应该认真搜集学生学习中遇到疑难问题，并对问题进行分析，找出共性的问题和有价值的个性问题，作为课堂教学的内容。不同的学生其思维发展的速度和水平有较大差别，特别是理性思维的发展分化明显，我们要因材施教、因势利导，重视个别化，使不同的学生均能在现有基础上得到最大限度的提高。

总之，议论文的教学内容是要根据学生的实际需要来确定，根据语文课程目标来确定，以提高学生综合的语文素养，让学生成为理性、求真、睿智的人，具有科学精神和批判精神的人。

第七章　阅读教学构思

第一节　阅读教学构思的五种视角

按照非构思阅读教学理论的观点，阅读的个性化、生成性特征要求教师提供开放的阅读空间，归还阅读权力，解放对学生头脑的束缚，抛弃课堂教学对目标、内容、阅读途径、教学载体乃至阅读策略的预设，解除教师对学生学习的"导向"或设置的"圈套"，让学生原汁原味、无拘无束去体验、感受作品的内容、意蕴，欣赏其艺术表现的魅力，以个体去构建文本的意义，甚至教师不参与阅读课堂教学，学生就能增长阅读能力。这样既颠覆了传统的构思性阅读教学的理论，又践行了新课标的学生主体理念。

这固然是十分美好的理想，但实际上问题远非如此简单。一方面，中学生的阅读能力还处在一个生长期，受生活视野、阅读经验、理解认识能力等多种因素的制约，仅靠个人甚或同伴根本不可能在学时极其有限的情况下去有效构建起文本的意义。另一方面，教育是有目的的行为，语文阅读教学自然也渗透着国家课程理念、教材编写者和施教者的主观意图，体现着教育者积极的价值取向，如果失去了这些，学生的阅读就会像飘絮飞花四处游荡，既无目的也无着落，阅读教学也必然陷入"虚无主义"的泥潭。由此看来，阅读教学应是教师、学生、文本等多维交流对话、共同建构的过程，是多种智慧激烈碰撞，新的思想不断创生的过程，无论走向哪

一个极端都不会产生预期的状态和效益。而在多方情感相融、思维互动、智慧碰撞的过程中，学生建立起文本的意义，获取阅读经验，习得阅读方法，积蓄阅读潜能。

从文本意义建构上说，教师的价值是"支架"；从学生阅读能力生长上说，教师的智慧是"催化剂"；而在实现多方情感、智慧、思维的互动交流中，教师的角色是运筹帷幄的"统帅"。而课堂阅读教学构思便是教师多种价值作用和角色智慧的集中体现，可以说，教学构思是否适切、富于创意、具有层次梯度，决定着学生阅读需求的强烈程度、过程投入的深广度以及情感思维发展的连贯性。很显然，这里的教学构思已经不是传统意义上的教师一厢情愿的"主观设计"和"请君入瓮"式的"圈套"，而是在对不同体式、不同个性文本解读规律的正确把握，对文本教学资源的深刻认识，对学生学习需求、研读意向和学习能力的调查分析等基础上对教学过程情境的谋划。换个角度说，对文本独特、有创意的解读及其个性资源和教学价值的认识，对学生解读文本基本心理规律及阅读诉求的正确把握，对课程目标和教材编者意图的深刻领悟，是教学构思创生的前提和依据。这种教学构思其自主性与适切性、客观性与针对性、原生化与创造性必然带来阅读教学的显著效益和丰富的生成。创生教学构思着眼的角度和着力的方向有哪些呢？下面从"文本"和"生本"两个视角，对此略作列举陈述：

一、文本的思想内容

语言及其所表现生活内容、承载的思想情感、展示的思维是相互依存、不可分割的整体，而且对于经典文化作品来说，其思想内容就是课程内容和教学内容，需要继承和传扬。因而，从文本所表现的生活内容入手，可以去探寻内容所蕴含的思想感情，品味传达内容所运用的语言表现方面的魅力和匠心，从而构建起阅读教学思路。它可以是中心事件，也可以是核心话题，还可以是作品传达的情感、思想。例如《邹忌讽齐王纳谏》的中心事件是"讽"，可围绕"讽"来展开教学，引导学生解读文本。

首先，思考为什么用"讽"而不用"谏"、"谤"、"讥"、"刺"？后者的意思分别为"直言相劝""背后议论或批评别人短处""委婉地讽刺""用尖利的话斥责、指责"，而"讽"则是用委婉言语暗示或劝告，足见用"讽"何其恰如其分。其次，探究邹忌"讽"的缘起和方法。再次，观察"讽"的收效。最后，感悟"讽"的技巧。建立起解"讽"义——赏"讽"术——观"讽"效——悟"讽"道的话题式构思。在这个过程中，学生既获得了语言积累的方法，又欣赏到了类比的妙用，体会到了因果相陈、起伏跌宕的精巧运思，还感受了古典文化的魅力，从而获得智慧的启迪。

《记承天寺夜游》字里行间隐藏着的浓厚鲜明、一以贯之的情感是"快乐"，抓"快乐"也就找到了本文叙事、状景、抒情的"意脉"，解读也就有了蹊径：相与闲游感受快乐——共赏月色体验快乐——知人论世领悟快乐。此中学生对"快乐"的体验领会并非停留于一个层面上，而是有着由探索到发现的曲折，也有着由浅入深、由拨雨撩云到豁然开朗的意外享受。三个"快乐"内涵不同，解读其含义也就把握了作品的深层意蕴。如果说话题式构思是从文本的外部入手，有选择地设点挖潜，实现对文本由表及里、由浅入深的解读，那么这种主题式构思则是直接从表层深入到文本内层，沿着思想情感的脉络行走，直到挖掘出作品的神髓。

二、文本的教学价值

文本的教学价值，是在充分把握作品本来蕴含的意义即文本价值、教材编写者用来构建学生知识能力的意图即课程价值以及学生学习需求的基础上确定的重点难点和教学意向。确定文本的教学价值，必然会着力于文本的显著特色、阅读迁移的典范性，而教学构思也就找到了新的视角和入口。显著特色就是文本在展示的内容、表现生活的角度以及语言载体独有的个性或精彩鲜明的亮点。以《变色龙》为例，其文本价值是对沙皇专制统治的讽刺和批判，其课程价值应该是学习欣赏人物形象，把握人物形象的性格特征。其教学价值应该是在鉴赏作品的人物形象、认识人物形象所包含的深刻意义的基础上，突出人物表现和塑造的方法，那就是对人物

语言描写的感受和体验。据此构建起"赏形象——演色变——剥龙皮——溯本源"的板块式教学构思。其中"赏形象"是通过欣赏人物语言中多变的"称呼"、尴尬的"中断"和摇摆式的"反复",领会奥楚蔑洛夫这一形象的性格特征。"演色变"由学生自主演读人物语言,使学生能够读出言不由衷的虚伪、胆战心惊的畏惧、摇摆不定的窘迫、令人不寒而栗的媚态。"剥龙皮""溯本源"是从人物语言深入到人物的内心世界和对这种畸形灵魂生成土壤的叩问。可见设置板块式教学构思,有利于对文本的"显著特色""独特个性"的深入解读,有利于层层深入地挖掘文本的教学价值。

三、文本要素的逻辑关系

教学构思自然不同于作品的行文脉络,应依据各种需要和文本的各个组成要素对教学内容进行重构。立意与构思、内容及其载体、人景物事和寄寓其中的情感倾向等作品的构成要素,不是孤立存在的,而是有着因果、表里、深浅等多样的逻辑关系,理清这些要素之间的关系就是对文本进行有效解读。链条式教学构思便是建立各要素之间有机联系的适切载体。例如《华南虎》中遭受戕害和轻慢凌辱的笼中虎姿态及其"咆哮"着"腾空而去"的虚幻情境,诗人华南虎一般的处境与遭际,复杂变化的情感过程,深寓诗中的生命真谛,象征隐喻的艺术表现等,构成了诗歌的要素。如何使学生有层次地、整体地去体悟诗歌意境呢?可以构建"听虎诉——体诗情——悟世理"的解读思路,由"华南虎倾诉"树立华南虎形象,联系到"观"虎心理情绪的发展变化及其原因,由诗人心理情感的变化,联系诗歌所表现的人生信念。《爱莲说》"说"出了"爱莲"的三种理由,莲之"形貌气质"卓然不群,品性与众不同,爱好者清高孤傲。在陈说这三种理由的过程中,运用了整散结合的句式以及衬托和托物言志的写法。要使"爱莲"的理由以及文本的表现载体建立起相关联系,使学生从中对文本获得整体感知和理解,可以"赏莲花形象——悟君子品质——探莲君关系——辨所爱异同"构建教学构思,通过想象画面展示莲花的风姿形象，从对莲花形象的描写中提炼和感悟君子品质，从莲花与君子之间的关系领会托物言志的表现手法，在知人论世和比较衬托中感悟作者的思想追求。可见，从文本要素的逻辑关系入手构建教学构思不但可以整合教学内容，而且能够将作者的写作思维过程，同学生解读文本的心理规律融合统一起来，从而实现阅读主客体的深度交流。

四、过程方法的习得与迁移

学生对于教科书文本的学习至少有两种目的，一是"学会"，一是"会学"。传统文化经典作品，其中包含着丰富的思想精髓和文化智慧，需要学会和继承，以增强学生思想文化的积淀，这部分课文需要"教教材"。另外的作品价值功用可以定位于学生阅读经验和阅读方法的提炼，并将这些经验和方法迁移运用到自主阅读中去，进而使阅读能力获得发展和提升。迁移性阅读教学构思形成的基础和必要性正在于此。这种构思一是着力于一篇文本内部阅读经验与方法的习得与迁移，二是着力于从一篇具有典范性的课文中提炼出阅读经验和方法，迁移运用到解读同类文章的过程中去。这两种情况都有解读建模和阅读示例的功用特点，其目的在于突出"语文"的教学价值。从文章写作过程看，无论赋形思维的"重复"和"对比"，还是路径思维中的过程"分析"与"综合"，都使文章组成要素具备了"同中有异""异中有同"的特点，这就为阅读迁移提供了条件和基础。例如《春》即通过有关春天情景的多次"重复"来表现春天的生机活力、诗情画意，抒发作者对春天的热爱和赞美之情，因此可以确立"欣赏领悟——迁移运用"的教学构思，指导从"入情入境地诵读""有情有味地鉴赏""设身处地与人草对话"三个角度，或"品味语言美""欣赏意境美""体验情感美"三个方面学习欣赏"春草图"，然后依照这种角度和方式自主赏析"春风图""春花图""春雨图"等内容。某篇作品所表现的生活题材和在写作方面的思维方式具有典范性和"类"的代表性，在教学意向上可立足于引导学生解读"这一篇"而着眼于解读"这一类"，体现"这一篇"在解读"这一类"作品中的经验提取和方法教示功能。例如鉴赏像

《望岳》这类写景抒怀、状物寓理类的古诗词，最难做到的就是把学生领进诗词中去，因此如何让学生在鉴赏过程中"入韵""入境""入情""入理"就显得十分重要了。于此可设立"一读感诗韵——二读辩诗意——三读创诗境——四读悟诗理"的非指示性阅读构思。引导学生通过体验鉴赏过程和反刍提炼，领悟"写景状物"类古诗词解读途径、鉴赏方法，实现能力的自然迁移。

五、体验的深度和效度

对于文本的理解与感悟，如果学生只是以旁观者的身份单纯去读、赏、评，往往失之肤浅和轻淡，很难进入到文本所表现的情景和作者的思想深处，因为毕竟作者、文本与学生隔着一定的距离。而要使学生产生深刻的体验和认识，就需要创建活动载体，让学生走进文本，体验角色，融入情境，与作者、作品中的人物、情境展开对话交流，以达到深度体验、深刻领会的目的。鉴于这种教学立意，需要创设体验性教学构思，有创意、有载体、有深度地解读文本。《送东阳马生序》所表现的"学习经历"和"教学思想"与学生的生活就有着不小的差距，学生体会理解很难到位，需要创设立体化教学情境，构建活动载体："理文意——懂人物——辨事理"，以文中"藏书者""先达""媵人""同舍生"的身份，以"我所了解的宋濂"为话题说一段话，有创意地翻译课文，这是"理文意"；分别以宋濂的口吻，概括求学过程遇到哪些艰难困苦，以"我眼中的宋濂"为题谈对宋濂品性的认识，这是"懂人物"；穿越时空，以当代中学生身份，或"宋濂""先达"身份，展开对话，就从师为学和文章写法展开探讨，这是"辨事理"。着力于体验的深度和效度构思，有利于构建立体化教学态势，活化教学内容和情境，加强了与文本、作者交流碰撞的力度，有效解读和能力发展成为必然。

如果说确定教学内容依靠的是眼光识见，那么，创建教学构思依靠的则是教师的智慧。无论从哪个视角或入口创生教学构思，均需要坚持"文本""生本"理念，有效利用文本的教学价值，因循文本解读的一般规律，满足学生建构文本意义、发展阅读能力的诉求，"循路"方可"识真"。尽管教学内容是教学构思的基础前提，但教学构思作为"载体"具有鲜明的个性化和丰富的生成性。因而教学构思贵在"创新"，只有勇于开辟蹊径，阅读教学才会"曲径通幽"，学生才会满怀兴致，欣赏到"奇山异水"，以至如痴如醉，流连忘返，这或许是我们所共同追求的阅读教学之理想境界吧。

第二节 阅读教学构思的类型

阅读教学是学生、教师、教科书编者、文本之间的多重对话。那么，如何创立激发学生阅读兴趣，引导学生通过语言文字领会和感悟作品的思想艺术蕴涵，进而展示自己对文本的感受、理解和体验的构思，自然是重中之重。教学思路的建构，从文本客体来说要因材而异，在"重构"教学内容基础上，创建具有生成性的教学构思，从阅读主体来说，要在遵循学生阅读诉求和阅读认知思维、情感共鸣的一般规律的前提下形成开放性和普适性相结合的教学构思。

一、板块式教学思路

就是将一节课或一篇课文重点教学内容及教学过程分为几个明显的、彼此之间有密切关联的教学"板块"的教学方式。其教学的过程、内容呈"板块"状并列而又步步逐层深入。它既是知识、能力的培养板块，也是时间步骤的"板块"。这是一种很实用的也很有艺术性的思路。

与其他形式的教学思路相比，板块式有着明显特点和重要价值：首先，它能够表现出清晰的教学思路，特别是能够很好地解决课堂教学中的"无序"问题，不管是对于缺少经验的年轻教师还是对于其他教师，都有实在的运用价值。由于"板块"二字的出现，教师就要考虑板块的切分与连缀，思考如何拎出贯串若干教学板块的线索，板块之间的过渡与照应，板块组合的科学性与艺术性，这就改变了教师常规备课思路，有利于提高教师的教学设计水平。其次，由于"板块"的有机划分，必然考虑如何让学生充分地占有时间、充分活动的"板块"，能有效遏制教师过多讲析的现象发生，有力调动学生积极参与，真正让学生成为学习的主体。再次，因几个"板块"的存在而容易形成教学节奏，能够科学展现课堂中教与学、疏与密、快与慢、动与静、轻与重的相互关系，使教学过程波澜丛生、抑扬合理、动静分明，教学的清晰性和生动性都能得到鲜明表现。

如教学《猫》设板块思路为：1. 读"猫"——理解形象特征。以角色描述或做读书卡片为载体，让学生以其中一只猫的身份，从来历、外貌、性情、经历等方面说一段话作自我介绍，或设置名字、来历、外貌特征、性情、相关事件和结局等栏目做读书卡片。在初读基础上领会作品基本内容。2. 体"情"——感受心理历程。勾画"我"及家人对猫表现和亡失态度、情感倾向的关键词句，通过阅读品味梳理出三次养猫作者情感变化发展的轨迹并用自己喜欢的方式呈现出来：可用自己的话进行概述，可通过列表呈现，或画一个大致的曲线表示出来。3. 探"因"——领会思想内涵。追究第三只猫含冤而死的责任，通过辩论理清是非曲直：人与猫都有责任。作为人凡事不能单凭印象主观臆断，重要的是弄清事实，明辨是非；要做一个严于律己、知错就改、勇于承担责任的人。作为"猫"，不受他人欢迎往往会成为冤案的牺牲品，有缺点和不足的人需要自我完善才能避免不幸。4. 寻"道"——感悟方法创意。作品既然要表达"反对主观臆断、明辨是非"的意旨，那么只写第三只猫就可以了，为什么要写前两只猫？或者只写其中的一只可以吗？通过探究这些问题，使学生认识作品运用对比和衬托的作用进而认识作品的写作意旨。不管三只猫是否讨人喜欢、自身性情有没有缺点，但都有一个"亡失"的悲剧结局，这有必然性吗？通过研讨这一问题，使学生认识到理解一篇作品的要旨，一定要从整体上把握，也就是要从全文出发，综合考虑各部分内容要素，这样才会有一个客观正确的答案。

《紫藤萝瀑布》是精短的散文，可设计"整体感知—整体理解—整体赏析"的教学思路。《桃花源记》则可设"景美—人美—人情美—故事美"的思路。

二、话题式教学思路

归纳提炼文本特质和问题的聚焦点，形成一个话题，这个话题要具有贯通全篇、提纲挈领的功能，课堂教学便围绕这个话题去展开，而展开的过程又将话题设置为一个主问题或多个问题。

如《水调歌头 明月几时有》中写景状物、叙事抒情的载体是"月亮"。通过这个话题的确立，可以探究词的隐喻意义，建立作品鉴赏的教学思路。1. 古代文学作品中，以"月亮"为题材的诗词歌赋不可胜数，"月亮"是中国文人骚客心目中的"红颜知己"，你知道哪些描写月亮的诗文？作者借月亮抒发了什么情感？2. 解读词意，以"我从_____词（句）中品读到_____，因此这是一轮倾诉_____（之情）的明月"的句式阐述自己的阅读感悟。3. 小序"兼怀子由"的"兼"字表明这轮明月承载的感情很复杂，结合诗人经历，这位曾踌躇满志的失意之人面对月亮又会倾诉些什么呢？你又读出了"这是一轮倾诉_____（之情）的明月"呢？这样，围绕月亮主题，建立起咏月诗句拔萃，初探月亮内涵——解读词意，体会寄寓的情感——解小序，领悟"明月"承载的意愿心志。这种设计，紧紧围绕月亮，构建月亮阴晴圆缺与人间离合的关系，体会月亮与孤独失意的人生处境乃至诗人豁达乐观的性格品质的内在联系，使教学过程形散神连。

三、非指示性教学思路

教师隐藏教学指向，在教师组织指导和帮助促进下，由学生在学习活动中自主、个性化、原生态体会文本的思想意蕴和艺术奥妙，这便是非指示性教学思路。

"非指示性"教学首先是一种教育理念，教师隐藏教学指向和对文本解读的观点，让学生在学习活动中原汁原味地体会文本的思想意蕴和艺术奥妙，其特征为：不指示学习目标，不指示问题答案；用自己的心灵去感悟，用自己的观点去判断，用自己的思维去创新，用自己的语言去表达。它既不以教师为中心，也不以学生为中心，而是以师生对话为载体，在师生的平等对话中让学生自主生成对文本的理解和感悟，自主形成和发展语文素养。教师不再是课堂过程的统治者，知识的传授者，方法的包办者，而是学习气氛的营造者，过程的组织者，活动的参与者，进程的帮助者，效能的促进者和问题的引导者。这是对传统"指示性教学"的颠覆，也是贯彻"学生主体"的新课程理念的一种积极的探索尝试。

"非指示性"教学是规避课堂单向和低效交流的有效举措。从理论上说，"指示性"教学无论怎样重视学生，也不能有把所有学生平等地、一视同仁地作为"主体"来对待。而事实上这种教学，往往成了只有少数倍受老师青睐的，与老师达成某种"默契"学生的"表演"，课堂成为老师"操纵"几个"主角"表演的舞台，这少数的学生也似乎只是老师为了完成既定目标的"道具"，而大部分学生成了观众。多数学生失去交流的机会或交流不够充分，难以通过自身的努力获取必要的经验和能力。而"非指示性"强调"师生平等、真诚对话、自主成长"，在和谐、平等、自主的氛围中最大程度地投入学习，获得多方面的发展。

"非指示性"不是"非指导性"，教师不指示学习目标，不代表没有学习目标，而是根据学生的特点帮助他们确定不同的学习主题，树立个性化目标，不是整齐划一、大而泛之的目标；不指示问题答案，不代表学生所探究出的答案一定都正确。学生有其个性化的认知，但往往因为自身的局限性导致看问题不够全面，不够深刻，甚至可能出现知识性、思想性错误。在这种情况下，"非指示性"教学要求教师不仅仅是参与者，还需是组织者、指导者，其作用非但没有被抹杀，反而在研究探索层面上起到了更重要的"导师"式的作用。

"非指示性"通过教师引导学生根据文本特点和自身特点自主选择学习内容，确定学习目标，自主探究问题答案。强调学习目标的自主性和差异性，强调问题答案的自主性和多元性。这种学习过程，学生容易发现、展示和改变自我，学会了自我探究与合作学习，学会了思维创新。

"非指示性"教学过程大致是"感知——定向——引导——探究——交流——点拨——反思"的有序反复和循环上升，其中有几个重要的节点，一是学习目标的确立是在学生阅读感知的基础上，对文本资源获得一定认识或产生阅读障碍。二是初步探究应包括自主思考和合作共建。三是师生在研讨交流基础上进行综合提炼，生成新的和深层次的研究话题，并进行更有价值的探究和交流。其中教师出现在"阶段接合处"和"由表及里处"，引导学生更全面、深刻、独到地理解作品，通过学生的自我感悟，将作品的精华内化为自我的需求。

教学《乡愁》可设置为"四读"：一读，体验情感之美。通过朗读整体感知诗歌所抒发的情感；二读，体验内容之美。通过理解诗歌所选用的意象，领会其思想意蕴；三读，体验语言之美。通过语言品味诗歌平凡而又富有表现力的语言；四读，体验韵律之美。感受诗歌的节奏，涵泳诗歌韵律，体会抑扬婉转的旋律美。亦可设置"四比"建立"非指示性"教学思路：一比朗读。可以朗读为主线，通过"初读""理读""品读""诵读"等方式使学生领会诗歌思想内涵，可采用学生之间、师生之间比赛的形式互相启发，提高朗读水平。二比意象。比较"邮票""船票""坟墓""海峡"这些意象的共同点，领会诗歌用具体事物承载抽象的难以捕捉的乡思愁绪的特点。三比情感。引导学生细读文本体会不同意象所寄托的亲情（邮票）、爱情（船票）、悲情（坟墓）、乡情（海峡）等不同情感，体会作品由个人的悲欢离合上升到家国之思，诗意不断升华的特点，以及诗歌暗含的渴望亲人团聚、祖国统一的强烈愿望。四比语言。从不同侧面、不同角度比一比这首诗的语言特点：时间用词，由过去到现在（小时候—长大后—后来啊—而现在）；数量词，讲究合理配搭（一枚、一张、一方、一湾）；叠词，追求形象与情感的和谐（小小、窄窄、矮矮、浅浅）；排比句式，字数相同、结构相似，营造出回环往复、一唱三叹的旋律，给全诗营造了低回怅惘的基调。

四、体验性教学思路

改变学生置身课文之外，只以观赏者的角色去观察文本的局限，引导学生走进文本，进入角色，融入情境，设身处地与作品中的人物、作者开展对话，以达到深度体验、深刻领会的目的，这就是体验性教学思路。

例如将《花儿为什么这样红》一课的教学构想为"科学探索"活动，分为"横看成岭侧成峰""半亩方塘一鉴开"两个过程。其中"横看成岭侧成峰"由学生通过勾画文章结构示意图领会作者从多个角度揭示花红的奥秘，而"半亩方塘一鉴开"则是从另一个角度揭示"花红"的秘密。让学生从一个角度，以花的身份，用第一人称介绍花朵色彩斑斓的原因。这样有效创造了新颖的学习情境，使文本解读变得生动形象，充分调动学生探究的积极性。在此过程中，学生需要改变教材的思维方式，把科学语言转变成个人语言，发展了学生的言语表达与思维创新能力。

教学《小巷深处》设计的教学过程为：1. 讲述故事，感知内容。改变作品叙述角度，由女儿做第一人称叙述，或改为"母亲"做第一人称叙述，为体会母亲无私的爱做铺垫。2. 概括情节，体会构思。添加小标题，理清作品脉络。3. 美点探究，切身体验。寻找打动自己心灵的片段，诵读、品味、欣赏、再现，如由学生合作表演展现"我"突然知道真相，悔恨万分的情境。学生自然会加进自己的理解和想象，陈述对"母亲"的忏悔和感激，达到对情感的深入体验。

教学《沁园春·雪》设置的过程为：1. 朗读，感受诗歌气魄美与节奏美。2. 理读，体会诗歌意境美。3. 品读，欣赏诗歌艺术美和语言美。以其中"理读"过程为例，由学生想象毛泽东察看地形，带着长征胜利的喜悦和对国家光明前途无比坚定的信心，站在黄土高原，或双手掐腰，翘首远眺，或一手倒背，一手指点江山，吟诵《沁园春·雪》，体会伟人胸襟情怀。

五、迁移式教学思路

将学习与运用、方法感悟与解决问题、理解与创造有机结合起来，重视语文能力的习得，这种教学思路体现了阅读教学要"用教材教"和使学生"学会"阅读的课程理念，力图通过阅读教学使学生学以致用，获得经验和方法上的感悟，迁移运用到文本阅读中去。这种"迁移式"教学构思大致分为两部分，第一部分解读文本，获得方法和策略；第二部分是方法和策略的运用。这样从入乎其内到出乎其外，形成一个"学以致用"的结构联系。一是着力于一篇文本内部阅读经验与方法的习得与迁移，二是着力于从一篇具有典范性课文提炼出阅读经验和方法，迁移运用到解读同类文章的过程中去。例如教学《雪》，首先，欣赏课文"江南的雪"这幅画面：1. 朗读欣赏。揣摩用恰当语调、语速、语气，学生之间开展朗读竞赛。2. 雪景欣赏。理解所写内容及其特征，体会情景交融的写法。3. 概括画面总体特征及寄寓的思想情感。描绘出一幅声色和谐、动静相衬、虚实相生的江南雪景图，突出了"优美"特征。其次，运用 "江南的雪"画面的欣赏方法，由学生自主鉴赏"朔方的雪"：1. 朗读比较。在语调、语速、语气方面读出与朗读"江南的雪"的不同。2. 画面欣赏。体会朔方雪的突出特征。3. 概括画面总体特征，及寓含的精神追求。4. 整合探究展现两幅画面的意旨，体会所寓含的哲理：要用战斗来创造一个像春天一般美好的世界。

"迁移式思路"可有多种形式，如读写结合式，对作品进行改写、缩写、扩写，以此让学生走进课文，促进学生对课文的深入理解。又如对课文内容进行创造性改编，让学生精细耐心地揣摩咀嚼课文，深刻理解课文。

六、总分式教学思路

"总分式"是先由整体的初步感知入手，了解文本的大概内容和基本框架，然后抓住局部关键性的词句段，反复咀嚼、揣摩、体会、赏析，加深理解认识，再回到整体，获得对文本的深入理解。总分式思路侧重对文本的核心价值和意义的解读，其关键是要把握住整体和局部的关系。设计时把整体切分成局部，又要让每个局部都能投射、照应到整体上去，使之具有整体与局部互相呼应而又层层深入的完整感和过程感。局部研讨越充分越深入，整体效果就越好。因此设计中要不遗余力地寻找并用好重点学习的局部。

如可将《苏州园林》一课的教学整体设计为"艺术摄影"活动，分为"美景浏览""镜头定格""美点品味"三个活动。其中"美景浏览"引导学生阅读课文，概括所写苏州园林的总体特点（或从文中找出相关语句），即"似乎设计者和匠师们一致追求的是：务必使游览者无论站在哪个点上，眼前总是一幅完美的图画"，"为了达到这个目的，他们讲究亭台轩榭的布局，讲究假山池沼的配合，讲究花草树木的映衬，讲究近景远景的层次"，即使一些细部，也"决不容许有欠美伤美的败笔"，这既是苏州园林的总体特点，也是阅读总体把握的内容。"镜头定格"则展开对局部的研读探究，包括"布局""配合""映衬""层次"，也包括园林的"细部"的特点。在鉴赏方法上，首先让学生做摄影师，选取自己喜欢的场景画面拍成照片，然后为照片题写富有诗意的名字，再向同伴介绍所拍照片情景美在哪里，说出拍这幅照片的理由。"美点品味"是从作品的构思框架、行文思路、语言运用等方面进行欣赏，回到作品的整体。

七、线索式教学思路

"线索式思路"，就是"一线串珠"式的整体阅读教学设计思路。在一节课或一篇课文的教学过程中，大部分教学内容、教学时间都被一根线索贯穿着，表现出单篇课文整体阅读教学的特点。把讨论、解决这个问题作为中心目标，使语言、篇章等方面的学习都成为达到中心目标的过程或手段，并在围绕这个中心问题的讨论中，让学生思维的触角深入到每一个自然段、每一个关键性的句子和词语。这个"牵一发而动全身"的关键问题，就是教学设计中所要抓住、突现的"线索"。它一方面能带动学生对全篇文章的阅读理解，另一方面又能带动阅读教学生动有序地进行。

线索式构思常常要找出一个"主问题"来统摄教学内容，整个教学过程围绕这个主问题展开，这个主问题可能是内容的一个核心，也可能是探究的终点，相关教学内容密切联系和围绕这个核心，或成为到达主问题终点的基础条件。这样的教学结构具有内在和外在的整体性，突出教学重点的解读和核心教学资源的利用。主问题设计的角度可以有多种：一是重要教学内容。或为具有丰富含金量的教学资源，或为具有可理解、可探究、可分析的问题，具有一定的思维含量。例如《最后一片叶子》如果将"琼西肺炎病是如何治好的"作为主问题，有利于贯穿作品相关内容，但是这条路径比较单调，也缺少探究的思维力度。如果将"最后一片常春藤叶是贝尔曼的杰作吗"作为主问题，则从作品内容的深处行走，既涉及到作品伏笔的设置、悬念的化解，也涉及作品思想主题的解读，需要学生去提取相关信息进行判断、分析和推理。

二是文体特征。不同的文体反映生活现实、表达思想的形式和角度存在很大差异，解读文本寻找有效途径就不能忽略文体的个性，不能轻视作品独特的个性。例如《孔乙己》作为鲁迅先生自己也十分偏爱的小说，有着鲜明的个性特征，比如人物命运呈现方式上的独特视角，所塑造的人物形象的独特性格，以及人物形象所隐喻的文化内涵等。因此，教学的构思上如果按照传统小说教学套路，梳理情节过程，赏析人物的描写方法，概括人物性格特征，再对社会环境进行分析，最后概括主题思想，这样必然落入"俗套"，难以体现小说这一体式的特征，更不能彰显这篇小说的个性特征和有效利用其特有的教学资源。如果以"孔乙己的脸色（或手）与其性格命运的关系"作为主问题，即从对人物的形象描写与探寻人物的命运关系入手，顺应这篇小说独有的特征，从作品的表象进入到作品的深层，便可以实现对文本的有效解读。首先，探寻命运轨迹。找出文中四次描写孔乙己脸色的语句，说明是在什么情况下的"脸色"，探究脸色与他的命运的关系。其次，体会孔乙己遭受的凉薄。与孔乙己脸色变化密切相关的是另一些人脸上的情绪变化，找出文中描写"笑"的语句，体会这些"笑"背后隐藏的原因和目的。再次，探究人物悲剧人生的深层原因。体会他们"笑"所反映的人们的精神状态和社会现实，即孔乙己悲剧命运的社会环境。第四，理解孔乙己"可笑"的原因。如人与环境的不协调、目的与手段的不协调、自身与现实的不协调。第五，探究导致孔乙己"的确死了"的原因。揭示孔乙己悲剧的三大原因：封建科举制度和等级制度；孔乙己自身的性格；社会环境的恶劣。

三是作品的主题。主题作为灵魂，统摄小说全篇的内容与艺术表现，从主题入手设置主问题，有利于引导学生思维沿文本的深处进行探究，通过意脉的梳理贯穿文本教学资源，有利于引导学生联系生活实际感悟作品的文化内涵，获得精神滋养。教学《我用残损的手掌》设置"随着'残损的手掌'的活动，诗人的情感发生了怎样的变化"这一主问题，首先通过朗读，感受诗人心脏跳动的节奏变化，然后追寻"残损的手掌"的轨迹，再现国土沦陷前后的情景及"那辽远的一角"的色彩，再进行体味，解读"残损的手掌"的"感受"，梳理因之触发的情绪，体会作者融入其中的强烈的或痛惜或仇恨或幸福或向往的思想感情，最后感悟提炼，领会"残损的手掌"的丰富深刻意蕴。这个主问题设计，建立起诗歌外在形象与内在含义的有机联系，实现了对诗歌意象、意境的深入解读。

八、情境式教学思路

"情境式教学思路"是指有目的地为学生的有效学习营造立体教学情境的教学构想。"情境教学"有利于引导学生走入文本情景，走进作者的心灵世界，对培养学生情感，启迪思维，开发智力等具有重要作用。创设与教学内容适应的情境，创造和渲染气氛，使学生产生身临其境之感，耳濡目染，受到熏陶。

情境式教学思路可从几个角度设计教学过程：1. 再现情景，体验过程。作品多注重表现生活的多个层面，呈现出多个画面，文本解读需要让学生走进这些画面去观察、感受、体验。例如《望岳》，既有整体上泰山的画卷，如"岱宗夫如何？齐鲁青未了"，又有局部"特写镜头"，如"造化钟神秀，阴阳割昏晓""荡胸生曾云，决眦入归鸟"，这就需要引导学生站在诗人的视角，展开联想想象，再现诗人所描绘的泰山景象。再如教学《石壕吏》，由学生边朗读边在脑海中"过镜头"，显现一幅幅动人心弦的画面：差役深夜捉人，老翁跳墙逃走，老妇出门应对；官吏暴怒喝斥，老妇血泪控诉，儿媳伤心哀哭等，展现石壕村一家人的悲惨画卷，揭露封建政权的残暴，表达作者对广大人民遭受苦难的同情和关心。由于学生进入了作品描绘的图景中，因而感受体验就会更真切、深入。2. 扮演角色，体验情感。在阅读中，需要学生设身处地变成文中的人物，与作品中的人物一同去体验人生的悲欢离合，感受人情的炎凉冷暖；与作品所表达的情感融合，实现读者与作品中描写的景物、塑造的形象、抒发的感想、论证的事理达到情感上的和谐共振，达到"神与物游，心与理合"的境界，使学生不由自主地把他人的命运、精神与自己相比较，与人物同呼吸，共悲欢。如教学《背影》，应调动学生的思维感情，依据自身的生活经历展开想象，设想自己就是文中的"我"，看到父亲不顾自己年老体胖艰难翻越铁道，努力攀爬月台为"我"买橘子的背影，体验"我"内心的复杂感情，感受父亲对儿子深挚细致的关爱和儿子对父亲深深的感激之情，从中品悟亲情的温暖。教学《最后一课》欣赏"下课"情景，要通过渲染气氛，激发情感，积聚力量，让学生的注意力投诸韩麦尔身上，想象韩麦尔先生强烈的仇恨、悲痛、无奈之情，体验其动作神情与内心情感的关系，进而理解韩麦尔先生的高大形象和爱国热忱。3. 唤起回忆，自我反刍。阅读教学需要调动学生的原有知识和生活经验，研读或补充作品中的留白，充分理解作品的丰富内容，深刻体会其蕴含的内在情感。如教学《爸爸的花儿落了》一课时可让学生阅读主人公上学赖床被打、到邮局汇款等内容，回忆与自己类似的生活经历和相关情景，以体会主人公所历经的父爱和成长的感受。4. 敢于质疑，力求创新。要通过情境创设，引导学生积极思考，发现问题，大胆质疑，张扬阅读个性，提出自己的独特见解。允许、鼓励学生提出各种与教材、教师、同伴不一致的看法和观点。

九、三探式教学思路

"三探式思路"即探究式思路，是指对一个文本进行三个层次探究的解读过程。常见的思路是：探究"写了什么"，解读基本内容；"怎么写的"，解读作品构思、写法、语言上的特点；"这样写好在哪里"或"为什么要这样写""不这样写怎样"等问题，解读艺术表现上的作用和效果等。"三探式思路"体现的是读者解读文本的一般心理规律和常式思维过程，由此及彼、由表及里、由浅入深，步步开掘，追根究底，每一个过程既有明确的指向性，又有灵活的开放性和丰富的生成性。它有利于培养和发展学生的多元认知能力，解构文本要素的前因后果，便于生成全新的思想成果。这种思路还有利于规避教师教学中只注意引导学生探究课文"写了什么"，却忽略"怎么写"和"写得好在哪里"的"得意"而忘"形"忘"言"的问题，从而使学生的研读更为深入。

例如教学《好嘴杨巴》可以引导学生对文本进行"三探"：一探杨巴"好嘴"，即理解作品所写内容。小说写了杨巴的嘴"好"在三个方面：一是"敢说"，李中堂勃然大怒，众官员都"吓懵了"，情势紧急，千钧一发，敢说当然是一种胆量。二是"巧说"，李中堂误将芝麻当脏土，如果说"是芝麻"当然不行，不说"是芝麻"就"等于承认给中堂大人吃脏东西"，于是杨巴说他"不爱吃"，可谓"一石二鸟"。三是"快说"，时间紧迫，必须赶在中堂说话之前说，晚了就无可挽回了。二探作者"好笔"，即写作思路、艺术手法及语言特点。这篇小说采用了铺排、衬托以及在激烈的矛盾中表现人物的艺术手法。三探内容及表现的"好"或"不好"，可以让学生对作品提出自己的评价。如杨巴、中堂大人所"说"也有"不好"之处，那么"不好在哪里？"如何说"好"呢？

十、绘图解文教学思路

"绘图解文思路"是指根据语言文字所创设的意境，文章内容或思想情感所形成的的脉络，进行情境绘画或意脉勾勒，在动手与动脑的艺术氛围中，完成对课文理解和情感升华的教学构思。人的大脑有四个功能区，一是从接受外部世界的感受区，二是将这些感觉收集整理的贮存区，三是评价收到新信息的判断区，四是按新的方式把旧信息和新信息综合起来的想象区。这四个区大致可构成由读到写的思维过程。学生"研读—绘图—吸收—创新"正符合大脑的思维规律。在实际的教学构思中，绘图解文主要有两种形式，一种是描绘作品内容情景，另一种是勾勒作品内容或思想情感的脉络。

教学《望岳》，可以让学生在感受、理解、欣赏语言文字的基础上，动手动脑，展开联想想象，将诗歌所表现的情境用几幅简笔画描绘出来，并冠以画题，如"群山绵延""高峰掩日""层云飘锦""绿树归鸟"，然后再用自己的语言描绘出来。经过从语言到图画，再到语言的过程，不但对文本做到了有效解读，而且学生的创造性思维能力得到了锻炼，语言表达能力也得到有效培养。再如教学《斑羚飞渡》可让学生在阅读的基础上用文章中描写半大斑羚跳跃山涧的词语如"后退"——"飞奔"——"跑"——"跃"——"跳"——"猛蹬"——"再次起跳"——"升高"——"落"——"钻"，绘出两个拱形曲线；用描写老斑羚的"紧跟"——"钩"——"蹿跃"——"出现"——"坠落"这些词语绘出形似跃出而又跌向山涧的曲线。通过绘图展现课文重要内容或片段内容的情景，使文本内容更形象直观地呈现出来。同时，还可以通过描绘的手段展现作品整体构思或思想情感的脉络。这种以图解文的教学思路实现了对文本内容的细读，也造就了立体化教学态势，使学生全身心投入，取得了事半功倍之效益。

第八章　阅读教学策略

第一节　选择确定阅读教学策略的基本构想

一、"教教材"和"用教材教"

学生对于教科书文本的学习至少有两种目的：一种是"读懂"，一种是"会读"。经典作品包含着丰富的思想意蕴和文化智慧，需要学会和继承，以增强学生思想文化的积淀，需要"教教材"。教师首先要把握所教课文的思想内涵和形式特点，在不受任何资料影响的情况下，与文本进行深入会话，进而把握教学要点，明确教学目标。然后在借鉴和吸收的基础上，形成有利于文本解读和符合具体学情的教学设计。这是有效"教教材"的前提。如《智取生辰纲》设置这样几个问题，一是选文开始部分笔墨是否过于冗长？二是结尾一段删掉是否可以？三是文本是如何表现人物之"智"的？本文开端用墨如泼，浓墨重笔，用了多个自然段写杨志一行押送生辰纲的行路情况，其目的在于表现杨志小心谨慎的性格及其内部矛盾，这是表现人物性格的需要，又是设置悬念以引发读者阅读兴趣的需要；明写杨志，暗写吴用，以杨志的处处防范、小心谨慎，反衬吴用之智。设计这三个问题，可以引领学生探幽览胜、含英咀华，领略感悟经典文学的魅力所在。

另有一些作品价值需定位于阅读经验和方法的提炼，并将其迁移运用到阅读中去，这就需要"用教材教"。"用教材教"目的在于突出"语文"教学价值。例如《秋天的怀念》就是通过有关秋天故事的多次"重复"来表现母亲为儿子所付出的爱，抒发作者对母亲的热爱怀念和愧疚后悔的情感，因此可以确立"欣赏领悟——迁移运用"的教学构思，指导从"入情入境地诵读""有情有味地鉴赏""设身处地与人物对话"三个角度或"品味生活场面""欣赏行为细节""体验情感"三个方面学习欣赏"一个情景"，然后依照这种角度和方式自主赏析"第二个情景""第三个情景"等内容。

作品所表现的生活内容和在写作方面的思维方式具有典范性和"类"的代表性，在教学价值取向方面，可致力于引导学生解读"这一篇"而着眼于解读"这一类"，体现"这一篇"在解读"这一类"作品中的经验提取和方法教示功能。一种是自由式典型解读，不设置具体的迁移篇目。例如鉴赏像《望岳》这类写景抒怀、状物寓理类的古诗词，可创设一种解读欣赏的"范式"，引导学生通过体验鉴赏过程和反刍提炼，领悟"写景状物"类古诗词解读途径、鉴赏方法，实现能力的自然迁移。另一种是计划性典型解读，设置具体的迁移篇目。比如根据单册教学计划或单元教学安排，先教学生学习一篇课文中某种语言运用的经验和原理，再由此引导迁移到另外几篇文章中学习这种经验和原理。教学《中国石拱桥》，首先，让学生理解本课的说明内容；其次，引导学生根据说明内容的特点梳理本课的说明顺序；第三步，阅读《苏州园林》等课文，看其是否运用了由概括到具体的说明顺序，并解说其具体原因；第四步，与《故宫博物院》比较，有什么相同之处与不同之点。其中包括相应的写作迁移，对熟悉的学校、公园或小镇进行先概括后具体和按照空间转换顺序的说明介绍，以使学生更好地掌握这种说明方式。

二、根据文本特质选取教学策略

文本特质，即文本所独有的亮点和特色。一是具有语文方面的价值，二是具有的典范性和个性，是同类作品中出色的和具有代表性的。三是具有可迁移性，即可用于迁移理解同一类文章、同一种语言现象。文本的核心价值是文本在语言文字、思想意蕴、审美教育等方面所呈现出来的教学价值，文本特质决定文本的核心价值。设计和选取阅读教学策略，要依据文本的核心价值。充分利用文本特质对于选择和运用相应的教学策略，具有十分重要的意义，否则，就会出现文本解读策略方法相同，教学设计出现千篇一律，课堂教学呈现雷同呆板模式等现象。明确了文本特质，教学策略也会应运而生。

（一）形象性文本。以塑造形象为主要手段的作品大多都属于这一类，如写景状物、写人叙事的散文，小说，诗歌等。如《孔乙己》文本的特质在于出色的叙事艺术和人物表现的手法。以二十年前后的"我"第一人称的视角，将故事限定在咸亨酒店这一特殊场景，通过诸多截面反映人物的命运轨迹，并隐括人物一生的命运；通过以形传神的白描和烘托来塑造人物，增强人物命运的悲剧色彩。文中多处写到了众人的"笑"，使作品融入了喜剧的"快乐"气氛，而这"快乐"对人物悲剧命运进行了强力烘托，加深了悲剧的程度。这篇小说没有贯穿始终、紧密相连的故事情节，不能通过情节过程破解人物性格。所以这类形象性文本的教学，有必要在形象的特征及其形成的因果关系上下功夫。比如首先，从不同的截面中找出描写孔乙己"面色"的部分，分析不同的面色与其生活遭遇的联系、与其形象性格的关系。其次找出周围人们"面部"表情（笑）的变化，探究"笑"与"被笑"的前因后果及其隐藏的深意。再次，由"被笑"探究孔乙己的矛盾性格和悲剧命运的多种原因。所以抓住细节与人物性格心理之间的关系作为核心教学价值，就是凸显了《孔乙己》的文本特质。

（二）情节型文本。主要指表现故事情节过程、生活事件或矛盾冲突来反映人物思想性格或表现现实生活的作品。如写人叙事的散文、小说、戏剧等。这类文本在情节事件上往往各有特色，如《范进中举》《我的叔叔于勒》中情节的逆转，《智取生辰纲》《最后一片叶子》中的悬念，《最后一课》中的矛盾冲突，《故乡》中的插叙和情节描写中的对比，

《变色龙》《丑小鸭》中情节的摇摆或起伏等，在教学中就有必要依据这些情节上的特质选取策略方法。可用比较分析探究《我的叔叔于勒》情节逆转的过程：由对败家的于勒的憎恶，到对发了财的于勒的称赞和盼望，再到对沦落潦倒的于勒的怨怒和瘟疫般躲避，情节的这三次逆转，将人物的言行举止、情感心理全部带动起来了，每一次逆转都将家人对于勒的态度与心理细致入微地表现出来了，在这个过程中再通过研读和品味，人物性格及其典型意义就昭然若揭了。可以用编填表格的方式筛选信息梳理作品的叙述方式。例如为《故乡》编制情节内容表格，使学生弄清楚插叙与顺叙、眼前与回忆的内容。之后引导学生体会运用插叙对于交代事情的前因后果，增强事件的完整性，塑造人物形象以及造成情节的跌宕起伏等方面的作用。

（三）情感型文本。文学作品的欣赏，需要在入情入境的吟诵中涵泳咀嚼，心领神会，从整体上深入把握文本思想灵魂。古典诗文，现代新诗、小说、散文、戏剧，其语言文字蕴含的情意均应借助诵读去体会和把握，那些情感强烈浓郁的作品，则应采用吟诵的方式去体验和感悟。学生对文本读到什么程度，就说明其理解感悟到了什么程度，反过来理解到了什么程度，才能读到什么程度。诵读可以引导学生走进文本的深处，触摸到作品跳动的脉搏和情感的温度；走到文本深处，触摸到作品灵魂，诵读才能更加到位。如何让学生走进文本深处，诵读更为到位精彩，需要遵循学生情感体验的一般规律，运用教学智慧。以吟诵教学方式运用为例，首先，要创造恰当的情感氛围，把学生的情感激发调动起来。例如教学《说和做》，可以从"七子之歌"入手，在让学生了解闻一多先生所处的时代背景、诗歌创作和学术研究成就、英勇献身等有关内容的基础上，开展师生合作朗读，教师读单号段，学生读双号段，通过诵读把学生的情感激发出来，读出慷慨，读出赞颂，读出孜孜以求，读出民族大义。然后可通过"感知全篇""分步探究""观照自我"三个过程，在读中品，在品中悟，在思想情感上与作者形成共鸣。其次，体悟思想情感应形成一定的梯度，能使学生通过不同形式的诵读和理解，步步深入体悟作品中蕴含的情感，使情感体验一层一层进入学生的心灵，体现出逐步深化的过程，最终达到一定程度和强度。例如教学《水调歌头·明月几时有》，可以分三步体悟词人的情感、胸襟。第一步，解小序，体会思念亲人的情感。小序点明了特定的时间节日：中秋月夜、中秋节，点出了创作背景；聚集饮酒，大醉，点出了一个明显的目的——怀念他的弟弟。重点欣赏下阕，将诵读与品味，文本语言与生活背景有机结合起来，体会作者对亲人的思念怀想之情。第二步，再解小序，领悟感慨的内涵和豁达情怀。重点欣赏上阕，体会对月问天、钦羡神往、恐寒止步、人间起舞所表现的心路历程：对朝堂的留恋与向往、进退两难、无可奈何、乐观豁达。第三步，整合归纳，体会作品的情感主调和主旨，领悟作为"中秋第一词"所寄寓的词人的真挚情感、坚韧品质和豁达胸襟。每一个过程将品味与诵读紧密结合起来，逐步进入到作品的深处。

（四）思辨性文本。作品存在表里、前后、内外、因果等多种关系，阅读教学中引导学生采用思辨和探究、联想和抽象的方式，去认识这些关系和内容的本质。这需要构建教学"支架"帮助学生挖掘深层意蕴、辨析各种关系去破解文本秘密。教学《紫藤萝瀑布》一则需引导学生由浅入深理解文本：作者写紫藤萝瀑布的繁茂与萧疏、兴旺与衰败，其深层用意是什么？作者观赏紫藤萝瀑布情感上经历了怎样的变化？为什么会有这样的变化？二则要梳理有关内容的关系。比如紫藤萝瀑布的遭际与"手足情""生死迷"之间、与生命的规律之间有着怎样的关系？

三、运用语文的方法

语文教学根本目的是教学生学习"语文"，因此要引导学生运用语文的方法学习语文，用语文的方法解读文本。语文课程包含的内容十分丰富，涉及社会生活的各个方面、各个领域，就一篇文章或一部作品来说，可能会涉及到社会科学或自然科学的若干内容，学生在学习过程中，一则需要学习其中的"语文"内容，二是要运用"语文的方法"去学习、去解读。什么是语文的方法呢?

首先,它是符合语文文本体式特征的方法。这种体式特征也就是本质属性或功用价值。大的方面说,文学作品与写实作品的属性和功用特征差别就很大,文学作品内容是由作者联想想象而虚构出来的,它所反映的是作家主客观相融合的世界。具体到某一种体式,其属性特征也都十分鲜明。比如神话,是远古时代人们的集体创作,对自然现象、社会现象通过幻想做出的具有艺术意味的解释和描述。它具有幻想性甚至带有荒诞性,是早期人类对自然和社会的认识形式;故事性强,有浓厚的浪漫主义色彩;主人公性格鲜明,往往具有非凡才能。

黄厚江先生举过一个很有意味的例子,有位老师教《愚公移山》一课,引导学生读出自己的理解,要求学生站在智叟的立场上和愚公对话,或站在愚公的立场上和智叟对话。有些学生提出了问题让"愚公"回答:"你怎么能知道你的子子孙孙都是男性呢?""'靠山吃山',山搬走了,你也该被饿死了""移山是苦力活儿,你干就干吧,可你的子孙未必想去干这事,他们可能要去当兵,也可能去读书,还有可能当朝廷大臣呢""山移走了,生态就会遭到破坏,你就不怕遭到大自然残酷的报复吗?"教师对学生的这些问题和想法大加赞赏。但是教师教的、学生学的并非是一篇神话,也没有当作神话来解读,表面看似培养了创新思维能力,实际却离题万里,脱离了语文的本质属性去创新,就是"驴唇不对马嘴"。这样解读神话,也就没有神话了。用语文的方法教语文,就是用记叙文的方法教记叙文,用议论文的方法教议论文,用寓言的方法教寓言,用神话的方法教神话。

其次,语文的方法还应该是语言的理解与运用的方法。有教师执教《故乡》,让每个小组推选一名同学做杨二嫂"圆规"的姿态,然后比赛看哪个小组姿态表演得更像。有教师执教《花儿为什么这样红》,将其教学构想为"科学探索"活动,一是由学生通过勾画文章结构示意图,领会作者从多个角度揭示花红奥秘的思路。二是从某一个角度揭示"花红"的秘密。最后,让学生从一个角度,以花的身份,用第一人称介绍花朵色彩

斑斓的原因。在这两则案例中，我们认为第二则用的是语文的方法，第一则用的是非语文的方法。

语文的方法，含义很丰富，有的看上去是语文的方法，但却未必合乎语文的属性特点。例如有教师执教杜甫《望岳》，让学生将其改写成现代诗，并且要求能押韵。一方面，把古诗改写成现代诗，这种做法不太符合古诗鉴赏的一般要求和规律。古代诗词的凝练性、含蓄美、音韵美、意境美，一经现代汉语的翻译就会丧失。如果让学生展开联想想象描述作品所创造的意境还是很有必要的，符合解读古诗词的需要。另一方面，在改写中要求押韵。尤其是对于初中学生，要改写成现代诗并且押韵，要求过高，即便现代诗人恐怕也很难做好。

再次，用语文的方法思考和解答问题。有教师执教《那树》提出一个问题：蚂蚁和树是什么关系？有的答寄生关系，有的答互利共生关系，并且具体举出了"金合欢蚁"与"金合欢树"是如何互利共生的事实。教师听了学生的回答十分惊喜，给予了充分肯定。但这是从生物学角度去思考和解答问题，并未从文学作品的角度去思考问题。有山东的教师执教《济南的冬天》，让学生提出自己的疑问。有的学生说，"几十年的时间某个区域的气候变化不会那么大吧。济南地势北临黄河，其余三面环山，决定了夏天燥热憋闷，冬天寒冷无比，我们感受到的济南的冬天可没有什么'响晴'和'温情'可言。"由此便认定老舍先生写作不实事求是，而老师对该学生的"高见"大加赞扬。学生是从地理学和自身感受角度去理解作品、评价作者的。这个学生没有读懂作品，散文表现作者个性化情感体验，不是现实生活的实录；更没有读懂作者。本来这个学生的看法很有价值，如果他所说的都是事实，那么正好可以借此观照和反衬老舍先生对济南独特而深厚的情感。还有的教师为让学生思考孔乙己悲剧的原因，设计了"破案"活动，让学生"追查"到底是谁害死了孔乙己，虽然不能说这完全不是语文的方法，但是似乎总有些"过头"，有些华而不实。

第二节　阅读教学的基本策略

阅读教学的价值取向包括培养阅读情感、感悟阅读方法与能力、丰富积累、解读与鉴赏文本、涵养思维品质、传承优秀文化、提升审美品位等，这些也都是阅读教学的基本定位。实现阅读教学的课程价值有多种策略，基本的策略应该包括：

一、文本理解

阅读一个文本起码的要求是读懂文本意义，这就需要进行文本理解。把文本理解作为基本教学策略，首先要求教师对文本有自己的理解。教师解读文本首先要抛弃一切参考材料，原汁原味地读出自己的理解，这是有效指导学生阅读的基础。有了这个基础，再去参考他人的解读以丰富提升自己的理解。然后，教师需要引导学生原汁原味的阅读文本，获得自己的理解。以之为前提，教师以自己的阅读体验和阅读思考激发、引导和促进学生的阅读体验和阅读思考，师生之间开展交流碰撞，进而使学生获得阅读思路、经验、途径和方法等。"文本理解"的含义包括：文本意义、作者意义、社会历史意义、读者意义等。文本意义即文本语言本身表现的意义，背景和写作意图不参与其中；作者意义就是作者原始意图，即作者的主观意图、创作初衷；文本在流传的过程中，在不同的历史时期和不同的社会环境中体现的意义即社会和历史意义；读者意义就是读者获得的具有个性化的意义，是超越作者的甚至可能是比作者意义更好的意义。

苏轼的《水调歌头·明月几时有》中"但愿人长久，千里共婵娟"，其文本意义不必赘言，后人用来表达对亲人朋友甚至情侣的思念之情和美好祝愿。可见社会历史意义的内涵比作者意义的内涵更丰富深厚了。元稹《离思五首》的"曾经沧海难为水，除却巫山不是云"，原本表达对爱情的坚贞和对

亡妻的怀念之情，后多用来比喻曾经经历过很大的场面，眼界开阔，见多识广，对比较平常的事物不放在眼里。白居易《酬乐天扬州初逢席上见赠》中"沉舟侧畔千帆过，病树前头万木春"，后人多用其哲理意义：没落的事物就让它没落吧，新生的事物必然要发展起来，社会在前进，前景无限美好。

认识文本理解的多重意义，不仅对我们解读文本有指导意义，而且会使阅读教学产生充裕的资源和宽阔的空间，同时对培养学生解读文本的能力和从不同角度认识事物的能力，有重要价值。这就对教师提出了很高的要求，一方面应从不同角度解读文本，正确把握作品解读的各个视角，要了解不同时期、不同身份的人对文本的解读，进而透彻地理解教材，并力求对文本有自己独到的理解发现；另一方面要正确判断学生各种理解的是非、正误、深浅，以便引导学生由浅入深，由错误到正确，由偏颇到全面，由幼稚到成熟地理解文本。教师既不能只认同或坚持某一种自认为合理的理解，否定学生的其他正确或合乎实际的理解，又不能全面肯定学生的所有解读，特别是那些不正确、不得当、不深入、不全面的解读，总之要让学生能"更好地理解"并"理解得更好"。

文本的多元化、多视角理解是教师教学的基础，紧接着是需要对文本进行解构，即对体式进行破解，在此前提下对阅读教学进行内容选择和内容重构，并对教学内容进行整合、加工、改造，构建教学载体，形成教学活动过程。在教学内容确定之后对文本处理应体现三个层次：思想内涵，艺术表现，语言审美。三个层次相互包容，相互作用，不可孤立解读，也不可顾此失彼。

二、问题探究

这里从教师设置问题和学生质疑两个角度谈"问题探究"的策略问题。

（一）教师提出问题

1. *存在的问题*

通过问题的提出和解决推动阅读教学的进程，解读解构文本，实现教学目标，提升和发展阅读能力，在阅读中学会阅读，这是阅读教学基本策略之一。合理适切的问题设置，有利于引导学生深入思考，有效解读文本揭示内容的本质特征，使学生的思维更加开放舒展。然而不少教师设置的问题不但没有起到积极的作用，反而偏离了教学的方向，忽视和丢弃了文本的核心教学资源，降低了阅读教学质量，弱化了阅读思维能力的培养。具体来说有以下几个方面的问题：

浅　阅读教学肤浅有多种表现，最普遍的是两种。第一种是局限于文本表面的理解，教师设置的问题是多数学生"一望而知"的东西，而"未能望到"或"望而不知"的内容却涉及不到。这样的课看上去很流畅、顺利、热闹，没有多少磕磕绊绊，提出的问题学生都能很"全面"很"正确"地回解答出来。设置的问题难度和高度在多数学生认知水平线以下，这种课缺少了价值和含金量。比如执教《散步》，教师提出的问题是：一家人在什么季节到野外散步？散步发生了怎样的分歧？后来是如何解决的？纯属多余。第二种是把提问仅仅定位于甚或拘泥于获得关于文本理解或某个问题的"正确"答案，过于重视问题解答的标准与合理。一种现象：执教《海燕》这般提问，"在苍茫的大海上，狂风"——？"在乌云和大海之间，海燕"——？以课文语句的连接作为问答内容，教师可能是通过这种方式去让学生领会作品的内容，也可能是教师认为只要有问题引导，就不能算是单向灌输。另一种现象：执教《老王》，首先提问，你怎样理解文中"那是一个幸运的人对一个不幸者的愧怍"这句话的含义？学生作了认真的思考回答，但紧接着教师用多媒体把"标准答案"展示出来。这样做严重打击了学生的自信心和自尊心，更重要的是反映了教学理念上的问题——追求答案的正确性、标准化是提问的主要目的和价值取向，阅读能力培养却被抛到脑后。这是思想认识上的"浅"。

偏　就是偏离文本设疑，问题讨论脱离了文本，甚至误读、背离文本。有教师执教《云南的歌会》，让学生阅读、概括云南歌会的三种形式，用了15分钟时间。之后提出一个问题：观赏下面的歌唱演出，看与课文所写的歌唱有什么不同？播放电影《刘三姐》视频，台湾歌手邓丽君的演出片段，展示央视春晚演员演唱流行歌曲。这个过程用去了20多分钟。最后用3分钟让学生谈谈自己的看法后下课。这节课学生享受到了歌唱艺术之美，忘却了文本自身艺术之美的欣赏品味，教师把重点放在区别云南的歌会与电影、歌手演唱的不同，在教学方向上偏离了文本核心教学价值。《云南的歌会》的文本特质在于典型化的选材构想，出色的语言表现艺术，呈现作者所称颂的文化现象及其反映的云南人自然、乐观的生命状态。问题的设置偏离文本特质所表现的核心教学价值，以致旁逸斜出，离题万里。

错 分为两个方面：一是文本解读错误，导致设疑偏离正确轨道。二是设疑时语言表达错误导致设疑失败。例如有教师执教《猫》，提出一个这样的问题：从养三只猫的经历谈谈整篇文章表达了怎样的意旨？按照这个问题的指向，学生回答"做事反对主观臆断，要明辨是非"，"有缺陷的个体常常遭到误解，不能凭借个人的好恶判断事物的性质"，教师予以充分肯定。这并非全文的意旨，概括全文的意旨需要结合养三只猫的经历、遭遇入手去综合概括作品的意旨，那就是生命是脆弱的，弱小者的生命尤其脆弱，我们应该心存仁爱与悲悯，勇敢地承担责任，珍视爱护弱小的生命，或者人性的善与恶、美与丑是这个世界上悲喜剧发生的根源。有教师执教《孔乙己》提出了一个问题，体会课文对"掌柜""店伙计""何大人""丁举人""短衣帮"等人物的刻画和有关场面的描写，你认为造成孔乙己悲剧命运的原因是什么？这个问题的答案应该主要是"一般社会对于苦人的凉薄"，即腐朽的封建文化造就的普通民众的麻木和上流社会的残忍。但是要探究孔乙己悲剧命运的原因要从主客观两个方面去考虑，这里只是客观原因，主观原因应该是封建文化背景下造就的孔乙己的"矛盾"性格。可见这个问题的设计并不全面。

散 所谓"散"就是肢解课文，在问题设置上，没有贯穿内容或过程的主线或凝聚教学内容的核心，把羊放出去却没有办法再拢回来。这说明教师教学目标意识比较淡薄，教学目标在教师心中还比较模糊，似乎教什么也行，随意性很强。具体有两种情况：一是面面俱到，问题成堆。教师并没有对教学内容进行合理选择和重构，眉毛胡子一起抓；也没有考虑学情，学生哪些能够或已经理解把握，哪些理解不了或关注不到，教师并不清楚，这样设计问题寻求解答十分盲目，问题越多越无效。二是漫无目的，脱离教学目标。没有"吃透"教材，没有认识到作品的教学资源所在，更没有认识到文本具有的特质，因而找不到文本解读的突破点，也找不到能够提纲挈领、一以贯之的"主问题"，不能做到"牵一发而动全身"，只是设置一些无关痛痒的零散的问题。比如教小说就按照"整体感知""局部或分步探究""归纳总结、拓展延伸"设计大的问题，"局部或分步探究"则按照情节、人物、环境分别设置若干问题，结果是问题成堆，重点淹没，一篇课文下来学生被问得晕头转向糊里糊涂不知道学了些什么，而学生真正存在疑难或者未能发现的精彩之处却没有问题导引。有教师执教《从百草园到三味书屋》时大小问题达到四十个之多，教学《沁园春·雪》时有二十多个，教学巴金的短文《日》竟然也超过了十个问题。这些数字反映了教师教学理念上存在的问题，那就是以提问代替学生的自主探究，以缺乏开放性、没有学生自主思维空间的问题灌输教师预设的理解。

难 设置问题超出学生的生活视野、认知能力和思维水平，没有落在"最近发展区"之内，看上去问题很有创意或深意，但学生不能"配合"，出现"冷场""沉闷"的课堂局面。其中，有的问题远远高出学生"最近发展区"，学生"跳而不得"；有的问题提出的时机不当，某个问题应在深入理解文本后提出，但却在初读时提出，学生自然是一头雾水。有教师执教李白《行路难》，让学生理解欣赏之后，要求写一首小诗（古诗、现代诗均可）表达自己对课文的理解和感悟。这个想法既能展示对诗歌的领悟，又能锻炼表达能力，却不适合初中大部分学生实际。别说八年级学生，即使语文教师能写出像样诗歌的人也不多见，无论是现代诗还是古体诗。又如教学《桃花源记》，如果是九年级学生可以把下面的三个问题放在初读中解决，而如果是七年级学生就需要放在深入理解文本之后提出和解决：

① "其中往来种作，男女衣着，悉如外人""遂与外人间隔""不足为外人道也"三个"外人"所指是否一致？如果不一致，那分别指什么？第一个

"外人"应为"秦以前的人（古人）"，后两处的"外人"应是桃花源外面的人。②"落英缤纷"中的"落英"到底是"落花"还是初开的花？答案为"初开的花"而不是"脱落的花"。③"此人——为具言所闻，皆叹惋"中"惋"作何理解？答案为"惊叹"而不是"惋惜"。这些问题不仅仅是字面语言的解释，更是涉及到对文意的推断和理解，需要结合对文本内容作深入理解才能解决。

2. 问题设置的思维视角

视角一，增强目标意识、文本意识、学生意识。

关于目标意识。

"功课里边，有些地方并不难懂，只是这里有点值得思考的东西……在这种地方，提出个问题来问一下，首先可以把难点、关键点突出，引导学生去思考。"①提问为帮助学生更好地学习文本语言、理解文本内涵而服务，要有明确的目标指向，或为学习文本确定方向，或为摸清学情，或为指导学生领悟学习方法，或为理解语言表现效果，或为发散学生思维，或为归纳提炼总结，或为反刍梳理等，只有明确目的，提问才能有的放矢。例如理解《海燕》难点是其中形象的象征内涵及其与所表达思想意旨的关系，如果在此设问，就需要引导学生搜集写作背景材料，建立这些背景材料和文本内容包括象征意义的关系。否则学生无法正确解决相关问题，可能会把"海燕"的象征内涵理解成普遍意义上的在逆境中与恶劣环境英勇搏斗的勇士。又如教学《老王》要理解作者的情感内涵，就需要设置问题让学生体会"我"与"老王"情感关系的错位和差异。

其次，问题设置要有明确针对性。一是针对共同认可的教学资源。这个教学资源可能就是学生共同的关注点，针对这个关注点开展教学可以更好地聚焦学生的目光、激发学生探索欲望。学习《秋天的怀念》应该更关注作品的内外线索，如作者情感的变化发展过程、事件的发展变化和"秋天""怀念"等字眼的内涵。学习《变色龙》可能会关注小说塑造人

① 张志公：《张志公语文教育论集（下册）》，北京：人民教育出版社，1994年版，第554页。

物的手法以及人物的典型意义。依此设置问题，有利于适应学生本真的阅读诉求，有利于提高文本探究的质量和效益。二是针对疑难点。将疑难点化解为问题情境，可以解决文本的重点和难点。其中可以呈现学生错误的理解，引导学生分析判断，将问题化解。例如《孔乙己》主人公在咸亨酒店的遭遇和悲剧命运究竟有什么典型性？是不是在科举时代所有没有"进学"的读书人都跟孔乙己一样的品性和命运？《从百草园到三味书屋》"我"对"百草园"和"三味书屋"的生活感受是否完全相反？写"美女蛇"的故事，写我遭到先生的冷遇究竟有什么用意？《曹刿论战》曹刿果真作为一介平民，究竟会不会有资格和机会觐见国君，质询政事国策并得到耐心解答？鲁庄公贵为一国之君，在大军压境之际不会不召集文臣武将制定作战部署，共商御敌之策，可他竟然能平心静气地接受一介平民的一再"质问"，而在战场上对曹刿"惟命是从"，战后又"不耻下问"。其人是愚昧糊涂、胸无城府、眼光短浅、才能粗鄙的"肉食者"，还是一位胸怀大度、从善如流的"明君"？三是针对发散点。教师应当善于利用教材中大量的空白、开放性的空间以及内容的聚焦点，设置自由发挥的情境。如《最后一片叶子》通过"悬念"设置，令人震撼而让人信服地表现生活的"出人意外"。生活中有着诸多"意外"，这"意外"发生的前因后果复杂多样。那么琼西怎样得知那"一片叶子"为贝尔曼所画呢？除去苏艾外还有哪些渠道？学生可作多种推断：一是医生。医生再次见到琼西，说到贝尔曼死亡的原因，琼西会产生相关联想；贝尔曼接受医生诊断时谈到琼西生病的事情，医生转告给了琼西。二是看门人。看门人把风雨之夜过后看到贝尔曼的情景告诉了琼西。三是琼西自己的推测。画到墙上的叶子，贝尔曼离开了人世，琼西会把这两者联系起来。这几种推断像课文已有的"渠道"一样都具有可能性，不管哪一种更接近"事实"真相，都可以有力地表现"感人肺腑"的人间真情，折射出耀眼的人性光辉。而在这个过程中，学生对文本的解读达到了一定深度，也真正参与到文本内容的构建中来。再比如教学《窗》设置这样的问题：当第二个病人费了好大的力气，看到窗外只是光秃秃的墙时他会怎样想？学生可做多种联想多种答

案：他突然顿悟，原来他能活到今天正是因为那同室病人的善意欺骗，十分感激；他觉得应该为他人着想，于是内心便有了快乐和安慰，病情也奇迹般好了起来；此人看到真相后气愤恼怒，一命呜呼。四是针对矛盾点。文本中包含着表里、因果、内外、前后、彼此等多种矛盾，它们反映了事物之间的联系和本质属性，抓住文本中的重要矛盾创设问题情境，可以为学生探究设置挑战，使学生进入到作品深处，探究到语言背后的秘密。教学《皇帝的新装》设置的问题为：无论皇帝还是老大臣、官员乃至百姓们，本来什么也没有看到，却为什么说布料和新装如何美丽漂亮呢？这种矛盾究竟反映了人们什么思想状态和性格特征呢？如果学生能够联系骗子的"陷阱"，就可以揭示作者的写作意图——揭露统治阶级的荒淫、昏庸、专制，并由此联想到人们的"从众"心态和每个人内心深处为世俗所侵染而滋生的虚伪、自私、虚荣品性，从而有力突破课文的难点。《伟大的悲剧》既然是"悲剧"为什么用"伟大"来形容？《我的老师》写的都是一些平凡小事，但"我"为什么说老师是"多么伟大的人"呢？"孔乙己"开始穿着又脏又破的"长衫"，后来为何又让他脱掉长衫改穿"破夹袄"呢？孔乙己"品行"好，为什么到死也没有还上拖欠的十九个钱呢？作者说孔乙己"大约"死了，为什么又说是"的确"死了？《变色龙》主人公每一次"变色"都对上一次态度作自我否定，这反映出什么？答案是他在坚守"法律"和维护"专制"之间的深刻心理矛盾，《范进中举》中范进在胡屠户面前的"矛盾"表现，胡屠户、众乡邻、张乡绅等对范进态度"矛盾"的表现就更鲜明突出、更发人深省。几乎每一篇课文都可以找到关系作品核心内容的"矛盾"，抓住这些矛盾往往就可以破解作品的密码，通过剖析这些矛盾就会使作品的灵魂原形毕露。

关于文本意识。

文本解读基本的要求是守正出新，问题设置的价值取向是文本解读，因此问题的指向首先要关注作者的原初意图。作品所表现的春光春色、秋叶秋实、风霜雨雪、喜怒哀乐、爱恨悲欢都是作者内心世界、思想情感的反射，这些通过语言文字表现和反映出来，阅读教学就需要引导学生去发现、探究、感悟并在教师的引导下，因文悟道，以道解文。而要做到这些，就需要通过教学细节落实文本原初意图的解读。文本解读过程中存在的最大问题是师生缺少自己的理解，一味照抄照搬教学参考书和他人现成的经验案例，因此常常出现曲解文本的问题。

文本理解设置问题应考虑以下几个方面：

着眼于文本整体的感知理解。例如《范进中举》设置这样的问题：浏览课文，假如请你以范进乡邻知情人身份，把"范进中举"这个"奇闻异事"告诉谈天的乡亲们，你会从哪些角度传达哪些消息？这就需要把这个故事中最抢眼、最独特、最令人感兴趣甚或最耐人寻味的地方展示出来。比如那个穿得破烂不堪、无能无奈、科考中屡败屡战的范进中举后竟然发了疯；眼看着乐极生悲，叫杀猪的老丈人一个耳光给扇过来了；送喜报的到范家了，范进因为家里揭不开锅了，正在集上卖鸡换米；左邻右舍送啥的也有，东西堆满了破草屋，张乡绅还送银子和房子给他呢。这样的问题设置需要学生有效筛选信息，并创造性地呈现作品主要内容，为下一步解读文本奠定了良好基础。又如《故乡》：小说写"我"回到阔别已久的故乡，情感经历了一系列的变化过程。请速读课文，说说"我"有着怎样的情感经历？简单说出理由。通过内容和"我"的情感的关系梳理出情感变化的过程：希望——失望——绝望——期望，这需要引导学生通过对作品中景物、人物以及人物变化的描写去把握。把握了情感变化过程，自然也就领悟到了小说悲凉的主色调，从而为深入体会作品的思想内容奠定基础。

着眼于文本特质和核心内容解读。关于文本特质和核心内容问题设计应当具有启发性、针对性和丰富的生成性，有利于把握文本的本质特征。教学《最后一课》可设置两个问题：一是小弗朗士"上学""上课"过程中，心情有怎样的变化？对韩麦尔先生在"最后一课"上的衣着神情、言语行为的描写，表达了人物怎样的情感思想？前一问题"从小弗朗士入"，引导学生梳理情节线索，感受最后一课的起伏变化，后一问题"从韩麦尔先生出"，通过解剖人物的穿着神情和语言内涵，领会文本人物情感思想，

感悟作品所反映的爱国主题。两者相得益彰，实现了对文本核心教学价值的利用。

着眼于文本"平凡"之处。由于受到生活视野、知识宽广度以及阅读能力水平的限制，学生关于文本的解读，常常局限于表面或剑走偏锋，尤其是文本中那些看似不起眼却十分重要的部分常常忽略。这就需要通过问题引导启发思考和探究。如教学《爱莲说》，学生可能更关注作者所表现的"莲"之形象、"莲"之君子品质等，会忽视对"莲"之爱的理解。作者拿"菊"之爱、"牡丹"之爱与"莲"之爱作对比和烘托，从而表达作者的写作意图——即对追名逐利世风的鄙弃和批判。这是需要教师设疑进行引导的。

着眼于文本之间的相互联系。教学《孔乙己》可设计咸亨酒店内外的场景，不同的人所处阶层、地位不同，但对对孔乙己其人其事的态度却是惊人的相同，这反映了什么？解决这个问题可以立足于课文本身，领会不同的人，或嘲笑，或哄笑，或摧残孔乙己的肢体，表现出病态社会人们的冷漠、麻木和残忍；也可以引导学生与《藤野先生》中中国人为"中国人被日本人枪毙"而欢呼雀跃的情景进行类比，领悟"看客"心理扭曲所表现的愚昧、麻木不仁的共同特点，表现鲁迅先生"揭出病痛，引起疗救的注意"的启蒙主义思想。又如教学《孔乙己》设置并解决"小说以第一人称叙述故事在构思作品和表达主题方面有什么作用"的问题，可以与《我的叔叔于勒》中的叙述角度进行比较，归纳出一些共有的特点或规律：作品中的"我"为作品中的人物之一，参与或目睹故事的发生发展过程，是作品内容的组成部分；都是线索人物，以"我"的所见所闻所感贯穿作品始终，有结构作品的作用；包含着明显的思想情感倾向，对于表现作品主题有着举足轻重的价值。两篇小说的不同也很明显，《孔乙己》以二十年前后"我"的视角展示孔乙己的故事，这里面既有"店伙计"的心态，也有成年后看待孔乙己的眼光。但总的来说"我"作为一个旁观者，虽然不同于掌柜的势利、何大人丁举人的残忍、短衣帮的麻木、愚昧，但始终也是对孔乙己冷眼旁观，这就创造了文本冷峻、悲凉的情感基调。"我"与周围人共同构成了孔乙己"地狱般"的生存环境。《我的叔叔于勒》以"我"的行为表现对人与人关系的信心和希望。

关于学生意识。

首先，提问设计要全面深入地把握学情。学生的学习渠道和认知结构在不断扩大和发展变化，这是教学的基础，也是问题设置的前提。课堂教学必须要研究学生心理，把握学生的学科视野、认知结构和认知水平，这样设置疑问才会适合学生的需求。同时要有的放矢，分层施教。

其次，问题的设置要激发学生的思维活力和促进思维的发展。教师要在把握学生认知角度和思维方式的基础上，注意创新视角，寻找学生的兴趣点和思维激发点，要设置一定的难度并铺设相应台阶，让学生逐步化解难题，深入解读文本。另外，问题设置避免一种形式、一个面孔。比如教学《阿长与〈山海经〉》设置的问题是：作者对阿长抱有怎样的情感？为什么会有变化转折？这种写法是什么以及有什么好处？这样设问有力地促动了学生的思维，开启了学生智慧的大门。

再次，设疑在学生有疑之处。"不愤不启，不悱不发"，应通过问题设置指导学生分析和解决所"愤"所"悱"。黄厚江先生教学《黔之驴》，在分析驴和虎的形象之后，提出一个这样的问题：课文中写虎的内容比写驴多，将题目改为"黔之虎"如何？这样设问引发了学生深入思考，促进学生深度阅读课文，体会作品的深刻寓意和写作意图。学习《孔乙己》学生发现了孔乙己身上的诸多矛盾，并对他为什么会有这些矛盾以及孔乙己为什么会有悲剧命运疑惑不解，对在孔乙己悲惨命运形成过程中他周围的人各起到了怎样的作用也有疑团，从这些视角去设置问题，可以引导学生建立与文本的密切联系，有助于有效利用文本核心教学价值。

第四，于无疑处设疑。那些容易被学生忽略但往往又是作者匠心独运的内容，需要"于无疑处生疑"，引导学生去探究。例如教学梁衡《壶口瀑布》，枯水季节的瀑布最能体现其特征，写得非常详细，那为何还要写雨季的瀑布呢？既然水是描写的聚焦点，作者为何又去写石头？本文情与景、物与理是如何结合在一起的？这些问题大多是学生忽略的内容，这样设疑可有效利用文本教学价值，有利于感悟文本解读的经验。

第五，较难的问题要搭建台阶。教学《桃花源记》，学生欣赏了桃花源的"美""乐""奇"，设置这样的问题："陶渊明虚构桃花源的美好世界，有人说这是一种积极的理想，也有人说是消极的逃避，你是怎样理解的？"化解这个问题需要搭建台阶，否则学生就会陷入困境。一是要思考从哪里可以看出桃花源这个"美好世界"是虚构的？二是要结合社会背景和作者思想经历思考作者为什么要虚构这样一个美好的世界？三是思考这是积极的理想还是消极的逃避？最终学生体会到，桃花源是陶渊明积极进步社会理想的寄托，一方面他并没有逃避现实，而应是面对现实。从开头的时间和结尾的人物的可靠性上说，作者并未抛弃现实；另一方面表现了他对黑暗现实的彻底否定：桃花源民主平等——没有剥削压迫，自给自足——没有徭役赋税，和平安宁——没有征战离乱之苦，人与人关系和谐——没有门阀等级和官场的黑暗。

视角二，注重问题间的有机联系。

庖丁解牛之所以能够"批大郤，导大窾"，"以无厚入有间，恢恢乎其于游刃必有余地"，是因为其"依乎天理"，"因其固然"。而在阅读教学中，文本解读的"天理""固然"是什么呢？从文本客体来说，应是文本固有的体式和"特质"，文本解剖如能依循"体式"和"特质"，则可"动刀甚微，謋然已解，如土委地"；从阅读主体看，应是读者的阅读思维活动规律，比如"披文以入情""沿波讨源""觇文辄见其心"，这个由外到内的过程反映了阅读中思维的渐进特点，即由"感知"到"理解"，由"鉴赏"到"评价"，或由"是什么"到"怎么样"，由"为什么"到"还可以怎样"。然而，在阅读教学中，学生思维和心理过程实际上并不是畅通无阻的，常常会遇到"技经肯綮"甚或"大軱"，而且学生的阅读需要在他人的协作和促进下才能"共生""共建"，才能"更好"地解读和解读得"更好"，这就显示出教师创设问题引导的价值。阅读教学问题设置应为遵循文本特征、学生阅读心理规律基础上的一个整体系统，而要形成这样的整体，就需要注重建立问题间的有机联系，形成严谨的逻辑结构，这个结构整体看上去可以是一条锁链，一溜台阶，一个围绕圆心的圆圈，一张有张有弛的渔网或一只由多层物质构成的鸡蛋……通过不同关系问题的设置与解决，建立文本解剖的思维过程，实现对文本有创意、有广度、有深度的解读。

1. 形成辐射关系，追求解读的全面性

围绕文本的核心内容这一原点，形成文本解读的若干放射性问题，这些问题之间形成并举并列的关系，分别从不同视角建立起核心内容与其他内容要素之间的关系。解决这些并列并举的问题，文本的意义也就在学生思想中建立起来了。这里的关键问题，一是正确确立核心内容。这个核心内容可能是这一文本的"特质"，也可能是文本"话题"或文本中心内容；二是找到核心内容与各辐射问题之间的有机联系。

例如教学《故乡》，第一个层面设置三个问题：一是回到故乡"我"的心情有怎样的变化？二是故乡环境面貌有着怎样的变化？三是故乡的人物有着怎样的变化？第二个层面设置四个问题：一是少年与中年闰土的外貌相比发生了怎样的变化？二是二十年前后杨二嫂的外貌有怎样的变化？三是作者怎样表现闰土的言谈及其"失语"的，这反映了人物怎样的精神状态和生活处境？四是作者怎样表现杨二嫂的言谈及其"癫语"，这反映了人物怎样的性格特征和社会现实？其中第一个层面围绕"故乡的变化及'我'的感受"这一核心，第二个层面以"故乡人物的变化"为原点。这些问题之间如同车轮中的"辐"与"辐"之间的状态一样呈现并举并立之态，从不同的内容、不同的人物、不同的角度对文本进行解读：前者通过"我"眼中故乡的多种变化从整体上感知文本，三个"变化"突出了文本主体内容；后者从不同视角表现不同人物的言谈举止、思想性格和现实处境，着眼于对文本"特质"和核心教学内容的具体解读。这样，将整体和局部结合起来，达到了多方位、多侧面解读文本的目的，有效拓展了学生的思维视野。

2. 呈现层递关系，增强解读的深刻性

层递关系是以文本体式、"特质"以及学生阅读诉求为基础，设置的

问题之间呈现出外与内、因与果、深与浅等多种形式的层递关系，通过"台阶式"的逐步攀升和"掘进式"的不断深入，力求对文本透彻、深刻的解读。前后问题之间表现出明显的难易、深浅、高低的差别和梯次，前一问题的解决是后一问题解决的基础和前提，后一问题是前一问题进一步发展的必然结果。而在这个过程中学生思维的连贯性、深刻性也得到有效培养和发展，并从中感悟到解读文本的科学方法。

教学《记承天寺夜游》设置问题为：一、月光造访、偕友步游、欣赏诗画般月景是如何表现作者"快乐"情感的？二、"知人论世"了解了苏轼坎坷的人生遭遇和此时的生活处境、胸中的悲愁，你认为这"快乐"又表现了作者怎样的人生境界？这两个问题就形成外与内、表与里的关系。很显然，前者让学生感受到的只是作者"闲逸"中的"快乐"，而后者则让学生认识挫折和坎坷下的"快乐"，这种"快乐"已经变成作者敢于面对不幸挫折、勇于超脱现实苦难的人生态度，变成了其宽广胸襟、豁达情怀、坚韧品格的注脚。这个过程，有着倾力探寻思索的曲折，也有着由浅入深、由拨雨撩云到豁然顿悟的惊喜。教学《桃花源记》设置三个问题：一是作者是如何表现桃花源的"美""乐""奇"特征的？二是何以见得如此富有魅力的桃花源并不存在？三是既然不存在，作者为何要虚构它？首先，这三个问题构成了前后相陈的因果关系，前一问题是结果，后一问题是前一问题的原因，通过不断挖掘，由文本呈现的具体现象入手，最终领悟出作者描写它们的原因。其次，这种问题设计也体现了层递式问题设置的一般特点，从外部联系上说，是由现象到本质，从客观到主观；从意义理解的难度上说，是由易到难、由简单到复杂、由具体到抽象。后一问题总是在前一问题的基础上挖掘文本的意义，使问题逐步指向更深更广的空间，但又能为学生及时提供凭借，不超出学生认知的"最近发展区"，从而不断将学生的思维引向深入。

3. 建立勾连关系，提高解读的灵活性

这里的勾连关系特指问题设置建立文本与文本的横向联系，在更广阔的视域内通过内外勾连对文本进行解读。通过内外的类比、观照，突出文本资源的特征，认识文本的学习价值，建立文本的意义。

教学《武陵春》，首先，为深入体会和把握词人悲凉凄惨的情感，设置两个问题：一是比较李清照同是表现"泛舟溪上"内容的《如梦令》和《武陵春》，两首词表达的心境有什么不同？二是探究词人坎坷的命运遭际和现实处境，说说词人情感为什么会有如此巨大的差别？其中前一个问题立足于对文本本身所反映的客观情绪和学生阅读感受的勾连，后一个问题是对词人不同处境和情绪的比较，在更广阔的生活背景和人物命运历史的视域内，探究人物思想情感反映的因果逻辑，使文本解读增强了客观性和准确性。其次，为体会词人对愁绪独特的感受力和表现力，设置两个相关问题：一是"愁"绪虽然抽象而难以状貌和计量，但诗人作家总能找到表现它的载体和方法。贺铸"试问闲愁都几许？一川烟草，满城风絮，梅子黄时雨"，李煜"问君能有几多愁，恰似一江春水向东流"，李白"抽刀断水水更流，举杯消愁愁更愁"，它们分别写出了"愁"怎样的特征？二是与之相比，李清照"只恐双溪舴艋舟，载不动，许多愁"又写出了"愁"怎样的属性特征呢？通过文本内外类比，学生能够清楚地发现，有的画出了"愁"的形态，有的量出了"愁"的长度，有的感受到了"愁"的韧度，而李清照则独出心裁，称出了"愁"的重量。造语新颖别致而又自然妥帖，因其上承"轻舟"而来，而"轻舟"又承"双溪"而来，寓情于景，浑然天成，构成了完整的假设性意境，给人悠长的回味。

4. 促成逆转关系，增强解读的新颖性

逆转关系是问题之间构成前后的转折关系，或解读文本进行的逆向思考。它着眼于对"还可以怎样""换一种思路如何"的探索，通过对文本内容假设的否定、替换、删除或添加，实现读者与作者对作品内容的共同创作和对文本意义的共同建构。

教学《黔之驴》，首先着眼于故事本身设置问题：一是老虎的胜利你从中领悟出怎样的生活哲理？二是假如这曾是一头善战的"野驴"，面对老虎的试探不动声色，而能瞅准机会"蹄"击老虎要害，结果会是怎样？前一问题是从文本某一角度解读寓言的意义，后一问题是从反向思考，改变

故事内容和结局，以新的内容形态如驴子获胜来体会作品的客观意义。其次立足于作品构思和写作目的问题设置：一是作者通过这则寓言寄寓怎样的生活哲理？二是文中大部分篇幅写虎，那么题目改成"黔之虎"怎样？前一问题是追寻作者以"黔之驴"为题、为主要表现对象的写作目的，那就是批判驴子的表里不一、缺乏"德能"、不自量力，对其下场表示同情。而对老虎不但没有任何批判，反而有着担心和同情，因为曾被驴子的外观、叫声和陌生的形象所哄骗。第二个问题则是反作者其意而行之，若以"黔之虎"为题，寓意则成为做事要谨慎从事，"知己知彼"，坚持始终等，显然与作者的原初意图不符。而这种反向思维的价值正在于此，在观照、还原作者意图的同时，也建构文本新的意义，培养了学生创造性思维能力。

5. 设置收放关系，加强解读的科学性

收放关系是指问题之间构成分散与聚合、演绎与归纳、撒网与收网的关系，其目的在于对文本解读实现由具象到抽象、由个性到共性、由解构到整合、由感性到理性的跨越与升华，在趋同求异、追根溯源的过程中形成对文本的科学理解和整体把握，在"沉乎其中"与"出乎其外"的经历中体验文本解读的思路与方法。

教学《范进中举》设计这样的问题：一是范进中举前后周围人们有着怎样的变化？二是在各色人物的各种变化中隐藏的共同不变的东西是什么？三是表现人物变化运用的主要艺术手法及其作用是什么？第一个问题是"放"，是"撒网"，引导学生进入到文本细节，从各个局部和不同视角进行个性化体验和感悟。后两个问题则是"收"，是"拉网"，着眼于整体上综合和隐性意义的探究。其中第二个问题关于"变化"中的"不变"，立足于在个性、表面、局部理解基础上的共性提炼、深层探究和整体融合，也是异中求同和追根溯源。第三个问题从对人物"变化"的探索过渡到对讽刺艺术的感悟，既是作品欣赏的自然延伸，也是对第一个问题的理性归纳，而对讽刺艺术及其作用的反刍、整合，为把握作品的思想艺术价值奠定了基础。

构建问题间的逻辑关系是重构教学内容的应有内涵，也是开辟阅读教学途径、提高阅读教学效益的必然诉求。实际上，构建问题间的逻辑关系，既是建立整个文本教学资源之间的有机联系，通过有条理、有层次的解读，发挥整体资源对学生阅读能力发展的积极影响，当然也是寻找解剖文本核心教学内容和文本"凸点"的多种入口和多种层次，从而追求深入透彻的解读。因此，对于教师来说，重要的是要"吃透"文本，充分认识文本资源的不同属性和教学价值，把握核心教学内容或文本"凸点"内部的构成要素，进而解析这些资源或要素之间的关系，进而才能建立正确的逻辑关系和解读层次。同时，创建问题间的逻辑关系也是适应学生阅读心理规律和增强阅读能力的有效举措。设置问题间的多种关系，为学生思维的运行开辟了多种途径，使其从阅读的过程中获得丰富而宝贵的阅读经验，并逐步"在阅读中学会阅读"。问题间的多种逻辑关系，又指向对学生思维整体性、精确性、开阔性、深刻性、新颖性的有力培养，因而问题解决的过程，也就自然实现了学生多种思维能力提升和优秀思维品质养成的目的。

视角三，善于运用追问。

1. 追问的含义、意义、类型

追问，就是在学生理解的基础上追根究底地继续发问。就阅读教学来说，就是围绕教学目标设置相关问题情境，以追求在学生对文本形成一定程度理解的前提下呈现更细致、更宽广、更准确、更新颖、更深入的问题，以实现对文本由浅入深、由此及彼、由表面到深层的理解。尤其是要不失时机地抓住学生思维的灵感进行追问，以开拓学生思路，拓宽学生视野，刨根问底，以使其对文本理解融会贯通，直至出新出彩。

教师要做富有智慧的"追问者"，就需要吃透文本，对教材核心教学价值了然于心；对学生深入把握，能在学生没有疑问的地方激疑，能让学生对没有疑问的地方产生疑问。追问从不同的角度可分多种类型：

类比追问。例如教学《故乡》有学生提出作者描写中年闰土语言有许多省略号，其作用是什么？教师指导学生思考作者描写少年闰土也使用了

许多省略号，它们的作用又是什么呢？教师的问题学生容易看出：描写少年闰土语言使用多个省略号，表现话说得很多，滔滔不绝，省略了很多内容，说明少年闰土善于言谈，思维敏捷，心中装满了奇异有趣的事，自由思想，无拘无束，充满生命活力。由此再通过比较和体会中年闰土说话中的省略号的作用：正好相反，中年闰土语言中的省略号，表示话语中断，反映他说话吞吞吐吐、断断续续、欲言又止，这是由人物悲苦的生活处境、卑微的地位和麻木的思想性格所致。可见，追问是把相似或相近的两个问题放在一起，将一个问题作为另一个问题的铺垫或桥梁，从而帮助学生依靠自己的能力解决问题。这个追问产生在学生发生疑问的基础上，教师的问起到了辅助性的疏导作用，能让学生茅塞顿开、豁然开朗。

对比追问。如教学《范进中举》有学生提出一个问题，范进中举前老丈人是那么鄙视范进，为什么中举后对范进恭敬有加？这个问题学生可以结合人物性格回答，那么教师可借此追问，范进中举前穷得都揭不开锅了，邻居们和张乡绅漠不关心，中举后竟然慷慨相助，这又说明了什么？这些内容与作品核心事件和表现作品主题有什么关系呢？这样的追问使学生对文本内涵的理解进一步加深了，并从中领悟到在夸张和渲染之外的看似平常的描写中，也包含了作者的心机。

层递追问。如教学《华南虎》，学生从华南虎不幸遭遇及其面对生命中劫难的表现领会其形象特点后，教师提出的问题是：这首诗在表现一只身陷囹圄的老虎的同时还表现了什么？诗中"我终于明白……"这句诗与下文所写华南虎发出"咆哮""腾空而去"的幻觉有什么内在联系？你从这首诗中得到了怎样的启示？从这个案例看出，首先，教师需要抓住学生思维的闪光之处，寻找与预设之间的结合点，充分利用文本教学价值，因势利导，发展学生的思考力。其次，以学生的疑惑为入口，设置具有连贯性和层递关系的问题进行追问，以引导学生由此及彼、由表及里、由浅入深地解读文本。这需要深入解读文本和充分预设学生思维的走向，做到无论学生从什么角度提出疑惑，都能够将其与文本的核心教学内容联系起来，左右逢源，随机应变，游刃有余。

即时追问。教学《桃花源记》，理解文本内容是难点之一，但往往又被学生忽略而发现不了，教师可以运用即时追问的方法引导学生思考："此人一一为具言所闻，皆叹惋"其中"叹惋"的意思是"惊讶"还是"惊叹惋惜"？是谁在"叹惋"？说出自己的理由。这两个问题看似属于词语理解方面的问题，实际上是属于内容的理解，学生经过文本阅读，结合写作背景便可得出结论："叹惋"的意思应为惊讶、惊叹。尽管"问今是何世，乃不知有汉，无论魏晋"，当他们听渔人叙说外面世界的巨大变化后，惊叹外面世界的变化，因下文叙述，在渔人即将离去时，"此中人语云：'不足为外人道也。'"他们对自己生活的世界是敝帚自珍的，对外界并无半点羡慕或厌恶，也就不可能对自己的生活产生惋惜之情。应该是桃花源的人"叹惋"，因为这里生活安定，听到了外面的并不安定的社会状况，所以惊叹。"此人"指渔人，是他讲给桃花源的人听，人们听了以后有了这样反应。在这里，教师的追问就顾及到了学生的反应，既要说"其然"，又要说出"所以然"，所以才会有不错的效果。

2. 发挥追问对调控学生阅读思维的作用

追问是推动学生阅读思维进程、培养思维品质的有效方式。要想能够抓住学生闪现的灵感或思维的误区，因势利导，有的放矢，使学生思维能够得到开拓伸展，深入到文本内部，出现探究的亮点，必须要有教师智慧的追问。

第一、指引思维走向。追问是在学生展示自己思维之后的进一步引导，学生阅读文本常常会曲解作者的意图，也可能会误解文本内容，还可能会钻牛角尖，在这种情况下，教师追问，就要引导学生转变错误的思维方式，纠正不当的理解，调整阅读思维方向，进而对文本理解更准确、更深入。有教师执教《我的母亲》，首先提出了感知课文内容的问题：课文主要表现了什么内容？一个学生脱口而出：母亲对我的爱。很显然学生是以偏概全抑或按照惯性思维作答，老师发现学生思维剑走偏锋，于是顺着他的回答进一步追问：你说得有道理，课文5、6、7三段是写了母亲对儿子的关爱和严格要求，那么其余内容都是写"母爱"的吗？学生通过阅读思

考得出结论，文章还写了母亲处理家庭的难事、矛盾和如何对待他人的侮辱，捍卫人格尊严等内容，因此这篇课文不是以"母爱"为主题的，而是写出了一位关爱儿子的母亲、宽容大度的母亲、自尊自强的母亲，这样就将学生的思维引向了正确的轨道。

第二、促进思维深化。由于受多种因素影响和限制，学生在解读文本过程中，往往出现蜻蜓点水、浮光掠影的现象，缺少对文本的深入思考，在这种情况下就应充分发挥教师的作用，通过追问来推动学生思维的深化，使学生向文本深处漫溯。如果学生理解到的只是问题的原因，那就通过追问使学生去探究其结果；如果认识到了其中的结果，即可通过追问让学生去推究其中的原因；如果学生看到了一些表面的现象，那就通过追问让学生审视现象下面隐藏的本质；如果学生局限于事情的个别特征，那就借助追问让学生归纳出一般的特征。总而言之，要引导学生透过语言文字的表面，去挖掘其背后隐藏的意蕴。例如教学《秋天的怀念》，作者对母亲、母亲对儿子以及作者对生活的情感感受，都是隐藏在语言文字背后的，特别是其中所呈现的生活细节，蕴涵十分丰富，应该通过追问引导学生去深入品味和感悟。在此基础上让学生参阅以下材料："年年月月我都到这园子里来，年年月月我都要想，母亲盼望我找到的那条路到底是什么。母亲生前没给我留下过什么隽永的哲言，或要我恪守的教诲，只是在她去世之后，她艰难的命运，坚忍的意志和毫不张扬的爱，随光阴流转，在我的印象中愈加鲜明深刻"（史铁生《我与地坛》）；"母亲虽然已经早早离我而去，但我总觉得母亲就在身边，几乎没有与母亲离别的感觉，可能母亲的一切都已镌刻在我的骨髓里，融化在我的血肉之中、灵魂深处。我其实是同母亲一起行走在这失去她之后的这些岁月之中，因此回溯母亲可能已经成为一种凭借，其中更多的是熔铸了对自己以及像我一样与厄运博弈者的人生的回顾、审视和探求之中了"（史铁生《病隙碎笔》）。追问：你认为多年以后作者写这篇散文就是为了"怀念母亲""感念母亲对自己的关爱"吗？学生通过思考就会明白：这秋天的怀念，更是对过去苦难岁月的怀念，怀念自己由脆弱走向坚强的心路历程，表达了一个人应该怎样面对人生的苦难以及追求生命的价值意义和真谛。

第三、解除思维局限。如果学生阅读中思维受到了限制甚至钻进了牛角，不能挣脱自己思维的局限，就需要教师通过追问加以引导，从而开拓学生的视野和思维。

第四、促使思维趋于缜密。在阅读教学中激发学生思维的活力，促进学生思维的深化，开拓思维的视野都是十分必要的，但是如果没有缜密的思维，那么这种活跃深入的思维往往也就失去了价值。思维的严密严谨和准确是文本精读细读的基本要求，追问应该在这方面下些功夫，需要将感性思维和理性思维有机结合起来，构建文本的意义，去培养造就学生良好的思维品质。

如有教师执教《喂——出来》，师生问答如下：概括一下文中这是一个怎样的"洞"。这是一个默默无闻可以解决城市环境污染的洞，是一个可以无限容纳城市污染物，让海洋和天空变成蔚蓝色的洞。那洞里扔进了姑娘从前的日记本、与从前恋人的照片、犯罪分子的罪恶证据，从此你能看出这是一个怎样的"洞"？是一个可以掩盖人们精神污秽的洞，可以掩藏人们龌龊心灵的洞。作为掩藏人们灵魂真实丑陋本质的洞从其他哪些地方还可以看出来吗？可以从知识分子、商人、工人、政府官员、警察、罪犯、百姓等人身上看出来，他们的"漏洞"是精神上的。文中写了两个"洞"：一是看得见的却又是幻想的地上的洞，另一个是看不见却是真实存在的、人们心灵的洞——自私、虚伪、贪婪、目光短浅、趋利避害……学生的理解开始是不够缜密全面的，通过教师的追问引导学生的思路越来越开阔，越来越深入，越来越缜密。追问中"追"所针对的是学生现有的思维状态，依据学生的思维结果，因势利导，不断发现，逐步提升思维层次和思维能力。

（二）学生提出问题

1. 学生提出问题的必要性

"学生喜欢读书，却不喜欢上语文课"，这种说法虽然不能将所有老师和所有语文课囊括其中，但我们不能不说是反映出了一个时期以来语文课

特别是阅读课普遍存在的问题，倘若语文教师还有一些担当的勇气和实事求是的精神，就应该承认其合理性，甚或应该认识到问题的严重性。

阅读教学作为语文教学的核心任务，有着神圣而沉重的责任担当，其价值取向高远而深刻、丰富而多元。首先是兴趣爱好价值取向。教师要通过阅读教学保持和发展学生阅读的兴趣进而升华为志趣，使读书成为学生的生活常态，从而为学生一生的发展奠基。学生本来喜欢阅读，却因为教师的语文课消解了兴趣，那这就是伤筋动骨的事情了。其次是丰富积累价值取向。我们可以这样说，阅读是学生语文素养发展的源泉，学生在阅读过程中获得生活资源的积累，古今中外名人大家的生活经验被积存在学生的"生活仓库"中，成为宝贵的财富；获得语言的积累，不同作家、各种文本体式独特而精彩的语言被吸收而内化为学生自己的语言体系，扮靓学生的语言。再次是感悟阅读方法经验取向，也即涵养阅读能力取向。阅读教学的根本目的应该不在于学生对课文进行客观深入的解读和解构，而在于在阅读中经历过程沉淀经验，在感悟典范语言表现艺术匠心的基础上，增长运用语言智慧和提高阅读能力，即所谓"用教材教"的含义。第四，涵养思维品质取向。思维能力是诸项语文能力的核心和主线，阅读教学使学生在从语言符号获取意义的过程中，通过认知、理解、评价和创新，发展思维的严密性、深刻性和批判性。第五是精神建构与人格培育取向。阅读教学是化育精神和砥砺人格之必然途径，通过涵养文本思想艺术意蕴濡染灵魂，陶冶性情，升华生命，形成奋发向上的人生态度和高远美好的价值追求。

无论哪种价值的实现甚或总体在较高水平上取得理想的效益，其必要前提是学生从心里"喜欢语文课"、深度参与投入并有较强的获得感，阅读在学生身上真实而深刻地发生。而要获取这样的前提，阅读教学必然是不遗余力地突出了学生学习主体地位，必然是最大限度尊重、满足了学生的学习诉求、需要。而"学生不喜欢语文课"则说明教师与学生、教与学抵牾扞格，没有融合为一，阅读肯定没有在学生身上真正发生，学生根本没有沉入到文本中而只是"隔岸观火"，这样的参与肯定是浅层次的，学生的需要得不到满足，诉求得不到解决，对文本的解读自然也是隔靴搔痒、肤浅粗陋的，至于语文素养的发展更无从谈起。

事实也正是如此，几乎所有老师口头上都会喊出"提出一个问题往往比解决一个问题更重要"的口号，也认为"学贵有疑，小疑则小进，大疑则大进"。然而，就笔者所见从日常语文课再到各个级别的比赛课、公开课甚或示范课，于阅读教学中充分考虑并满足学生学习需求和心理诉求者绝无仅有，凤毛麟角，至多在学生初读课文后，让学生将不认识、不理解的生字词标注下来，同桌或者小组内互相质疑并解决，个别的课指示学生"阅读的过程中将自己的疑问困惑记下来，然后在小组内请求帮助解决"，但是这个"在小组内""解决"的过程至多三五分钟时间，完成这个短暂的"程序"之后，大量的时间教师按照自己对文本的理解设置一个个问题，让学生理解"教师的理解"，学生情感和思维被"绑架""配合"老师完成预先的教学设计，而学生的需要与诉求则被抛至九霄云外。

2. 学生疑问的分类

那么阅读过程中学生的需要和诉求是什么呢？这似乎是再简单不过的问题，但现在非常需要我们低下头、沉下心去认真思考探求，以还原学生解读文本的一般过程和普遍规律。首先，学生阅读是一个同化与顺应的过程，"同化"是指学生对文本生活内容、思想意义和语言表现等与已有认知结构发生相似联系，以至对其认同、整合、内化的过程；"顺应"则是文本生活内容、思想意义和语言表现等与已有认知结构形成矛盾对立，或学生对文本新的生活现象、思想艺术表现等出现陌生感和疑惑，然后化解矛盾、消除陌生感和疑惑，从而形成新的认知结构的过程。其次，学生阅读也是一个阅读知识意义建构的过程。一方面，阅读令学生不断产生新的收获和分享的意愿。它作为一种生命的旅程，使学生得以神游风景名胜，观赏世界的五彩缤纷，经历人生不同的命运遭际；学生获得了自己切身的感受，比如从这篇课文中感受到亲情的浓郁、人格的高尚、战争的惨烈、杰出人物气度的非同寻常，抑或是产生震撼人心、发人深省、令人心醉的感受，比如感受到文本清晰的思路、独具的匠心、精彩的语言。学生在收

获的同时与他人分享的意愿相伴而生，而这种分享的意义在于个性的互补和智慧的互启。另一方面，阅读令学生生成多种多样的疑问困惑及释疑解惑的诉求。按照疑问生成的过程和疑问产生的来源，姑且将其分为四类：

一是感知性疑问。即学生阅读感知新课文过程中产生障碍和困惑，有读不懂看不明白的地方。这些疑问有的来自文本生活内容方面，这些内容可能是学生从未接触的领域，因而理解起来有困难，比如作为一个皇帝怎么可能会穿着根本不存在的"新装"去参加游行大典？斑羚结对飞渡悬崖的过程究竟是怎样的？一个双腿瘫痪的人面对苦难究竟是怎样的心理状态？有的来自情感意旨方面，《皇帝的新装》批判的矛头指向昏庸腐朽的统治者还是愚蠢的从众心理？《斑羚飞渡》写作意图究竟指向环保还是跪拜？史铁生讲述自己双腿瘫痪后的经历是为了怀念母亲吗？有的来自于文本结构思路、语言表现方面，比如安徒生用儿童口吻去讲述皇帝的新装故事有什么突出特点？写斑羚飞渡为什么多次对彩虹进行描写？"看花"在《秋天的怀念》思想艺术表现方面具有怎样的作用？当然有的来自对文本字词句的理解方面的，比如生字词和难懂的语句，特别是古诗文中的字词句。这些都是学生在获取新的知识经验的过程遇到的障碍，初读文本后留下的整体性强但相对肤浅粗陋的困惑疑问。

二是理解性疑问。即在理解文本意义的过程中在信息交流上学生与作者、文本有一定的困难，产生了矛盾对立从而生成疑问。这种"认同"上的矛盾和障碍主要表现为两种现象：一种是文本信息与学生生活经验、已有认知之间的矛盾对立。学生对所获取的文本信息在学生头脑中形成矛盾，产生疑义，在认同上出现障碍。比如《济南的冬天》济南的一名学生在课上就提出过这样的问题：济南三面环山，可是北面是黄河无山遮拦，冬天北风呼啸，凛冽刺骨，可老舍先生为什么说济南的冬天那么"温晴"呢？既然若瑟夫"亲情未泯"，那他为何不与于勒叔叔相认乃至带其回家呢？写作选材要典型，描写叙述要突出重点，可是《猫》为什么对三次养猫的经历都作了详尽叙述呢？这些因"矛盾"而产生的疑问，使学生与文本之间形成了有力的碰撞，为文本内涵的深入解读储备了势能。另一种是学生发现了文本自身的矛盾而生成疑问。如《云南的歌会》意在表现云南歌会的三种场合的三种演唱方式，可"山路漫歌"只有寥寥几行文字描述赶马女孩子的歌唱，而大量的笔墨描写山路边的各种风景，这样喧宾夺主岂不与题意矛盾吗？《小石潭记》中"石潭"与"潭源""潭水周围"环境两者之间，其特点、色调会有如此明显的差别吗？《伟大的悲剧》作者为什么没有为成功者却为失败者作传？

三是欣赏性疑问。学生在文本"欣赏"过程中，对文本思想蕴涵、艺术表现的特色，或文本的精彩亮点、宝贵价值有了一定程度的认识，形成了自己的某些看法和观点，但是对自己的这些"看法""观点"的正确恰当与否，还不敢完全肯定，存有疑虑，或在不同的认识中，一时难以取舍。比如从作者意义来说，《皇帝的新装》是鞭挞以皇帝为代表的统治阶级的骄奢淫逸、腐朽昏庸，还是抨击"从众""自私""虚伪"的人性？如果认为《孔乙己》有两条线索对不对：一条是明线，以"我"的见闻与感受贯穿文中事件，以第一人称视角，定格在咸亨酒店这一特殊场景，通过诸多截面反映人物的命运轨迹，呈现为组接式结构，选取最能表现人物思想性格的片段，避免了流水账式的叙述，匠心独运；另一条是暗线，以人们对孔乙己的态度为理性线索，将人物、事件、细节紧凑严密地结合在一起。不同的人所处阶层、地位不同，但对孔乙己其人其事的态度却是惊人的相同——鄙视和冷漠。

3. 学生疑问的自主化解

如何解决化解这些疑问，需要探索有效的途径和方法。

诵读释疑　明代桐城派对吟诵已颇有深刻见地，李东阳《怀麓堂诗话》中有"若往复讽咏，久而自有所得。得于心而发之乎声，则虽千变万化，如珠之走盘，自不越乎法度之外矣"；张裕钊《答吴至甫书》中亦有"古人论文者曰其始，在因声以求气，得其气，则意与辞往往因之而并显，而法不外是矣"。清代梅曾亮《柏枧山房诗文集》中说："夫观书者，用目之一官而已，诵之而入于耳，益一官矣。且出于口，成于声，而畅于气。夫气者，吾身之至精者也。以吾身之至精，御古人之至精，是故浑

合而无有间也。"①很显然，从读者角度说，只有往复吟诵，才会"得于心"，只有"眼到""口到""耳到"方可"畅于气"，阻碍于心头的块垒便被消解；从文本角度说只有通过读者的诵读，其"精气"方可显现出来，读者的疑难自会迎刃而解。

现代科学认为，出声的吟诵使处于脑后、脑中的视觉、听觉感知区域与处于脑前的语言感知区域迅速建立互动联系，并有力激发前后额叶皮层的活力，使常处于"休息"状态的思维区域变得"兴奋"起来，投入到对文本意义的理解中，于是形象思维使文本情景变得具体生动，丰富多彩，抽象思维使各种信息建立起紧密的联系，初读中的一些模糊不清的含义变得清晰明朗起来，疑难困惑也被有效化解。日常阅读教学多以吟诵"读通""读顺"课文为目的，而没有认识到它对于展现文本情景、深入理解文本意义、消除阅读障碍所具有的功用价值。

涵泳释疑　古人早已将涵泳作为文学艺术鉴赏的一种态度和方法，"此语或中或否，皆出臆度，要之未可遽论，且涵咏玩索，久之当自有见"（《朱子语类·性理》）。尤其优秀的文学作品，有着丰富深刻的思想意蕴和独特精湛的艺术匠心，状景叙事、诉情言理大都含蓄内敛，往往远兴近比、言此意彼、云遮雾罩、深藏机杼，要达到读者与文本"浑合而无有间"的境地，需要花费一些心思。

首先，要"沉潜其中"，反复玩索。静下心来沉入文本深处和细微之处，反复揣摩，进而领悟语言文字中蕴藏的奥秘或"味外之旨"。《驿路梨花》其中与"梨花"有关的内容有很多，比如它是一位哈尼小姑娘及出嫁姐姐的名字，也是作品故事发生的自然环境，还是古诗意境的意象。从"梨花"到作品的意旨，有着表层与深层的关系。进行反复咀嚼，即可品尝出其释放的滋味，体悟到语言背后的蕴含。

其次，要专心致志，优游冥想。解读文本阅读中存在的具有一定难度的疑问，必然需要读者排除各种外界环境和内部心绪的干扰，将注意力集

---

① 梅曾亮：《柏枧山房诗文集》，上海：上海古籍出版社，2005年版，第43页。

中到所要解决的问题上面，并建立文本意义的多种联系，以寻求问题的解决，这就是冥想释疑。阅读中进行冥想使大脑形成一些临时的神经网络，以有效整合认知和情感功能，并使背外侧前额叶皮层活动增多加剧，从而为疑难的化解构建思维过程。如果说涵泳着力于文本局部的形象蕴藉的语言文字，通过反复咀嚼，品尝其特有的滋味，体悟语言背后的意旨，那么，冥想则一方面由源问题为核心，寻找与疑难有关联的内容和节点，展开丰富的联想想象，再现文本所表现的生活情境、行为状态，作者倾注隐匿其中的情感、意脉，使其由模糊变得清晰，由微弱变得强烈，为使产生的问题得到客观合理的答案奠定基础；另一方面由源问题出发，根据问题解决的需要寻绎整个文本中相关信息，并破解这些信息之间的依存关系，通过分析判断、推理归纳等思维方式化解阅读的疑难。如教学《秋天的怀念》学生提出的问题是：为什么能将复杂的情感和事件写得有条不紊？结尾为何对菊花做生动优美的描写？要解决这两个疑问，首先需要设身处地将人物置于历史和现实的情境中，想象"我"在重大挫折面前对生活绝望的状态和"母亲"为唤起儿子面对人生的勇气和执着于人生未来的信念而忧心如焚的表现，就可以理解"看花"是母亲坚韧品格的表现，也是她处心积虑抓到的一根"救命稻草"，三次看花成为促使人物人生态度转变的动因和贯穿作品内容的线索。结尾对菊花做生动优美描写的用意，应该进行相关想象，联系全文进行判断，这是对母爱的一种应答，也是对母亲坚韧品质的隐喻，并表达一种生活的真理——只要不屈服于多舛的命运，不同的人就会绽放出不同的光彩。

探究释疑　一是还原作者的"位置"。优秀作品尤其文学作品因其以高超的表现艺术反映了生活的本质，而能够超越遥远的时空界限绽放出绚烂的光彩，在不同时代、不同地域的读者心里引发强烈共鸣。这种"共鸣"表明作品反映了人类生活和思想情感的共性，但同时我们还必须清楚这些作品又都是属于"个性"的，因为他们均为特定时代社会生活及与其相依存的人类思想感情的产物，这些作品也就必然打上时代、地域和作者生命经历的烙印。而这些"个性"的成分，有的散落在语言文字中，有的隐藏

在语言文字的背后，成为学生阅读理解的障碍和疑问。而要清除化解这些障碍和疑问仅从文本本身是难以做到的，需要走出文本，去还原作者写作时所处的"位置"，即所处的时代、地域以及生命经历与价值追求。这就需要从这些疑问出发，通过相关材料的搜寻和探究，建立文本内外的有机联系，从而解决疑难困惑。例如《记承天寺夜游》学生就提出"闲人"有什么含义的问题。是"闲极无聊、无所事事之人"，还是"闲情雅致之人"，抑或是"赋闲自慰之人"？这就需要学生去探究苏轼写作的处境及其与"月亮"的文化情结。元丰二年苏轼被诬陷以诗诽谤朝廷，被捕入狱。出狱后被贬到黄州任团练副使，做着有职无权的闲官，在城东买坡地耕种养家。与有着同样遭遇的张怀民为伴欣赏月夜，"闲人"一词显然包含了郁郁不得志的悲凉心境，而"闲人"竟然能兴味盎然欣赏到如诗如画的景致，这闲情逸致表现了超脱现实苦难的胸襟，面对不幸挫折的坚韧品格。月光的空明澄澈影响了苏轼的人生态度，苏轼能在逆境中欣赏优美的月景，两者互为因果，相生相成。这样的探究不但有效化解了疑难，而且对文本意蕴的领悟也达到深刻地步。二是给文本换一个环境。在鉴赏评价这个层面，学生对文本的理解有一个从具象到抽象、感性到理性的认识过程，这不仅体现在对文本形象和思想意义的概括提炼方面，而且体现在对文本艺术表现的价值与规律的感悟和归纳上。由于学生接触的是一个个具有特殊个性的作品，由此感悟写作的一般特征，建构作品艺术表现的共性规律，常常会陷入画地为牢、盲人摸象、蜻蜓点水的误区而不能自拔，从而对自己的观点持有怀疑态度。这种情况也需要从文本以外去寻找答案，那就是"给文本换一个环境"，将其同类似的文本放到一起，在更为宽泛情境中，通过类似文本的比较分析，推演归纳出切合实际、切近规律的结论，从而化解疑难。教师需要为学生提供方向和途径，由学生自己通过比较探究获取问题的答案。比如学生鉴赏泰格特《窗》作出这样的理解："突转"手法就是在文本结尾处设置波澜，令文本情节或人物情感思想乃至性格等突然向相反方向发展转化，出人意料而又在情理之中，从而产生撼人心魄和耐人寻味的效果。这样的理解学生抱有怀疑态度。很显然这种理解是偏颇而粗陋的，这就需要引导学生进一步拓展视野，将类似的文本拿来进行比较探究，如莫泊桑《我的叔叔于勒》、吴敬梓《范进中举》乃至契诃夫《变色龙》，学生通过比较分析可以化解自己的疑问："突转"不仅可以设在文本的结尾处，还可以置于文本的中间，甚至可以设置多次的"逆转"；其表现效果当为使情节波澜起伏、引人入胜，或异峰突起、撼人心魄，而且发人深思。

4. 班级教学疑问化解的策略

单从每一学生个体来说，阅读文本从疑问的产生到疑问的化解，这样的心理过程和思维途径往往是不可或缺也是难以超越的。但是还有一个必须解决的问题，我们知道，阅读是一种个性化思维和情感行为，"一千个读者就有一千个哈姆雷特"，不同思维水平乃至语文素养水平的学生阅读文本存留的疑难和心理趋向千差万别，那么，在几十个学生构成的班级教学中，尤其在处理"教读"课文的过程中，于极其有限的课堂时间内，如何有效化解全班学生至少是绝大多数学生的疑问困惑，满足其心理需求呢？不少教师对此望洋兴叹、束手无策，索性越俎代庖了事。如果我们能够抛弃教师"主体"的传统观念，克服畏难思想而积极探索尝试，便会找到问题解决的途径，创造崭新的教学境界。

首先是疑问的提炼。可以分为两个层次，第一个层次是消解与提取。学生阅读文本到达一定程度，便会提出自己的疑问。由于他们认知水平的差异和心理趋向的个性化，疑问必然是丰富多样的，没有必要也没有可能在全班一一解决，需要有一个自由的时间段，借助同伴的帮助加以解决，事实上多数浅层次、个别化、个性化的问题在这个过程中能够得以消解，而那些较深层面、共性化疑问常常难以化解，由教师及时提取出来。第二个层次是归真与抽纳。学生在一定范围内不能解决的这些疑问，有的"言不达意"，离其本意有一定差距；有的陷于文本的角落不能自拔，"横看成岭侧成峰""不识庐山真面目"；有的局限于感性理解而没有理性参与；有的对文本理解有误，出现表述上的不恰当；有的脱离文本，"想入非非"……因此，需要教师设身处地领会学生疑问的"本意"，正确把握他们的疑问所在，帮助学生"认清""说明"自己的疑问。例如"'斑羚飞渡'的场面令人触目惊心而惨不忍睹，而为何要制造这样的悲剧"这个问题的答案显而易见，因此学生实际困惑的应该是"《斑羚飞渡》的主题是指向环保还是跪拜"；"《变色龙》有人说好像将军家的狗，警官便要巡警帮他脱掉大衣，这样写表现了什么？"显然学生发现了细节的妙处，教师可以帮助学生将问题做综合提炼："小说多次描写"军大衣"反映了人物怎样的心理变化轨迹"？这样转向整体视角，让细节贯穿起来，提高问题的含金量。"作者为何不将珍珠鸟从笼中放走，那样岂不可以创造更多美好的境界吗"？这个问题看上去似乎与主题理解有关，但实际上其答案只能从鸟类习性上去回答，因此这样的思维超出了文本解读的范畴。

其次是疑问的重构。相对于文本的有序解读来说，提炼出来的疑问就其属性而言是纷纭复杂的，从学生主体说，有的属于感知类，有的属于理解类，有的属于鉴赏评价类；从文本客体来说，有的属于思想内涵方面的，有的属于结构意脉或艺术表现方面的，需要教师归类整理，并将这些疑问进行重构，以形成课堂教学的线索。之所以这样做，一方面因为如果对这些散乱状态的疑问进行无序处理，课堂势必变成孤立的一问一答。这样就违反了文本解构的一般规律，将文本肢解得七零八落，违背学生认知的一般心理过程，学生头脑中只会留下思维和语言的碎片。从学生疑问中寻找突破口，发现并建立这些疑问之间的内在联系以构建课堂教学的思路，形成文本解读的层次梯度，是教师面对的严峻挑战，也是教师教学智慧的集中体现。例如教学《孔乙己》从学生的若干疑问中提炼六个并进行重构：1. 小说多次描写孔乙己"脸色"细节，有什么作用？2. 小说着力描写酒店里人们"脸色"表情——"笑"，它有哪几种类型？其前因后果是什么？3. "笑"背后隐藏的深意是什么？4. 孔乙己身上究竟有哪些可"笑"之处呢？5. "孔乙己大约的确死了"这句话是否矛盾？6. 孔乙己悲剧给人们怎样的启示？按照先后顺序去解决这六个疑问，形成了基于解决学生疑问并科学解读文本内涵的教学过程：化解第一个疑问，即从主人公脸色变化作为入口，展现人物的不幸遭际，整体勾画人物命运的轨迹；化解第二三个疑问，则是深入到文本细处展现主人公生存环境的恶劣，体会周围人物的心理状态和精神面貌；化解第四个疑问，需通过语言文字抽纳提炼人物性格的丰富内涵。化解第五六个疑问，就是对孔乙己悲剧进行归因，并解读其思想价值和哲学意义。这样，便构建起整体——局部——整体的教学结构，解读过程体现出由浅入深、由表及里、由现象到本质的逻辑层次，从而将学生的需求与教师的智慧有机融合在一起，实现了对文本意义的整体优质建构。

当然，基于学生的疑问是阅读教学的一种构思，同时也是一种理念。如果教师是一位尊重学生主体地位、教学经验十分丰富的人，不必搜集提炼学生的疑问便能谙熟绝大多数学生阅读文本的心理需求和疑难困惑，那么就完全可以通过教师的预估去设置具有针对性的教学情境，满足学生的学习需求，化解学生的各种疑问，实现学生深度参与过程、深入解读文本的目的，甚至采取将教师主观设置教学情境与学生即时生成疑问并不断加以解决相结合的方式，以满足学生的学习需求。无论怎样的思路或形式，只要教师走进学生的心灵深处，学生深深地沉入到文本中去，阅读就会在学生身上真正发生，课堂教学必然会创造出令人神往的理想境界。

三、语言活动

语言活动是阅读教学的第三个基本策略。

语文是体验性和实践性很强的课程。语言的产生、发展和习得都离不开主体的言语体验和言语实践。语言产生于人类的劳动实践和交流需要，语言的发展随着实践的发展而日趋丰富和精密。语言习得的过程是人的内部活动如体验、思维、情感等与外部活动如听、说、读、写的统一。如果没有大量语言材料、语文范例的积累和反复多次的言语体验、实践活动，要提高理解和运用语言的能力是不可能的。活动不仅能促进学生情意水平的发展，而且能使学生更深切地体验语言习得的过程，激发并巩固学习语言的兴趣，加深对语言本质的理解。语言活动以体验感悟、合作探究、审

美鉴赏、应用实践等活动性学习为中心。

阅读教学应该成为一种有载体、有立体感的学习活动；语言活动是实现阅读教学课程价值的一种基本的也是有效的策略。

（一）阅读教学语言活动的基本要求

首先，解读文本是语言活动的根本目的，通过语言活动使学生对文本意义获得正确深入的理解。活动设计不是为了使课堂活跃热闹，而是构建文本解读的载体和平台。

宁鸿彬先生教学《分马》设计了一个活动：假如郭全海分到的不是青骡马，而是栗色小儿马，而老孙头分到的是青骡马，他们又会怎么说呢？学生经过思考讨论，最终认为，郭全海会说："这匹马是'玉石眼'，屯子里的头号货色，虽然性子有点烈，但调教调教，还是蛮能干活的，你牵上吧！"老孙头会说："这匹马肚子里有崽子，弄不好今年冬天就是一死俩，你可得好好掂量掂量啊！"这个语言活动创造了崭新的探究情境，为学生创造性思维的展现提供了平台，人物的思想性格在新的情境中得到了再一次展示，这是十分富有智慧的设计。他教学《皇帝的新装》在阅读课文基础上启发学生用一个动词概括文章情节的共同特点。于是在学生说出的许多动词如蠢、骗、伪、假、傻、装、新等，然后筛选其中最有概括力、最恰当的一个，学生最终统一了意见，是"骗"字最好。之后引导学生分析文中谁被骗了以及究竟谁是骗子，有没有诚实的人。再下一步分析人们被骗和没有被骗的原因。这种语言活动让学生不断地深入到文本语言中去，很好地解读了文本意义，各种阅读能力得到有效培养。

于漪先生教学《晋祠》，首先展示《中华名胜大辞典》中关于"晋祠"的词条解释，并引导学生概括词条所包含的要点，在此基础上阅读课文《晋祠》，从多个角度将词条和课文进行比较，从而使学生一步步领会作品的内容、写法、语言表现等方面的特点，推动了整个教学过程，文本得到了全面而深入的理解。有教师执教《我的叔叔于勒》让学生为于勒写小传，省略大量的人物心理描写，目的是让学生体会人物心理随着于勒的穷富而不断发生转折，从而领会人物思想性格。这些语言活动的主要目的是加深学生对人物命运、作品特点以及思想内涵的理解，而避免概念化的教学和简单的结论传递。

阅读课中有些语言活动，缺少科学目标导向和必要前提，实际效益不够理想。比如用一半时间学习《海燕》课文，另一半时间让学生运用象征手法写《鹰》；学习了《春》中的"春风图"，接着让学生以"秋风"为对象进行仿写；学习《我爱这土地》让学生理解诗人借"鸟"表达情感的写法，然后接下来让学生以"假如我是一片落叶"为题写一首小诗。或许从以写促读或以读促写的角度说，这样做无可厚非，但问题在于学生对文本的解读还没有达到应有的深度，文本的深厚内涵和艺术技巧还没有把握到位，文本思想艺术营养还没有内化到学生的思想中去，让学生做这样的训练其实是没有根基的。由于不能充分发挥文本的"教示"作用，语言活动也就缺少了力度，也就不能获得理想的效益。

其次，阅读语言活动，应要求明确，指向清楚。

许多阅读课的语言活动，只有笼统的要求，没有具体的指导和明确的指向，学生具体做起来比较难。学生展示收获，往往或者肤浅粗陋，或者偏离中心。有教师要求以《老王》中老王的口吻以第一人称叙述自己的经历或心理感受，以领会老王的"不幸"，但学生展示时以第三人称"他"的角度进行叙说，学生并没有领会教师的意图，也没有具体的做法可遵循。教师要求学生概括人物性格特征，而学生却一味列举人物形象的音容笑貌、言谈举止，并没有概括归纳，这也与教师的要求不具体有密切关系。另有一种情况是教师创设了语言活动情境，学生阅读思考后展示出来，可能没有展示透彻全面，教师急不可耐地将自己关于这些问题的理解用多媒体展示出来。如教师执教《武陵春》一课，学生只读了两遍课文，关于词人的一些遭遇和写作背景还不是很清楚，就让学生谈"愁"的内涵，结果只能是隔靴搔痒、蜻蜓点水。于是教师只得把自己的理解讲授出来或通过多媒体投放出来。这样的语言活动不是真正意义上的以学生为主体，也很难说会对文本有深入的解读。

再次，语言活动过程，应为学生的思考和表现留有足够的空间。

语言活动需要学生思维、情感和语言表达等多种因素和能力的投入，因此语言活动设计的开口应该比较宽阔和富有伸缩性，不能拘泥于狭小的空间。空间狭小容易变成满堂活动，教学变成活动的碎片。有些语言活动则比较肤浅简单，没有探究的必要性，也没有启发性和新意，因此很难有学生探究亮点的出现。有些活动是表格形式，但内容项目设置不能出新，往往落入俗套，也不能有效引发学生的解读兴趣。比如通过表格让学生填写层次内容、小说情节过程、记叙文的六要素、议论文的三要素等等，这些大多是文本原句的摘录或简单整理。我们认为，语言活动应该落在学生认知的"最近发展区"，最好能够使学生通过一定程度的思考、探究才能获得结论，或将学生没有关注却十分重要、弄不明白的地方设置语言活动。当前流行的句式填空，如"这是一个_____的人，你看，_____""_____（词语、句子、段落）写得好，因为_____"，这类填空往往缺少宽阔的空间，因而缺少思维的力度，均不能很好体现语言活动的优势和功能。

一些活动设计看上去尊重学生，实际上还是剥夺了学生的主体地位，解除了学生阅读的主动权。比如有教师执教《云南的歌会》，教师将"山路漫歌"部分压缩为300字的短文，让学生拿课文与之做比较，看看两者的表达效果有什么不同。既然是在培养发展学生的阅读理解能力，何不由学生去压缩呢？由于学生没有足够的空间，思维锻炼的力度就大打折扣。有教师执教《我的叔叔于勒》创设的活动情境是，将标题改成"菲利普夫妇"或"意外相遇"如何？如果放手让学生去改换再去探究其优劣应该更贴合学生实际，对学生思维的培养力度也越大，对文本的解读也更加深入。

优质的语言活动具有促动学生深入理解文本和获得独到感悟的特性，包含教师关于学生领悟能力和阅读意向的深入思考，隐含着教师丰富的智慧创造。有教师执教马致远《天净沙·秋思》，让学生在每一句中加入一个动词：枯藤老树（　　）昏鸦，古道西风（　　）瘦马，小桥流水（　　）人家。夕阳（　　）西下，断肠人（　　）在天涯。这个活动一方面实现了对小令意境的阐释和构建，是解读小令的一种创造性设计，另一方面激发了学生思维的创造活力，学生可以根据自己对文本的理解，填写相关词语，形成了个性化理解；而对语言运用的揣摩，又培养了学生锤炼语言的意识和能力。这就是比较有张力、有价值的语言活动。有位老师教学朱自清的《春》，让学生模仿课文"春天像刚落地的娃娃，从头到脚都是新的，它生长着。春天像小姑娘，花枝招展的，笑着，走着。春天像健壮的青年，有铁一般的胳膊和腰脚，领着我们上前去"的句式续写一个句子，要求句式相似、语意连贯、情感相融。这个语言活动就很有创意和价值，不但加深了对文本的理解，而且培养了学生运用语言的能力。

第四，语言活动的设计应符合学生语文学习规律。

有位教师执教《与朱元思书》，开始就用多媒体展示了富春江风景的录像片，并刻意将与课文有关的景物突出展示，然后让学生阅读理解课文。我们认为这样做违反了语文学习的基本规律，语文是借助语言文字去理解作者所表现的生活世界，用画面展示文本内容，就使影像内容先入为主，影响、干扰了学生对语言文字的理解感悟，学生会在影像的作用下认识富春江的景物特征。还有位教师执教舒婷《祖国啊，我亲爱的祖国》一课，设计的语言活动是让学生选取诗中的一节进行仿写。笔者认为，虽然这首诗不晦涩难懂，但是那样富有表现力的语句，那样凝练鲜明的形象，那样深挚的情感，模仿的难度很大，对多数学生不适合。

（二）阅读教学中语言活动的多种形式

感知性活动。感知性活动是对文本内容的初步感知与把握，其目的是呈现学生初步阅读文本基本内容的收获，是从整体上感知文本"是什么"或"写了什么"的活动。可通过示意图展示文本的思路、脉络、结构，或用复述、概括等方式呈现文本基本内容以及内容之间的联系。如《口技》引导根据故事的情节变化和自己的感受，画一条曲线，并根据这条曲线说说怎样朗读才能读出故事味和作者所表现的情境。有的学生就画了一条像躺倒的"S"的曲线。学生说，总体上要读得起伏跌宕，疾徐有致。具体说，第一段，要读得沉着，字正腔圆。第二段，语速由缓慢到快疾再到缓慢。语气由低到高。第三段，语速缓慢沉静。第四段，总体上急速、高昂，但又需有语气的起伏跌宕和语速的疾徐缓急。第五段，缓慢、字正腔圆。

理解性活动。理解性活动就是对文本内容的认知判断、概括分析，其价值在于呈现学生深入阅读文本获得的认识和领悟。理解性活动是引导学生探究文本"怎么样"或"是什么性质特征"的活动。例如《秋天的怀念》如何理解作品所表现的母子深情，母亲奉献给儿子的带着血泪的爱，和儿子对于母亲深沉而痛楚的怀念之情呢？可否抓住文中的一句话"要好好儿活"："我"却没有好好儿活，脾气变得暴躁无常，动辄摔碎东西。为了不使瘫痪的儿子对生命绝望而"好好儿活"，母亲"忍着哭声"说让我去看花；母亲见我发泄心中的痛苦和绝望，表现的那肝胆俱裂、心成碎片的痛苦，那超乎常人的谨慎细心、体谅包容、关爱呵护；我看见窗外的树叶刷刷拉拉地飘落，母亲便进来挡在窗前；当我同意去北海看花时，母亲表现如孩子一般，喜出望外、得意忘形。然而母亲活着就是为了我们能好好儿活，而她自己却没能活多久，她用生命诠释了对于儿子的爱。而在母亲的关爱下，"我"也"好好儿活"了，创作的小说获得大奖，成为了当代文坛中一颗耀眼的明星。

鉴赏性活动。鉴赏性活动是对文本做个性化解读和审美性鉴赏，对作品生活内容、审美意蕴和写法语言等艺术表现的品味和感悟，从中获得独特的个性感受，能有自己的见解和看法，重在指导学生探究文本"为什么这样写"或"这样写的好处或表达效果怎样"以及"倘若……那么……""还可以如何"的活动。

将《春》一课的教学设计为"艺术摄影"活动，分为"美景浏览""镜头定格""美点品味"三个活动。其中"镜头定格"首先让学生做摄影师，选取自己喜欢的场景画面拍成照片，然后为照片题写富有诗意的名字，再向同伴介绍所拍照片景物美在哪里，说出拍这幅照片的理由。这个过程中，引发了学生对文本情景的联想想象，由语言文字变成形象立体的画面，有创造性思维的积极投入；由画面变成学生自己的语言，说明"照片"景物美在哪里，实现了对文本深入细致的解读；诗意地概括"照片"内容，则使学生将已有积累与文本建立联系，在分析与概括、揣摩与运用中有效促进了学生言语生成能力的提高。

《皇帝的新装》游行结束，皇帝回到皇宫会发生怎样的事情？同学们可以为安徒生的原作《皇帝的新装》作续写，也可以对这个故事进行改写。那么前者可能是奖励骗子，杀掉小孩；后者很可能是将骗子绳之以法，从此皇帝警示大臣百姓做诚实的人，并励精图治，使国家越来越强大。

研究性活动。研究性活动是对文本进行纵横向的综合研究，以文本为依托，通过由感性到理性、由原因到结果、由个别到一般、由具体到抽象、由表面到深层、由现象到本质的探究、概括、抽纳、比较、辨别和求同比异，借以深入认识作品所展示的事物属性特征、本质规律，并有效历练学生的探究发现能力。

研究性阅读把文本探究定位在"研究"层次，以有效提高学习立意，拓展探究深度。实施研究性阅读，有必要让学生领悟研究的方法。比如，首先，采取分工合作的方法，确定研究内容或者研究专题。如说明文的事物特征、文体特征、行文思路、说明技巧、语言运用等。其次，确定阅读方法。比如圈点勾画，批注点评，摘录要点，整理卡片。再次，探究研究方法。要对材料进行分类；要同其它相类作品联系对比；要分析概括，抽纳出规律。

以《中国石拱桥》为例，学生对课文分专题研究，关于行文思路研究的结论和观点如下：1.整体布局是总分式结构，由总述到分述，由一般到个别。框架结构和行文层次使文章具有了赏心悦目的建筑美和引人入胜的艺术效果。开首两段从总体上描述介绍石拱桥的外形及特点，下面再说到个别：中国的石拱桥。然后又以"中国石拱桥"作为总说内容，以传统的石拱桥和建国后的石拱桥为分述内容进行说明。总体思路上"总——分（总）——分"的解析式的框架思路，逻辑严密，梯次清晰，整饰美观。2.局部对传统"中国石拱桥"分说中又包含着新的总分式结构，即将赵州

桥和卢沟桥分述。说明赵州桥的几个特点，是并列结构样式。关于"我国的石拱桥会有这样光辉成就"原因的解析，则与上文构成了本质与现象、原因与结果、浅层与深层的逻辑关系。3. 文章框架结构既统一又多样，既层次清晰又浑然一体，表现了作者矜持的科学精神和对事物深刻透彻的认识。

第九章　阅读教学方法

阅读教学方法是指教师为帮助学生解读文本、感悟阅读经验、提高阅读效益、培养阅读能力而运用的教学载体、措施、技巧和运筹的匠心。教师在阅读教学中的价值在于使学生"更有效地读"和"读得更有成效"，而要实现这个价值，教师必须充分发挥自身的聪明才智，激发学生的学习热情，催生学生阅读智慧，创造理想的阅读教学境界。

第一节　阅读教学方法的价值意义

阅读教学方法在阅读教学中的价值和作用不言而喻，如果没有教师的教学智慧引领，那么学生的阅读活动很可能就会是"瞎子摸鱼"或"雾里看花"，结果可能是"泥牛入海""竹篮打水"。"艺术的最高境界是真实，是自然，是无技巧。"[1]名家的教学没有什么方法，殊不知艺术如果达到了至高境界，实则融入了丰富的技巧，只不过这些技巧已经剥"浮华"去"雕饰"，将技巧自然化、平凡化了；名家的课堂教学看上去没有运用什么华丽的教学方法，他们已经将方法融化在质朴的外在形式中，如果推敲每一个教学过程和教学元素，你会觉得他们的课堂内容和形式是那样的和

---

[1] 巴金：《探索集》，北京：人民文学出版社，1989年版，第147页。

谐，进而发现处处是精到而令人惊叹的方法技巧。没有新颖、适切、有效的教学方法，就不可能让学生有丰富的收获。教学方法的价值体现在以下几个方面：

一、满足文本解读的需求

首先，由于不同的写作价值取向，决定了文本体式的不同。而文本体式不同，解读与解构的着力点以及思路也就会有很大差别。学生的自主阅读大都局限于文本呈现的具体内容的表面化理解，一方面缺乏深层领会，就事论事，就人论人，就物论物，就景论景，就内容论内容，很少顾及文本的写作价值取向，进而从此出发认识文本在承载价值取向上所表现出来的独特之处。另一方面不同体式各有自身的特征，学生该如何认识并进行解构，这些都需要教师的悉心引导。

其次，就学生文本意义的建构来说，需要适时进行指导。首先是作者意义。文本的作者原初意图与文本的客观意义、读者个性化意义、教学功能意义并不相同或不完全相同。

正确还原作者的原初意义并非唾手可得，有些课文只要理解了它也就达到了阅读的目的。很多情况下学生自主阅读即便有教师的指导点拨，也未必能领会得到。例如很多学生学习了课文《我的叔叔于勒》之后，仍然认为小说就是反映并揭露了资本主义社会人与人之间包括亲人之间赤裸裸的金钱关系，批判了人性的世故和丑陋。如果要正确把握作者思想的倾向性，应该指导学生通过文中次要人物若瑟夫的表现和被教材编写者删去的开头和结尾，去揣摩去把握。再比如《皇帝的新装》，学生能够领会到作家是在抨击人们的"真纯"品质的丧失，抑或批判"从众""从俗"的人性弱点，但是安徒生本意却是抨击统治阶级的荒淫腐朽。对于许多"美文"的解读欣赏，学生只是觉得文章写的很美，富有诗情画意，很有艺术魅力，但却无法"进入"文本情境，只是在"风景"的远处观赏。教师指导学生"寻美句""品美词"时千篇一律，往往忽略了指导学生审视作品的"个性""特质"。

理性认识文本客观意义对学生来说同样具有挑战性，从学生日常学习表现很容易得出这样的结论。例如学习《狼》一文还原作者原初意图，就要联系《聊斋志异》及其中的《狼三则》，领悟本文是隐喻像狼一样狡诈、凶残的统治阶级和恶人。其客观意义应是塑造了狡诈、贪婪、凶残而善用计谋的狼形象和惊慌失措、绝地求生而勇敢决断的屠夫形象。说狼富有智慧还是说得过去的，而很多学生认为屠户富于智慧、善抓时机就十分牵强附会了，因为从人与狼整个对决过程来看，人始终处于无计可施、被动恐惧的状态，根本没有什么"智慧"可言。从《狼》情节艺术上说，学生往往只是机械划分出"遇狼""惧狼""御狼""杀狼"，而不能领悟到小说情节剑拔弩张的特征。如果能够指导学生设身处地，静心思考，应该能够找到体现课文情节特点的关键词"紧"，进而把握情节的起伏跌宕、扣人心弦："一屠晚归"，"途中两狼"，"缀行甚远"——气氛"紧张"；"骨已尽矣"，而两狼仍步步紧逼——情势十分"紧急"；麦场双方对峙——气氛更加"紧张"；在这"紧要"关头，屠夫果断出击，以刀毙狼；蓦然回首，心头一紧，一狼"隧入"，"止露尻尾"——在这"紧急"时刻，屠夫紧握屠刀，"亦毙之"。

每位教师都有尊重学生个性化体验、独特的理解的意愿，但是由于缺少思路的点拨和方法的指导，这些都成为子虚乌有的空话，到头来具有多元意义的文本也常常变得意义单一，文本的丰富性被消解，学生展示个性思维能力的时机白白丧失。比如《散步》一文，学生可以理解为表现了"亲情""和谐"或"尊老爱幼"的主题，也可把主题理解为"对生命的思考"。而这样的多元化理解都是合理解释，重要的是如何才能够让学生打开思维、放开思路，这就需要发挥和展现教师指导的智慧和艺术。

再次，就纠正和规避学生对文本的肤浅、偏颇甚至错误的解读来说，需要教师有针对的指导。学生阅读文本常常出现肤浅粗陋、执拗偏颇甚至错误荒谬的问题，尽管这些问题不全是思维方法问题，但是与缺少方法的感悟而未能养成良好阅读品质密切相关。比如阅读《记承天寺夜游》，因为缺少必要的助读资料和古诗文解读经验，不能借助有关背景"知人论世"，因而只能理解到表现了苏轼快乐闲逸的心情这个地步。

二、满足学生智慧激发的需求

阅读教学是文本、教材编写者、教师、学生等多种智慧碰撞的过程，只有这种碰撞才会创造阅读教学的理想境界。智慧如同干柴，只有用火把点燃，才能燃起冲天烈焰。教师的引导，令学生潜藏的聪明才智被激发出来，充分发挥其思维创造性，文本解读方面才会有丰富的生成。执教《社戏》，为了使学生领会作品人物的性格特征，体会作品思想主题，让学生为文中"双喜""阿发""水生""六一公公"等人物起一个绰号，并说出理由。学生的智慧被有效激发出来，根据文中人物的表现和性格，起出了若干很有意趣的绰号，如双喜——"智多星""机灵鬼"，阿发——"憨豆""傻帽"，六一公公——"慷慨老六一""实在佬"。执教《小石潭记》，让学生根据自己对文本的理解，设置上下联让学生对对子，学生的表现令人瞠目：坐潭上凄神寒骨，观游鱼乐心怡情；碧水游鱼石潭景，凄神寒骨游者情；望潭源斗折蛇行隐约可见，想前路坎坷迂回渺茫无边。执教《端午的鸭蛋》，领会了高邮鸭蛋的特点之后，为了让学生体会作者融入作品之中浓郁的童年情愫和怀乡情结，没有让学生找出句子空谈表现了怎样的情感，而是通过自己的朗读读出来，通过语气语调传达出那强烈而深沉的情感，学生找到了理想的体验方式，读得有声有色、入情入境。

学生能够发现并提出问题表明他们已经投入智慧，只有有疑问的学生，思维才更活跃，也更具有创造性。如果教师能够给予策略上的引导，学生的智慧就会被激发出来，进而获得问题解决的途径。执教《老王》一课，教师提出了一个问题：既然老王和杨绛在那个特殊的、艰难的岁月里彼此相互帮助扶持，各人都已尽其所能，那为什么说"那是一个幸运的人对一个不幸者的愧怍"，"愧怍"什么或为什么"愧怍"呢？这个问题不好理解，于是又提出了另一个问题："幸运的人"和"不幸者"各指代谁，"幸运"和"不幸"的深层含义是什么？这应该是一个欣赏性问题，学生能有初步答案，但可能还不够完善或者不能十分肯定。在这种情况下，教师如果指导学生去体会两者付出的不同，他们就会顺利地领悟出"情感付出不对等""地位人格不平等""精神品质不相等"，于是"愧怍""幸运""不幸"的含义也就昭然若揭了。

三、满足学生持续发展的需求

中学语文阅读教学的根本目的不在于读懂甚至读透文本，获得关于文本理解的正确标准答案，而在于使学生学会阅读，在阅读中学会写作。"在阅读中学会阅读"就是能够运用阅读尝试和阅读反思，领悟和提炼阅读经验和方法，并将其运用到相应的阅读活动中去，从而不断提高阅读效益，形成阅读能力持续发展的潜能。教师提出一些阅读理念或阅读目标，做一些宏观或中观的引导，提示阅读思路，创设阅读载体，必要时做些示范，引发学生的阅读智慧，留下更多空间给学生，让他们积累经验，领悟和创造方法。

初中学生的阅读能力处在一个生长发育期，阅读教学对于阅读的指导应该有整体规划，需按部就班，循序渐进。在初始年级应遵循方法教示与自主感悟相结合原则，从文本意义的解读和文本语言表达的解构出发，让学生逐步掌握文本阅读的思路和本领。一方面按一般阅读心理规律逐步形成基本的阅读习惯和阅读能力，包括整体感知、信息筛选与处理、理解分析、概括归纳、欣赏评价、拓展探究等核心阅读能力。另一方面按不同文本的特征养成体式阅读意识和基本能力。既要解读文本思想内涵，也需解构文本的价值功能、意脉结构、语言表达。这两个方面在阅读教学中不同的学习阶段各有侧重，但却是相互融合、缺一不可的。这个阶段无论是基本阅读能力的培养还是不同体式文本阅读能力的发展，都需要教师的宏观指导、微观示范与学生的自主感悟相结合。至八九年级，以学生自主阅读实践探索和自主感悟方法经验为主，教师可以确定阅读文本、阅读目标、阅读基本构想、基本原则和阅读效果预期，而阅读过程的规划与方法的使

用放给学生，朝着"自能读书，不待老师讲；自能作文，不待老师改"[①]的方向迈进。在这个阶段非常需要培养学生阅读反思的习惯，要指导学生有针对性地建立适合自身特点的"反思"机制，如阶段反思、方式反思、效率反思等。"学而不思则罔，思而不学则殆"，对自己的阅读行为、效能审视，可以发现其优劣得失，总结经验，剖析失误，进而及时作出调整，使阅读活动高质量进行。

就整个中学教育来说，教学方法有一些是共性的，有一些是个性的。共性的既适用于其他学科的教学，也适用于语文学科，那么这些共性方法就不属于语文阅读教学所独有。教学方法的个性就是指某一学科所独有的，不适用于其他学科。当然不同的学科运用同一种教学方法，其表现的个性也会千差万别、各有千秋。

第二节　各种教学方法的含义与教学运用

一、矛盾法

矛盾教学法是通过创造、利用和化解文本自身矛盾或文本解读中阅读主体的矛盾，以达到对文本意义有价值的理解和深入把握，发展学生思维能力的教学方法。

（一）利用和化解文本内部的矛盾。一般地说，优秀的文本往往包含着丰富的矛盾因素，能在有限的语言文字中呈现复杂多样矛盾对立的社会现实，反映生活的内在本质，熔铸作者卓越的创造智慧。发现捕捉这些"矛盾"，可以从中挖掘文本的丰富内涵，领会作者的思想情感，揭示作品艺术表现的奥秘。

---

① 叶圣陶：《叶圣陶语文教育论集》，北京：教育科学出版社，2015年版，第520页。

1. 显性矛盾。

文本内部的矛盾有的显而易见，可能表现在具体语句中，也可能体现在具体内容中，还可能包含在作者所抒发的情感中，都比较容易发现。例如《阿长与〈山海经〉》通过儿童生活的描写表达了对阿长的敬意和深情的怀念，但是作者文章前半部分为何"历数"阿长的种种"劣迹"，这样写岂不影响了表现"她"的宝贵品质和"我"的情感？这种选材和情感表达表面上的矛盾显而易见，但是通过研读课文学生就会发现，一方面本文有两种视角，一种就是儿童视角，一个懵懂孩子的眼光和角度当然免不了肤浅和片面，因此无论"讨厌""憎恨"还是"震悚""敬意"都是真实而幼稚的感受，因而也是合情合理的，另一方面这样写也真实地呈献给读者一位同时有着优缺点的"保姆"人物，第三，这种先抑后扬的写法突出表现了阿长闪光的人格品质和"我"强烈的情感。再如《云南的歌会》作者力图表现云南歌会的三种场合中的三种演唱方式，在"山路漫歌"部分，只有寥寥几行文字描述赶马女孩子本色纯朴的歌唱，而大量的笔墨描写山路边的各种风景，如开满杂花的小山坡、微风里不住点头的报春花、性情奇异的戴胜鸟、自由飞翔起落的云雀，这岂不是矛盾吗？岂不是喧宾夺主抑或偏离中心吗？结合具体内容和作者写作意图，学生就会发现：首先，这是一种客观呈现，山路上既有美丽的风光，也有动人的赶马女孩子；其次，为人物活动铺设情境，自然的美好濡染了女孩子的心性，以自然的美好动人映衬人的率真自然；再次，表现一种人与自然的交响曲，在这里自然与人都是神奇的歌手。而对自然、人、艺术的欣赏与赞美，对云南人生活美好、人生美好的称颂和向往则正是本文的主旨。

2. 隐性矛盾。

文本内部的矛盾更多的是隐性的，藏匿在语言文字背后，是情理或事理上的矛盾。它反映了事物的内在规定性，决定了人事物景的性质特点。挖掘并化解这些矛盾，无疑有利于还原作品所表现生活的本质属性和作品的艺术匠心。

一是发现文本固有的难点。《最后一课》就存有显著的矛盾。普鲁士占领法国的阿尔萨斯，学校被逼迫停止法语学习而改上德语课。小弗朗士讨厌学习法语，按照常理这下他该高兴了，可是他非但没有高兴起来，反而十分惊恐，甚至突然间来了个180度的大转弯，他变得热爱学习法语了。这个矛盾隐藏在文本深处，却非常明显。矛盾出现的原因是人物内心深层意念和表层意念的不统一。假如普鲁士没有占领阿尔萨斯，像小弗朗士这样讨厌法语学习的学生，不可能在极短时间内从根本上转变对法语的态度和情感。就像我们班里总有那么一两个学生不喜欢语文课，要让他在极短时间内改变对语文学习的态度和情感，是不可能的事情。那么他是如何从"讨厌"转变为"喜欢热爱"法语的呢？首先，人们意识的表层和深层，除存在着同一关系外，还会存在矛盾关系。表层看，小弗朗士讨厌法语课，但是其意识深层仍然喜欢和热爱法语，这正是意识的表层和深层的矛盾。而要获得这样巨大的的改变，就必须将人物灵魂放到惊心动魄的境地，小弗朗士可能再也没有机会学习法语了，人物心灵达到了"突转"的饱和度，于是发生了巨大的转折，深藏于人物内心深处的情感意念被激发出来，而讨厌法语的情绪被消解得了无踪影。其次，小说十分准确地把握了人们的一种普遍性心理：对某些已经享有的，大都不觉得多么珍贵；而一旦失去了它，才感觉到它的无比珍贵。而这种"珍贵"的心理感受彻底化解了两者之间的矛盾，人们心理深处的民族意识、自尊意识和荣辱感也在这个过程中得到了有力的激发和宣泄。

《小石潭记》作为作者探山访水的代表性作品，表现了自然景物和人物心情之间的微妙关系。从呈现的自然景物看，好像是"实录"而没有任何"变形"或雕琢，但是仔细品味就会发现，"发现"的小潭、欣赏到的"潭石""潭水""潭鱼"，同望到的"潭源"、感受到的"潭水周围"环境之间，特点和色调存在明显的差别和"矛盾"。同一处"景点"的景物为什么会有不同性质的特点和色调呢？难道这处石潭真的只是潭本身令人赏心悦目，潭源和四周就那么"不堪入目""不胜凄寒"吗？沿着这样的问题，一方面将作品的意脉梳理清楚，另一方面有效把握作品中自然景物和人物心情之间的关系。首先，探访小石潭的过程由"觅潭"到"赏潭"，再到"望潭源",最后到"观潭四周",按照观览进程和时间的先后来呈现这些内容。作者感受经历了由"喜出望外"到"惊奇",由"陶醉"到"迷茫",最后到"悲凉"的变化过程。其次,游览小石潭,景物色调和作者心理之所以产生如此巨大的反差和变化,是由于作者的仕途遭遇和人生经历,以及由此在内心深处产生的深刻影响。作者因参与革新失败而被贬荒远的永州,一去就是十年,报国无门,壮志难酬;求还无望,归国无期。境遇十分凄惨,内心极度苦闷抑郁。从写作目的和作者情感主色调上看,作者游览小石潭并非出于闲情逸致,而是试图寄情山水,摆脱政治失意而产生的抑郁心情,消解忧愁。小石潭清幽宁静的气氛引发了他情感上的共鸣,一度沉迷其中。然而,他的内心充满着政治失意、壮志难酬的苦闷与怡情山水、超脱尘俗的自得之间的矛盾,暂时获得的快乐和喜悦转瞬即逝,内心的悲凉和苦闷重又翻滚而来。这样自然景物特点和色调的差距以及写作的"矛盾"问题便迎刃而解,它们都是由作者的心理和情感所引起的;这也便引发了我们关于作品情景关系的思考。作者是怎样做到"融情入景""心与物化"的呢?一是"因景生情"。发现小石潭,闻得水声,心生惊喜;见到小潭,内心兴奋异常;看到翻卷出来的形态各异的石头,禁不住心花怒放、拍手称奇;而面对那从容自得的游鱼时,简直是如痴如醉了。而当全观空寂凄寒的石潭环境氛围时,凄凉忧伤之情便油然而生。二是"以情写景"。小石潭地处荒僻的野外,算不得名潭胜景,游览小石潭的目的是寄寓自己的身世遭遇,倾注内心深处的情感。因此所写石潭中的一石、一木、一水、一鱼都成为作者眼里心中的景物了,所谓"以我观物,故物皆著我之色彩"(王国维《人间词话》)。虽然"青树翠蔓"的时节,但却"水尤清冽",这不能不说是作者悲凉心境的一种折射;一个荒山野谷四处可见的小石潭,被作者写成胜景,显然是他心灵的创造,而小石潭的清幽无闻、与世隔绝、不为世人赏识,不也正是柳宗元"材不为世用,道不行于时"(韩愈祭《柳子厚文》)身世遭遇的写照吗?而探望石潭的水源,写出了溪流的曲折茫远,但已消尽了赏心悦目的明丽色彩,显得那样险恶诡谲,足见作者暂时的快乐消失后,很快被现实的剧痛唤醒,那政治上的失意、精神上的苦闷、人生的坎坷以及对前途的迷茫又涌上心头。三是"以景衬情"。作者写游鱼的"自得"之态有力地衬托出了作者痴迷陶醉的心境，写小石潭的"寂静""凄寒"环境气氛，不但契合了作者快乐消失后空寂失落的心境，而且将其心情的悲凉衬托得更加深厚而浓重。乐与悲的巨大反差和乐极生悲的变化过程，充分反映了柳宗元政治上遭受打击，胸中块垒无以化解的痛苦与抗争。

二是借助文本内容创设矛盾。文本思想内容往往有着复杂多样的关系，如"同一""矛盾""表里""因果""层进"关系等，这些关系深藏在文本内部，需要去挖掘和解析。

《伟大的悲剧》的难点集中在为什么"悲剧"是"伟大"的这个主问题上面。由这个主问题可以解析出若干分问题，如这里的"悲剧"和"伟大"二者是否矛盾，其内涵分别是什么？作者并没为成功者阿蒙森作传，却为失败者斯科特写下了激动人心的篇章，这是为什么？

首先，这的确是一出悲剧。悲剧的表层意义是"失败之悲""作证之悲""死亡之悲"，悲剧的原因是斯科特一行行进速度太慢，由于"慢"使其未能在暴风雪肆虐之前走出极地圈。同时他们因改用人力长途跋涉，食品储备不足，加上严寒冬季的到来致使他们"饥寒交迫"，最终"冻死在睡袋中"。总之，是由于"鲁莽"酿造了这出悲剧。悲剧体现在过程中，也体现在结果中。然而从深层意义来看，造成斯科特一行悲剧的原因并非是"鲁莽"，因为斯科特一行的南极探险，是经过周密计划的，最后的失利乃是由于"意外"，"这是一次冒险的行动，但它又是一次像一桩买卖似的盘算得非常仔细的行动；这是一次大胆的行动，但又是一次最小心谨慎的行动——每一个细节都要算得十分准确，但发生意外的可能性仍然防不胜防"（茨威格《夺取南极的斗争》）。结合原文"这里的自然界是冷酷无情的，千万年来积聚的力量能使它像精灵似的召唤来寒冷、冰冻、飞雪、风暴——使用这一切足以毁灭人的法术来对付这五个鲁莽大胆的勇敢者"可以看出，"鲁莽"更应理解为"不惧危险"，与"大胆""勇敢"是同义词。这样看来，这个悲剧的实际内涵应是人在同不可战胜的厄运的搏斗中毁灭了自己。

其次，这"悲剧"是"伟大"的。这种"伟大"不是指死亡、作证、失败的"悲剧"本身，而是指南极之行这一事件所具有的重大历史意义和巨大的精神价值。斯科特一行登上南极探险，留下笔记、标本及影像资料，反映的是人类对"未知"世界的探究过程；斯科特等人是第二支到达南极的探险队，表明后面还会有其他探险队抵达南极，也表明人类对未知世界的探索不会终止；斯科特等人的科学考察，为后来者提供了经验教训，他们在科考过程中面临死亡时所表现出的美好品质激励着人们的精神斗志，因此事件本身是有重要历史意义的，是伟大的。显而易见，作者所重视的不是科考的成功与否，而是其精神意义，这是一个伟大作家的价值取向。这篇文章与其他几篇分别记述拿破仑、列宁、托尔斯泰、歌德等人的传记文章共同收录在一本集子里，取名叫《人类的群星闪耀时》，这也可以很好地阐释"伟大"的含义。

这样在解读"伟大"和"悲剧"含义的过程中，也就化解了两者之间的矛盾，而作品的深刻内涵也就得到了阐释。

三是利用分歧构建和化解矛盾。由于文本所表现的生活世界的复杂性和读者对于文本的解读的个性化、多元性特点，使不同的人对文本的理解和感悟出现分歧，这种分歧可能有正误、深浅、全偏之分，也可能是各有道理和依据，也可能是着眼于不同角度而得出的不同观点，还可能是观点的悖逆对立。这些分歧为深入研读文本提供了契机和载体，展示这些分歧就是构建矛盾，化解这些分歧，也就是力求对文本的透彻解读。

关于《我的叔叔于勒》主题的理解就有许多分歧：一是"金钱关系说"与"道德沦丧说"之间的冲突。"金钱关系说"认为小说通过这个故事，艺术地揭示了资本主义社会中人与人之间赤裸裸的金钱关系。这是从社会形态去诠释人的精神品性，是唯心主义的解释。"金钱至上""利益至尊"的思想观念何止资本主义社会才有？奴隶社会、封建社会乃至现代社会中，这样的现象、具有这样品质的人还少吗？因此作品是在批判人的道德沦丧。倘若说由于金钱和利益关系的支配使得菲利普夫妇如此冷酷无情，那么为什么小若瑟夫从小到长大成人，与父母对待亲人的态度截然相反呢？二是"幻灭说"与"性格悲剧说"的矛盾。"幻灭说"认为小说表现了小人物生活的辛酸，于勒的发迹其实不过是菲利普夫妇灰色人生的一抹亮色，于勒最终穷困潦倒则是灰色人物灰色理想的幻灭。这个灰色理想是依靠他人的富有来实现，因而是十分荒诞的，要改变生活必须依靠自身的奋斗。何况于勒年轻时的"作为"已经说明他不可能成为菲利普一家的"救星"。三是"虚荣说"与"务实说"之间的矛盾。"虚荣说"认为作者通过细节描写，鲜明地揭示了菲利普夫妇爱慕虚荣的种种丑态。但从另一个角度说，处在尴尬拮据的经济状况下，谁都想改变生存现状，不是出于虚荣，而是务实的反映。包括到哲尔赛岛上旅游这种"奢望"、把于勒的信给未来女婿看、买牡蛎又不能让所有人共同享用乃至躲开于勒改乘圣玛洛船，都是菲利普夫妇这种人在这种经济状况下"务实"的必然选择。当然我们可以换一个角度去看，把焦点转移到若瑟夫身上，会有另一对矛盾："美好人性说"与"沉沦救赎说"之间的对立。"美好人性说"，小若瑟夫面对穷困潦倒的亲叔叔，内心十分痛苦，给了他十个铜子的小费；成年后的若瑟夫"有时候要拿一个五法郎的银币给要饭的"，这就说明金钱关系并不能左右人们的精神品质，美好的人性可以战胜金钱导致的人性蜕化，表明作者对人性、人情充满希望和信心。"沉沦救赎说"，是说小若瑟夫这种"美好的人性"存在问题，如果若瑟夫有着美好的人性，就应该不顾父母的态度，大胆地去跟亲叔叔"相认"，可是他并没有这样去做。作者没有按照一般孩子的情感逻辑去表现其作为，而按照若瑟夫这个形象的情感逻辑去设置情节内容。这就明显地表现出作品所反映的赤子情怀在现实面前的沉沦和对渐行渐远逐渐世俗化灵魂救赎的思想倾向，作品更多的是体现作者的悲观主义思想和人道主义情怀。若瑟夫身上有着怎样的情感发展逻辑呢？年幼的他已经经历了家庭生活的艰难，认清了支撑姐姐婚姻幻想中的经济保证，父亲带着姐姐、姐夫去吃牡蛎而"我"竟然是如此"冷静而懂事"！遇到叔叔时是那样的成熟、理智、冷静。可以说作者通过一个被生活洗礼了的理智成熟冷静但赤子情怀逐渐沉沦了的孩子若瑟夫的表现，流露出作者因为家庭、社会因素的影响而产生的悲观主义情绪。若瑟夫能平静地喊出"先生"后，又冒着被母亲指责的危险多给了于勒十个铜子的小费，这当然为这个寒冷黑暗世界增添了些许温暖光明。在教材中删去的开头和结尾中，若瑟夫给一个花白胡子的穷老头五法郎的银币，可以反映出这是对自己渐趋世俗化的灵魂的救赎。这种强烈的悲观主义和悲天悯人的人道主义精神，在作品中得到了具体的阐释。作者在冷静悲观地表现社会现实时，能反省解剖自己，去寻找生活中的亮色，给读者一些心灵上的温暖，救赎那逐渐堕落的灵魂，若瑟夫的形象正是这种矛盾思想的展示。

类似的分歧随处可见，需要有效利用这些分歧激发学生的思维活力，理解文本深刻内涵。比如《猫》中第三只猫蒙冤乃至含冤而死，究竟是谁之过？有的认为责任在"我"，有的认为责任在"猫"。这需要教师引导学生既要深入文本寻找依据，又需跳出文本去审视。审视"我"的行为，第三只猫悲剧的发生，"我"有不可推卸的责任。首先是内心对这只"猫"的不喜欢，它的外形、性情不招人喜欢，于是对它缺少爱怜情感。其次，戴着有色眼镜看待"芙蓉鸟"事件，由于人与猫关系的隔膜，造成了对猫的不了解甚至是误解、偏见，"我"凭着道听途说而没有调查研究武断地认定猫就是罪魁祸首，以致给猫以惩戒，造成了悲剧发生。审视"猫"的性情行为，这只猫悲剧发生也有其自身的缺陷，以致遭受不幸。比如貌相丑陋也许难以改变，但性格变得活泼快乐一点或者行为上勤快一些还是可以做到的，自身有缺陷，应学会改善自己。这样才会被喜欢，即使真是一时糊涂做了错事也会被原谅。这两种分歧实际上是从事情的两个方面和不同视角分析和解剖问题，通过展示这种分歧，辩证地揭示事物矛盾的因果关系，使学生还原作者的创作意图，与作者共建作品的意义。

《社戏》通过描写看"社戏"过程，表露了对"社戏"的态度看法。有不少教师认为"迅哥儿"他们眼里心中的"社戏"并不好看。于是提出一个似乎很有思维力度的问题让学生去思考：既然如此，作者为什么说"一直到现在，我实在再没有吃到那夜似的好豆，——也不再看到那夜似的好戏了"？照这样的逻辑得到的答案无非就是："社戏"

不好看。想看铁头老生翻跟头，但那老生没翻；想看"蛇精"和"跳老虎"，等了许久都不见出来；最怕看"老旦"，老旦却不停地唱着；孩子们"喃喃地骂""不住地吁气"等，这些地方是戏并不好看的证据。得出的结论是：说那夜的豆好吃，那夜的戏好看，实际是看戏的过程给他留下了美好而难忘的记忆，那醇厚朴实的民风，热诚真挚的友情，那如诗如画的乡村自然风光和自由自在的生活环境，给了他美好的享受和印象。很显然，这只是一种理解，甚至是有些"武断"的阐释，也可能部分学生也如此理解，但有的老师竟然将这种理解强加在学生身上。那夜的戏果真很好看，首先，在小伙伴们眼里心中"戏"是好看的，"吃饭之后，看过戏的少年们都聚拢来了，高高兴兴的来讲戏。只有我不开口；他们都叹息而且表示同情"，从看过戏的少年们的"高高兴兴"来讲戏和对"我"的"同情"就可以看出，戏是很吸引人、很好看的，要不然不会有那样的热情态度。其次，从"我"的角度看，看铁头老生打仗，看赤膊的人翻跟头，看小丑被绑在柱子上挨皮鞭，甚至包括令人讨厌的那不停地唱的老旦的举手投足，都被看在眼里可谓津津有味。再次，从删去的开头部分看，作者是通过对比，一方面表现成年后在北京所看的戏是那样的没有吸引力，"这台上的冬冬喤喤的敲打，红红绿绿的晃荡""而募集湖北水灾捐"的名角小叫天也始终没有出场；因看戏的环境的噪杂、拥挤、烦闷以及人与人关系的冷漠，心情窝囊压抑，这种厌烦和倦怠心理下，那"戏"实在好看不到哪里去。另一方面突出了童年在乡村所看"社戏"的丰富多彩和令人神往。

（二）利用和化解文本内外之间的矛盾。

文本不是孤立存在的，如果在解读文本时只是盯着这篇文本，则反而很难认识清楚它的真面目和核心教学价值，也就很难找到解读的突破点。因此要寻找发现文本与其他相关因素的矛盾：一是文本之间，二是生活与文本。

首先是文本之间的矛盾。研读朱自清的散文《春》，我们可以先采用裸读的方法去"原汁原味"地感受作品，那么可以欣赏到那充满诗情画

意的生机盎然的春天图景，发现作者表现自然万物的开放性视野，感受
到作品率真、自然、细腻的风格和鲜活、质朴、清新的艺术魅力，领悟
到春天的生命力带给人们的精神享受和对生活的希望与追求。然而仅只
如此是有缺憾的，还应探讨朱自清和其他作家所表现的春天内容写法的
千差万别，却为何都那样脍炙人口？在众多的表现"春天"的名作中，
朱自清的《春》究竟有什么奇异之处？其他的作家表现"春天"其独
特之处又在哪里呢？不妨借助比较来观察它们是如何"自出机杼"而又
"殊途同归"的。拿《春》与张晓风《春之怀古》来说，从写作用意来
看，一是赞美当下眼前的春天情意绵绵、生机勃勃，这与作者的生活状
态和心情密切相关。《春》写于1933年2月，正值朱自清与陈竹隐重组家
庭，作者对生活充满着希望和热切的追求；一是缅怀和追寻湮远时代曾
经美好而清新洁净的春天，这与作者所处的生活环境有着密切的关系，
比如现代生活中烟囱与烟囱的黑森林——被污染的自然。作者通过描绘
那湮远年代清新美好的春天，唤醒那些沉湎于急功近利的贪欲中而损毁
美好生活的人们。从写作的构思来看，前者着力于春天景致与作者情感
之间的内在联系，沿着"盼望""喜爱""赞美"的情感线索展示春天的
盎然生机和无限"活力"，而且细致入微地从多种感官去表现春之形貌
色彩、冷暖气味，传达对春天多种画面景致的喜爱；而后者则以时间和
地点的双条线索，展示春天自然清新、纯洁美好、充满诗意的本色，从
初春到仲春再到深春，从绿意内敛的山巅冰雪的融化，到一城的杜鹃花
和满街的柳树，再到被桃花攻陷的水村山郭和被柳树控制的皇室御沟、
民间江头，再到小羊吃草、小孩子放着风筝的田间陌边、溪畔塘沿，最
后到鸟儿丈量的天空，无论哪个角落，都是春天造化的神秀，没有人为
的扭曲和玷污。在笔致上，前者注重驱遣质朴而清新、纯净又富有活力
的语言去表现春天的特征和作者对春天的情感；后者则善于展开丰富奇
异的联想和想象，大量设喻取譬，创造出丰富的陌生化语言，令人回味
追索不已。若拿《春》与林斤澜的《春风》相比，特色就更为突出。首
先，从表现视角上说，前者通过蒙太奇手法，通过各种景物展示春天的

全貌，抒写出浓烈的爱春、颂春之情；而后者运用抑扬跌宕笔致和铺陈渲染手法，表现北国"春风"的粗犷性格、威猛气势、强劲力量及其给人们带来的惊喜，歌颂了它生机勃勃、横扫残冬、催生万物的可贵品质，从而传达出对驱散严寒、带来春天的北国春风的无限怀念和深深敬意，进而表达对春天无比强烈的热爱和敬意。其次，从地域方面来看，前者是写江南春天，而后者则是北方的春天，都抓住了各自地域春天的特点。江南春风像柳丝的吹拂，体贴万物，又像细雨的滋润，无声入梦。面对坚冰，南方的春风是无可奈何、无济于事的；而北国的春风却以摧枯拉朽的力量、不可遏制的气势，横扫整个北国，吹开了冰冻，吹醒了生命，催生了万物。再次，在艺术表现和语言风格上，前者致力于综合运用多种感官去呈现春天的魅力，后者则着力于运用先抑后扬、对比烘托等手法着重表现北方春风粗犷豪放、迅猛强劲的特点。风格上一是纯净质朴中充满生命活力，一是粗犷奔放中透出阳刚之美。

以上辨析我们可以看出，寻找文本之间的矛盾，就是寻找在展示相同的生活内容时作者所表现出来的独到的洞察力、表现力，进而使我们发现作品所表现的生活美、所创造的艺术美，更加清楚地认识作品的核心价值，为有效解读奠定基础。

其次是生活与文本的矛盾。文学是生活的反映而不是生活的实录，源于生活而高于生活，是追求生活的真实而不是对生活事实的实录，这就往往表现出一对明显的矛盾。在老舍先生笔下，"济南的冬天"是那样的富有诗情画意，是那样招人喜爱，简直就是一首声情并茂的抒情诗，一幅清新淡雅的水墨画。也许济南确实很美，但是不是像老舍先生说的济南的冬天那样"响晴""温暖"？是不是像老舍先生所写的那样富有诗情画意呢？济南冬天冰天冻地，寒风凛冽。这与济南的地形特点有着十分密切的关系，济南三面环山，北临黄河，冬日北风从北部平原乘虚而入，所以格外寒冷。因而从气候的特点看济南并非理想的居住生活地。既然如此，老舍先生为什么说济南是那样的"响晴""温暖"呢？老舍在济南生活了四五年，这几年是他文学与人生极其关键的时期。首先，老舍文学创作的第一个高峰期是在济南度过的，当时任教于济南齐鲁大学，写出了三部长篇小说和多部短篇小说，初步奠定了他在中国文学界的地位。其次，31岁的老舍成家立业、生儿育女由济南开始。再次，老舍离开济南后仍对济南一往情深，自己称济南是他"第二故乡"。为此，他为孩子取名舒济。除去《济南的冬天》外，老舍先生还写了《济南的春天》《济南的秋天》等散文作品表达他对济南的深厚情感。因此作者所表现的"宝地"济南的冬天之"响晴""温暖"，未必那么符合济南的实际，却合乎作者情感的逻辑。

二、悬念法

悬念，原指事关重大的尚处于未知状态的结局引起的人们的紧张心理，使人们对事情的结局产生急切期待，形成一种强烈的渴望和挂念，或人们在欣赏戏剧或其它文艺作品时对故事发展或人物命运等未知结果产生期待心理和关切心情。阅读教学中的"悬念法"，就是通过创设具有悬疑性和猜测性的教学情境，让学生形成焦急渴望的心理状态，进而产生积极主动探索问题、获取知识的愿望和意向的教学方法。

悬念法应该成为贯穿语文课堂过程尤其是阅读教学过程的基本方法，可以武断地说，没有悬念也就没有真正理想的语文教学。如果语文课没有悬念，阅读就会浮于表面，学生就会失去积极阅读心态。学生自主阅读文本的收获大多具有一定的局限，阅读教学的价值就在于在学生具有一定收获的基础上，产生更大的好奇心，形成新的解读路径，产生新的情感需求，进而对文本进行更为深入的探究，获取更有价值的认识、理解以及更有效的阅读方法。而要实现这种追求，教师应当全面而深入地把握学情，同时需要对文本有深入的、属于自己的、高于学生而又可以使学生通过思考来获得的认识与理解。

教学中悬念的类型与方式包括：

（一）解读思想内容设置悬念

第一是主题理解设置悬念。如果文本的主题具有多义性或隐含性，学生理解起来有一定难度，那么就需要设置暗示性悬念，以帮助学生进行思考。这种悬念有的设置在课堂教学的开始，如《变色龙》教学导入设置这样的悬念：沙俄时代，一个人不小心掉进河里，无论他怎样大喊"救命"，岸上的警察都无动于衷。情急之下，落水者突然大喊"＿＿＿＿＿＿"！两名警察一听，立即跳入水中，把落水者救了上来，并将他送进警察局。那么落水者究竟喊了什么能招来警察并把他救上岸？为什么要将他送到警察局？通过学习这篇课文我们去寻找答案吧。又如教学《茅屋为秋风所破歌》展示郭沫若"世上疮痍，诗中圣哲。民间疾苦，笔底波澜"和刘咸荣"诗史数千言，秋天一鹄先生骨。草堂三五里，春水群鸥野老心"的题联，引导学生推断题联所表现的诗人是谁，并说出理由。学生在展示自己猜测的过程中，领会到诗人杜甫在文学和人格精神方面所树立的两座丰碑，理解杜甫诗歌所表现的生活内容以及熔铸在诗歌中的思想情感，从而在更广阔的视域里设置悬念，引发对《茅屋为秋风所破歌》所表现的思想主旨的探究渴望，进而为正确理解诗意和艺术表现奠定基础。有的设置在教学过程中间，如《记承天寺夜游》引导学生感受字里行间隐藏着的浓厚鲜明、一以贯之的情感"快乐"，即"闲逸"中的"快乐"。之后设置悬念：作者写夜游的目的只是为表现这种简单的"快乐"吗？有没有更深层的内涵呢？通过知人论世深入探究，理解到这种"快乐"所表现的是诗人豁达积极的人生态度，坚韧刚强的精神品格。有的悬念设置在教学过程的后面，如教学《孔乙己》，学生必然要研读在咸亨酒店这个特定的场合下孔乙己生命过程的片段，理解作品所塑造的人物形象的典型意义所体现的深刻思想意蕴。在此基础上，设置悬念：孔乙己最后一次离开酒店后，会有怎样的情景和故事发生呢？如"孔乙己与＿＿＿＿＿相遇"或"孔乙己之死"是怎样的情境。这一悬念的设置，就是利用教材文本的"空白"与张力，顺承作品意脉，填补作品内容或更改作品原貌，通过重新建构作品内容及其意义，实现对文本有创意的解读。

（二）解读文本内容特质设置悬念

优秀作品进入教科书，它在内容选材方面往往具有独特的视角，表现出其"与众不同"的特质，表现出在反映自然、社会、人生等方面的锐利目光和独到发现，读后令人难以忘怀。然而这种"特质"却常常因读者"身在庐山"而"视而不见"，这就需要设置悬念以引起学生的关注，引导思维方向，让他们用一双慧眼去审视。孙犁的小说追求诗意表达，具有如诗如画的诗性美，被称为"荷花淀派"。他将革命现实主义与革命浪漫主义有机结合，在现实的泥土中融入了浓浓的诗意，在自然中透出清新，在平凡中显出神奇，展现出既沁人心脾又扣人心弦的生活情境，极富"传奇"色彩。那么《芦花荡》是如何表现"神奇"和"扣人心弦"乃至"传奇"特点的呢？带着这种悬念去触摸文本，就会有惊喜的发现：一是情节上的"传奇"特点。情节上的传奇主要表现在"出乎意料"上：老头子天天出没在白洋淀里，每次都能圆满完成任务，而且他是那么自信，但这次大菱却受伤了；本以为过于自信自尊的老头子因为出现了失误，会放弃护送，但是他最终把两个孩子送到了目的地；老头子一个人没有什么武器，不可能有办法对付得了全副武装的鬼子，但是他竟然能够为大菱报仇雪恨。二是人物的"传奇"色彩。作者刻意选取白洋淀一个"黑"而且"瘦"，上了岁数的"老头子"作为小说主人公，单枪匹马护送两个孩子穿越敌人的封锁，这不免令人担心，怀疑他能不能完成这个任务。然而从"老头子"护送过程中所表现出来的信心、勇敢、智慧和能力乃至最后完成护送并给敌人以沉重打击来看，人物极富传奇色彩。更重要的是作品不是写一位年轻力壮、富有战斗经验的战斗英雄带领一个战斗小组去完成护送任务。如果是这样，小说过程和结果就会"一望而知"，完成护送任务没有什么悬念，当然也就没有什么传奇色彩了。三是环境的"传奇"。战争是血腥残酷的，然而作者笔下的战场却是充满诗情画意，没有炮火，没有硝烟，没有杀戮，有的是湿漉漉的星星、飞舞歌唱的小鸟、迎风飘散的芦花和静谧无声的明月，这本身就营造了一种"传奇"的战争氛围。这种"传奇"将作者对敌人的憎恨熔铸到对芦花荡这片土地的挚爱中：以诗情画意的环境描写衬托抗战军民的英雄壮举；以安静的环境衬托人物的动态美；作品中的芦苇在芦花荡中虽柔而韧，虽软而强……这些都创造出"传奇"的色彩。

《口技》中口技艺人的表演技艺令人称奇，即便是今天，在道具如

此简单的情况下能创造出这样引人入胜的效果也绝不是轻而易举的事。那么就需要教师设置悬念，引导学生去认识作品所表现的口技艺术的高超绝伦：《口技》文章仅以三百余字，就把一场表演刻画得精彩纷呈、妙趣横生，让人如临其境、如闻其声。张潮在将它收录进《虞初新志》时评价道："绝世奇技，复得此奇文以传之，读竟，辄浮大白。"意思是，读了《口技》一文，领略了绝世奇技，欣赏了千古奇文，忍不住要喝一大杯酒以示庆贺。张潮为何忍不住喝酒以庆贺呢？这个悬念使学生在好奇心的驱使下带着渴望和期待去领会作品表现的生活内容的独到之处。如道具简单，"一人、一桌、一椅、一扇、一抚尺而已"；表演形象逼真，以声入画，即通过声响塑造画面，且能展现完整曲折的故事；表现声音富于变化，引人入胜。这一悬念促使学生有效地体会到古人在表演技艺上的高超和传统文化的博大精深，并获得美的享受和智慧的启迪。

（三）理解文本形象特征设置悬念

优秀文学作品塑造的形象是独特的"这一个"，是主客观相融合的产物，隐含了丰富的情感意蕴，而只有让学生去深入感受和领会作品"这一个"形象的内涵，才有可能激发学生的思维活力，才能有独特的发现与收获。有时学生对作品形象的显著特征"视而不见"，或"身在庐山""目迷五色"，缺少发现的慧眼。有时学生对形象的解读会顾此失彼或喧宾夺主或局限于表面，而不能客观、准确、深刻认识形象的本质。因此需要设置悬念帮助学生开启智慧之门，拓展思维视野，以达成预期目的。

《我用残损的手掌》是一篇形象独特、思想深刻的名作。首先，有人以"眼睛"入诗，以"美发"入诗，以"倩影"入诗，也有以"手"入诗的，但却很少有人以"残损"的肢体器官入诗，而戴望舒却独树一帜，以"残损的手掌"作为表现的核心意象，这手掌为什么是"残损"的？其次，这"残损的手掌"所做的是真实的行为还是思维的行为？再次，这"残损的手掌"与作品所表现的思想情感有着怎样的联系？在这些悬念引导下，学生一方面会去文本外寻找与文本主体形象密切相关的生活事实，来解读文本相关内容，另一方面会沉入到文本中了解作品所表现的艺术形象的内涵，运用的虚拟等艺术思维方式。同时，学生还能够借助诗歌意象的理解来把握作品思想意蕴和象征等艺术手法。

《秋天的怀念》中"菊花"形象和与"菊花"有关的内容，在作品中就有丰富的含义和多种表达作用，如果忽视了它无疑会使作品丰富深刻的思想内涵变得单薄简陋，也会使作品精湛的表现艺术明珠投暗。因此有必要在这里设置悬念。首先，"菊花"在作品事件中有着怎样的作用？其次，母亲为什么要带儿子去看菊花？再次，菊花的植物特征和在文中的隐含意义是什么？要化解第一个问题悬念，学生就需沉入到文本中联系作品生活内容，发现其在贯穿内容、联系事件、表现人物心理情感方面的线索作用。化解第二个问题悬念，则可从更深层次揭示人物在不幸遭遇甚至厄运面前所表现出来的"坚韧"品格和痛彻心扉的母爱。而化解第三个问题悬念，则可以由表及里挖掘儿子在母亲刻骨铭心的爱和伟大的人格感召下，心灵深处涌起的无限感激的深情和悠远绵长的怀念。

《好嘴杨巴》中杨巴的嘴和李鸿章的嘴是"好"，"好"便是形象的特征。但是两人自身又有瑕疵和纰漏，有"不好"之处，"不好"也是其特征。"好"不那么容易理解清楚，"不好"更需要学生费一番工夫去破解。这就应该设置悬念引导探究：《好嘴杨巴》的"好"表现在哪里？"不好"又表现在什么地方？怎样才能"更好"？

"好"在"有胆量"。李中堂勃然大怒，把碗"打落"，芝麻汤"泼了一地"，众官员胆战心惊，千钧一发之际，需要胆量，需要"敢说"。

"好"在"有智慧"。倘若说汤里放了芝麻，那就是骂中堂大人见识短浅；倘若不说出是芝麻，那就是等于承认给中堂大人吃脏东西，有可能会掉脑袋。两全其美之策何在呢？

"好"在"善机变"。脑袋瓜灵活，思维活动能力强，"意授于思，言授于意"（《文心雕龙·神思》刘勰）。时间就是胜利，时间就是生命，在极短时间内他想到了事情的根由，是中堂大人没喝过放了芝麻的茶汤，把芝麻当成掉进去的脏土了，领会到这一层，他便赶快抢话，占得了先机。

"好"在"太巧妙"。同样的意思得说的中听、周全、妥帖，那才是本事。杨巴以"小人不知道中堂大人不爱吃压碎的芝麻粒"保全了三方：李鸿章的面子、地方官员、自己。"不爱吃"只是一个口味爱好问题，不是见识问题，这是多么巧妙的解释。

"好"在有"好结果"。不但使无辜之人化险为夷，而且使李鸿章对杨巴"心生欢喜""赏银百两"，杨巴因而"威名大振"。

"好嘴杨巴"及"李鸿章"之"不好"：

杨巴虽然脑子聪明机灵，善于机变，但是，也表现出一种市侩气和奴性。这个人物形象明显缺少对自我人格的尊重。杨巴说的"惹恼了大人"显然不够妥当，本是中堂大人的误会，他却给自己无错找错。至于"大人不记小人过，饶了小人这次，今后一定痛改前非"这句话就过于贬低自己，简直是给自己头上扣屎盆子，而且这话很不实在，没有根据。

杨巴应该怎样把话说得"更好"呢？"中堂大人息怒！小人不知中堂大人的口味，既然您老人家不爱吃碎芝麻茶汤，容小人重给大人沏碗不加碎芝麻粒的，要不然换成桂花茶汤、玫瑰茶汤，小人没见过大阵势，办事不周，其实小店为大人备了好几样茶汤。"这样既发挥应变敏锐机智的特长，还能克服奴性问题；既给李鸿章台阶下，又可以保护自己的人格尊严。

李鸿章的话也有"不好"之处：

李鸿章欣赏聪明而奴性十足的杨巴，降低了他自己的人品。他说的话中"不知者当无罪"，就是无中生有，杨巴何罪之有？"你的茶汤名满津门，也该嘉奖"，李鸿章连芝麻茶汤都没喝，哪来的"名满津门"呢？毕竟"耳听为虚，口尝为实"。李鸿章没有承认自己没见识，后边赏银子的行为自然也就是作秀了，赏得没有理由。

李鸿章可以这样应对："罢了罢了！你的碎芝麻茶汤虽说不讨人喜爱，但你这嘴巴倒也讨巧。赏银百两，压压惊吧！"既大度，又不失威严。虽未明白说明自己错了，也就不会留下"李中堂并没有喝茶汤"的话柄了。

（四）探究作品艺术构思设置悬念

作品的结构大多经过了作者精心的构想，凝聚着作者创造的智慧和独到的匠心。构思作为作品思想内容的框架或作品贯穿生活内容的线索或情感发展变化的脉络，对于读者解读文本至关重要，有的作品就是通过巧妙的构思来达到其创作意图的，如果不能对作品的构思进行有效"解构"，那么就不能真正领悟作品的精髓。教师常忽视对作品艺术构思探索的引导，或者对作品构思的寻绎局限于表面，不能将其与思想内容、艺术表现技巧有机联系起来，这就影响了学生解读的效果和能力的提高。

小说反映生活的运思和载体不同，结构形式特征就不同，而不同的结构形式特征自然有其与众不同的价值作用。同样是表现科举这一悲剧社会环境中的悲剧人生，《范进中举》和《孔乙己》在表现视角即人物塑造的立足点上有显著不同，这就造成了作品外显结构的差异。前者以人物活动为中心，不断变换场所，逐层展开故事，呈现为连贯式结构；后者通过诸多截面反映人物的命运轨迹，呈现为组接式结构。这两种结构很难说孰优孰劣、孰高孰低，只能说各有千秋，各显其能，各得其用，那么其"千秋"何在？"其能""其用"又何在呢？《孔乙己》借鉴了现代西方小说蒙太奇镜头组接的元素，其价值在于可以选取有典型价值的场景片段，并通过这些片段的组接，反映跨时空的生活内容，在比较有限的篇幅内反映深广的生活内容。就塑造人物形象而言，通过人物在特定情境中的表现展示其内心世界和性格特征，并且以较少的文字呈现人物较长一个时期乃至大半生的命运遭际，而选取的这些片段必然有着相当强的联系性、典型性和重要性。联系性使作品内容有机融合在一起，典型性表现为人物言谈举止和外貌神情被提炼成符号性标志，具有丰富的思想意蕴，既引人入胜，又给人以深长的回味，为读者的涵泳品味提供了广阔的空间。《范进中举》将人物的活动连贯起来，按照事件发生发展的时空或逻辑顺序，一个事件接着一个事件，一个故事紧连着一个故事，人物在哪里故事就在哪里发生。本文的特征在于结构过程连贯基础上的跌宕起伏、扣人心弦、引人入胜，一波未平一波又起，不断为读者注入阅读动力。人物的思想性格也就在这连贯的情节事件中逐步展现出来，正如高尔基所说，情节"即人物之间的联系、矛盾、同情、反感和一般的相互关系，——某种性格、典型的成

长和构成的历史"①。

结构是作品运思的外在表现形式，情意脉络则是作品运思的内在行动轨迹，而要破解作品的思想情感密码，必须寻绎作品的内在思维轨迹，需要抓住其情意脉络。作品的内在思维轨迹大都隐藏在语言文字的背后，不容易被发现，因而常常被忽视。散文作品的脉络大都隐藏在字里行间。例如《秋天的怀念》就所表现的生活内容来说，有童年快乐的时光，有双腿瘫痪后的无助，有对生活态度的转变，有对母亲的深情怀念，有秋风中烂漫开放的菊花等，短小的篇幅内包含了丰富多样的内容。这些内容粗略看去有些庞杂凌乱，但是仔细审视，结构却紧凑严密、浑然一体。这是为什么呢？带着这样的悬念去仔细阅读文本，学生就会发现，作品有三条脉络：一是情感脉络，绝望之下的暴怒——感召下的平静——怀念中的醒悟；二是事件脉络，不想"好好儿活"——被劝"好好儿活"——决定"好好儿活"；三是隐喻脉络，拒绝看花——答应看花——看到菊花。破解这三条脉络的过程不但可以把握作品的主要内容，也可以追寻作者思想情感的变化轨迹，还可以领悟作品精妙的艺术构思和隐含的象征意义。

科技说明文为了实现清楚、条理、准确介绍事物属性特征的目的，十分重视结构的安排。读者如果能够把握作品的结构，也就能够正确清楚地认识说明事物的外部特征和内在属性，领会作品表现事物的机杼匠心。例如《中国石拱桥》所介绍的中国石拱桥造型多样，结构复杂，各有千秋，课文为什么给人条理清楚、一目了然的感受呢？以这样的悬念促动学生兴趣盎然地寻绎作品的结构特点：课文整体布局是总分式结构，由总述到分述，由一般到个别。开头一段从总体上描绘石拱桥的外形，给人留下整体上的美感印象，并引出世界桥梁史上所有石拱桥的普遍特点：形式优美，结构坚固，历史悠久。下面再说到个别：中国的石拱桥。这个过程是由一般到个别。然后又以"中国石拱桥"作为总说内容，以传统的石拱桥和建国后的石拱桥为分述内容进行说明，传统的石拱桥又分为单拱桥和联拱

---

① 〔苏联〕高尔基：《论文学》，孟昌等译，北京：人民文学出版社，1978年版，第335页。

桥。总体思路上这种"总——分（总）——分（总）——分"的解析式的框架思路，看似繁复，却有着内在严密的逻辑性。课文关于"我国的石拱桥会有这样光辉成就"的原因解析，则与上文构成了现象与本质、原因与结果、浅层与深层的逻辑关系。《苏州园林》同样可以设置类似的悬念。全文的结构脉络则表现为：总说（完美的图画）——分说（大处）："讲究""布局"（第3段）、"配合"（第4段）、"映衬"（第5段）、"层次"（第6段）；分说（细部）：每个角落（第7段）、门窗图案（第8段）、色彩使用（第9段）——结尾。总体概括出苏州园林是完美的图画这一特征，然后紧紧围绕着图画美逐一展开进行分说，多处落墨，十分舒展。破译作品脉络结构密码不仅可以正确清楚地理解作品所表现事物的本质属性，而且能给予学生文章写作构思方面的启迪。

（五）探究作品艺术技巧、表现方法设置悬念

1. 犯笔与避笔

毛宗岗在《读三国志法》中说："作文者以善避为能，又以善犯为能。不犯之而求避之，无所见其避也。惟犯之而后避之，乃见其能避也。"犯笔，是同一作品中故意写相同题材或内容的一种技法。避笔，是同一作品中故意避开写相同题材或内容的一种技法。

如果我们分析郑振铎的《猫》在艺术表现上的技巧和手法的话，那么主要就是运用了"犯笔"和"避笔"。倘若设置悬念，则是作者写三次养猫的经历为什么能写出不同的个性和感受，并给人以深刻印象呢？首先，均交代了三只猫具体的来历，这是"犯笔"；但来历又不相雷同，这就是"避笔"。其次，所写前两只猫脾性活泼可爱，惹人喜欢，用的是"犯笔"；但招人喜欢的原因各不相同，这就是"避笔"。第一只猫，侧重点是写其外形特点和性情可爱，第二只则注重写它的过于活泼和到处乱窜乱跑。再次，在对三只猫的逝去过程和逝去后家里人反应的描述上，也可看出作者"犯之而后避之"的能力，相同中写出不同。再其次，三只猫的逝去对"我们"一家人都有感情伤害，这是"犯笔"。但作者又恰当地运用了"避笔"，写出了三次养猫给"我"和家人带来的程度不同的心灵伤痛。

亦"犯"亦"避"，不断给人一种"山重水复疑无路，柳暗花明又一村"的感受，使文章情节波澜起伏，使所绘的形象更加丰满，避免了形象的单薄和简陋，使所抒情感愈显真切，进而使文章精妙全出。

童话《皇帝的新装》在整体的叙述构思上就是采用了这种"犯笔"与"避笔"相结合的技巧，"皇帝""大臣""老大臣""百姓"与"小孩"之间，都很好地运用了这两种笔法结合的方法。散文中的《谈生命》，诗歌中的《回延安》《雨说》等，都成功运用了"犯笔"与"避笔"的艺术表现手法，取得了很好的效果。这些课文在教学中都可以设置相关的悬念，引导学生去发现、去探究、去领悟。

2. 突转与摇摆

"突转"是指记叙性文体中情节或人物情感性格等突然向相反方向发展转化的一种艺术表现手法，令作品突生波澜，令人在受到震惊中产生深长的思索回味。它体现了记叙性文体情节事件波澜起伏、引人入胜的特点，有着非同寻常的表现效果。

突转有的安排在故事中间，如吴敬梓《范进中举》、莫泊桑《我的叔叔于勒》等。有的出现在作品结尾，如欧·亨利小说《最后一片叶子》、伊索寓言《赫尔墨斯和雕像者》、童话故事《皇帝的新装》等。这些突转在教学中可以从作用与效果的角度设置悬念，如领悟结尾突转设置悬念的作用。以《赫尔墨斯和雕像者》为例，在理解作品寓意和作品主要人物形象特点的同时，可设置悬念引导学生体会寓言中曲折叙事的艺术构思：这篇寓言篇幅如此短小却能够产生撼人心魄的力量，在艺术手法上的独到之处是什么？学生研读探究：作品展开丰富的联想想象，塑造了赫尔墨斯与众不同的形象，借神喻人，借事寓理，写的虽然是神的故事，但却能为人们所理解。作者不断地渲染铺陈赫尔墨斯的自信以积蓄势能，比如铺陈三问中语气的变化和对神情的细致刻画，将人物推到高高的山巅上，然后借雕像者的话突然使情节逆转，让人物从山巅重重地摔下来，作品中的人物情绪一落千丈，灵魂受到强烈打击，可谓"尺水兴波，风生浪涌"。也正是在这样的突转中作品寓意得到鲜明体现，给人深刻的启迪。

"摇摆"，指的是作品中人物态度和行为不断变化，左右摇摆，难以确定。在一篇小说中，即使故事很简单，作家也"决不会让人物选择捷径一口气跑到底的，而是要让他千折百回，最终才抵达胜利的彼岸"①。摇摆是小说常用的艺术手法，是小说独特魅力所在。摇摆所表现的小说情节不是顺山顺水地前行，而是有着坎坷的曲折、举棋不定以及不断反复。《变色龙》一文，作者在情节安排过程中就采用了摇摆这一艺术手法，他一而再、再而三地"折磨"警官奥楚蔑洛夫。在处理狗咬人事件中，奥楚蔑洛夫的态度反复地摇摆，随着狗主人的变化不断地变化着，他的见风使舵、趋炎附势、欺上媚下的变色性格就在这态度的反复摇摆中淋漓尽致地体现了出来。由于奥楚蔑洛夫在短暂时间里有着如此频繁的变化，读者才会对他的性格产生深刻理解。对于警官处理狗咬人事件这一情节的处理，应在引导学生理解他"变了几次""怎么变"的基础上，重视引导学生思考"作者为什么要安排警官变了这么多次"这样的问题，设置"作者让奥楚蔑洛夫断案时态度多次变化、不断摇摆这样写是不是太过重复啰嗦？为什么？"这样的悬念，因为这是作者的匠心所在。

3. 造型与敷彩

造型是指作家在文学作品创作中，运用记忆中的表象、情感、观念等创造出具体可感、生动鲜明、富有个性特色的生活情景和艺术形象。造型是艺术形象内在思想情感品质的外在表现，将形象意义整合为一个完整的统一体，同时，它也是作家个性创造心理最全面、最充分的显示和表现。因此，造型一方面熔铸着作家全部的创作天赋和个性，另一方面也遵循客观事物的外在标准，是内在个性和外在标准的完美结合。可以说，文学作品所表现的思想内容和塑造的艺术形象都是"造型"的结果。在实际阅读教学中，我们对作家"造型"的独特性及其内涵往往认识不充分、不深刻，这就需要设置悬念，引导学生重视它并作深入探究。如《口技》中口技艺人的拟声艺术巧妙绝伦、令人叹为观止。作者能够运用语言将口技

---

① 洪丽：《语文教材选文的摇摆性》，载《语文教学与研究·大众版》：2013年第11期，第104页。

艺人所表现的生活情景展示得形象逼真、活灵活现，令人对表演的状况如闻其声、如见其人、如临其境，这是用了什么招数呢？在这样的悬念引导下，学生通过研读分析就能逐渐看清"庐山真面目"：因为作者能够以言入声、以言入境，也就是通过语言塑造声音形象、创造生活情境。作者将口技艺人发出的声音创造成立体态势，变成一幕幕具体可见的情景，响起来、动起来、活起来，如夜间一家人睡觉情景、失火救火情景等等，令人拍手称绝。

鲁迅先生在《故乡》中为杨二嫂"造型"给人们留下了深刻的印象。如何引导学生欣赏这个"造型"的特征呢？可从人物的言行和外部形貌相结合的角度入手设置悬念：杨二嫂的言行举止和外貌神态共同反映了人物的内心世界和性格特征，对此你是怎样认识的？现在的杨二嫂与二十多年前相比已经发生了巨大的变化，过去整天坐在门口的杨二嫂现在如脚下抹油，没有一刻的"安静"，与木讷的闰土不同，杨二嫂不停地说一些"疯言疯语"，表面似乎很热情，然而内心却十分"冷漠"，与我有着很深的"隔膜"，这种冷漠与圆规的钢铁冰冷质地一致；杨二嫂到我们家非哄即抢，一切行为目的都是想要得到"便宜"或"好处"，这与圆规围绕圆心画出各种不同的圆圈也非常吻合；圆规尖利的针脚，既与杨二嫂瘦削的腿脚十分相像，又同杨二嫂的刻薄尖酸有相似之处。透过杨二嫂这个形象，人们可以看到城市贫民在艰难的生活处境下灵魂被扭曲的现实。

敷彩，就是借助对色彩的描写呈现逼真明晰的视觉形象，使读者产生出对色彩的美感联想，以增强语言的表达效果。敷彩在作品艺术表现中有多种形式：

一是借助色彩描写以彰显作品主旨。色彩与思想相关。作家同样可以根据作品主题和创造意境的需要而使用相应的色彩，借助对色彩的描述来渲染作品色调，奠定作品底色，以达到服务于意境和主题的目的。《故乡》开始对于眼前故乡情景的描写"时候既然是深冬；渐近故乡时，天气又阴晦了，冷风吹进船舱中，呜呜的响，从篷隙向外一望，苍黄的天底下，远近横着几个萧索的荒村，没有一些活气"，从季节、天色、天气、荒村等角度渲染出一种寒冷凄凉、萧瑟破败、死气沉沉的色彩，为全文情节的展开和作品主题的表达奠定了情感基调。设置悬念可以从与课文构思相反的角度考虑，呈现充满活力、色彩鲜明、亲切无比的故乡景物，与文本景物对比，从中领会作者这样敷彩的用意。

二是运用色彩描述深层次地展示人物性格及命运。通过对色彩的描述可以深层次地展现人的性格特征及其命运，起到烘托人物形象的作用。鲁迅先生对孔乙己的脸部色彩进行了细致而传神的刻画，由"高大"的"身材""青白脸色""花白的胡子"，到"涨红了脸""青筋条条绽出"，再到"脸上笼上了一层灰色"，最后到"脸上黑而且瘦"，这种脸部色彩的变化与人物的生活处境、悲惨的命运遭际有机结合起来。透过"脸色"的描写，可以窥见孔乙己生活命运的轨迹。因此在设置悬念时，应力求将这种人物外貌色彩的描写与人物命运的展示有机联系起来。

三是以色彩的动态描述，构成多点透视的立体画面。运用多种手段，对色彩作多层次、多视角的动态描述，令画面多个视点的色彩闪烁光芒，赋予色彩以真实感、流动感和立体感，在自然景物中注入生机和活力，强力唤起人们对景物悠远的遐想和强烈情绪体验。老舍先生是绘景高手，用洗练的语言把"济南的冬天"描绘得生动形象、趣味盎然。"小雪之后，青黑的松树，树尖上顶着一髻儿白花；白白的山尖儿，给蓝天镶上了银边；山坡上一道黄一道白，就如同谁给山穿上带水纹的花衣；微黄的阳关照耀在薄雪上，露出一点粉色，就像害了羞的女人。"运用拟人化手法，将雪后济南小山的各种色彩形象生动地展现出来，读来耳目一新，很有立体感，令人置身其中，产生悠远的遐想，引发情感体验。因此在设置悬念的时候，可以考虑引导学生体会作者所创造的五彩缤纷的情景，进而把握作者蕴涵其中的深情厚意。

四是通过色彩描述构筑意象，以激发读者的艺术联想力。敷彩不仅仅是实录生活中实有的色彩，还可掺入作家的主观感受、意念、情感和想象，这就超越了现实的色彩，构筑一种渗透和融合作家心理因素的色彩形象，这就是色彩意象。作家大都采用拟形手法构筑色彩意象，以变无形

为有形，化无色为有色，变单色为多色，进而扩张语言表现力，激发读者的艺术联想力。舒婷《祖国啊，我亲爱的祖国》："我是你河边上破旧的老水车，数百年来纺着疲惫的歌。我是你额上熏黑的矿灯，照你在历史的隧洞里蜗行摸索；我是干瘪的稻穗；是失修的路基；是淤滩上的驳船把纤绳深深勒进你的肩膊，——祖国啊！""我是你簇新的理想，刚从神话的蛛网里挣脱；我是你雪被下古莲的胚芽；我是你挂着眼泪的笑涡；我是新刷出的雪白的起跑线；是绯红的黎明正在喷薄，——祖国啊！"我们清楚，苦难、贫穷、艰辛以及理想、希望、快乐和崭新的起点，这些事物是看不见摸不着的，也就是无形的，但是诸如"破旧的老水车""熏黑的矿灯""干瘪的稻穗"以及从"神话的蛛网里挣脱羁绊""簇新的理想""即将发芽的古莲""挂着眼泪的笑涡""新刷出的起跑线"等，却有形有色，具体可感。诗人就是借助这些有形有色的事物，表达了对祖国无尽的悲悯和痛惜，寄托了对祖国新生、富强、崛起的热望和建设美好祖国的坚定信念。设置悬念应着眼于引导学生展开想象的翅膀，领会诗歌色彩意象与诗人思想情感的有机结合。因而，刘勰说："立文之道，其理有三：一曰形文，五色是也；二曰声文，五音是也；三曰情文，五性是也。"（《文心雕龙·情采》）

　　作品的艺术技巧和表现方法还有很多，如"渲染与白描""烘托与映衬""抑扬与对比""象征与寓意""繁笔与简笔""伏笔与应笔""融情入景与借景抒情"等等，都是文本解读的重要内容，也都是语文教学的应有之义，而且对于中学生来说，把握这些内容并非轻而易举、唾手可得。因此，教师需要设置悬念形成挑战，增强研读的力度，这样才有可能获得理想的效果。

三、"语文味"教学法

　　"语文味"教学法，就是以语文教学规律为指导，用语文的方法教学语文，彰显语文本色，提高学生语文素养的教学方法。以"一语三文"（一语：语言；三文：文章、文学、文化）为前提，提升语文教学的"温度"，追求语文教学的审美境界。

语文味教学法有几个个性特征：

一是与审美教育融合。

语文味教学法将审美教育融入到语文教学中，将两者有机结合起来，提升语文教学的思想境界，这是对传统语文教学的一种超越，在教学过程中重视学生的生命体验，重视与学生心灵的共通共鸣，引导学生求真、求善、求美，全面提高语文素养。

二是创造一种"有温度"的教学世界。

古代哲学家认为，"美"不会脱离人的主观认识而孤立存在，没有人对美的认可，美便不存在。美是将"意"和"象"统一在一起，换句话说，美等于主观意念加客观物象。

我们的语文教学存在"三种样态"：

样态一，客观性样态。就教师与文本内容的关系看，教师只是一面镜子，只是毫无创造性地理解和搬用教材文本，没有主观情感和个性思维的投入，机械地诠释文本意义，教学并没有创造出"意境"，或者说只有"象"而缺少"意"，因而既没有温度，也没有深度；既没有力度，也没有效度，造成了"教师敷衍，学生倦怠"的现象。

样态二，主观性样态。教师过度主观，一定程度上抛弃了文本的原生价值和教学价值，在主观意念指导下，对文本作不合实际的解读，或者过度解读。这种价值取向使教学内容走向不可知的虚无主义泥潭和成为随意发挥的凭借，造成"温度"过高的样态。

样态三，主客观统一样态。以教材文本为"象"，以教师和学生的主观理解、生命感悟为"意"，追求意象融合的教学境界，在尊重文本思想意义和情感倾向的基础上，张扬解读的个性化，形成富有科学探究精神和主观情感体验融入的审美教学艺术意境。这就是语文味教学的宗旨所在，它以"真"为起点，融入主观情感体验和师生的创造性，追求审美化的语文课堂教学样态。有温度也有品位，师生可以在这个过程中，张扬个性情感，展现创造才能，体验生命快乐。

三是有四大要素。

语文味教学法由语言、文章、文学、文化等四大元素构成。语文教学是从一篇篇课文教学开始，并通过一篇篇课文教学活动的连续进行而完成。每一篇课文的教学相对于整体教学，正如胚胎相对于动物一样，具有胚胎性。换言之，教科书中的每一篇课文，应该包含着字、词、句、段、篇等语文的各个要素，语文的系统要素应该包括语言、文章、文学、文化。每个文本是语言的也是文章的，还可能是文学的和文化的。是语言的，要立足学科课程的本质属性；是文章的，要解读作品信息，解构作品的体式和表现手法；是文学的，要欣赏形象意境创造的个性化和艺术表现的独特性；是文化的，要领会人的精神建构、民族的特有气质、行为的习惯方式。

四是语文味教学法各要素是动态组合关系。

"一语三文"四个要素，并非各自独立、互不相干，语文教学不是四种要素的简单相加，这是因为，这四者之间是相互融合渗透的，是你中有我我中有你。其中语言是根基，也是落点，对文章、文学、文化的研究解读，不能脱离语言，因此语文是语言同文章、文学、文化之和的乘积。中学阶段，就文章、文学、文化三种要素来说，语文学习的重心还是应该落到文章上来，它是载体，也是中心任务和目的。文学和文化在语文教学中的地位和功能不会超过文章，这主要是由中学阶段课程目标所决定的。

"一语三文"作为语文味教学的基本内容取向和基本思路架构，其范式是比较灵活的，可以有全息范式，也可有重点范式。重点范式中，可以以文章为解读视角，也可以以文学为解读视角，还可以以文化为解读视角，不同的解读视角，可以构成不同的解读思路。

首先，语文味就是有"情味"。将语文特点与教师学生的情感思维个性有机结合起来，它所体现的是对人的尊重和人主观创造性的张扬。过去的传统教学不太关注"人"或者说轻视人的主体性和个性，因此语文教学缺少师生与文本的情感共鸣、心灵沟通和智慧共建。语文味教学就是要回归语文学科的本真，把情感作为语文教学的必要基础，作为学生语文学习的一种心理需要，作为语文教学的一种价值取向。其次，语文味就是有"美味"。将语文学习的文本资源、环境氛围、过程呈现、载体建构、成果共享都赋予美的特质，提升教学过程的审美品位。课堂呈现出审美客体、审美鉴赏、审美创造，富有情味、意境和哲理。再次，语文味就是有"文化味"。体现语文教学"文化育人"理念，语文是人类文化的重要组成部分，离开了语言文字，文化不复存在；同样脱离了文化，语言文字也就失去了灵魂。语文教学就是要借助语言文字的学习，体悟和领会文本的文化精神，在语言与文化的有机融合中，获得语言表现和人文精神的滋养。

四、点拨教学法

倘若说"导引"就文本阅读整体而言，是对学生阅读整个单元或文本的意向、思路和方法等加以提示和指引的一种教学方法。那么，"点拨"一般只着眼于阅读的具体过程或局部内容，是就学生阅读中出现的疑难问题、关键要害给予启发诱导，从而使他们能破解疑难，化解问题，获取正确认识。

点拨教学的实质就是"不愤不启，不悱不发"（《论语·述而》），"启"在"愤"处，"发"在"悱"处，把握好时机是点拨的关键所在。点拨教学在质量要求上，要做到点其要害，进而能因势利导，化解疑难，拨云见日。

点拨教学法其基本特征为：

一是生动的情景再现。学生只有深入到学习中去，才会有丰富收获，也才会发现和产生疑难问题。这就需要教师创设和营造氛围，进而展现学习的情景，使学生进入其中获得深刻感受。如果学生不能进入到情景中，就不能激发学习热情、投入思维，从而不能进行有效探索和发展创新能力。

二是巧妙的问题设计。亚里士多德认为，"思维从对问题的惊讶开始"。课堂教学问题设计的质量和水平直接影响着学生的学习质量，高质量的问题设计基于学生学习需求和文本教学资源的利用，因此能够激励学生自主探究，开启学生思维的大门。因而教师需要深入研读文本和了解学生的学习意向，有的放矢，因材施"问"，因势利导。

三是精确的时机把握。内容、方式、时机恰当与否对于点拨教学来说尤为重要，问题的设计，活动的指向，方式的选择，都要认真考虑。要把握好时机，该点则点，当拨就拨。例如《小石潭记》学生通过"寻潭""赏潭""悟情"等研读活动，发现同时游览观赏小石潭景物，作者的情感前后之间有着显著的差别，这是为什么呢？这里就是学生的"愤悱之处"，通过文本语言领会作者游览自然景物中流露的情感，是"裸读"的结果，这当然是表面肤浅的，还需要引导他们"知人论世"，了解文本写作的背景和作者的生活处境，了解柳宗元写作《永州八记》所表现的思想情感。通过了解这些学生就会突然感悟到，作者写景状物所寄寓、抒发、流露的思想情感并非无源之水、无本之木，而是其人生境遇下内心世界的折射与反映。当时的永州并没有什么奇山异水，有的是荒草乱石野潭，寻访荒山野潭乃出于排遣胸中抑郁苦闷。引导学生再去了解柳宗元的人生遭遇，体会此时游小石潭的处境及情感心理，来解决疑难问题。

同时，教师要在学生理解感悟的基础上，推波助澜，引其向思维的深处和广处行走，追求丰硕收获，以出现探究的亮点，这是决定课堂质量的关键所在。学生研读《孔乙己》写孔乙己言行举止、穿着外貌，展示自己的收获：孔乙己是一个自命清高、虚荣迂腐并十分可笑的人。何以见得？虽然没有进学，却不肯脱掉表明读书人身份的长衫，且满口"之乎者也"，伺机炫耀读书人的学问；穿长衫却只能站着喝酒，生活处境艰难，却不肯自食其力。教师追问学生：那么你认为孔乙己心目中有几个"自我"？从此看出这个人物的性格有着怎样的特征？你能照着你的思路走下去，全面阐释一下孔乙己这个人物的性格特点吗？在这样的点拨下，学生会领悟出：孔乙己内心存在两个"自我"，一个是梦想中的金榜题名者，一个是事实上挣扎在社会底层的落魄者，这两个"自我"无法在现实中统一起来。孔乙己的这些表现反映了他性格上的"矛盾"：这个矛盾既包括理想与现实的矛盾，也包括行为与目的的矛盾、个人与社会的矛盾；既表现为"迂腐"与

"善良"的矛盾，又表现为"悲惨"与"滑稽"的矛盾。这些矛盾集于一身必然导致其悲剧结局的发生。点拨教学法的精髓就在于通过教师的引导和促动，最大限度地释放学生思维的能量和学习潜能，从而引发出探究的亮点。

四是有效的活动安排。点拨教学要求教师对学生的启发点拨要做到简明精要、画龙点睛、举一反三。但是从更高追求上说，点拨教学的目的也许不在于使学生获得知识，理解或者懂得了文本意义，而在于通过教师的点拨能使学生在发现和解决问题中学会思考问题，提高思维能力，在阅读中学会阅读，在审美中学会审美，在语言学习中学会运用语言。因此阅读教学有必要设置一些恰当的活动载体，使学生提高学习力的同时，发展思考力，增强运用力。

五是科学的课堂评价。课堂上对学生学习方法、学习状态和学习质量的评价也是语文点拨教学的有机组成部分，它重在当学生解决了问题或者接近解决问题的时候给予学生及时的引导和指示，这是对学生思维方式的一种肯定强化，也是对学生学习方法的矫正，更是对学生理解的一种提高和升华。

"点拨"教学是理论层面的原则，也是实践层面的技法，其本质是在突出学生主体地位基础上，充分发挥教师主体作用，以使学生的思维活力不断增强，学习行为不断得到调整，效益不断得到提高。而要达到这些目的，教师必须深入研读文本，研究学情，预测学生会遇到什么困难和出现什么情况。运用怎样的方法点拨和如何把握点拨的时机，需要教师充分发挥教学智慧。点拨过多，就会影响学生自主探究的质量；点拨过少，会使学生存留过多问题；点拨太平庸，就不能使学生获得顿悟；点拨太隐晦，学生就会陷入迷雾之中。所以，点疑难，点要害，拨得关键，拨得巧妙，石破天惊，四两拨千斤，是点拨教学的要领之所在。

五、情境教学法

教学情境，是在课堂教学中师生共同创造的、有利于促进学生体验、提高教学效益，具有丰富生成的课堂教学环境乃至教学境界。那么，情境教学法，就是注重创造教学环境氛围和教学境界，以提高教学质量的一种教学方法。阅读教学离不开情境创设，情境就是语文课堂的动力场、磁场、探究场、感悟场、情感场和实践场。

从知识建构规律看，情境教学是必要且必须的。陈旧的教育心理学把学习当成纯粹的心理活动，是自发的需求，没有环境因素影响。情境认知理论倡导学生的学习应融合到一定的社会历史背景、具体的生活情境、与别人的互动中去，从而建构学习的意义。首先，知识不只反映思维的结果，也反映思维的经历和过程。其次，学习活动不可能在某个个体身上独立进行，学习中必然要与自己的生活体验、情绪、思维、行为相融合，甚至是与他人的生活、经验、思想情感等进行着互动，进而在这种交流、融合、互动中建立起知识的意义。

情境教学的必要性还因为学生与文本存在距离与隔阂。阅读过程虽是借助文字媒介去获取信息，但是这种信息获取还带有主客体生命经验和思想情感的交流。如果主客体之间在这些方面的重合比例偏小，那么就造成学生与文本之间的距离和隔膜，也就不能正确、全面、深入、到位地理解文本意义。有一些教材文本所表现的生活世界、思想情感与当代学生确实相去较远，如果不能缩短这种距离，消除这些隔膜，那就难以走进文本深处。情境教学正是在教材文本与学生之间，在学习客体与主体之间架构桥梁，修筑通道。其价值在于能够引导学生设身处地进入文本所展现的生活世界和作者的情感思想，建立起学生与文本之间的密切联系，实现心灵的沟通、思想的融合、情感的共鸣。

设计情境教学，首先，需要化抽象为具体，化理性为感性，然后再由具体到抽象，由感性到理性。在学生文本对话交流过程中，应该将教学内容转化为具体可感的情景，这样有利于学生直接参与，使其能身临其境，投入情感，展现智慧。情境教学不是随心所欲、异想天开的牵强附会。实行情境教学，要做到"境""文"相谐相融。教学情境的创设必须与文本情感基调、艺术风格相吻合，设置合适的"温度"和"色彩"。情境所体现的喜怒哀乐、爱恨好恶等氛围和情感基调，应该与文本有必然的联系，无论是相似还是相反、相关，都应有助于引导学生对文本情意的感受与理解，感悟与欣赏，分析与评价。其次，要追求个性创新。教师可以着眼于多个不同角度去设置教学情境，以自己对文本的个性化理解和对学生的透彻把握，进行创造性设置，以形成新颖而具有吸引力的学习场，促使学生积极主动探究。再次，要追求思维的生成与发展。不管是在教学的哪一个过程设置的情境，也不论是创设怎样性质的教学情境，都应以有利于促动学生思维的拓展、深化和积极投入为原则，使学生能够获得思维方法的锻炼和有价值的学习经验。

情境教学从哪些视角设置情境，又如何设置情境呢？

一是展现生活设置情境。

生活类情境即借助事实或展现学生所经历的现实生活内容，引发和促动学生对文本内容意义理解意向的氛围情境。它可以在过程的开始设置，也可以在中间和结尾处设置。

教学《斑羚飞渡》，首先通过多媒体展示：一幕幕动物在大自然中嬉戏的景象，如大象后面跟着小象，温馨动人；母鸟喂养小鸟，其乐融融……然后进行文字展示："有一群蚂蚁遭遇大火的包围，它们围成几圈，外层蚂蚁为了保护里层的蚂蚁，牺牲自己，被火烧死，它们把蚁后护在中心，冲出火圈，使种群的生命最终得以延续。""那么，今天我们就一起来看看发生在藏羚羊身上的凄美故事，了解动物在面临种群灭亡的关头有着怎样惊心动魄的壮举。"

教学《散步》，可以联系学生生活实际："孝敬父母、尊老爱幼是我们中华民族的传统美德，也体现着人世间美好的情感——亲情。其实，在我们成长的过程中一直都沐浴着亲情。哪位同学能联系生活实际，说说你感受了怎样的亲情？"或者"生命就是一个新陈代谢、有生有灭、代代延续的过程。在一个时期，这一个生命个体是顶梁柱，下一个时期顶梁柱又换成新的一代。这样的生命现象不仅在人类，在其他动物、生物范围内也广泛存在着，你能想到些什么呢？"或者"责任是需要生活在家庭中和社会上的每一个人去承担的，只不过不同生命阶段承担的责任可能会有不同。你能谈谈你在这方面的认识吗？"

二是通过语言描绘设置情境。

在课堂教学中，教师要根据课文所表达的内容情感，根据学生的学习需求，运用富有特色和魅力的语言把学生引入一个特定的环境中，营造出与文本情感基调相和谐的情感氛围。教师主要通过语言跟学生进行沟通交流，优秀教师高品位的语言就是学生学习的资源。教学情境的创设，对教师语言提出了很高的要求：一是浓郁的文学性。要用凝练而富有形象性、含蓄性、审美性的语言，使学生获得探究的方向、思维的启迪和审美享受。二是充足的优质内容。使学生最终能够很好地融入作品情景是情境设置的根本目的。语言要有利于使学生深入感受作品的生活内容，激发学生情感，开启学生思维，涵泳文本意蕴。情境设置的丰富内涵和明确指向，是情境创设的理想追求。三是强劲的激发性。语言虽然比表演、声像更抽象一些，但是富有表现力的语言却可以发挥其更大的优势，有效地激发学生丰富的联想、想象，使学生在脑海中形成鲜明而丰富的画面。

教学《华南虎》，开始设置这样的情境：诗人牛汉说："我苦苦地写诗正是为了从苦难中走出来，尝到一滴从未尝的蜜""在过去的半个多世纪动荡严酷的生涯中，我渴望为理想的世界的创举全身心地将自己燃烧干净：血浆、泪水、筋骨，还有不甘寂灭的灵魂，都无怨无悔地为了奉献"。[①]那么，诗人为了尝到那"一滴蜜"做过怎样的"追求"呢？其中又给我们带来怎样的震撼和启示呢？让我们从《华南虎》那探求答案吧。这个情境着眼于诗人自己的叙述，呈现其思想追求的内涵，建立起诗人与诗歌文本的联系，在更宽阔的视野上引导学生解读诗歌意义，有效激发了学生的研读热情。

教学《猫》设置导入情境：生命有强大与孱弱之别，但没有高低贵贱之分。因此，达尔文说："对动物的人道是人类所能继承的最高贵的美德。"

---

① 牛汉：《我仍在苦苦跋涉》，北京：生活·读书·新知三联书店，2008年版，第54页、55页。

一个对弱小动物的生命毫无同情心和责任感，甚至是残暴地对待的人，是不可能去关爱宽容他人的。郑振铎的《猫》就是一篇写人与动物相处故事的文章，它能给予我们怎样的心灵触动和人生启迪呢？在"理解形象特征"中设置情境：角色描述或做读书卡片。假如你就是其中的一只猫，请你从来历、外貌、性情、经历等方面作自我介绍，要注意让不了解你的人能比较全面准确地认识你。做读书卡片要合理设置卡片项目内容，如名字、来历、外貌特征、性情、相关事件和结局等。在领会作品思想内涵时设置情境：假如第三只猫死后，其哥哥觉得弟弟是被冤屈致死，将"我"告到了法庭。为了弄清事情发生的深层原因，追究责任，诉讼代理人（甲方）与辩护律师（乙方）进行法庭辩论。甲方观点——责任在主人；乙方观点——责任在猫。请同学们再读课文，准备辩论，发言要言之有据，言之成理。其中"导入情境"引用名人的话，引发学生的关注，启发学生的思考，激发学生文本研读的兴趣。理解形象特征设置的情境为学生感知基本内容创设了载体，搭建了平台，获得了可操作的路径。而领会作品思想内涵时设置的情境则在更深层面上引导学生研究文本的思想意蕴。辩论方式的采用有效地激发了学生的思维活力，促使创新成果的产生。

三是通过进入角色设置情境。

阅读教学不仅要让学生以旁观者身份理解感知作品，还应当以作者或作品"当事者"的身份，进入文本角色，设身处地零距离体验作品的生活内容和艺术表现手法。无论是文学作品还是写实作品，都可以且有必要让学生以某种角色与作者、作品所表现的生活进行直接互动。就文学作品来说，可以让学生充当作品的某种角色，感受事件的情景，领悟形象的内涵，体会人物或作者的内心世界；非文学作品则可以通过进入角色，具体呈现事物的特征，体悟作者的思路。因此进入角色，营造情境有利于激发学生阅读思考，深入体会文本意义，获得思想共通和情感共鸣。

教学《变色龙》可采用课本剧的形式，因为本课故事情节跌宕起伏，主人公态度反复五次变化，作品内容的情境性、人物的形象特征和手法的讽刺性都很鲜明，利于学生角色表演。教师要先引导学生去理解人物态度发生变化的原因，然后再去拿捏人物的形象，这样不但能活化文本理解的手段，而且引发了学生的思维创新和实践创新。角色表演要引导学生结合内容，用心揣摩人物的动作、语言、神态、语气等，把握细节关键词，抓取人物特点。比如《故乡》中"豆腐西施"杨二嫂顺手牵手套的行为和"圆规"式的神情姿势；《孔乙己》中落魄潦倒却又穷酸做作的孔乙己分豆却又叉开手指"罩"碟子的情景，掏钱时的"排""摸"动作；《最后一课》中韩麦尔先生在上完"最后一课"时惨白的脸色、颤抖的话语，使出全身力气在黑板上写字的动作，头呆滞地靠在墙上的姿态；《范进中举》中范进中举喜极而疯的狼狈丑态等，都可以由学生通过进入角色进行演示体验。而像《看云识天气》之类的科普说明文，也可以设计角色作为活动载体，由学生充当不同的"云"来介绍自己的特征及其与天气的关系，以活化阅读情境，改变思维方式，切身体验和领会作品内容。

四是运用声像图画设置情境。

充分利用多媒体教学手段，呈现具体可感的声音（包括音乐）、鲜明形象的画面、动态变化的影像，以直观的形象触发学生的联想和想象，以生动的情境引发学生心灵的感知、感动和共鸣，从而达到对课文的深层理解与感悟。例如教学《口技》导入教学过程，可播放当代声乐演奏《鸟鸣涧》，让学生判断这些声音出自什么鸟类之口，然后告诉学生这是人的声乐演奏，这样可以有效激发学生对口技的好奇心和对文本的学习兴趣。再如教学《安塞腰鼓》让学生"裸读"并展示自己的感受和理解的情况下，为让学生更为深入地理解作品所表现出来的磅礴气势和撼人心魄的力量，播放真实的安塞腰鼓发出的隆隆声响，体会作者如何将声音转化为语言文字，用怎样的语言去呈现那充满生命力量、震彻山河的声响。与作品相谐和的音乐有助于渲染文本情感氛围和进入文本意境，因而有助于激发学生的情感体验以深入理解文本内涵。但是音乐的选择和呈现需要贴着文本走，贴着学生生成的情感走，不能牵强附会，而且使用上要别出心裁，避熟避俗。感人的歌声和音乐给人的记忆是久远的，同样，感人的文本给人的记忆也是久远的，将文本理解与歌乐渲染两者有机结合起来，就会相得益彰，产生促进深入阅读和提升阅读品位的效果。在《最后一课》中体会主人公失去职业、失去母语、失去生活依靠的心情，播放悲戚幽婉、令人荡气回肠的音乐，会更有利于学生在内心深处与作品人物产生深度情感共鸣。

在课堂上我们并不倡导过多展示与文本内容相同的图片、影像材料等，因为如果这样就成了以图片、影像材料解释文本内容，代替学生对语言文字的阅读理解感悟，脱离了语文学习的基本宗旨，影响了学生对文本的语文性解读。但一方面我们又提倡适当、有选择、片段性、辅助性地展示图片与影像材料，其前提是有助于学生更为深入地解读语言文字，理解作品的思想内涵；另一方面更提倡在阅读文本中借助语言文字展开丰富的联想想象，在头脑中呈现生活的图景，让作品在头脑中动起来、活起来，然后变成自己的语言呈现出来。如教学《观沧海》就可以通过有关大海的画作设置情境，让学生直观地欣赏到大海浩瀚无垠、波涛翻滚、气势磅礴的风采，令人心潮澎湃，感慨万千。大海成为古往今来无数仁人志士精神的寄托，也赢得了无数文人墨客的青睐，使其成就了许多脍炙人口的名篇佳作，那么曹操的《观沧海》就是这些名篇佳作中的鼻祖，我们今天就走进这首诗，走进诗人的内心，去领略大海撼人心魄的风姿和诗人宽广博大的胸襟。这个情境的设置就没有直接呈现《观沧海》的内容，而是采用画家的作品引发学生对大海的向往之情，产生对文本解读的心理趋向，取得了应有效果。同样像《范进中举》《孔乙己》《智取生辰纲》等课文，其内容虽然已经被拍成电影或电视剧，不宜大量播放，可在文本解读的过程中，根据学生学习的需要，适当选用其中的场面或细节片段。

以上五种教学法应该适用于语文学科中的阅读教学，除去"语文味教学法"之外，其他四种也同样适合于其他学科的教学，应该算是共性的教学方法。下面我们着眼于"语文""阅读教学"阐述相关的教学方法。

语文的教学方法跟语文课程的核心价值有密切关系，也同"语文性"密不可分。语文的课程价值是学习语言文字的运用，因而语文的教学方法也就不会离开语言。从客体说，语言自然是指教材文本的语言。数理化政

史地生诸学科由语言到文本内容，落点在内容上；语文学科则由语言到文本内容，然后还要回到语言上来，落点在语言上。语言和其所承载的思想内涵、人文精神不可分割。从主体上说，语言是指师、生、文本之间的交流对话使用的互动"语言"。课堂互动语言包括教师的课堂用语或教学语言，也包括学生语言，学生与教师、与同伴、与文本互动的语言。

对"文本语言"的感知应有诵读法、圈点批注法、换词法、表演法。对"课堂语言"的呈现和运用可采用的方式方法有改写法、复述法、对话法、讨论法、辩论法。

六、诵读法

"书读百遍，其义自见"。尽管学生语文学科学习的时间有限，但是对文本的诵读很有必要，这也是最直接最有效的理解文本方法。朗读的过程是将"语言"与"人文内容"有机融合的过程，并能使学生从整体上把握文本。一方面朗读作为一种语言能力是需要不断训练才能不断提高的，离开了诵读实践就不可能有朗读能力的有效发展；另一方面朗读还是培养语言理解和口头语言表达能力的重要途径，可以提高学生的语言感受能力。

诵读法第一个价值取向是初步感知理解文本。要通过初读"读通"文意，做到不添字，不漏字，不破读，不误读，这样才能正确感知理解文本内容。倘若朗读中到处添字、漏字，到处破读、误读，那么作品内容就会被曲解和误解。现代文和古诗文朗读都会出现这些问题。多次见到教师执教《孙权劝学》，许多学生停顿不当，也就是理解不当从而把语句读破了："卿/今当/涂掌事""孤岂/欲卿治/经为/博士耶""大兄何见/事之晚乎"。这说明学生还没有理解文本的基本意义，出现了误读现象。

诵读法第二个价值取向是深入理解和品味文本。

首先，教师自己应当提高诵读品位，从而有效提升学生的诵读质量。对文本的思想艺术价值，教师应有深入到位的认识，进而认识到诵读应该达到的水平和境界，这样才能指导学生达到较高的诵读水平。事实上多数教师在这方面不同程度存在缺陷，总的说就是对于作品的核心价值认识不到位，对作品的思想艺术价值认识缺乏深度和高度，教师所追求的诵读"理想状态"水平偏低，也就不能引导学生读得到位、读得精彩。这样一来就不可能有建立在深度理解基础上的诵读，学生的诵读成为没有情感和美感的冷冰冰的声音，失去了诵读的意义和价值。学生真正学会了诵读，必然会受益一生。拨乱反正后，我们所看到、所了解到的教学名师，前期如宋遂良、于漪、钱梦龙、魏书生，后期如韩军、余映潮、程红兵、史建筑、程翔、王君、熊芳芳、秦玉峰、秦晓华等，他们个人的诵读能力炉火纯青，虽然很难说是达到了"惊风雨，泣鬼神"的境界，但投入的情感和诵读所释放的魅力，却能动人心扉甚至令人泪流满面。有不少教师常常感到困惑，名师大家上课总能挑选到高水平的学生朗读，而我们就很难遇到这么好的学生，事实上学生是一样的，不同的是名师更讲究策略和智慧。教师诵读水平高是基础，但不是我们追求的目的，我们追求的目的是学生的诵读能达到理想的水平。

其次，诵读应重视感受与意会，淡化形式方面技巧性的"示范"和要求。诵读的首要任务应是感受体验作品的情感基调和艺术风格，进而用自己的声音读出这种情感和风格，即作品情味和韵味。在这里体验和意会就显得十分重要了，可是许多教师喜欢为学生做"示范"，划规定，提要求，学生要按照老师规定的"套路"去读。"教的曲儿唱不得"，教师的示范和方法就一定适合每一位学生并一定是最理想的吗？诵读是一种艺术而非技术，学生对文本的理解都具有个性，对文本的诵读自然也应是个性化的。学生暂时读不好没关系，重要的是要给学生留有充足的空间，让其通过诵读实践自由感知体验，并不断作出调整，用自己的方式读出自己的理解。何况有的教师"范读"水平实在不敢恭维，还比不上班上的优秀学生，这种情况硬去"范读"就很有些尴尬和滑稽。倘若有效发挥了学生的聪明才智，朗读就一定能出现精彩状态。老师应指导学生如何根据文本内容、情感以及语言风格特色和节奏韵律体会诵读的要求，创造性、灵活地运用诵读技巧。如教学《沁园春·雪》，教师给予了学生比较宽阔的自主空间，学生的诵读很有创造性并且读得很有道理和韵味："北——国——风——

光——"的字字延长，改变了传统的两字停顿和延长的读法，并把全词的许多地方读出拖音和强短音，很好地展现了作品的气势和力量。

再次，应通过形式多样的诵读深入理解和品味文本。一是诵读方式的开放；二是体现文体特征。方式的开放，是说在明确活动目的任务的前提下，给学生提供开放性空间，根据文本理解和品味的需要，采用不同的诵读方式，可以默读，也可以朗读；可一个人读，也可两个人合作朗读；可以同伴接读，也可以男女生分读，或者小组内分角色诵读。长篇课文适合于默读，短篇课文适合于朗读，精美的篇段还需要下功夫背诵下来。所谓体现文体特点，不同的体式适合用不同的诵读方法；具体到某一体式中不同语体的作品，就需要根据其语言、结构、手法的一些显著特点去确定诵读方式。如朱自清《春》："院子里，田野里，瞧去，一大片一大片满是的""闭了眼，树上仿佛已经满是桃儿、杏儿、梨儿……大小的蝴蝶飞来飞去""'吹面不寒杨柳风'，不错的，像母亲用手抚摸着你""雨是最寻常的，一下就是三两天。可别恼。看，像牛毛，像花针……人家屋顶上全笼着一层薄烟"。这篇散文在语言运用上与众不同的风格，首先是句式的自由洒脱，作者很少使用长句、整句，而选用短句、散句，这种语言形式十分有利于表达自由、强烈、按捺不住的欣喜和赞美的情感。其次是谈话体语言的运用。本文是朱自清应命为中学生创作的"范文"，以谈话的方式娓娓道来，信手拈来，亲切可感，却又有那么富有独到的发现，既能淋漓尽致地表达作者主观认识和情感，同时又能给学生以观察和表达上的启迪。在诵读过程中应设身处地进入作者角色，进入春天的美好意境，呈现生机盎然的春天图景。汪曾祺《端午的鸭蛋》，所写高邮鸭蛋之所以那么富有魅力，就在于作者以平淡质朴的语言写出趣味和诗意，以不事雕琢的话语表现出深挚情感和丰富意蕴。除感悟、探讨、分析之外，朗读是最直接也是最有效的体验方式，以读代析，以读代赏，引导学生体悟语言文字中包含的情味与意蕴，通过恰当的语气、语速、停顿、重音等，读出语句所表达的情味和意蕴。"我走的地方不少，所食鸭蛋多矣，但和我的家乡的完全不能相比！曾经沧海难为水，他乡咸鸭蛋，我实在瞧不上。"（其中"所食鸭蛋多矣"的"多"字读出高平调和声音延长，重读"实在"等字眼，读出对他乡鸭蛋的不屑和贬斥意味）"我在北京吃的咸鸭蛋，蛋黄是浅黄色的，这叫什么咸鸭蛋呢！"（其中"这"字读出颤动的去声调，"什么"重读，读出轻蔑和瞧不起的语气，以反衬作者对高邮咸鸭蛋的情有独钟）"筷子头一扎下去，吱——红油就冒出来了。"（其中"一……就……"需要重读，以显示红油之多和冒出的速度快，"吱——"这一象声词需要读得重而短，"冒"这一动词要重读，表现红油冒出来的状态。通过这样的诵读读出家乡鸭蛋的上乘质量和对家乡鸭蛋的盛情赞美）。通过这"不合情理"的地方的诵读处理，领会作者对家乡鸭蛋、对家乡的一往情深。同是写景状物作品，朱自清《春》与鲁迅的《雪》的朗读方式就有明显区别。针对文本进行有的放矢的指导，能帮助学生感受到作者独有的情感，加深对课文的理解。一般地说，对于诗歌，因其具有充沛情感的特质往往需要借助有声诵读来理解感悟；说明性文本适合默读、精读也适合略读，筛选和掌握信息，是学习说明文的基本要求；韵文则要体会其韵律与节奏，以声达意，以声求气。《安塞腰鼓》《海燕》这样情感汪洋恣肆的文本，就适合指导学生放声朗读；记叙文的朗读主要是抓住一些表现人物性格特征的语言，像《变色龙》《范进中举》则适合由学生分角色朗读人物的语言，体会其中的意蕴；像《敬业与乐业》一类的议论文则要注重论辩性，为体会"论证有力"，尤其注重表达作者观点以及"以理服人"的句式，需掷地有声，铿锵有力地读出来。

第四，诵读应关注层次性要求，追求诵读水平的全面提升。首先，学生诵读一篇文章不是一下子就能达到理想水平，需要一个梯次进增的过程。一篇文本不同的学习过程，对于诵读的要求或者追求的目标并不相同，比如"读通""读懂""读透""读新"就是不同的目标追求，这与学生对文本的认识理解是一个由表及里、由浅入深的过程有关，如果要求学生一开始就能把课文诵读得那么精彩到位不切合实际。解读文本要从表面深入到内部，而文本的思想情感、艺术匠心常常是深蕴于语言文字背后的，只有进入到作品内部，才有可能读出高水平。许多文本的意义不是单靠呈

现的语言文字就能理解到位的，可能还需要"知人论世"等才能深入理解作品的深刻思想意义。从教材编写意图看，尤其是关于文本的核心价值，一些学生未必能够清楚认识，也需要引导和帮助才能发现。如教学《武陵春》，开始学生的诵读缺少情感投入，平铺直叙而无愁苦之味。这种情况下，需要教师引导学生疏通词意，借助联想想象展现词所表现的情景和所创造的意境；"寻绎意脉"，梳理情感变化；"知人论世"，追溯愁重根源。这样词所表现的生活情境就在学生的脑海中鲜明呈现出来了，词所传达的情感也逐渐与学生形成强烈共鸣。然后引导学生诵读，学生便读得抑扬顿挫、入情入境，读得声音哽咽、泪流满面了。其次，诵读训练应面向全体学生，做到因人而异。要让不同层次的学生都能有展示自己诵读才能的机会。可惜多数情况下教师"遗忘"了那些不擅"表现"自己的学生，而频繁地让某几个学生"表演"，其他学生成为看客。因此要在尊重差异的前提下，区别对待分别要求，使不同水平的学生在现有的基础上都能够获得新的发展提高。

第五，诵读的着力点应放在关键之处。

阅读中的诵读也应指向文本言语形式的关键之处——最具表现力和最具有思维含量或包含作者心理动机的词句。

一是文本繁密之处。繁密之处就是那些凝聚着作者浓郁情感和体现写作意图的地方，就是文中浓墨重彩、优美华丽之处。它们是作者智慧才华集中体现的地方，必然有很高的涵泳价值。教材中有许多描写自然景物的文章，如《春》、《济南的冬天》、《黄河颂》、《雪》等，都用优美的文字描绘出秀丽的自然风光。语文教学中需要通过朗读再现自然美，让学生感受自然美，诱发他们去想象，这既能发展学生的形象思维，又能培养他们感受美、鉴赏美的能力，使他们树立起正确的审美观。还有一些是写人叙事的作品，用细致的笔触展现了生活中那些扣人心弦的情节事件和栩栩如生的人物形象，给读者留下深刻的印象。如《范进中举》、《最后一课》、《变色龙》、《背影》等，无论是对生活历史的呈现还是对人物神情外貌、举手投足的刻画，都具有立体感、形象性和鲜活性，这也需要通过诵读去联想、去呈现、去感悟。

二是思辨之处。思辨处就是文本中含有丰富意味的地方，需要反复品读、反复推敲、反复思考辨别才能把握其含义的地方。抓住这些词句诵读品味，便能激活学生思维，促进学生语感的进一步发展。如《老王》一文，表面上看"我"很了解熟悉老王，其实并不真正了解其许多情况和内心世界，由于这种心灵的"隔膜"才有了"那是一个幸运的人对一个不幸者的愧怍"。"我"与"老王"的相互关系并不对等，彼此有着很大的差距。一则老王作为一个底层市民，付出了巨大的甚至全部的真情关爱对待杨绛一家，将其当作挚友至亲对待，突出的表现是临终前把当时最好的食品——香油和鸡蛋送给了杨绛。二则老王潜意识里希望通过自己的付出得到与他们人格地位上的对等，但是他并没有得到。三则老王这样的弱势群体，虽然他们十分需要物质上的帮助，生活上的接济，但更需要的是精神上的关注、心灵上的沟通、情感上的慰藉。那么，应带着这样的理解去诵读诸如关于老王吓人的外貌、送香油鸡蛋时的情景、得知老王去世的消息等内容，通过诵读去领悟文字背后的这些内涵。

三是情动之处。情动处是文本最能拨动学生情感琴弦的词句，是最能触动学生灵魂的地方。观文者与文本内容之所以产生了情感上的共鸣，大都是观文者将自己的生活经历和情感体验与文本进行有机结合的结果。教师的价值就在于建立这种联系，拨动学生情感的琴弦，触动学生的灵魂，令学生能够"情动"而"辞发"。有教师教学《秋天的怀念》，在体悟了课文所表现的情感之后，建议学生自由组合、分角色朗读文章关于"母亲"两次要带"我"去北海公园看花的内容，要求设身处地、联系自己的生活体验去感受。结果学生读着读着，忍不住哽咽了，声泪俱下的情景令人难以忘怀。教学《我的老师》为引导体会"梦中寻师"所表现的情感，并通过诵读传达出这种情感，教师首先引导领会这一事件发生的前因后果，梦中寻师是前面若干事件的一个必然发展结果，是"我"情感的凝聚和升华。在体会众多事件中起着十分重要作用的是"排解纠纷"，在"我"十分痛苦和无助的时候，蔡老师给予了有力的援助，并说"我"是"心清如水的学生"。人最不能忘记的，应该是身处艰难的时候得到了有力的援助。学生读得入情入境，声音很轻，却包含着深情。

四是深刻之处。深刻处就是文中意蕴深长的词句。诵读这些关键之处，可促进学生进一步思考，培养思维深度，深入体会文章的思想感情。如教学《故乡》最后三段的理解是难点。其中最后一段，作者十分希望改变现实，"我""在朦胧中"想象到的图景是一个较为光明的，没有辛苦辗转、辛苦麻木、辛苦恣睢的世界，说明作者对未来充满希望。而"我想到希望，忽然害怕起来了"，意为这新的生活、新的希望是什么在哪里却并无答案。尽管如此，却不能因此否认"路"存在的可能性："希望是本无所谓有，无所谓无的。这正如地上的路；其实地上本没有路，走的人多了，也便成了路"。作者放下单纯的乐观，接受无路的现实，又在几分无奈之中举步向前，做一个永远前行的过客，这正是鲁迅式的人生态度：即使在看似无路的所在，也决不妥协放弃，纵然是荆丛也姑且试着前行。因此作者充满着希望，又带着很深的迷茫；虽然看不到前途在哪里，却仍然不妥协放弃。了解了这些复杂的情意，诵读的时候便把握了抑扬、轻重、缓急，并可读出作者的思想情感。

七、圈点批注法

圈点批注法就是利用简洁的语言在所读作品上留下圈线点标记和欣赏评价之类的语言，记录阅读过程中产生的感悟和联想，对文本进行一定程度的评价。其特点是乘兴信手而圈而点，随读随注随批。圈点批注是同文本对话的一种方式，一方面要沉入其中，深入到文本内部；另一方面还要出乎其外，就是要跳出文本看文本，要对文本作出自己的评价、鉴赏，呈现自己发现、归纳、质疑的内容。

圈点批注可以圈画评析关键词句，可以对作品的思想内容、人物形象、艺术手法、文字表达进行专项评鉴，也可以进行逐段评析，还可以对选段进行品味，对美句进行点评，还可以作综合性评说等。圈点的过程，就是在浩如烟海的语言世界里，寻找着一处处胜景美点；又是删繁就简、去粗取精的过程，借助少量语句把握文本意义。圈点的记号与思维的痕迹合二为一，实现了对文本语言和人文内容的整体尊重和原生态的理解。批注的过程就是对文本语言和人文内容的理解、体验、欣赏、评价的过程，通过与语言文字的直接交流，领悟思想意蕴，体味艺术匠心。

批注可有文字、符号批注，可有纲要、补充批注等。文字形式是运用最为普遍的形式，学生将阅读过程中的所思所想，以书面的语言文字呈现出来。符号批注是对重要语句进行圈点勾画。纲要及补充批注是对文本纲要性内容或结构思路进行分析归纳，并整理成简化的条理清晰的阅读纲领。

一要以预习式"圈点批注"感知文本基本内容。学生在课前阅读过程中对课文主要内容、层次及一些重要的词句进行批注，即为预习式"圈点批注"。它可促使学生通过课前阅读初步把握文本的内容，为课堂上与文本深入对话交流打下坚实基础。预习式"圈点批注"还可以分为基于文本意脉的和文本层次的两种。寻绎作品的意脉是进行文本对话的重要途径，这个意脉可能是情感变化，可能是事物的逻辑联系或者作者思维的轨迹，在文本中形成一以贯之的线索。教学中引导学生在预习中对文本线索作圈点批注，从而把握文本意脉。如教学《故乡》，要提示学生对课文中"我"的见闻和感受（明线）和"我"与闰土的友谊（暗线）作圈点批注，对"我"眼中故乡人物、情感、面貌的变化做简单记录和原因分析，或对"我"与闰土的友谊作概括和分析，以此为起点对文本作深入解读。文本层次是文本基本内容的框架和缩影，理清了层次也就把握了文本内容。学生预习中要对文本层次作剥笋式、挖掘式、阶梯式、连锁式批注，并对构成层次的要素如段落等进行批注。如《我用残损的手掌》引导学生通过对"手掌"的动作如"摸索""轻抚""贴在上面"等进行批注，梳理这些动作与作品层次之间的关系，所关涉的内容，进而把握诗人情感变化过程和作品行文层次。预习式批注能够为学生在课堂上整体把握课文内容和感悟文本语言、情感打下坚实的基础。

二要以赏读式"圈点批注"解读文本重点。文本重点是文本的核心教

学价值所在，是作品独有的教学资源，或为体现文化内涵的事件和人物，人物与事件所承载的哲思物理，或为作品艺术表现和语言特色方面的突出特征。实际上这种批注就是由学生对文本的重点、难点和关键点发表见解、阐述看法。

首先，通过品读式"圈点批注"，对文本进行赏析。圈点批注就是与文本对话，表达对作品的理解认识与鉴赏评价。教师要对学生批注什么、如何批注进行指导点拨和示范引导。例如，教学《我的叔叔于勒》让学生找出描写菲利普夫妇对于勒态度三次逆转的部分，批注这些描写对表现人物思想性格的作用，并试着概括人物形象特征。然后组织学生将点评批注内容展示出来。接着组织学生简述整个故事脉络，并由同桌点评。最后，组织学生进行微话剧表演。表演过程中引导学生品读文本，让学生选择认为最有意义的段落有感情朗读，并谈谈自己的感受。这样学生在点评批注的过程中主体地位被突出出来。学生通过自主探究、合作学习、角色扮演使教学内容的理解得到了很好的落实，学习能力得到了培养。

其次，通过品读式"圈点批注"对文本进行解疑。一是解决教师设置的问题，二是解决学生存在的疑问。教师设计有针对性的问题，引导学生借助品读式"圈点批注"，对文本进行探究赏析，解决提出的问题，从而有效解读解构文本是行之有效的路径。同时，阅读教学也应当先学后教，以学定教。教师应该给予学生呈现问题疑惑的机会，并及时梳理出普遍性的、典型性的疑难问题，指导学生运用批注加以解决。例如教学《藤野先生》指导学生对"他的性格，在我的眼里和心里是伟大的，虽然他的姓名并不为许多人所知道"进行质疑：藤野先生仅是医专学校的一位普通医学教授，鲁迅后来又弃医从文，为什么二十年后作为文学家、思想家的鲁迅先生却用"伟大"这样的字眼相颂呢？然后以"猜测"为指向确定研读的重点内容进行圈点批注。然后通过展示批注使学生之间、师生之间进行思维碰撞，很有力度地进行文本意义的建构。

再次通过反思式"圈点批注"内化文本情感思想。学生在品读文本后撰写对文本的理解与感悟，充分张扬个性和创造性，对文本意义和学习实践进行反刍思考，就是反思式"圈点批注"。它是促进学生对文本思想情感内化的必然途径，可依此让文本对话向思想意义的更深处迈进。首先，作反思式"圈点批注"，就是对课文中所体现的情感、思想或形象、意境以及艺术表现手法等进行评论式批注，是站在更高的视角重新认识作品教学资源，以内化精神和感悟阅读方法。其次，借助反思式"圈点批注"，对文本进行续写或扩写。续写或扩写是另一种意义上的解读文本，与作者共建文本是发展学生创造性阅读能力的有效途径。

八、换词法

在阅读教学中，常常会遇到一些运用得"妙不可言"的词语，试着将它们换成相近、相反或相关的其它词语，通过对比体会到该词语使用的精到巧妙，即所谓换词法。本质上说，这也是咀嚼文本语言、体味人文内涵的一种途径。"换"是一种反证和对比，是以非文本、反文本的方式来表现对文本语言的认可和赞扬。"换"就是一种揣摩品味方式，看上去是离开了文本语言，但实际上是一种走近，是"曲径通幽"。

"吟安一个字，拈断数茎须"（卢延让《苦吟》），"为人性僻耽佳句，语不惊人死不休"（杜甫《江上值水如海势聊短述》），"二句三年得，一吟泪双流"（贾岛《题诗后》），苏轼也提出"诗赋以一字见工拙"的观点。足见古人对炼字、炼句、炼意的重视。阅读教学就要还原作者运用语言的匠心：一则要对几个词在字面意义进行区别，二则要结合语境进行辨别，进而领会作者使用这个词语的原因，从而把握作品的魅力所在。

运用换词法往往着眼于不同的角度，出于不同的目的：

一是辨析中展现人物思想品质。对文本中的人物，作者大都按照其实有或应有的方式穿着打扮、说话行事，为了突出人物的典型性、特殊性，必然会选择和驱遣富有表现力的语言以彰显人物个性品质。例如《孔乙己》"'什么清白？我前天亲眼见你偷了何家的书，吊着打。'孔乙己便涨红了脸，额上的青筋条条绽出，争辩道……"如果将"涨红"换成"羞红"，将"绽出"换成"露出"，将"争辩"换成"辨别"，表达效果有什么不同？换成后者就很难表现真相被揭露时人物由内心到面部表情再到语言上的难堪、羞耻的程度，以及孔乙己自命不凡却又处境尴尬的尖锐矛盾。"'孔乙己，你脸上又添上新伤疤了！'他不回答，对柜里说，'温两碗酒，一碟茴香豆。'便排出九文大钱"。如果将"排出"换成"数出""拿出"效果如何？"排"不仅表现出孔乙己一时的"阔绰"，更为重要的是孔乙己通过不理睬对方和"排"大钱的举动表示对取笑者的不屑一顾，以此躲避对方的"攻势"，用"数""拿"就没有这种表达效果。

二是突出事物形态特征。作者出于写作目的的需要，都会在使用语言上下足功夫，想方设法展示出事物的属性特征。更换、辨析相关语言，有助于领悟作者的匠心。"望长城内外，惟余莽莽；大河上下，顿失滔滔。山舞银蛇，原驰蜡象"，若将"长城"换成"城郭"，将"大河"换成"延河"，"舞"换成"如"，"驰"换成"同"，那么，不但其所表现的事物特征发生了根本变化，失掉了原来"恢弘阔大"的气势，进而丧失了诗词宏阔的意境，高山峻岭奋发的态势和奔放起伏的神韵就表现不出来了，作品生气荡然无存。若将《武陵春》中"只恐双溪舴艋舟，载不动，许多愁"的"载不动"换成"载不下"，这就改变了文本中"愁"的属性特征，词人欲表达的是夫丧、家亡、国破遭遇下的愁怨，是深重而难以承载和排遣的，如果换成"载不下"侧重于表现"愁"数量体积之多之大，显得比较平庸，不能很好表达愁怨之沉重。

三是深入领悟作者思想情感。作品是通过语言"传情达意"的，文本语言带有鲜明而强烈的主观情感色彩，使用的语言不同，表达的情感色彩也就不同。更换具有不同情感色彩的语言，有利于正确体会作者融入其中的情感。如教学《我爱这土地》，可指导学生更换有关词语，将"嘶哑"换成"嘹亮"，"暴风雨所击打"换成"如诗如画"，"汹涌"改成"抒发"，"悲愤"换成"快乐"，"吹刮"换成"轻拂"，"激怒"换成"清爽"，"无比温柔的黎明"换成"异常热烈的朝阳"，"腐烂"换成"掩藏"，于是诗变成"假如我是一只鸟，我也应该用嘹亮的喉咙歌唱：这如诗如画的土地，这永远抒发着我们的快乐的河流，这无止息地轻拂着的清爽的风，和那来自林间的异常热烈的朝阳！——然后我死了，连羽毛也掩藏在土地里面。"这样岂不更容易理解，同样也能表达对脚下土地、对祖国的热爱吗？如果学生关注末尾的落款日期"1938年11月17日"，就会结合当时的社会背景就会了解到抗战爆发一年多，日本已经侵占了东三省多年，还侵占了华北大片地区，我国处于国土沦丧、民族危亡的紧要关头。作者通过"一只鸟"这个意象，淋漓尽致地抒发了对祖国遭受外敌蹂躏践踏的痛楚、对侵略者刻骨铭心的仇恨，表达了奋力抗争、至死不渝的气概和对民族解放、光明未来的渴望，更换这些词语后，创作的社会背景就消失了，诗歌的情感基调就发生了根本性的变化，无穷的悲愤、刻骨的仇恨和深沉的热爱之情就无踪无影了，当然也就违背了诗人的创作初衷。

四是借以领会作者对客观事物的看法观点。作者在呈现纷纭复杂的客观事物属性特征的同时，常常在字里行间也流露出其态度倾向、思想观点，这些语言的使用往往精要凝练、画龙点睛而又举足轻重，体会这些语言的妙处，自然是解读文本思想内涵的一条重要途径。如白居易《钱塘湖春行》诗人既是在呈现钱塘湖春天到来时生机盎然的美好景象，又是在表达自己对钱塘湖春景的看法。其中最后一联"最爱"就明显地表达了自己的感受和看法，使得景物描写具有了层次，尽管莺歌燕舞、花色繁茂、绿草如茵很令人爽心悦目，但是在"绿杨阴里白沙堤"上步行，似更有趣味，更有情致。如果将"最爱"换成"也爱"那就不能表现出这种景致的递进关系，而使诗歌意境归于平淡。

换词法绝不仅仅是更换词语，通过更换词语，使词语包裹着的意蕴被神奇地展开，被语言遮蔽的人文内容耀眼地明亮起来。而在此过程中，读者就会反顾作品的语言运用，咀嚼作者遣词用语的高妙，以致回味无穷。

九、演读法

这里所说的演读法包括表演和演读。

表演教学法，是根据教学需要，将课文中的可供表演的素材经过加工、改编，在课堂上直观地再现、表演出来，从而将教学内容化抽象为形象、化

平面为立体、化繁难为浅易、化语言文字为鲜活生动的画面，并及时展开评论鉴赏以增强对文本体验、促进文本解读的一种教学活动。形象越鲜明、具体、活泼、新颖，就越能提高人们感知的效果，越容易引起读者的联想想象，激发读者认知的兴趣，提高学习效率。表演将语言文字转化为生活现实，使文本变得立体可感，而且有利于培养学生观察、分析、解决问题的能力。教科书中的文学类文本的语言极具个性，文本形象性、情节性、动作性很强，有利于进行表演性活动，适合学生以小小的讲台或自己的座位为活动空间，进行一些片段式的对白、小品、话剧等模拟性表演。

表演有两种方式：一种是整体性、连贯性、长时间的表演，实际就是编演课本剧，需要充足的时间准备和展示。笔者认为这种表演并非基于文本解读价值取向上的表演，既占用时间也没有必要，并不适用中学语文课堂教学。倘若说要从开发艺术潜能，培养学生的艺术表演能力，或者开展语文综合性学习的角度出发，那另当别论。另一种是片段性、即时性、简单性的，不追求"演出"的完整性和连贯性。它突出的是"做动作"、"做表情"等活动，时空上比较自由，且与文本语言的体味紧密结合在一起，"做动作""做表情"所诠释和针对的正是文本语言中的难点、亮点和关键之处。

曾见到有教师执教《背影》，让学生表演"父亲"攀爬月台买橘子的艰难情形。文本中朱自清看到这种场景，"泪很快地流下来了"。但是由于学生表演时"父亲""噌"地一下，干净麻利地跳到了"月台"（课桌）上面，引来"赞赏"的掌声。之后教师指导学生根据课本内容模拟"父亲"的动作慢慢攀爬，显出十分艰难的样子，结果学生攀着桌子，脸涨得通红，憋不住笑了，学生哄堂大笑。还有一位老师执教《最后一课》，让学生表演下课情形，由于表演太过夸张，结果学生哄笑起来。这两处内容确实可以让学生通过表演去体悟，但是如果出现哄堂大笑的课堂状况，那么，这样的表演就算失败了。课堂表演还是大有玄机的。

一是要重视表演内容的选择。表演不能为追求热闹而设，而应有明确的目的，慎重选取内容。是否要运用表演，要看文本资源的特点，要看学生解读文本、体验文本的需要。表演可以选择在学生疑惑重重的时候，通过某种简单的表情、体态、动作使学生得到顿悟；可以是在人物对话时，通过表演呈现人物的动作、表情，使学生能够更真切地感受人物的思想心理；可以是在理解文本中某些词语时，让学生展现人物行为状态，领会文本用词的精妙。倘用于课堂开始，则可以引入情境，激发兴趣；用于课堂过程中，则可以促进理解，增进认识；用于课堂之后，便可引导学生学以致用，迁移内化。

二是要沉入情境、进入角色。表演中引来笑声，有些是自然得体的，有些则是不应有的。这些"不应有笑声"的产生，就说明学生没有进入作品所创造的生活情境，也没有理解和进入角色，教师应充分预估学生表现，预设达到的效果，指导学生反复诵读、品味、深入体会文本。前提有了，表演应不会出现情感氛围上龃龉不合的情况。学生深入理解了韩麦尔先生内心悲痛欲绝、爱恨交加的情感，就会在表演和观赏的过程中，身心投入，入情、入境、入理。如果学生自己就是即将失去赖以生存的教师职业、失去祖国语言、失去人格尊严的韩麦尔先生，或就是那教室里坐着的学生，进入角色去表演，就不会有不该有的笑声了。教学《背影》让学生先回忆自己攀爬时的动作，然后对照作者的三个动词"攀""缩""倾"，再去表演，并思考"假如你就是'儿子'看到年迈的父亲悬空地'挂'在月台上，会怎样想"，那么学生就能真正走进文本中，深入体会父子深情了。

三是要利用表演契机研讨赏析。表演是理解基础上的感性呈现，有必要以此为基础和契机，引导学生进一步研讨和深入理解文本。表演的优劣高下当然可以讨论，但更重要的是应结合表演对文本语言作理解欣赏。比如教《孔乙己》时，可先让学生表演孔乙己"排""敲""摸"的动作神情，然后体会为什么用这些词语来表现人物的行为。当然也可以把表演当作文本研讨结果和领悟水平的一种展示，通过直观形象的方式，内化和升华学生对文本的感悟。

演读法是一种诵读的形式，用组织表演的方式进行朗读教学，是一种

带有文艺性的诵读活动，有着较为浓厚的文学色彩和文学氛围。它要求诵读文本要读出轻重、起伏、缓急、情感和韵味。演读法追求浓郁的气氛，形式相对典雅，有情有味，有声有色，能够激发和熏陶学生心灵，让其在充分享受文学熏陶和审美愉悦过程中深入领会文本意蕴。演读的形式可分为多种：

文艺性演读。以艺术形式诵读文本，以改变文本呈现形式为主要特点，创设诵读情境使学生如临其境。如教学《口技》《泥人张》《好嘴杨巴》，按照传统诵读方法，往往难以引起学生的诵读兴趣。可引导学生以古代说书艺人说书的方式诵读课文，适当使用道具、手势表情等，惟妙惟肖、绘声绘色地模拟声音、叙述事件、描绘场景，以达到使人如临其境、如睹其人、如闻其声、如观其色的效果。

角色性演读。以作者或文中人物等角色演读文本。角色性演读以学生比较深入体会作者或作品中人物的思想情感、性格品质为前提。比如已大致领会了《沁园春·雪》的内容和写作背景，为深入理解作者的阔大胸襟、豪迈情怀和坚定信念，可由学生以作者毛泽东身份，站在黄土高原，带着长征胜利的喜悦，满怀对革命胜利光明前途的坚定信念，昂首挺胸，远眺或近观，以手掐腰或以手示意，陶醉或精神振奋，称颂或否定的口吻，酣畅或顿挫的语气来吟诵课文。角色的转换有利于对诗意的深入体悟。教学《我的叔叔于勒》《范进中举》《变色龙》《最后一课》《唐雎不辱使命》《孙权劝学》等，均可以引导学生以作品中人物角色去展示他们的言谈举止、外貌神情，通过说话的语气语调所包含的丰富内涵，借演读走进人物的内心世界。

合作式演读。学生合作，进行角色、内容和任务的分工以进行演读。角色中可有旁白叙述者、不同人物扮演者。任务分工可以是演读分开，如一部分学生读，另有学生去演；还可以是内容分工，有领读、有男女分读、有男女合读。合作式演读更适合于在对文本内涵意蕴有了一定理解的基础上进行。合作式演读不是为作秀而进行，目的还是为了以多样化形式为学生提供体验、欣赏文本的机会和载体。

十、改写法

复述是把作品内容用自己的话说出来，改写是根据作品和有关要求重新写作。文本改写是学生与作者共同建构文本意义的应有之义，有利于培养学生发散思维和创造思维能力，在顺承、并承和反承中有创意地建构新的"作品"，实现对文本意义的深入理解。改写之后应在班内呈现学生的改写结果。

改写的形式多种多样，但目的不是追求形式的多样或者为单纯培养改写能力而改写，而是致力于学生多种语文能力的不断发展和提高。一是改写文体。可以把诗歌改写成记叙文，如将《石壕吏》改写成独幕话剧或者记叙文；把小说改写成戏剧，如将《孔乙己》《范进中举》《变色龙》的某些片段改写成独幕剧；可以把说明文或山水游记散文改写成"旅游指南"或"导游词"，如将《苏州园林》改写成苏州园林"旅游指南"，将《三峡》改写成"图片介绍"或"导游词"等。二是改变结构。可以把倒叙改为顺叙，完整情节改为片段。如将《故乡》对人物的插叙改为顺叙，将《丑小鸭》改成片段。三是改变人称。可将第一人称改为第三人称，也可将第三人称改为第一人称。如将《送东阳马生序》中的媵人、同舍生、藏书者、先达改为第一人称，发表他们对"宋濂"的看法；将《猫》中的三只猫变为第一人称进行自述；将《看云识天气》中各种不同的云变为第一人称，自述其特点及其与天气变化的关系；将《孔乙己》改成第一人称的《孔乙己自传》等。四是改变内容和重点。如改变《皇帝的新装》中间的情节内容，改变《我的叔叔于勒》的故事结局，让菲利普夫妇与于勒相认等。

不管怎样改写，一般都应忠实于作品原意，通过改写引导学生从崭新视角领悟原文的思想内涵，把握作品中人、景、物、事的属性特征，理解写作意图和写法上的匠心。改写作为手段，一种以迂回的策略对文本原文进行解读和欣赏的手段，此环节所占教学时间要有所节制，不能太长，不能架空对文本本身的教学，而应是文本解读的自然需要和自然延长。

十一、复述法

复述，是将文本内容用自己的话重说一遍。是一种将文本的内容转化为学生口头语言的方法。

复述过程有多种变化在发生：从文本到文本的解读者——学生，从文本内容到学生已有的生活认知，从文本语言到学生口头语言。第一重变化，是"尊重性阅读"，也就是尊重原作的内容思想，读出原汁原味，复述不作意义上的更改。第二重变化是复述的关键，最大程度地不发生"变化"，力求使学生所认知的内容与文本内容相吻合。第三重变化，由一种语言形态到一种新的语言形态，既有语言上的差别，也有内容上的"变异"。在这里，学生是复述者也是解读者，复述中既要守正又需出新。复述要做到内容正确、完整，语言表达要准确、生动。这其实是不低的要求，要关注复述内容是否有缺漏和走样现象，更要关注语言表达是否通顺、正确和生动形象。而这正是复述的语文价值所在。

复述的基本要求是：第一，不能篡改原意，要忠实原意。第二，不是概括文意，而是要呈现具体内容。第三，不能照读或背诵，要用自己的语言。

复述是调动学生多元思维的有效途径。复述是一种手段，其基础和前提是学生要把文本读懂、读熟，在一定程度上能够理解作品的思想意义、语言运用和艺术表现手法，并尽量做到融会贯通和有所创新。

首先，复述需要用记忆做准备。没有记忆作基础复述很难正常进行。其中需要学生体悟方法，比如写作的一些要素、各部分主要内容、各部分之间的联系甚至是一些重要的词语句子都需要在仔细阅读和建立联系的前提下记住。

其次，复述需要思维的创造。复述既不是背诵课文，也不是说明课文大意，它需要按照一定的要求从一定的角度，在一定时间内对课文的内容进行理解认知、综合概括、取舍增删和联想想象，并需要组织安排复述的材料，考虑如何使用词句语言，用自己的话去呈现课文的主要内容、作者的思想观点，并且尽量做到中心突出，层次分明，语言准确流畅，仪态动作表情得体。

再次，复述应致力于促进口头语言表达能力的培养。复述是培养学生敢于表达、善于表达的习惯和能力，如果缺乏了锻炼和培养，学生今后很可能会出现说话张口结舌、羞涩局促、语无伦次的问题，甚至会影响学生一生心理和口头表达能力的发展。因此，通过复述，学生能说会道且善于思考，思维与表达能力得到协调发展。

教师要指导学生体会复述的技巧和要领。要通过复述训练，逐步培养和提高学生复述能力和水平。复述的一般规律和要领包括：抓要点，找特征，寻规律，理思路，看对象等。

教师应着力于学生复述水平的不断提高，通过科学设计复述要求，逐步提高复述难度和质量。如教学《一颗小桃树》，可将复述分为三个层次：层次一，概要复述。要把故事的内容用最精练的语言表述出来，比如小桃树的由来、生长过程及其与我的关系，而且还应该能够引发听者的兴趣与欲望，期待着对故事更具体可感、更深更透的理解。层次二，有情有味地、绘声绘色地详细复述。尽可能进入作者的心灵世界，进入到小桃树的生活世界，真切地体验小桃树的成长过程。层次三，创造性复述。让学生把自己放到文本中去，展开想象，投入思维，参与创造。比如以"小桃树"的口吻以第一人称作复述。这三个层次的复述使本篇课文的教学过程显出层次性、丰富性和立体感。复述需要忠实于原文的内容和结构，也可有复述者对课文的独到理解，有自己的想象和创造；语言表述方面除了转述作者的语言外，还需运用自己的语言。第一、二层次还是停留在揣摩作者语言、理解作者意图、运用作者语言进行呈现的层面，第三层次已到了运用自己的语言、进行个性化解读的更高层面上了。如何进行创造性复述呢？一是改变叙述角度，如以"假如你是……"为角度，讲出对故事的理解。体验和对话都建立在学生对文本的个性化解读上。二是改变叙述顺序和结构。三是想象叙述。创造性复述需要想象，比如利用课文留下的"空白"进行创造性想象。如前所述，让学生以第一人称叙述小桃树的生命历程……复述能不能如期进行，需要看是否重视阅读。每一层次的复述都以不同方式的阅读作前提，只不过读的形式不同，根据每一层次具体要求的不同而有针对性选择读的方式：默读——概要复述；朗读——有感情详细复述；跳读——创造性复述。

十二、对话法

对话教学是一种以语言、文字为媒介，以倾诉、倾听和理解感悟为途径，发生在作者、学生、教师、文本等多个对象之间，最终达到交流信息、认识世界、发展思维和获得审美体验等多项目标的新型阅读教学方式。英国教育家戴维·伯姆说，对话仿佛是一种流淌于人们之间的意义溪流，它使所有对话者都能够参与和分享这一意义之溪，因此能够在群体中萌生新的理解和共识。对话是合作性、互动性、支持性的，每一个对话者都携手共进，围绕某一话题或问题提出自己建设性的看法，逐渐逼近"新的理解和共识"。

为什么要运用对话呢？

语文本身就是一个"对话"结构，词语与词语之间存在着应答关系，词语的相互呼应或前后呼应便是词语的生存方式，即为词语的对话性。因此，要读懂文本需要有"瞻前顾后"、"整体感知"的能力。以词的对话性为基础，则可以衍生出句与句、段与段、篇与篇的对话性。语文课本身的对话结构可以看作是语文课自产生之日具有的特殊结构。

语文能承载客体的普遍性语文之义，又能承受读者的个体性的意义。阅读中的对话就是读者个体意义，穿越语文客体意义之流。一方面要解读语文之义，另一方面要通过想象产生语文之意，个体去思考才能实现语文的意义互动。所以如果没有思想，不能思不能想，就不会有对话的高质量。

阅读教学对话有哪些形式呢？

语文学习是一个对"话"——即面对着语言、言语和文字作交流的过程。从性质特点上说，对话可以分为认知性对话和审美性对话。当学生所面对的是智性文本，适合于认知性对话，抽象地理解文本的意义；而当学生所面对的为诗性文本，则适合于审美性对话，形象地描摹或感受诗意的文本意义，是审美的对话。认知性对话，人与世界的关系是主客二分的，以认知主体被动去理解文本意义为主。审美性对话则是文本客体对阅读主体的开放和接纳，人与世界的关系彼此欣赏达成主客相融状态。阅读个体也就把语文当成一种"活物"来对待，客体和主体，语文和个体互相融入。

从对象来说可以分为多种对话。一是生本对话。学生通过作品的语言，进入作品的境界和作者的情感世界。通过自主阅读感悟，通过教师问题的设置和学生问题的提出，引领阅读文本，与文本、作者、编者进行对话。二是师生对话。这种对话就是构建师生人格上的平等关系和在互动探究中以交往为主要特征的师生关系，教师为学生的学习而教，做学生学习的组织者、促进者、合作者。三是生生对话。对学生的合作讨论等，教师需要及时点拨，适时调控，使其领悟探索、发现、总结、归纳的方法，学会探索、学会发现，不断进行思维碰撞，把探索引向深处。四是自我对话。语文学习是学生不断地思考、反省、探索、寻觅的过程。倡导学习的自我反思，让学生从多方位、多角度进行反思，和自己进行深层次的对话，使自己的能力不断得到提高。

如何实现有效对话呢？

一是创设民主平等的学习情境和氛围。美国马斯洛认为教师健康的行为方式是："将它（师生关系）理解为愉快的合作，而不是意志、权威、尊严的冲突……他们以自然的坦率代替了做作的尊严；他们并不试图做出无所不知、无所不能的样子，也不搞威吓学生的权威主义。"[①]在阅读教学对话中，教师必须具有师生平等意识，要在内心深处把学生当作一个与自己在人格上平等的人，而避免表面上的做作，这样才有可能与学生展开真正的对话。不应把让学生获得正确标准的阅读答案作为教学的唯一追

---

① 〔美〕亚伯拉罕·马斯洛：《动机与人格》，许金声等译，北京：中国人民大学出版社，2012年版，第185页。

求，而应真正把话语权还给学生。

二是正确选择和确定对话内容。首先，阅读教学对话要围绕某个相对明确具体的话题设置相关问题，以推动学生对文本及其价值的理解认识、思想感情的发生和思维品质的提高，否则对话就会因分散而失效。其次，话题的难度要适当，过难或过易都不能使对话有丰富和宝贵的生成。

三是要将学生对话引向深处、高处，提高对话的质量、效益和品位。首先，要引导学生读进去，就要增强文本解读的深度和透彻度。让学生积极投入和主动获取知识的意义是关键。无论师生，首先要有新意地把握文本以还原作者的构思和写作过程，从而独立领悟出文章的意旨，发现文章的特色。这需要引导学生体会作者写作心路历程，真正获得自己的领悟，有所发现，有所创新。其次，要在问题设计上下功夫，以提高对话的深入程度和含金量。第一，要设计具有针对性的问题情境，增加文本对话的深度。事实上许多教师设置的问题"过大""过宽"，看上去气氛十分热闹，但是学生却不能在讨论交流的过程中深入文本。问题的设计要紧扣重点和要害，有的放矢，透彻研读，这样与文本对话就更有深度。第二，设计的问题要具有开放性，增加对话的广度。同样的内容，不同的学生会有不同的理解和领悟，设计开放性的问题，方可引导学生对文本做个性化解读，才能有丰富而宝贵的生成。有教师执教《最后一片叶子》，设计了这样的问题，启发学生去复述故事："你觉得《最后一片叶子》这篇小说讲了一个什么故事？是一个以谁为主人公的故事？"有的学生复述了一个"琼西"的故事，并领悟到了"信念这一精神支柱对生命的重要性"这一意旨；有的复述了一个"贝尔曼"的故事，领悟到了"平凡的英雄，关心他人，勇于自我牺牲的精神"的主题；还有的学生复述了"琼西和贝尔曼"两个人之间的故事，领悟到了"艺术与人生的对接转化"的思想。这样的问题引导有效地激活了学生思维，每一位学生在确定人物形象复述小说内容的过程中对小说主题进行了个性而有价值的挖掘，实现了与文本的有效对话。第三，设计层次性问题，增强对话的效益。要根据文本内容意义解读的需要，设计具有层次性的问题引导学生做步步深入的对话，这样，才能让对话更有厚度。再次，能够从文本中"走"出来，通过比较归纳总结出规律。与文本对话要用比较归纳法，从语文现象归纳出语文规律，发现语文知识的价值意义。最后，读出新意，超越文本，发人之未发。读出新意，要求师生文本解读具有独特性，不因循已有的固定模式，按自己观察事物的特殊方式来表现学科结构，提出新颖的见解。这种对话，需要采取由点及面的发散求异、个性与共性的比较求异、不畏权威的批判求异等形式。

对话并非多多益善，它必须服从、服务于文本解读的整体要求，不能陷入形式主义。对话应有恰当且具备一定深度的人文内容，其前提是围绕文本的核心语文价值。对话应强调"好好说"和"说得更好"，教师心中要有"范本"，并及时矫正学生出现的语言偏差。对话内容恰当、精彩，学生语言表达准确、生动，是我们追求的理想状态。

十三、讨论法

讨论，是指就某一问题交换意见。如果存在众多观点，当每个人都提出自己与众不同的观点时，人们就通过讨论或辩论来进行分析，从而得出相对合理的结论。讨论法是在教师的指导下，由全班或小组成员围绕某一中心问题而进行探讨、辨明是非真伪以获取知识的一种方法，是由生生、师生之间的交流共同组成。

讨论法有以下特性：

一是合作性，需要两个以上的学习者共同参与；二是交流性，即交流思想，交换意见，共同分享也相互启发；三是探究性，为解决问题而进行思想碰撞，或有新观点的生成，有利于学生在讨论中反思自己的行为和观点；四是平等性，每位学生都获得平等展示自己的机会，能有力调动学生参与的积极性。

讨论法的基本类型包括：

1. 质疑问难式。

学生关于课文有一些疑点、难点、易混点，比如内容的独特性，使用了典故或者观点与现实有距离、时空较远等问题。在这种情况下，就需

集中学生的疑难问题组织讨论，并寻求问题的解决。质疑问难式的讨论当然还可运用于单元整体教学或相类作品的比较教学。这种讨论可用于学习之初，比如通过讨论把握学习重点要点；可用于学习的总结提炼和升华阶段，以求同比异，解决疑难和深化理解。

2. 评论式。

就内容来说评论可着眼于作品的思想观点、构思写法、语言运用。对于文学作品来说，就是对文学文本的鉴赏，评论作品好在哪里，为什么好，哪些方面值得在写作中借鉴等。评论要聚焦话题，要具有一定开放性，引导学生发挥个人专长，从不同视角各抒己见。运用这样的评论解读文本，学生就会对文本意义理解得更全面、精到、透彻，更能锻炼和培养学生独立分析问题、解决问题的能力。

3. 专题式。

专题式讨论一般用于在初学基础上对文本进行通整而产生的话题或主题展开讨论。这种专题综合性强，要求研读具有一定的深广度。因此，组织这样的讨论，要求选题恰当，难易适度，不能超出学生的实际水平，保证学生学习探究的兴趣，让学生有言可发，言之有物，言之有理，言之有据。

阅读教学中运用讨论法的基本要求有哪些呢？

1. 科学选择讨论内容。

教师对教学内容和文本教学价值的研究应先于优于深于学生。讨论内容可以是文本重要的教学资源或核心语文教学价值所在，或被学生忽略但十分重要的关键，或有争议的话题，或学生个人不能解决的疑难问题等。选择合适的内容是激发课堂讨论活力、取得讨论效益的基础。如果讨论的问题学生一望而知，或偏离文本核心教学价值，那就徒劳无功了。

2. 优化并调控讨论过程。

讨论使学生的积极性被激发出来了，气氛也活跃起来了，但是也给教师调控课堂增加了难度。

① 给予学生充分的阅读思考时间。小组活动中探究或讨论的问题必须要经过学生的思考才可进行，否则讨论就会局限于肤浅的表面。问题提出

后应引导学生进行文本阅读思考；而讨论过程要不断引导学生扩展思路，不能深不深、浅不浅地草草收场。② 有序讨论。明确讨论目的和要求后，要按照一定顺序和方式开展讨论。比如是使用集体讨论、小组讨论和同桌讨论的哪一种或哪几种，小组内如何分工，都必须做到一清二楚。应根据不同活动的需要设立相应的角色，各个角色各负其责，又要相互支持、密切配合。③ 指导讨论方法。首先，根据讨论内容和学生的特点，选用不同的方法，做到有的放矢。合作时要明确要求，甚至将要求明示在黑板或屏幕上。讨论比较复杂的问题，要对讨论的内容进行分解，将其化解为若干小问题，引导学生逐步解决。其次，应将讨论目的、要解决的问题、要掌握的重点作出交代，引导讨论围绕中心开展。要根据讨论需要展示相关材料，要善于设置问题悬念，留有探究讨论的"空间"，引导学生独立思考、自主探索和发现。要培养学生积极参与讨论、细心倾听他人的意见和见解的习惯，并引导学生充分发表自己的看法。最大限度地调动所有学生参与讨论的积极性，不能将讨论变成优等生"一统天下"的才华展示。讨论还要提醒参与者不重复别人的意见，能对新的问题和观点进行辩论，培养追求真理的科学态度。④ 讨论结果的分析总结。一方面要得出讨论的结论，另一方面还要提出讨论中出现的问题和下一步需要进一步探讨的问题。对学生讨论中暴露出来的问题，要有针对性地进行点拨和深入分析，让学生在方法上得到启迪和提高。

3. 对学生的活动精当点评。

在讨论过程中，学生会有精辟的见解，也会有荒诞的观点，关键是教师要认真倾听、恰当评价：充分肯定学生发言的可取之处，对有创见的看法要充分尊重；对部分错误的观点，还应一针见血地指出其问题所在，并与学生共同分析错误产生的原因。对结论多元化的问题，应特别表扬学生独到的见解和特别新颖有效的表达方式。

十四、辩论法

辩论，就是彼此用一定的理由来说明自己对事物或问题的见解，揭露

和批判对方的矛盾，以便最后得到正确的认识或共同的意见。辩论与一般讨论的最大区别在于，揭露对方的矛盾，具有一定的自卫性和攻击性。当然这种攻击性是学术性的，而非其它。辩论之于语文教学，可作宽泛意义的理解：可以是辩论会形式，也可以是对文本理解出现的分歧、个性化理解的分辨争论。

辩论可以"辨同异""论是非""分优劣"，可以提高学生的倾听、应变、解决问题的能力和口语表达能力。辩论双方都需要通过语言呈现个人观点以说服或否定对方，而要取得实效，就需仔细倾听对方的论辩和观点。辩论可以深化学生对教材的理解，"灯不拨不明，理不争不透"，有效的辩论都是加深学生对课文的理解和感受的难得机遇，最起码的要求是有理有据。而这个"理""据"包括生活经历、知识经验，当然也包括文本内容。换言之，学生只有对文本理解把握有了一定的深度和透彻度，辩论才会言之有据、言之有序、言之成理。辩论实际上是说理文的一种变式，对学生的思维能力培养有着极其重要的作用。

提高辩论的有效性和辩论质量，并不是轻而易举的事情。一是教师要解放学生思想，创造和谐民主的学习氛围，以有利于师生间、学生间的充分交流，有利于学生主观能动性的发挥和创造性思维的生成。二是设置的辩论问题有含金量。辩论的问题应该包含着矛盾因素，可以存在多方对立的看法，具有引发思维碰撞的属性特征。辩论的结果也许是一方说服了另一方，或者双方观点均有道理，都能"自圆其说"，这不是最重要的，最重要的是辩论的过程使学生经受思维的历练和语言的锻炼。三是体验和运用辩论技巧，增强辩论效果。辩论技巧，应包括思维和语言技巧。思维的技巧需要不断的锻炼和实践才能逐步形成，语言的技巧也是一个不断完善、不断提高的过程。

教学《伟大的悲剧》可以"'斯科特探险'是可怜的悲剧"和"'斯科特探险'是伟大的悲剧"为双方论点，展开辩论。教学《闻一多先生的说和做》以"闻一多先生'以生命为代价去实证他的言和行'值得"和"闻一多先生'以生命为代价去实证他的言和行'不值得"为辩题展开辩论。这些辩论活动的设计，紧扣文本，致力于对文本核心教学价值的解读，且具有很强的激发性和对立性，有利于辩论价值的实现。

课堂教学中的辩论，服从、服务于文本解读、文本处理的需要，所以不能搞得太机械、太正式、太严肃，不能脱离文本教学价值而喧宾夺主，应重内容和效益，形式可不拘一格。教师要引导学生深入挖掘教材意蕴，努力让学生在辩论中充分展示自己，获得成功体验。

第十章　阅读教学多样特征

怎样的课才是优质的？我们现在似乎很难用一个固定的尺度和标准去衡量，因为不同学科、不同类型的课有不同的性质、不同的目的，对这些课的评价也自然有不同的要求和标准。如果从宏观上去思考，的确可以总结出一些共性的东西，但对具体的某个学科乃至某一学科某种类型的课可能不一定那么具有针对性。这样看来评价一节课是否是优质的，将宏观视角与微观视角结合起来是一个基本的原则。

叶澜先生曾经针对"什么样的课是一堂'好课'"提出"五个实"：有意义的课，即扎实的课；有效率的课，即充实的课；有生成性的课，即丰实的课；常态下的课，即平实的课；有待完善的课，即真实的课。还有人从生命的视角来期望课堂教学：关注生命内涵，激发生命活力，促进生命成长；或从个性发展视角：关注民主交流，关注互动探究，张扬学生鲜明个性，促进多元多维化思想生成；或从关注平等的角度：尊重差异，重视平等，分层施教，使每一个学生都能各尽其能，各得其所。对于好课的认识，可谓仁者见仁，智者见智。这一些应是宏观视角，在这个基础上我们去探索语文教学中什么样的阅读课才算是优质课。

第一节　一个核心

阅读课多种多样，但不管是怎样的阅读课，最为核心的评价标准是：师生通过课堂教学获得了"生长"。"生长"即成长、发展、积累、收获，不但指学生潜入文本涵泳语言吸收到人类文化精华的营养，领略到文本艺术表现的匠心，在文本研读的过程中或在文本的观照下获得了有用有益的阅读经验、方法，而且还指语文教师在教学过程中专业水平获得"生长"。一是在教师专业发展的时间纵向进程中，专业水平同过去相比获得新的增长或有新的突破性发展；二是在空间横向拓展中，专业能力在课堂中得到历练，表现出开阔的教学视野，丰富的教学智慧。学生"生长"是绝大多数学生在阅读过程中有了属于自己的"发现"和"收获"，并进一步增强了阅读学习的兴趣和信心，形成良好的阅读品质。在这个过程中，可能学生阅读中产生的疑惑得到了解决，或者阅读体现了由无疑到生疑再到释疑的过程；也可能学生独立获得了对文本有价值的理解，或通过教师的启发和同伴的交流认识到了文本中自己没有发现的"亮点"；还可能是学生通过参与阅读交流改正了自己的错误看法甚至偏见；还可能学生在阅读欣赏过程中情感心灵上与作者产生强烈共鸣，被感染、感动，受到触发而浮想联翩等。这个"生长"包括阅读能力的，也包括情感态度的；是阅读经验方面的，也是思想心灵方面的。

第二节　两个比方

第一个比方，好的阅读课就如爬山。爬山能使身体得到锻炼，可以开阔眼界，愉悦心情，升华自己的人格。阅读课的过程可以开拓学生生活视野，发展思维能力，开发智力，陶冶性情，提升人格品质等。爬山充满快乐和情趣，因为发现许多美好的景致爽心悦目。优质的阅读课应是学生经历阅读体验、生发阅读感悟的过程，学生变不知为知，不会为会，不懂为懂，不能为能。学生的思维和情感经历"晦暗了又明晰，明晰了又晦暗"，而"最终永远明晰了的大彻大悟"的快乐。阅读鉴赏虽然花费心思，但苦中有乐，其乐无比；上山是体力锻炼，爬山和阅读，一用体力，二用脑力。但两者包含的道理是相通的，从爬山中我们可以获得许多启迪。爬山是爬大山还是小山，名山还是土山？多数人会选择神秀高峻的泰山，险要秀丽的黄山，神奇伟岸的华山……那么阅读教学要爬"三座大山"。一座是生活之高山。因为认识生活是增长智慧的基础，认识生活也是阅读的基本价值取向；一座是思维之高山。语言离不开思维，语言与思维共生共存，阅读能力的发展依赖于思维能力的发展，没有思维的参与就没有思想的生成和阅读能力的发展；一座是性情之高山。阅读教学要通过阅读认识和追求真、善、美，情感得到激发，思想得到启迪，品性得到陶冶。爬山的方式可以在导游带领下，也可以没有导游带领，自己寻找爬山的路径，这样一来会有不同的乐趣。谁来确定阅读欣赏的路径呢？是老师还是学生？倘若老师这个导游面面俱到，"管束"太严，学生就会缩手缩脚，缺少开放的氛围；看来还是做大气的导游或者放手让学生去寻找路径、去发现风景、去欣赏品味更好。

第二个比方，优质阅读课犹如好文章。

优质的阅读课，同优秀的文章相比也有许多相似之处。优秀的文章具有怎样的特征呢？从根本上说，应该是"言之有物，言之有序"。同样优质的阅读课也应做到"教之有物，教之有序"，此外还要具备"教之有力""教之有趣"的特点。

一是教之有物。

阅读教学"教之有物"，是说教学要有切实根据，要有踏实的教学内容。根据至少是两个方面，一则"课程标准"，二则学生实际。"课程标准"是语文教学乃至阅读教学的理念、内容、目标之依据。以此为依据，阅读教学"言之有物"就有了基本保障。阅读教学目的是培养学生的阅读能力，不是将教师对文本的理解教给学生。阅读教学应根据学生的知识积累、学习能力、学习需求开展学习活动，如果无视学生身心发展规律和"最近发展区"，就是空洞虚无的教学。因而讲求学生学习的实际效果，才能算是"教之有物"的教学。

阅读教学要有踏实实际的内容。首先，依据"课程标准"的精神，要观察课堂是不是在三维目标统帅下，将工具性和人文性目标从理念上的融合转变成实际上和事实上的统一。其次，应关注教学的指向是否明确清楚。像一篇优秀的文章要主旨鲜明那样，优质的阅读课也应在教学意向上与学生达成一致，至少被多数学生认可，以此来通整课堂教学之过程。为完成文本解读，要尽量围绕核心目的，少出枝杈，少绕圈子，集中精力解决核心问题。第三，要突出重点难点。要深入透彻地把握文本重难点，深入探究关键要害问题；如果阅读中面面俱到，犯眉毛胡子一把抓的忌讳，该深的深不下去，该高的高不上去，该远的拓不出去，什么都教了，却因缺少力度和透彻度而肤浅轻佻，等于什么也没教。第四，还要看教学内容的含金量高低。重点难点都确定了，但是否为文本的价值所在，包括文本的核心价值、教学价值和语文教学价值。若阅读教学内容并不利于学生语文素养的发展，那么仍然属于言之无物的课。第五，阅读教学要有情感融入。语文课是感性的课，缺失了情感那就是失败的课，能否使学生获得情感的共鸣是阅读教学是否言之有物的一个重要标志。

阅读教学能否做到"教之有物"，还受到教师个人的综合素养和能力水平的制约。首先，教师对文本的把握能力是根本。教师喜欢读书，善于读书，那么就能比较到位地领会文本的精髓，把握文本核心语文教学资源，包括文本的精彩亮点、难点所在以及要害之处，指导学生文本解读才会有正确方向、有力度，也才可能做到"教之有物"。其次，教师个人开阔的语文教学视野，也是"教之有物"的重要前提。教师要对国内本学科教学的现状、改革形势和动向有着比较全面的了解，对国内业内的名师专家的教学思想和教学经验有所研究，借鉴他人智慧，站在巨人的肩上，融会贯通，在借鉴吸收的基础上发挥聪明才智，自主创新。再次，教师的智慧和思想是促进学生有效学习的关键。评价一节阅读课的质量效益绝不是看教师为学生提供信息的多少，而要看提供的信息是否有价值，学生是否从中有所发现、感悟、创造和生成。否则，阅读教学就只能在文本的表层浅层行走，缺少应有的思维含金量和思维深度，自然也不能称之为"教之有物"。

阅读教学最根本的问题，是教师要引导学生还原文本的原有价值与魅力，尽力品尝到文本的"原汁原味"。阅读教学如烹小鲜，教师的价值应如高明的厨师，通过烹饪使食材本来应有的美味释放出来，而非滥加佐料使其原味丧失。要做到这一点，教师首先应深研文本，吃透教材，自己先能够品读出文本的真滋味。

二是教之有序。

阅读教学在文本解读、取舍教学内容的基础上，要对教学内容进行重构，即教学设计。其中教学过程的设计，主要是在充分估计学生学习结果的前提下，去规划和预设教学层次和顺序。一篇文章倘若层次混乱，不能遵循读者认识理解事物和道理的逻辑和规律，读者就无法正确理解文意，作者大都会考虑读者思维活动的过程或读者认识事物的一般过程，按照一定层次顺序呈现生活内容。事物的内在逻辑关系对作者行文思路具有制约作用，作者不能违背事物的内在逻辑；同时，作者常常借助段落安排和衔接过渡等来呈现作品的层次结构。阅读教学需要根据文本教学资源的内在关系和学生学习的一般心理过程构建教学过程，以适应解读文本和学生即时生成的需要。那么，教学中一方面要落实预先的教学设计，另一方面还需依据学生学习的实际需要及时调整教学设计、调控教学进程。

要做到"教之有序"，首先，应围绕核心教学任务或目标意向，把教学内容、教学实施等各个要素或相关素材通整成一个有机整体，进而构建教学层次和理清教学思维的脉络。为完成课堂核心任务和教学目标而运用的若干教学话题或环节应清楚明确，其教学进程应具有清楚的层次顺序。这样各个层次或环节的活动就能科学而有节奏地趋向教学目标或核心任务。就如同一篇结构严谨的文章，每个段落都有自己的中心或主要话题，而不同的段落又都趋向于整篇文章中心或主题。教师的教学设计应当考虑如何将课堂教学任务和目标化解到相应教学环节或教学内容中去。"教之有序"，既要求宏观上教学层次清楚，又要求教学的每一个微观环节的任务层次要清楚，并且环节间建立必然的逻辑关系。实际上，部分教师的阅读课堂，或宏观上比较清楚而微观上颠三倒四，或注意了微观层次而宏观上不合逻辑，或宏观、微观层次都不合逻辑。缺少教学过程的层次性和节奏性，必然会造成学生思维的混乱，影响生成，影响教学的效果。

其次，重视教学的过渡衔接也是做到"教之有序"的关键所在。优秀的文章作品段落章节之间，大都设有过渡句，使复杂的文意建立起条理的联系。阅读教学过程中也须有一些自然的"过渡"，使层次之间前勾后连，顺理成章。阅读课堂要讲究宏观次序，又需讲究微观次序，既有外在次序，又有内在次序。我们强调阅读教学的"教之有序"，绝不是期望教师将课堂环节搞得繁琐而复杂，更不是将课堂上成"多层饼"，而是要遵循文本教学资源本身的逻辑关系和学生的认知规律形成自然的过程。真正好的阅读课是看不到环节更替和层次设置的，前后之间相融相合，过渡无痕，没有生硬的接口和转折，一切都熔铸于整体之中。

三是教之有力。

出色的文章整体效应或沁人心脾，或撼人心魄，或感人肺腑，或启人心智，或催人警醒……局部来看，或会有矛盾的尖锐冲突，或有情节的高潮到来，或会有闪光思想观点的出现，或会蕴含深刻的人生哲理……具备了这一些，文章才会显示出巨大的影响力、渗透力和感染力。优质的阅读课对学生所产生的作用和影响也应该是强劲有力的。可能是学生的情感因文本内容的触动而受到强烈感染，在内心深处与之形成共鸣；可能是学生的思维积极性调动起来了，对文本的理解更深入透彻；也可能是学生的创造性被激发，形成了探究的亮点，出现了精彩的思想和表达；还可能是学生利用文本智慧实现了方法经验内化和能力的跨越；也可能是领悟到了语言背后潜藏的奥秘，醒悟到了生命的道理……可以说优质阅读课如一首乐曲、一条河流、一场舞蹈，抑扬跌宕，波澜起伏。高潮和亮点是"教之有力"的重要标志，教者要抓住契机，创造出使学生身心深入投入、创造性思维火花闪现的教学状态，高质量达成目标。总之，如同优秀的文章作品那样给人以感染、陶冶、震撼和力量。

一节出色的阅读课既要展现学生的精彩，也应表现出教师的智慧。没有教师的智慧，就没有学生的精彩。一方面，教师的智慧使学生表现形成精彩的亮点，产生课堂教学的高潮。另一方面，教师除去对学生进行适时指导促进、因势利导、点拨启发、推波助澜之外，作为课堂的参与者，阅读教学的"共建者"，为了更加有力推动学生的探究，也可以发挥自己的特长，有选择、有目的、典范性地展示自己对文本的理解，以激发和带动学生的情感和思维活力。带有示范性的朗读甚至背诵，带有激发性的赏析，带有资源性的板书等，"画龙点睛"或"潜移默化"式的展示，非但不会影响学生的探究热情，还会产生助推作用。这也是在课堂上充分发挥师生双方积极性的应有之义。

四是教之有趣。

优质出色的阅读教学不应是枯燥乏味或冷面死板的，而应富有内在、外在的吸引力和驱动力。首先，富有智慧和经验的教师大都能够正确把握学生的"最近发展区"，谙熟学生的心理趋向和学习需求，正确把握其阅读能力和水平，无论在起点、落点抑或对教学内容的选择上，都能贴近大多数学生的兴趣和思维水平。其次，能够在阅读教学中有效利用悬念，使学生在不断化解悬念中享受成功的快乐，享受不断会有的"山重水复疑无路，柳暗花明又一村"的惊喜。再次，教师善于利用情感激发、思维启迪、探究引导和幽默点染等手段，让学生深刻体验到阅读学习的诗意美感与愉悦心境，使得学生乐此不疲、流连忘返。因而可以说"教之有趣"当为教师在"吃透"文本和熟知学情基础上教学智慧的外在表现，是游刃有余的高超教学艺术。

要做到"教之有趣"，除去深入研读教材和把握学情之外，最重要的是教师要有一定表达功力。这语言表达功力主要体现在：以情感做基础，教学语言要充满深情；语言具有个性化和创造性。像于漪、钱梦龙、魏书生、黄厚江、程翔、宁鸿彬、程红兵、曹拥军、陈军、余映潮、王君、李卫东、阮翠莲等许多著名语文特级教师的教学语言就非常有个性，非常有创造性，他们的阅读课堂就能做到趣味盎然。教师要有意识地涵养自己教学的幽默感。"先让学生发笑，后让学生思考"是一种艺术。语言文字是极具美感和妙趣横生的，否则板着面孔教学，势必使鲜活的语言文字变得冷若冰霜，面目可憎。

第三节　三个突出

优质的阅读课要突出学生本体、学科本真和技能发展。学生本体体现阅读课堂教学的人文精神，彰显以人为本的教学理念；学科本真体现阅读教学追求科学性；技能发展体现阅读教学的艺术性和目的性。学生本体、学科本真和技能发展，是优质阅读课最重要的特征。

学生本体要求教师进行阅读教学时要关注学生生命成长、能力发展、心灵的启迪，把每一个学生当做完整的生命体，外在行为和内在灵魂相统一，知识、能力与情感融合为一的生命体。

每一个学生都是一个鲜活的生命，阅读教学要对学生生命充满人文关怀，不能急功近利而只关注学生的表面语文成绩，不能以等级观念对待学生，不能戴着有色眼镜人为划分优等生、中等生、差等生等。鄙弃世俗的功利思想，应拿出更多精力关注学生阅读的现状、个性差异、自主参与状态和学习效益。既要关注学习优异学生的进步，又应关注学有困难的学生的学习发展，既要从整体上把握所有学生的学习状态，又要关注每个学生的具体情况，尊重差异，尊重个性，尊重弱势个体，把不同的学生都当做平等、独立、积极的生命体去引导，使他们学会自主学习、自主判断、自主反思、自主完善、自主成长。教师应千方百计激发学生的思维情感的活力，使其不断增强自主学习的意识和能力，焕发出生命的活力和智慧的潜力。

事实上"尊重学生"并不容易真正做到，某些所谓特级教师、名师执教的课堂"请班里朗读最好的同学来读"，或"推荐一位朗读水平高的同学"，要么"请语文课代表或语文成绩最好的同学来回答这个问题"，如此这般，褒扬了极个别，严重伤害了多数学生的自尊心。那些回答问题不正确或者卡壳的学生，经常遭到老师的讽刺挖苦和无情打击。

如何才能突出学生本体？

第一，在教学构想上，应考虑先学后教，先生后师。虽然不能排除师生教学同步进行的做法，但总的来说，阅读教学还是应当本着让学生先读先学先思考的基本原则，坚决反对在学生还没有触摸文本的情况下教师先入为主，将文本的主旨告诉学生，或将自己的理解灌输给学生。"先生"是根据需要在学生独立学习前提出一些指导性意见：明确学习目标、学习任务和相关要求以及阅读时间等。"后师"是说教师在学生学习基础上及时跟进，一方面指导学生将学习心得或体会展示给同学；另一方面教师与学生交流，并在这个过程中促进和深化学生的学习。

第二，在教学对象上，"面向全体"。要在设计教学方面能够让所有学生参与到每个教学过程中去，并且尽可能有深度地参与。在展示交流学习结果中应顾及不同层次的学生。许多教师并不喜欢那些持有与"自己"的预设不同观点和看法的学生，其实质是并不欣赏学生的个性化体验和独有的感悟，不能关注有差异的学生和学生的差异，从而无法使其在原有知识和经验的基础上展开学习，进而不能获得相应发展。

第三，在教学实施方面"三多三少"。首先，多采用归纳法，少采用演绎法。不能根据教师的理解水平去构建教学内容和教学进程，应从学生"学"的角度来思考如何开展教学活动，引导学生以文本为载体，循序渐进，由表及里，逐步归纳出抽象的、理性的观点和结论，使学生的学习成为发现和探索的过程。一般不宜首先出示结论，让学生去像套公式那样代入或用例子去验证。其次，应多引导方法感悟，少知识堆砌。文本解读确实有一些方法和经验，但有用的方法和经验应该经过学生自身的阅读实践去获得，而不应是由教师传授灌输给学生。再次，在教学关系上体现"少教多学"原则。在内容上，教师重在引导，要精要简洁；在时间上考虑学生的学习所需，给学生留有充分的时间，学得充分，学得透彻，避免吃"夹生饭"。

二是学科本真。

学科本真就是要教师遵循语文学科和语文学习的本质属性，关注语文教学价值取向，语文学习规律特点以及学习效果。从语文学科属性上说，学习语言文字的运用离不开思维、思想、情感的投入；语文教学的价值取向，是要发展学生的语言素养和精神素养；语文学习的规律特点是于实践活动中、于言意共生的过程中自主建构、自主内化，习得语文能力；关注语文学习效果，就要关注学生语言和精神素养的同构共生，既有显性也有隐性。阅读教学是语文学科的半壁江山，集中体现了语文学科的性质特点和规律。

第一，把握正确的方向。即正确把握学科性质。语文以外的其他学科阅读的内容就是教学内容，而语文阅读课还需要关注语言文字的运用。即语文阅读要重点解决"怎么写的""写得怎样"等问题。首先通过语言文字把握文本内容，再立足于文本内容，借助内容去观照语言文字运用的匠心与妙处。如果语文阅读缺少了语言品味就成为"非语文课"或"泛语文课"，也就无法使学生体味语言文字，或者不是借助语言文字领会文本思想内涵，学生的语言素养就难以获得发展，而领悟思想内涵也往往失去其所依附的语言载体，成为无源之水、无本之木。聚焦于语言表达和语言表现形式学习的课才是真正的"语文课"，才能在学习具体的语言表达和语言表现形式的过程中欣赏到语言之美，体会到精神之美，其语言和精神素养才能得以不断提升。良好的语言素养包括能够准确、流畅地表情达意和富有个性、富有创意地表情达意，具有良好的语言感受力、理解力和表达力。

第二，正确把握学习内容。文本内容的理解是语文阅读教学的基础和起点，整体把握尤其重要，然后考虑哪些内容与语言关系密切，哪些没有密切关系，有密切关系的可作重点理解；要深入考虑文本哪些语言表达形式是学生必须要关注和体会的，哪些语言背后生活内容是必须关注和理解的，弄清楚了这些，才算是正确把握阅读教学内容。语言表达和语言表现形式是所有文本的共同教学内容，不同的体式、不同作者的作品，在这方面往往具有不同特点，需要正确把握和区别对待，文本解读的深度是以教学内容选择的价值为前提的，否则解读越深越新则偏离语文越远。正确选取教学内容和教学价值，体现着语文教师的能力和识见，是学科本真的核

心环节。

第三，环节过程应科学高效。每一个教学过程都应是根据需要而设，没有旁逸斜出和拖泥带水的内容；过程或环节之间应是循序渐进、逐步提升的，呈现掘进式深入或台阶式上升的形态，不是同一个平面上机械运动。学生能在学习过程中自然地由表及里、从低到高。科学设计教学过程，是学科本真的重要保障。

三是技能发展。

技能发展是指教师对教学技能的不断历练，要在阅读教学中不断发展自己的教学技能，使教师的教和学生的学融为一体。要关注不同年龄阶段学生的学习特点，据此采取相应教学手段和方法，比如板书，在使用字体方面，面对七年级学生要写规整的楷书，面对九年级学生要写圆润的行楷，面对高中生要写流畅的行书；在板书设计方面，低年级可用具象板书，高年级可用意象板书。又比如课文中朗读的教示，文学类课文要读出情境之美，论述类课文要读出逻辑气势之美，实用类课文要读出清晰明了之美。教师使用教学技能要对学生的学习起到积极正面的乃至立竿见影的影响作用，有力地促进学生语文能力的发展，让他们享受到语文教学的艺术之美。

第四节　两重文化使命

语文是文化的重要组成部分，阅读教学要引导学生理解和传承文化，阅读课应该担负文化使命：

一是发掘与丰富民族文化。

语文是现实生活的"家"，也是人们精神之"家"和文化之根。阅读教学是引导学生不断发现文本文化精华，使自己精神不断获得成长的过程。优质的阅读课堂必然是将教学的重心放在寻找民族精神的落脚处与栖居地，是发掘与吸收民族精神的极大兴趣和热忱的磁场，是探寻与弘扬民族文化精神的载体，是吸收与传递优秀传统文化和民族精神的桥梁。传统文化和民族精神的发掘是阅读教学的永恒主题。中华民族文化源远流长，博大精深，蕴藏着无穷的智慧，沉淀着丰富的精神营养。阅读教学应当成为学生领会传统文化内涵、浸润思想灵魂、吸收丰富营养的过程，潜移默化增强学生的民族自尊心、自信心和自豪感。因此，应通过语言文字的理解品味，体悟作品的思想内涵，再通过具体的形象和史实挖掘其中所包含的传统文化精神，使学生得到潜移默化的影响和教益，实现师生精神的"诗意栖居"。

在民族传统文化中，月亮这一意象已成为人类精神生活的载体，其意蕴十分丰富厚重。诸多吟咏月亮的古诗词，或浓墨重彩描摹其绰约迷离的身姿和光影，或以其作为生活的见证，或借以表达离别相思之苦，或用以寄托人生的理想愿望，或表达旷达的胸襟和情怀，或借以抒发对自然万物、社会人生的思考。诗人词人常将内心的思想情感与月亮的特点相融为一，并让月与人的精神世界互相辉映，创造了令人心旷神怡的审美意境，并使诗词的思想表达、文学品位与艺术造诣提升到一个极高的层次。

苏轼《水调歌头·明月几时有》运用月的意象，对月亮的内涵进行了探索，创造性地将人生与月亮的文化内涵有机结合起来，在对月亮的探询中，融入了词人生命的体验、精神的磨砺、思想的探索和人生的思考。以超凡脱俗的构想，使作品充满了浪漫主义情调，表现出超旷飘逸的风格，极大地丰富了"月亮"的文化内涵。

首先是月的审美意象内涵。以中秋月夜实际所见情景、词人所作所为为基础，但又不拘泥于描摹生活现实，展开联想想象，赋予了月亮以象征内涵，通过描写月亮寄寓美好理想和高尚人格。月宫的凄凉色调反映了具有高尚情操的词人屡遭贬谪的凄惨心情，然而作者把飞往月宫说成是"归去"，表达了对清明澄澈明月的无限向往，早已把月亮当成自己生命和精神的归宿。

其次是月的思亲寄托。这是月亮意象所具有的思亲内涵。月亮有时圆满，有时残缺，圆了又缺，缺了又圆，亦圆亦缺，怎能不勾起人们的联想想象，对离别亲人的思念和想往？作者与其弟患难与共，情谊深笃，但已经有六年没有相见，这次他与弟弟相隔并不太远，但仍然未能相见。于是中秋之夜，在尽情赏月、酒过数巡之际，情不自禁地生发了对亲人的无限想念，这就产生了"人月两圆"的愿望。更令人称道的是苏轼能推己及人——"但愿人长久，千里共婵娟"，将对明月共同的爱和彼此分离的人结合在了一起，产生了天下所有亲朋天各一方不能相见，却可以心灵相通的妙想，可以说道出了千古离人的心声。

再次是月的旷达超脱意象内涵。苏词中的月亮不管阴晴圆缺，都能静谧地高悬夜空，而词人不管处境如何，也不管心境是抑郁还是畅快，惆怅还是喜悦，其所创造的月亮意境总会是澄澈辽远、空明旷达，月夜的清明空旷，为词人思考人生营造了机遇。就是在这样的月夜环境中，不管红尘如何纷扰，世事如何庞杂，命运如何多舛，他总能保持清醒的思想，灵魂的安静，心境的澄澈。他渴望回"归"那月宫之中，却又担心天高气寒，难以忍受那里的凄冷，"出世"与"入世"的矛盾斗争也令他有短暂的徘徊。面对现实，转念一想，琼楼玉宇的天宫固然令人向往，而人间也是充满幸福美好的，不如在人间随遇而安吧。正是由于这种旷达使得词人摆脱了"超凡入圣"的困扰，而立足于人间生活，自得其乐。"人有悲欢离合，月有阴晴圆缺，此事古难全"则对自然存在的月亮的变化进行拓展和升华，从哲学的高度，总揽宇宙万物，囊括古今变化，关涉人间亲情，接纳人生浮沉，鲜明生动地揭示了词人睿智、旷达的人生思想，将人生与社会、情感与自然万物高度融为一体。写景则情寓景中，咏物则志含物内。这种含蓄和凝练的表达，使作品产生了巨大的艺术张力，给人以无尽的想象空间。这首词以"月"为意象，将词人的人格品质、情感意绪以及空明旷达的生活态度融入其中，产生了耐人寻味的艺术魅力。

语文阅读教学应该具有发现民族精神、经受民族精神滋养以及与民族精神同生长的过程，使学生能够通过文本，经历名家先贤所描述的那种生活、那种感受，进入那层精神境界，并通过与之对话、观照，沉淀文化底蕴。可见优质的阅读教学应该肩负发掘和丰富人类文化的重要使命。平时的阅读教学，不是教材缺少民族文化和民族精神，而是缺少从民族文化精神的高度去审视教材思想内涵的眼光，缺少从文化精神境界上去对待和利用教材的行为。现行统编语文教科书，几乎每一篇经典文本都蕴含着民族精神和人文智慧，都是人类在生存发展的过程中，丰富精神的艺术释放；每一篇传世作品的背后都矗立着一座栩栩如生的传统文化化身的雕像。因此，语文阅读课就应该同时也是精神文化的发掘课、展示课和习得课。

二是让文本文化与当代现实文化进行碰撞。

语文阅读课应当将文本中的东西置于当代现实生活的视野里来进行观察审视，通过比较、辨析找到文本文化与当代现实文化的相通相异之处，进而对传统文化精神进行取舍和吸收。优质的阅读教学，应当使文本与现代文化进行碰撞。

《黔之驴》看似是对外强中干者的讽刺，那些看上去外表强大却没有什么本领的人，最终是很悲惨的下场。但是这并非作者本意，作者并没有把矛头指向那头驴，而是将矛头指向那些无事生非、昏庸无能和不能量才而用的"好事者"。这当是文本文化的基本内涵，也是作者的原意所在。那么用当代现实文化来审视文本内涵，我们当然可以当作寓言来解读，把目光着眼于驴子和老虎的厮杀本领，驴子虽然体型庞大，但却没有杀敌本领，被老虎吃掉下场可悲。同时更需让学生从"黔之虎"的角度去体会作品的寓意，倘若以"黔之虎"为题，那么会给我们怎样的启示呢？做事要通过观察探寻，做到知己知彼再运用智慧，便可取得成功。很显然这就是在文本文化基础上的现实阐释，是古今思想的碰撞，也是古今文化的对接。

传统文本文化与当代现实文化的碰撞当是学生深化学习、有效生成的有效途径。将两者进行融合、比较、阐发，学生的思维积极性就会被有效调动起来，就会出现古今文化、古今思想的碰撞对话，课堂的文化含量得到提高，文本文化得到了认同，现实文化精神得到了张扬。又如有教师执教林莉的《小巷深处》，设置了三个情境：1. 从"我"对母亲态度的变化，看文中的"我"是一个怎样的孩子？倘若你遇到这样的母亲，你会像文中的女孩那样做吗？2. 文中母亲为孩子做了哪些事？她为什么要这样做？

你的母亲是怎样做的，你又是如何理解的？3.你能把母亲最突出的特征、母亲行为中最令你感动的那些细节、你最想对母亲说的话，写出来吗？由于将课文和学生自己的生活情感经历结合，有课文中鲜活的例子作引导，很多学生自然而然地联想到自己的母亲，转变了以前对母亲一些"爱"意的误解，灵魂受到洗礼和陶冶，发出要为母亲争气、让母亲自豪的肺腑之言。这样的"碰撞"使学生走出了"母爱"浅层理解，进而想到自己应如何回报母亲，应当为母亲做些什么！

如果阅读教学能够积极主动地用现实与文本展现的生活、文化、精神做比较、碰撞，那么学生的民族意识、文化精神、人格品质便会于"碰撞"中被激发、被造就、被养成。

现代教育重视的是拿什么来唤醒人、培养人的问题，从民族优秀文化传承的角度出发，阅读教学唤醒的是人最深层次的东西，它指向的是担负民族精神的感悟、民族意识的浸染以及民族振兴的探索这些最根本性的文化使命。

第五节　三层面双主体

评价一堂阅读课有多个视角和维度，学生的学和教师的教是其中两个最基本的，即学和教的状态、过程、结果。要关注这两个维度整合和融合的程度如何，要关注学生自主程度、合作效度和探究深度；考量教师是否坚持了以学生发展为中心，是否体现了语文学科的本质规律和属性。

一是理念层面。

要看学生在课堂学习中自主程度、合作效度和探究深度。

1.学生自主学习的程度。

第一，要看学生的参与面，关注是否所有学生都参与到阅读学习中来。教师应放下"专家""权威"的架子，改变"请君入瓮"的教学陋习，成为教学情境的创设者、教学过程的规划者、学生学习的促进者、智慧共享的参与者，突出学生学习的主体地位。应允许学生有自己的、肤浅的、错误的、偏执的见解出现，重视引导学生体悟正确思考问题的角度和方法。第二，应审视并及时调整教学预设，根据学生的学习实际改变教学策略。要观察学生应在哪些方面进行合作，如何合作能更有成效。第三，组织自主学习。"他们都是带着自己的知识积累和生活体验进入语文课堂的，且已具备了一定的听说能力甚至是读写能力，因此，学生的语文素养不完全是教师'教'出来的，而主要是在语文学习的实践中逐渐'养成'的。"[1]教师教学应发自内心地尊重和相信学生，给学生以宽阔的学习空间，和学生进行真实而平等的交流，学生才会有真正的自主，表达的欲望才会被激发出来。

2. 合作学习的效度。

合作学习要有共同的学习目标，通过同伴合作开展学习活动。其根本用意，一是培养合作意识和合作精神、合作能力，要充分发挥每个合作成员的智慧和才能；二是解决具有挑战性或具有一定难度的问题。合作探究的内容要有价值，不是为合作而合作。在合作过程中成员之间相互启发，相互影响，共同建构，探究出自己的结论。

3. 探究学习的深度。

探究学习是一种发现学习，以问题研究为载体，创设科学研究的情境，引导学生搜集、分析、处理相关材料，发现问题进行探究，获取有关问题的结论，培养学习能力，涵养情感态度与价值观。如何考察探究学习的深度？主要是看学生能否发现并提出有价值的问题，问题解决的方式和探究过程是否促进了学生的学习能力。课堂上学生提出的问题越多，越有含金量，学生的探究才会更有深度。

除此之外，还看课堂教学是否有丰富的生成。课堂生成是检验预设水平的尺度，没有科学的预设也就不会有理想的生成。考察阅读教学是否具有高质量，一要看如何预设，二要看生成结果，结果可直观地反映教师个人的综

---

① 张伟忠：《万千集》，南京：南京大学出版社，2015年版，第10页。

合素质，也可以从中观察到学生的学习状态和能力水平的发展状况。

何谓有生成和生成充分的阅读课？一是看学生智慧的提升状况，二是看精神收获状况。要观察阅读教学如何有效利用文本教学资源，在短暂的课堂教学中激活知识储备、训练思维、提升认识能力。阅读教学尤其应关注学生发展潜能的挖掘，重视学生学习兴趣和愿望的激发，重视情感、态度、价值等方面的影响。生成充分绝不是表面上的浮华热闹，而是对学生主体的尊重和学生学习潜能的释放。

二是专业层面。

1. 文本整合与教学设计能力。教材处理包括文本的解读、解构、整合等多个层次，其中"文本的整合"就是教学内容的统整，通过教学设计构建教学内容。教学设计并非教学内容的简单相加，需要教师遵循文本内容的内在逻辑和学生文本解读的一般规律。首先要求教师深入解读、鉴赏文本，然后对文本内容进行甄别、重组，并以学生能力培养为主线，进行课堂教学设计。优质的教学设计一定不是繁复的环节堆砌，一定是删繁就简、主线突出的；同时又是具有开放性和丰富生成可能的、立体多维的设计。

2. 能否做到善教善导。阅读应该具有一种艺术境界，这种境界来自于教师的"善教""善导"的教学能力和艺术水平。叶圣陶先生关于中学语文教学曾提出"三说"："境界说""过程说""功夫说"。

"境界说"。善教善导就是一种境界，这种境界的基础应该是当教则教，不当教则不教，教是为了不需要教。那些语文的概念性东西、静态知识、现成的理解和结论乃至于教师的一些方法经验等，都不应强硬地灌输给学生，应该在学习情境的构建方面下功夫，给学生留有广阔的自主学习空间，在学生愤悱之处"善教""善导"，让学生自己去探索、辨析、历练，从而获得正确的知识和熟练的技能。这样的境界就是叶圣陶先生所认为的课堂教学的发展境界：一是自己去探索的境界，二是自己去辨析的境界，三是自己去历练的境界。

"过程说"。叶圣陶1977年为《中学语文》创刊题词中说："给指点，给讲说，却随时准备少指点，少讲说，最后做到不指点，不讲说。这好比牵着手走，却随时准备放手。"虽然表面上是说教师的指导点拨，实际上背后关注了学生的学习状态和发展变化。在这里教学过程有三个层次：一是给学生作指导、作点拨讲解，二是少量指导和少作点拨讲解，三是不作指导讲解。学生通过教师善教和善导能够慢慢脱离教师的指导和点拨，慢慢学会学习，学会读书，学会感悟生活，学会自我发展与提升。

"功夫说"。文本是作家对生活的思考与发现。优质阅读课的真正功夫就表现在引导学生进入作者所表现的生活艺术世界和作者的内心世界，如果没有教师教学智慧的投入，学生的阅读就会出现肤浅、偏颇、错误的理解等问题。面对学生的不同认知水平、思维个性和学习需求，有必要进行分类指导和进行个性化、个别化教学。通过学生之间、师生之间的多维互动、探讨、辨析，获得对文本的合理解读，获得思维能力的不断发展。

学生心理上产生差异、偏颇，要在教师指导下，将自己的思考过程与结果展现出来，然后师生进行评判、鉴别，这是阅读教学中教师存在的最大意义。在这个过程中，同伴之间相互交流、启发，形成碰撞交流的态势，特别是不同观点之间的碰撞，是一种理想的教学境界。

三是操作层面。

首先，要看学生能否做到自主深度参与。

一是看学生阅读是否能够整体把握。学生通过阅读提取有关信息、理解文本意义，并从整体上能够把握文本，这是基础和根本。在这个过程中学生向着一定目标，调动有关知识积累理解文本，并进行融会贯通，有效提高了阅读水平和综合语文素养。二是看学生能否自己发现问题和探究解决问题。理想的教学应该是学生自主提出富有研读价值的问题，并对问题进行了一定程度的探究。三是看学生有价值的讨论。在讨论的过程中学生解放思想，运用自己的表达方式，通过争论和辨析解决问题，这对于培养学生的表达、思辨、合作等能力十分重要。四是看学生的互相评判和自我反思。学生只有自我反思、自我评价才会获得不断发展的真正动力，其创造性就会得到有效张扬，也就说明学生是在真正进行学习。

其次，要看教师的教能否做到引人入胜，循循善诱。引人入胜是指教师能否通过引导使学生进入深度学习和美好的学习境界。教师的引导既包括情境的设置，也包括动态的引导点拨；既包括教学载体也包括教学手段。学生达到"引人入胜"的"入"，即能否全神贯注于文本的教学价值，全身心投入到作品所表现的情境之中，形成思维和情感的高潮。

　　评价阅读教学是否优质、是否高效，不能只看表面上是否完成教学目标或教学任务，更重要的是要看是否有效体现了课程改革的理念；不仅要从知识与技能、过程与方法、情感态度与价值观等多个维度来评判课堂生成，更应关注课堂教学的"师"与"生"，"教"和"学"是否融合为一，相得益彰。

第十一章　阅读教学理想追求

　　每一位语文教师对语文教学包括阅读教学都有自己的理想追求，都希望自己的课像一块巨大的磁石深深地吸引着每一位学生；能像一篇经典的文章给读者以丰富的精神滋养；能像一首声情并茂、婉转动人的歌曲，给人以审美享受，并在追求的过程中表现出不同层次的教学水平和教学效益。这与每个人所处的工作环境、教学经历、业务发展历史、教学视野以及个人业务能力有着紧密联系。但不管怎样，从每位教师的纵向发展来说，只要有追求，不断研究探索，就会一步步向着理想的教学境界靠近；从同科教师的横向发展上说，只要能发挥个人教学优势，又能兼收并蓄、博观约取，就一定会熔铸众家之长，逐步缩小与名师大家的距离。由于多种原因，不同教师日常和公开的阅读课水平有很大差别和差距，承认这些，就应该承认教师的课堂教学水平都有很大提升空间，即便是校域内、区域内比较优秀出色的教师，也是有很大发展潜能的。从这个意义上说，语文阅读课没有最好，只有更好。

　　之所以要谈阅读教学的理想追求，还根源于阅读教学不够理想甚至效率低下的现状。

第一节　当前阅读教学的低效现象

一、教学内容缺少科学"向度"

由于教科书缺少内容方面的具体设计，既导致了教材教学目标的缺失，也导致了"语文"教学目标的缺失从而使阅读教学出现浅、偏、散、繁的低效现象。"浅"，即教师构筑的教学支架低于学生思维已有发展水平，在多数学生一望而知的内容上不厌其烦花费功夫，而学生认识不到、发现不了的内容，教师也认识不到、发现不了，不能引导学生去探究和解读，因而课堂教学失去了应有价值。"偏"，即偏离文本核心价值和语文核心教学价值。由于缺少对文本的深入解读，不能正确认识文本的"特质"，出现以偏概全的现象，丢失了文本的语文核心教学价值。"散"，即教学重点不够突出，追求面面俱到而又平均用力，看上去什么都教了，但什么都是隔靴搔痒，蜻蜓点水。"繁"，即环节繁多，形式繁琐。满堂提问中学生疲于应付，气氛很热烈，却没有多少"干货"。

二、教学过程缺少必要的"梯度"

首先是教材存在问题。统编教材与课标实验教材比，在读写能力的层次性上有了显著的改善，但"双线组元"还不能彻底解决目标的逻辑顺序问题。

其次是"急躁症"。这是缺少梯度更深层的原因。一名学生初中或高中毕业，一般应当具备怎样的阅读能力或写作水平？似乎有些说不清楚。但是课程标准有比较明确的要求，比如初中阶段的写作要求"能具体明确、文从字顺地表达自己的见闻、体验和想法。能根据需要，运用常见的表达方式写作，发展书面语言运用能力"。能写常用常见的一般的记叙文、说明文和简单的议论文，掌握一般性的技巧和掌握一定的表达能力等，但是因为面向中考，标准普遍被拔高，而且方向也在偏离课标的要求，如要求"立意深刻""创意表达""表现个性""文笔优美"等。缺乏梯度，搞"超前进度"，许多学校小学一二年级就要求写作文，不认识不会写的字就用拼音代替，让人哭笑不得！为了在毕业那年有更加充分的复习时间，七年级上八年级、八年级上完初中教材，这是揠苗助长的行为。在教师"不动笔墨不读书"的要求下，学生本来很喜欢读书，后来变得害怕甚至讨厌读书。不少教师要求学生过节或是外出旅游，回来都要写成作文交上。这样，学生宁可不过节或不出去旅游，便不用交作文了。

再次，课堂教学过程设计缺乏逻辑性。叶澜教授说："语文教师对语文教学的知识逻辑和过程逻辑有整体把握，这样才能确保我们上的是一节语文课，给学生精神世界提供的是基于语文逻辑的文化涵养，如此，我们的语文教学才会有根有基。"（叶澜教授在其主持的"新基础教育"课题的研讨会上的发言）然而在实际的语文教学中，出现了一些违反语文逻辑的现象。

有的忽视语文课程的内在逻辑。认为丰富性与复杂性是语文学科的特征，过于夸大语文的"模糊"属性，语文课程中应该掌握的语文知识经验被废除，盲目追求"个性课堂""情感课堂"，个性化理解、活动体验、自主感悟成为"时尚"。有的则轻视文本逻辑，文本内涵遭到歪曲、误读和过分阐释。钱梦龙先生曾说："不少教师受西方接受美学的影响，反对'标准答案'，主张'多元解读'，自有积极的意义。但真理再向前一步就会变成谬误。"比如《愚公移山》中的愚公被解读成破坏自然生态的罪魁祸首，或者是不知变通缺少智慧的农夫；朱自清的《背影》中的父亲攀爬月台买橘子被认为是违反交通规则等。这样的"任性"解读，违反了文本自身的内在逻辑，模糊了文体的界限，令文本宝贵的文学文化价值遭到蹂躏和否定。有的轻视表达逻辑，言语智慧浮于浅表。许多课堂轻视语言教学，不能让学生将感悟的触角潜入到语言的内部，不能从中提炼出方法和规律；或片面追求课文内容的考究，挖掘微言大义，得意而忘言；忽视对重要语言标点、特殊的言语形式、独特的文本结构、匠心独运的谋篇布局等言语智慧的欣赏体味。有的违背认知规律，导致学生思维步入迷途。教师引导无视学生认知的层次逻辑，缺乏对学生习得语言内在规律的认识，不能使学生由表及里、由此及彼、从感性经验到理性认识，丧失了思维培养的有利时机和黄金节点，学生良好的思维能力和思维品质培养不起来。

三、教学立意缺少依循规律的"高度"

教学中出现一些违反语文规律和学生学习心理规律的问题。首先，轻视学科本质的研究，率性而为，状态原始。语文学科有自己的本质属性，如工具与人文、感性与理性、个性与多元、摄取与输出、积累与涵养等，这些对立的矛盾都统一在语文当中。其次，违反文本表现生活的体式逻辑，淹没体式。不能从不同体式文本的不同功用价值出发研读文本的写作目的，以及为达到这些目的采用相应的思维形式、载体手段和语言技巧，抹杀了现代文和文言文的体式差异，文学作品和写实作品的差别，单个文本在同类体式中的个性。再次，违反学生文本意义建构的思维逻辑和语文素养发展的一般规律。学生在阅读中建构文本意义的过程是在自主阅读、体验、感悟的基础上形成的个性化理解，在师生的互动碰撞中形成新的体验和感悟。学生的语文素养发展是在不断经历情感被激发，思维深度投入，有新的理解、感悟产生或发现新的思想、观点的过程中逐步形成的，不是依靠重复和机械记忆形成的。有的老师上课很少留给学生阅读思考的时间和机会。复习课多数不能以新课教学的理解为基础引导学生向深处和广处拓展，停留在浅表层面，重复新课教学的理解。没有把语文课当成激发智慧、培养思维品质，发展感受能力、理解能力、探究能力、鉴赏评价和表达能力的载体。第四，违反阅读教学的规律。不能正确处理好言和意的关系：或只重视对文本内容、思想、情感，主题或微言大义的分析，而忽视作者用什么样的语言和方式来表达，或关注语言学上的"语言"而无视语言运用中的"言语"，或关注了"言"就是遣词造句，但对语句、语段、篇章呈现形式方面却关注很少。

四、教学构思设计缺少智慧的"密度"

首先，缺少根据需要选择和创设科学有效教学策略和教学方法的意识和能力。教师轻视学科教学策略和教学方法的研究，尤其在日常教学中，所运用的教学策略和方法的含金量偏低。教学策略方面，文本理解的单一性问题突出；不注重问题之间的逻辑联系；缺少必要的活动载体。教学方法方面，不能自然、有效利用有力度、有新意的"语文"教学方法，如矛盾法、悬念法、语文味教学法、改写法等。其次，机械搬用所谓万能"流行"教学模式，弱化了教学智慧的投入和教学效益的追求，异化了语文教学。一段时期以来，相当多的教师采用一种模式上课，即"一说二品"模式，该模式包含两个过程，第一个过程读过课文用简单的话"说"主要内容；第二个过程品"美段""佳句""好词"，"这篇文章你觉得哪一段、哪个句子、哪个词写得好？好在那里？"千篇一律，淹没个性。

五、教学效果缺少生成的"厚度"

首先，教学情境设置狭窄局促，学生学习空间不足，缺少开放性、探究性、生成性。教师主导过多，设置的问题过多。教师课堂教学的目的是完成预先的设计，是请君入瓮，而不是发展学生的学习力、思考力、运用力，并不注重学生过程体验和方法经验的领悟。其次，学情分析不到位，不能贯彻因材施教原则。一是教师开展教学活动究竟是面对哪一部分学生比较模糊。把全班几十个学生当作一个学生来教，没有差别，没有针对性，没有分层的策略和方法。二是面向少数优秀学生，少数学生占据课堂舞台，多数学生袖手旁观。三是训练设计缺少层次性和选择性，一刀切，优等生吃不饱，学困生吃不了。毕业班效率高、有品位的复习课更是极其少见。比如试卷讲评课，有的让学生说答案、说答题思路，有的课老师讲答案、讲思路方法。一个题一个题挨着来，一套试卷要讲三四节课。优等生也就错三五个题目，也得跟着全班熬完这三四节课。其实完全可以把答案发给学生，让他们对改答案，写反思。优等生用五到十分钟就可以改好答案，写好反思，余下的时间可以再另外写一篇作品欣赏或背一篇古文。当然优等生还可以帮助中等学生或学困生。

从一线任课教师到语文教学研究专家、教授，从普通教师到名师大家，各自的立足点不同，其阅读课堂的理想图景也会有不同的情景和内涵。笔者不揣浅陋，力图融合这几种身份谈谈自己对阅读教学几种理想境界的憧憬和追求，以期抛砖引玉。

第二节　阅读教学的理想追求

一、删繁就简三秋树，领异标新二月花

这里含有两个关键词，一是简约大气，一是创新创意。

第一个层面：简约大气。简约是"清水出芙蓉，天然去雕饰"，是"一语天然万古新，豪华落尽见真淳"，是"千淘万漉虽辛苦，吹尽狂沙始到金"。简约不是肤浅，恰恰相反，简约是深刻把握"吃透"了教材、学情基础上的恰当取舍，是对教学内容的深入挖掘和教学策略的深入把握。简约不是简单，是在对教学资源充分剖析基础上的归纳、提炼、整合，是文本解读向课堂转化的深入浅出，是内容与载体、目标与手段的自然融合。

大气，是大家之气，不局限于文本的细节而一叶障目，也是不拘泥于一个文本；不拘泥于学生获取蝇头小利，而是放眼于学生的发展潜能。

当下阅读教学，存在的问题不少。一是教学目标不明。有的课确定的教学目标多而散，目标多了实际上等于没有，因为教师不清楚要带学生去干什么；有的目标设置模式化，要么无论哪一篇课文都要陈列"知识与能力""过程与方法""情感态度与价值观"三大项，要么不分年级无视学生认知的"最近发展区"，不能区分难度和有的放矢，要么把课文内容的分析与感悟作为教学的终极目标，强化了人文性弱化了工具性，导致"培养

学生语言文字运用能力"这一根本任务的落空。二是教学内容不当。教师搞混了"课文内容"与"教学内容"的界限，把课文内容当作了教学内容的全部，事无巨细，面面俱到，纠缠于课文内容的繁琐分析，结果文本被肢解得七零八落、支离破碎，学生疲惫不堪，索然无味。三是教学环节繁琐。一些课预设教学内容繁多，为了展现多个"亮点"，精心设计了一个个包袱，不断地抖搂，环节繁复，学生自主学习的时空被占用。这些问题不解决，我们的语文课就难以上得简约大气，难以取得显著成效。

如《水调歌头·明月几时有》这首词不但"月亮"意象的内涵丰富，而且独特的人生遭遇，使得词人所表现的情感也比较复杂，而作品所表达的主旨也有不同的取向。教学这样一首词如果找不到路径，教学中就会出现层次混乱、目迷五色的问题。因此要深研文本，找到科学而不繁琐的解读路径和解读方法。总体上，可以考虑引导学生在情感之纵向维度和结构之横向维度上去解读它，进而理解它的主题。因此可构建以下教学思路：

一是苏轼的感情经历了怎样的变化？从中可看出他怎样的人生态度？

首先，以引导情感体验为目标，选取文本研读欣赏的细节视角和美学视角。学生可通过体会表现心理变化的关键词句梳理词人的情感变化：欢饮达旦——苦闷；"我欲乘风归去，又恐琼楼玉宇，高处不胜寒"——矛盾；"起舞弄清影，何似在人间"——取舍；"不应有恨……此事古难全"——豁达；"但愿人长久，千里共婵娟"——祝愿。梳理词人心理情感的变化，最终领悟作者乐观旷达的人生态度。其次，以关注人生为目标，选取阅读的人文视角。从情感变化中归纳出人生态度之后，进一步联系词人的人生经历，洞悉词人的人生状态，以体会词人之所以抱有如此人生态度的因果关系。同时，引导学生在关注词人通过事件和意象寄寓对人生问题思考的基础上，结合生活实际和自己的人生感悟谈自己受到的启发。

二是作品所表达的主题是什么？

由于作者思想感情的复杂性导致了这首词主题的复杂和模糊。可引导学生进行研读和探究，允许学生有不同的看法和观点，但应言之有据，言之有理。

三是月亮这一意象在本文有怎样的内涵和作用？

我国古代月亮意象的象征意义和情感内涵：① 象征女性；② 象征孤独与失意，寄托思乡和相思之情；③ 象征宇宙永恒，诗人将对宇宙人生的哲思熔铸其中；④ 象征超拔脱俗的人生志趣。

月亮的意象特征：① 意象体系独特：江月、人月、梅月系统等；② 诗词中的月意象与人有亲和关系；③ 诗词中月亮意象富有审美特质。

本首词月亮意象的内涵和作用：① 始于人月关系，又终于人月关系，月亮将情、景、事、理融会贯通为一体，成为全词线索和中心意象。② 将月亮当作宇宙的化身，通过问月探寻宇宙与人生的联系，进而探究人生的真谛：宇宙是那么的广阔无垠、永恒长久，而人生却是那样的短暂、那样的渺小，人应当豁达地面对人生中的一切。③ 将月亮和神话传说同自己的思想意绪融合一体，使诗歌形成了飘逸空灵的意境，增强了作品浓厚的浪漫主义色彩。

这种构思是从作品所表现的情感变化入手，再到作品情感所体现的思想意旨，在此基础上领会作品赖以表达的情感思想的月的意象内涵和在词作构思上的作用，层层深入而又入情入理，而且还十分简约大气。

第二个层面：创新。创新是教师在有创意地解读文本的基础上，有创造性地进行教学立意，有创意地利用文本教学价值，选取教学内容，设置教学载体，构建教学思路，采用教学策略和教学方法。这种创意，一方面是不用他人现成的创新成果，另一方面对于解读文本能产生很好的效益，具有更好的效果。

教学《木兰诗》首先在文本解读方面，对作品主旨的理解应力求贴近作品实际而不能过度阐释或以阶级论去贴标签。直到今天，不少教师在本诗形象意义和思想价值方面还有一些偏离文本客观实际的解读：有的认为木兰的英雄形象及其作为，无情嘲弄了封建社会对妇女的歧视；有的认为诗歌通过木兰的所作所为，有力地鞭挞和批判了封建士大夫追求功名利禄的世俗风气；还有的认为这首诗表达了对封建统治者穷兵黩武、发动战争造成平民百姓家庭离散的厌恶；还有的认为《木兰诗》所表现的是外来民族压迫和反抗民族压迫的主题等，都是不符合文本实际的"牵强附会"或"误读"。深入研读文本，我们应该可以确定，《木兰诗》通过对机智勇敢的女英雄木兰的形象塑造，昭示了一个事实：妇女们具有与男子同样的能力，丝毫不逊色于男子。这首诗是一曲女战士、女英雄的赞歌，全诗充满了一种女性胜利的喜悦。这样的解读不是空穴来风，而是有充足的历史根据和民族特色作为支撑。我国北方游牧民族强悍尚武的社会风气由来已久，不仅是男子，女子同样尚武爱骑射。只不过在唐代以前的汉族作家表现战争的诗歌中，其诗歌形象大都为男性，内容也多表现战场厮杀情境，或表现建功立业的气概，或描述戍边苦寒、思恋故乡等。那些为数极少的描写妇女生活的作品，也大都表现闺怨幽思，格调缠绵哀婉。《木兰诗》的基调豪迈乐观，木兰的形象开朗俊爽而不失女性固有的妩媚，由于本诗为北方民歌，表现的是北方民族当时的习俗、北方妇女当时的形象特征，而这些特征与汉族却又有显著的不同。作品写木兰从军的立意不在于表现木兰如何坚强勇敢，如何能征善战，而在于赋予这个形象更多不忘女性本来面貌的女英雄之内涵，而这个女英雄极富传奇色彩而已。这些认识应该是比较符合作品实际的。这样我们也就很自然发现本诗所具有的核心价值和语文教学价值在哪里，而基于这样的理解去设计课堂教学自然是新颖而不落窠臼的。

《木兰诗》在教学方面可作如下构想：

第一，木兰是一位什么样的英雄？首先可适当展示相关的电影电视片段，使学生了解其中所表现的能征善战、屡立战功、英武强悍的木兰形象，然后让学生走进诗歌，从文本中体会木兰形象的特征，从中领会木兰作为"英雄"的形象内涵。其次，通过言文并进的方式，引导学生梳理木兰的行为线索，重点关注木兰无奈从征的"叹息"、从征经历与思亲情结、拒绝受爵和执意"还乡"、还乡后"还原"女性等内容，从而使木兰形象呼之而出：木兰这位平民女英雄，其忧愁是平民的忧愁，恋亲情怀是刻骨动人的；她胸襟开阔，淡泊名利，有女人爱美的纯真本心，而且天性风趣幽

默；当然她隐藏女性身份，身经百战，是一位极富传奇色彩的女英雄。她身为女子却同男子一样建立了赫赫功勋，正所谓"巾帼不让须眉"。

第二，既然表现木兰从军，诗歌没有浓墨重彩表现木兰十几年驰骋疆场出生入死、保家卫国的战斗生涯，而仅用六句写了这方面的内容，对此你有什么看法？要解决这个问题，就应去探求诗歌立意与构思的关系，研究结构上的突出特征和优劣得失。学生可能会认识到，选材的详和略根据主题表达的需要和创作意图而定，作品这样处理自然有其道理。也可能会想到，诗歌对木兰从军内容故意略写，其目的在于为读者留下空白，让大家自己去想象战争的频繁与残酷、激烈与悲壮，以及木兰在战争中是如何勇敢、坚强和机智，节省大量笔墨展示木兰的"女"英雄形象。学生还可能会有其他答案，比如整首诗已被后世文人加工删削，有可能其中间部分被腰斩了，因而省略了具体从军征战的内容，民歌原有的丰富性缺失，使作品的思想价值也受到了影响……

第三，你认为本诗的思想意旨是什么？由于学生的认识水平不同、学科视野不同、观察文本的角度不同，对这首诗歌意旨的理解可能是多种多样的，比如表现对封建时代妇女地位问题的思考，表现对战争给人们带来后果的态度，对驰骋疆场建立功勋价值取向的思考，表现对反抗外来民族压迫的态度，表现对特定地域、特定环境下女子"巾帼不让须眉"的称颂，表现不忘女性本来面貌的女英雄形象，等等。这些答案肯定不是都符合文本实际的，那么教师应该组织学生进行研讨取舍，尽量在认识上达成一致看法。

这种创新，是对文本及核心价值的尊重和还原，是对文本核心语文教学价值的创造性利用，也是对文本有创意的解读。

教学《伟大的悲剧》往往陷入对文本细节的品味而不能自拔，结果学生在局部语言的欣赏中"横看成岭侧成峰"而"不识庐山真面目"，而且文本的核心价值也常常被忽略。因此教学这篇课文应紧紧抓住"悲剧"和"伟大"这两个关键字眼，深入到语言内部，便既可"沉入其中"，又能"出乎其外"，在感性和理性相融合的过程中，探究内容的因果关系，实现对文本深入解读和创意解读。

首先，阅读课文，概述故事。可以引导学生以不同的角色进行复述，也可以对主要内容进行概述。

其次，目睹悲剧，领悟伟大。1. 英勇献身与意义伟大。英雄相继牺牲，首先是埃文斯突然精神失常，在一天夜里死去，他是多么身强力壮的人啊。紧接着是为了不拖累其他人而独自走向暴风雪——走向了死神的奥茨。然后在极度"疲惫、羸弱"中，三个人均爬进各自的睡袋，慷慨赴死。可惜的是，他们在离下一个贮藏点只有20公里的地方牺牲了，这悲剧悲在功败垂成之际，着实令人惋惜。但是斯科特为首的科考队登上南极是为了人类的探险事业，为了探索自然奥秘，这种对未知世界的勇敢探索精神值得称赞，也具有重大的历史意义。2. 理想毁灭与坚守信用。斯科特一行梦想着第一个到达南极，他们历尽千辛万苦，无尽的痛苦烦恼，风餐露宿，艰难前行。而历尽艰难险阻最终到达极点，看到的是阿蒙森留下的国旗和信件，并要为阿蒙森作证。这是多么残酷的失败，但是他们坦然面对失败，并愿意"在世界面前为另一个人完成的业绩做证，而这一事业正是他自己所热烈追求的"。这一切鲜明地体现了斯科特一行人的高风亮节、博大胸襟、诚实守信的品质。3. 无情折磨与顽强抗争。刺骨的寒冷吞噬着斯科特一行人疲惫不堪的躯体，严寒使他们的脚早已冻烂，甚至"冻掉了脚趾"，"食物愈来愈少"，鞋踏在厚厚的冰凌上，就像踩在三角钉上一样……但"他们还是拖着疲惫的身子，咬紧牙关，绝望地继续向前走呀，走呀"。运用细节描写，活生生表现了他们所经受的身体痛苦、内心煎熬。但是他们与恶劣的环境和自我脆弱的斗争中，表现出来的精神是可歌可泣的。如：埃文斯精神失常的情景和死亡的时间、地点，都被斯科特在日记中记录下来，而亲眼看着战友慢慢死去，斯科特等人的内心是怎样的悲哀和凄惨？又如奥茨走向死亡的情景，这使得同伴们"不禁战栗起来"，这种痛不欲生而又无能为力、无可奈何的心理可能只有他们才能体会得到。斯科特在遗书中将"我的妻子"改成"我的遗孀"，这种生离死别的细节令人胆战心惊。斯科特一行的南极之旅是一个悲剧，但其中所表现的非同一般的意义却十分伟大，悲剧中探险英雄所表现的美好品质犹如永恒的星光，照耀人们穿过黑暗，走向完美……

再次，追根溯源，领悟写作意图。一是引导学生思考探究：悲剧发生的原因是什么？你从中受到怎样的启发？斯科特认为之所以失败是运气不济，因为"必须担当的""厄运"而失败，既然如此，条件相同阿蒙森为什么能够成功？可引导学生从作品中找到答案，他们为南极探险所做准备有不同：其一用"狗拉雪橇"，借助"滑雪板"滑行的方式；其二借助"矮种马"，不料马被冻死、宰杀，依靠人力前行，放慢了速度，结果未能在暴风雪肆虐之前走出极地圈。二是作家茨威格写阿蒙森等人成功登上南极不同样可以表现人类探险精神的可贵吗？为什么为失败的斯科特一行作传呢？这就是作家的写作价值取向问题了，茨威格所注重的并非探险的成功与否，而是考虑能否给人以心灵上的震撼和精神上的启迪。而且《人类群星闪耀时》书中其他11篇分别记述拿破仑、列宁、托尔斯泰、歌德等人的事迹，其意图不言而喻。

二、雁引愁心去，山衔好月来

这是一种"渐入佳境"式的教学状态。或者表现出一种明显的层递过程，即学生对文本的解读由浅层表面，逐步进入到深层内里；或者表现出疑惑的冰消雪融的状态，即"山重水复疑无路，柳暗花明又一村"的探索中有着惊喜发现的过程；或者表现出思路上由艰难到顺畅的变化，即学生理解文本的过程中，开始时思维上还受到阻碍，磕磕绊绊，不那么畅通，随着阅读的深入，问题的解决越来越顺利，学生的思维越来越活跃，以至于出现探究的精彩亮点……这种境界是阅读教学的"自然状态"的呈现，不是依靠过分"预设"或教师人为干预能够出现的。换句话说，就是特别需要教师遵循文本自身特点和学生文本解读的一般规律。这种境界是学生真正的"发现"和富有价值的"生成"。

教学《最后一课》，由于学生缺少对作品所反映的失去国土和民族语言学习权利这方面生活的切身体验，也比较难以理解作品中"小弗朗士"

以及"韩麦尔先生"的内心感受和思想情感。因此，要真正设身处地进入小说中表现的生活情景，走进人物的内心世界十分艰难。实际课堂教学中，往往教师感情很投入，但学生往往自始至终"置身事外""无动于衷"，课堂在情感方面形成"火"与"冰"的反差，教师有点像剃头挑子一头热。因此对作品的解读和体悟也就浮于表面。由此看来，教学这篇课文，一方面应当把起点放低，从学生易于理解的内容入手。另一方面，需要借助情境创设，适时引入背景知识，逐步将学生的思维情感激发煽动起来，并逐步引向深入。

第一步，在阅读课文基础上，或以不同人物身份复述课文内容，或用简洁的语言概括作品主要内容。这是文本研读的基础和起点。

第二步，理解欣赏人物形象。整体欣赏构想由小弗郎士"入"，从韩麦尔先生"出"。也就是从理解小弗朗士这个人物形象入手，再过渡到对韩麦尔先生思想情感的欣赏，进而实现对文本思想内涵的深入理解。以"我读出了一个_____的小弗郎士，你看_____"，或"我感到小弗郎士由_____到 _____的变化，比如_____"，或"从_____，我读出小弗郎士心理由_____到_____再到_____、_____的变化"。

小弗郎士的变化线索应为：由贪玩变得开始爱学习了，由害怕老师变得理解老师了，由一个不懂事的孩子变得懂事了，还产生了爱国之情。

理解韩麦尔形象。在学校、在这节课上他与平时有什么不一样的地方呢？首先表现在穿着上十分郑重，表现对祖国语言、对祖国的敬重和热爱。其次表现在言行上，一是很自责，懊悔自己过去的一些做法；二是内心十分悲伤难过，这种悲伤痛苦成为贯穿全文情感的线索；三是表现了他对民族文化的坚守、爱国的意志和坚定的信念。

第三步，探究两个主要人物"变化"的原因。小弗郎士为什么会有如此变化？韩麦尔先生为何这般悲痛欲绝？展示写作背景：普法战争以及阿尔萨斯和洛林被占领，普鲁士强迫占领区的人们改学德语，法语被禁止等，使法民族文化被割断。学生借此能够更深一层领会到以韩麦尔先生为代表的法国市民满腔的爱国热忱，对侵略者刻骨的仇恨，以及现实不能改

变的悲痛和无奈。可借助音乐插入、声情并茂的诵读进行渲染，让学生入情入境入心，让学生眼前浮现韩麦尔先生下课时的言行举止，身心进入"最后一课"的情景氛围中，从而将情感体验达到一个新的高度。

第四步，内外勾连，升华情感。"九一八"事变后日本侵略者占领东三省，强迫学校开设日语课学习日语，进行文化的颠覆和侵略。但是中华民族、中国人民并没有被强暴屈服。援引李兆麟《露营之歌》"铁岭绝岩，林木丛生，暴雨狂风，荒原水畔战马鸣。隧火齐团结，普照满天红。同志们，锐志哪怕松江晚浪。起来哟，果敢冲锋！逐日寇，复东北，天破晓，光华万丈流"，引导学生联系都德《最后一课》表达自己的感悟：中国人民和爱好和平坚持正义的人民不会屈服于外族的侵略，只有不屈不挠、英勇顽强地抗争和宁折不屈的精神，才能弘扬民族精神，捍卫国家主权和民族尊严；对祖国语言的热爱和对侵略者的痛恨，源自于对中华五千年文化的热爱，对这片古老土地的热爱；民族语言是民族文化的化身，正是由于祖国的语言让人民凝聚在一起，就像韩麦尔先生一样，他用自己的赤诚之心，点燃起孩子们的爱国之情，他让孩子们、小镇上的人们意识到一个民族的语言，对于一个民族、一个国家的重要性；语言是一个民族赖以生存发展的精神之根，是一个民族永葆青春活力的源泉！

这样的教学过程，是在深入品味语言的基础上，一步一重天地，一步深似一步，而学生对文本的核心价值也获得了越来越深刻的认识和理解。

教学《从百草园到三味书屋》，多数教师人为地将"百草园"与"三味书屋"分两个板块欣赏，牵强附会地概括主题思想，文本解读与主题理解之间缺少紧密的逻辑联系，也难有学生顿悟的发现。因此，教学这篇课文，可首先确立解读作品主旨这个终点，然后通过对作品所表现的生活内容的理解和作品语言的品味，一步一个台阶拾级而上，最终到达理解主旨这个终点。

理解文本主旨应充分尊重作者的原初意图、作品的客观意义，而不能主观臆断、过度阐释或旁逸斜出。而要做到这一点极为重要的是要有整体意识，理解《从百草园到三味书屋》的思想意义，不能不考虑整个散文集《朝花夕拾》所传达的思想倾向和创作意图，从作品集的创作背景和创作意向来研究作品的思想意蕴，结合鲁迅先生当时思想的迷惘和生活的困境去解读写作思想倾向。这样可以避免出现一些牵强附会、表面主观的认识，如有人认为课文是在批判封建教育对儿童身心发展的束缚，或是在表达少年时期自由自在、纯真烂漫心灵乐园的追忆，或意在揭示一种普遍的现象：每个人的童年成长都会经历一种不由自主的改变，或表达的是一种像童年百草园和三味书屋那样的美好生活而深深的遗憾等。这些看法都有一定道理，但却都需要进一步匡正。

应该看到，这篇散文呈现的就是作者童年和少年时期的一些生活片段，是对这段生活的回忆，也是对故乡风情的展现和对自己人生的反顾，充满了童趣童真与少年儿童生活的那种温馨。这种美好的生活，也是美好的心情，已经成为遥远的记忆。此后作者走入社会，世事变幻，沧海桑田，人生浮沉，作者曾经经受过五四思潮的涨落，兄弟之间失去和睦的煎熬，感受过二十年代时局动乱的喧嚣，还经受了个人家庭婚姻的一些折磨和选择……实际上作者通过表现少年儿童时期的童真童趣，来衬托和映射中年的生活遭际和人生况味，用少年儿童生活美好温馨的面纱遮掩了自己心理的矛盾和思想的苦楚。这百草园和三味书屋，是作者心灵的温馨家园和精神的安乐栖所，作者对百草园和三味书屋生活描述的背后，寄寓了作者寂寞孤独的情怀，浓缩了作者经历曲折坎坷的人生之后的心灵感悟。由此我们可以得出这样的结论，本文作者的主要用意在于表现对童年的那种天真质朴、童真童趣的无限怀念和失去它的不尽遗憾。文本的主脑应是"趣"和"憾"。这种看法应该是全面而且符合作者思想倾向以及作品客观实际的。

课文的教学思路可依此确定：

首先，欣赏体会"趣味"。课文说道"单是周围的短短的泥墙根一带，就有无限趣味"，岂止如此，事实上整篇课文都写出了那种童真童趣，充满无穷无尽的趣味。那么，课文还有哪些内容给作者带来无限的"趣味"呢？在示例引导下，学生应该能够体会到：1. 有趣之景；2. 有趣之事；3. 有趣之闻；4.有趣之人。领悟作者对寄寓其中的童真童趣的深切怀念之情。

其次，探究领悟"遗憾"。作品内容主要回忆充满趣味的童年生活，但同时也对"现实情况"进行了叙述，那么叙述了什么呢？通过这些内容又表达了作者怎样的情感？学生可以从文本中找出交代现实情况的三句话："现在是早已并屋子一起卖给朱文公的子孙了""但直到现在，总还没有得到，但也没有遇见过赤练蛇和美女蛇。叫我名字的陌生声音自然是常有的，然而都不是美女蛇""他的父亲是开锡箔店的；听说现在自己已经做了店主，而且快要升到绅士的地位了。这东西早已没有了罢"从这三处叙述可以看出，那有着无限趣味的百草园早已更换主人，那充满神秘色彩的美女蛇和飞蜈蚣也愈来愈变得缥缈虚无，三味书屋中的画也已无影无踪。那美好的、曾经给作者带来无限趣味的事物都已成为过眼云烟，作者的悲戚遗憾之情溢于言表。作品语言文字后面的情感心理就鲜明地凸现出来了：多么深重的遗憾，因为那拥有无限趣味的童年岁月的逝去。

再次，通过上面的探究，你认为本文的主旨是什么？鲁迅先生深切怀念那充满童真童趣的生活；而这样的童年美好生活却一去不返，对此又充满深深的遗憾。作品对童年的趣味写得充分而浓郁，因而失去这种趣味的遗憾也就更加深重。

这样设计教学既忠实于作者的创作意图，也考虑到了学生的认知水平。在一个比较低的台阶起步，进而逐步去探究文章的主旨，真正实现了作者、文本、教师、学生多方的对话，文本的教学价值、教师的主导作用和学生的主体作用在教学中都得到了充分体现。

三、翠条多力引风长，点破银花玉雪香

智慧的课堂富有含金量和永久魅力，一定程度上说，阅读教学就是激发或催生智慧的活动。阅读教学需要使学生在积累中不断沉淀，进而形成深厚的功底，有了功底，也就可以灵活运用了，也就会变得更富有智慧了。具体来说，一是能够认识和理解文本所表现的生活内容的智慧价值，二是能够体会作者艺术表现方面的智慧，三是有效发挥教师作为阅读的组

织者和促进者的智慧，四是充分展示读者的阅读智慧。阅读教学就是一方面构建教师、作者、文本、学生多个维度之间的对话态势，另一方面在解读文本的基础上，通过教师、作者、文本的智慧激发和催生学生的智慧。而在这个过程中使学生扩展生活视野，涵养人文精神，在阅读中学会阅读，获得阅读能力的不断发展。

《狼》在叙述故事方面就十分富有智慧，将剑拔弩张、生死博弈、扣人心弦的故事叙述得起伏跌宕、引人入胜。本文"智慧"还表现在多个方面，如猎食者狼的"智慧"，屠夫在与狼斗争的过程中表现出来的大智大勇，文本内容本身的智慧，即故事中寓含的人生道理。有鉴于此，本课教学可进行下面的设计：

第一步，任选角度复述故事内容。

第二步，通过研读内容情节，把握狼的形象特性。作品按照发生发展的顺序呈现故事内容，从内容看，具体写出了狼和屠户的行为表现：狼——缀行、并驱、犬坐、打洞；屠户——晚归、投骨、持刀、毙之。由此反映出狼的贪婪、凶残、狡诈。从情节的设置和具体细节看，更加鲜明地体现出狼的形象特征。"甚远""如故""前狼止而后狼又至""眈眈相向""其一犬坐于前""一狼洞其中"，这就更加鲜明突出了狼的形象特征，使狼变得富有高级野兽的特征，而且还运用张弛有致的手法，写出情节的缓和，如"顾野有麦场，场主积薪其中，屠乃奔倚其下""目似瞑，意暇甚""屠暴起，以刀劈狼首，又数刀毙之"，这就形成了本文情节上内紧外松或明松暗紧的特点，读者跟随狼的行为与屠户一起经历曲折惊险的心理过程，而在这样的过程中狼的形象被鲜明地突出出来。

第三步，通过故事情节，研读屠户的心理及形象。屠户是如何对付两只狼的尾随、追击的？又是如何最终战胜了凶残野狼的呢？屠夫其人有什么特点？由于"担中肉尽，止有剩骨"于是"屠惧"，他很害怕；而后"投以骨""骨已尽矣，而两狼之并驱如故"，他有些恐惧；"恐前后受其敌""屠大窘"，非常恐惧，不知该怎么办；屠户一路退逃来到一家麦场，"奔倚""积薪"之下，与狼对峙；虽然看似占据有利地形，但若两只狼一起攻击，屠夫只有死路一条。从以上内容可以看出，屠户虽然略用伎俩但并未摆脱狼的追击，在愈来愈恐惧、愈来愈危险的情况下，不断退却和拖延时间直至再无退路。

第四步，狼是那样狡诈、凶残，但在与人的较量中却"顷刻两毙"，这是为什么？或这个故事饱含着怎样的道理？经过分析思考学生应该可以得出自己的理解：要战胜敌手应充分认识敌人的本性，识破对方的狡诈；善抓时机，果敢出手，就会战胜敌人。也就是要知己知彼，善于斗争，敢于斗争。

这个案例一方面是充分利用了小说的教学资源即"传奇"特点，让学生体会情节上的曲折跌宕、扣人心弦、引人入胜，也很好地抓住了小说所表现的狼的形象特征让学生去体会归纳；另一方面，从屠户即"人"的角度引导学生概括提炼故事本身所包含的生活道理，这就是教师教学的智慧体现。

阅读教学要取得理想的效果，最重要的前提是教师对文本的透彻深刻的解读，只有这样才能生成教学的智慧，才能激发学生的学习智慧，从而实现对文本有智慧的解读。例如教学《孙权劝学》就需要教师在深入透彻解读文本的基础上，引导学生用科学的归纳和新颖的视角去探究，自然形成教学流程。

过程一，研读。找出课文所含的不同的"三"，说明表现了人物怎样的性格，体现了作品怎样的艺术匠心。

（1）三个事件。根据作品事件发生发展把课文分成三个部分，其内容为"劝"学、"就"学、"赞"学。

（2）三个人物。可先对孙权、吕蒙、鲁肃作简要介绍。然后引导学生从课文中读出孙权、鲁肃、蒙母三人和吕蒙学有所成的关系和作用。孙权：对部下严格要求，劝吕蒙读书学习寄予关心与厚望。于是吕蒙"就学"并且学有所成。鲁肃同吕蒙谈论，有"士别三日，当刮目相看"之感慨，从侧面表现吕蒙才略有了显著长进。蒙母不是主要人物，看似无关紧要，其实不然，鲁肃的官职和学问都高于吕蒙，但最后却"拜蒙母"与吕蒙"结友而别"，反映的是鲁肃对吕蒙才略的佩服，因而愿与之深交为兄弟，这就进一步衬托出吕蒙"就学"的成果。同时鲁肃"拜"蒙母，也反映出古代的礼仪，有深厚学识的人，会得到社会和人们的认可和尊敬，其父母家人也会得到尊重，甚至一个有着深厚学问的人，可以提高其家族的社会地位及威望。这样写深化了课文的主旨，在表现劝学和就学的成果上是不可或缺的补笔。

（3）三句话。诵读课文人物语言，体会其语气语调，揣摩人物心理，理解人物形象。"卿今当涂掌事，不可不学！"用双重否定的语句，语气郑重，神情严肃，显示出孙权对部下的严格要求，同时又诚恳关切，期望借以担当大任。"孤岂欲卿治经为博士邪！但当涉猎，见往事耳。卿言多务，孰若孤？孤常读书，自以为大有所益。"用反问形式，显示神情的不悦和善意的责备，但却语重心长，中肯客观；运用反问句形式，并现身说法，神情毕现，令人动容。孙权对吕蒙寄予殷切期望又不得不严格要求，他对吕蒙不思上进有所不满而又对其满怀爱护之心，十分切合人主身份。"卿今者才略，非复吴下阿蒙！"运用感叹句形式，表现鲁肃因为吕蒙学识的增长而难以抑制的高兴、惊异、赞许，同时也反映出鲁肃忠厚真诚、尊崇学识、欣赏他人、关怀年轻将领的品质特点。

（4）三次态度。"蒙辞以军中多务"，说明吕蒙用军务繁忙来推脱学习读书，暗示出吕蒙之前轻文尚武性格。"蒙乃始就学"，表现了吕蒙经过孙权的说服指点，能听取正确意见并知错能改的性格。"士别三日，即更刮目相待，大兄何见事之晚乎！"反映出吕蒙的自豪与自信。文章写吕蒙的态度转变，使得文章内容起伏变化，也使人物形象更丰满，性格更鲜明，其态度的变化也是课文事件发展和他个人学习成长的三个阶段。

（5）三个称呼。文中两次用"卿"称呼对方，一次表达了孙权对吕蒙真诚的关心和深切的期望，既郑重严肃，又亲切和蔼，另一次表现了鲁肃对吕蒙的欣赏与称赞。"大兄"是吕蒙与鲁肃的调侃，有力地表现了同僚之间志同道合的深厚情谊。

（6）三种语气。文中人物的心理、情感和性格，通过人物语言和言

谈语气语调揭示出来。"孤岂欲卿治经为博士邪！""邪"表示反问语气，表达了孙权此时作为人主应有的神情和责备之意。"但当涉猎，见往事耳，""耳"意为"罢了"，是限制语气。足见孙权语重心长，关心爱护之意溢于言表。"大兄何见事之晚乎！""乎"为感叹语气，使吕蒙自得、自豪、自信的神情外貌如在眼前。

第二步，诵读。在理解的基础上美读。读出语气语调，读出课文情境，读出丰满的人物形象。

这样的设计，适应了学生的心理需求，学习智慧被有效激发出来，必有丰富的生成。

四、接天莲叶无穷碧，映日荷花别样红

学生学习语言是一种带有浓厚主观色彩的感性与理性相统一的感悟过程。阅读课就是要让学生的思维、想象、情感等积极地参与到阅读实践活动中去，达到对文本内涵及语言形式等方面的深层把握和领会，也就是有精彩的亮点出现。我们评价一节阅读课是不是优质的或高效的，最重要的一个看点应是课堂教学是否有即时生成的精彩的亮点出现，从教师教的角度说，正确把握了作品的核心价值和语文核心的教学价值，教学情境或教学活动的设计十分精到巧妙，具有很高的含金量、很强的激发性和丰富的生成性，具有产生精彩亮点的可能性。从学生的角度来说，或者沉入到文本当中去，在意趣盎然中探幽揽胜，甚或进入痴迷、陶醉的状态。或是在自主研读的基础上，充分展示甚至超越常规地展示出自己的收获或感悟，并能对文本进行深入而得当、个性而合乎情理的解读。或是学生通过研读，提出了具有一定质量的疑难问题，并有效引发同伴的思维活力。或在教师的即时引导、追问下，学生对问题的探究产生新颖而到位的认识。或学生在与同伴的合作、辩论的过程中，情感交流、思维碰撞产生了闪耀的火花。或学生对文本的探究乐此不疲、欲罢不能……而在这个过程中，文本不但获得透彻、深入的解读，而且在学生的深度参与下得到了重新建构；学生不但获取了方法经验的感悟，"在阅读中学会了阅读"，而且获得了精神的滋养、思想的洗礼，积

蓄了语文素养持续发展和优质发展的潜能。

（一）正确认识文本的核心价值和核心语文教学价值，是促进学生深度参与，出现探究亮点的根本前提。

萧乾《吆喝》看上去只不过"毫无章法"地"罗列"了若干"吆喝"的情景和声音，很散乱，难以找到教学的突破口和解读的路径，因此我们看到的课堂大都是从一个"吆喝"到另一个"吆喝"做机械的、表面化解读，然后进行生硬的拔高分析。所以大都没什么精彩之处和亮点出现。如果能设身处地结合作者的生活历程，解读包含其中的情感，即可以走进文本思想内涵的深处，进而正确认识文本的核心价值。这种由浅入深，由感性到理性的解读过程，可以构建课文的教学思路，并获得深刻的人生感悟。

第一步，在作者眼里耳中，北京街头小贩的叫卖声是一种带有戏剧性的艺术。本文作者主要从哪些方面阐释吆喝的艺术性？

首先，传神词语的运用。语言运用的精到，表述方式的变化，使吆喝充满了魅力。如："喝了蜜的大柿子"，着一"喝"字，将柿子拟人化，使人立刻想到那熟透了的软软的柿子，吃一口像蜜一样甜。"葫芦儿——刚蘸得"，倒装句式补充葫芦的品质，"刚蘸"强调了葫芦的新鲜。"葫芦儿——冰塔儿"，"冰塔儿"这个形象的比喻活脱脱描绘出葫芦晶莹可人的形态。"小玩艺儿赛活的"，以夸张宣扬玩具的栩栩如生。其次，音韵和谐悦耳。有些吆喝句式整齐，韵律合辙，非常富有诗意美感。如："又不糠来又不辣，两捆萝卜一个大""老太太（那个）真行好，给个饽饽吃不了"。再次，曲调富于变化。吆喝的声音有高有低、有节奏快慢、有语气语调的变化，给人以多样的艺术享受，如"大米粥呀，油炸果（鬼）的"。然后是卖青菜和卖花儿的，讲究把挑子上的货品一样不漏地都唱出来，用一副好嗓子招徕顾客"，"有的卖柿子的不但词儿编得热闹，还卖弄一通唱腔。最起码也得像歌剧里那种半说半唱的道白"，卖荞麦皮的"在我身后'哟'了一声，把我吓了个马趴。等我站起身来，他才用深厚的男低音唱出'荞麦皮耶'"。第四，充满着戏剧色彩。卖山里红（山楂）的吆喝着"就剩两挂啦"，其实他身上挂满了紫红色果子，以这种夸张招徕顾客，"冰棍儿——三分嘞"，语气像是五分钱的贱卖成三分了，其实本来就是三分，这种故弄玄虚，令人感到十分幽默有趣。

这几个方面需要学生深入到字里行间，才能体会并概括出来，从看似杂乱的叫卖中，领略到形象、生动、诱人的艺术魅力，就是学生深入思考的展现，在概括基础上有情有味、有腔有调地朗读出来也是一种再现的精彩。

第二步，街头的吆喝已远离现实生活的舞台，作者为什么对此怀有深长的记忆和欣赏的感情？

作者的情感隐藏在哪里呢？如何去体会作者情感呢？这就要走进文字的深处和细处。

作者所描绘的生活内容本身包含了作者心灵深处的记忆，熔铸了作者的喜怒哀乐。馄饨是皮薄馅儿大的，那萝卜的甜润赛过梨子，大柿子就像喝了蜜，白薯也带着栗子甜面香味，童年的作者生活在这样的市井街巷，时常就听到这样的流动叫卖声，也免不了像其他儿童那样去享受这些新鲜又价廉的食品，在作者心中留下了许多快乐的体验。乞丐沿街乞讨凄厉的祈求声、悲凉的情景，是那样的令人悲悯和同情。在滴水成冰的严酷冬季里，手里烫烫的烤白薯使上学的路上变得十分温暖。而卖荞麦皮那一声低低的"呦"——把人吓了个马趴，虽然作为儿童曾经是被吓一大跳，但成年后回忆起来，也是很有趣味和非常美好的。可见作者对曾经回响在耳畔的吆喝声是那样的喜爱、那样的怀念，对家乡文化风俗、市井风情是那样的依恋，即便时光流逝，这些吆喝声也已成为长远的记忆，但历久弥新，伴随作者的漫漫人生之路。

第三步，领悟作品丰富的思想意蕴。

作品所蕴含的思想可有多种理解，可引导学生自主感悟：1. 表达对消失的却有独特价值的市井文化的怀念、惋惜和担忧，传达对这种具有独特价值的传统文化抢救的愿望；2. 吆喝的人虽或利润微薄，处境艰难，或生活困顿，却持有诚信质朴、坚定乐观的人生态度，从而表达了作者对普通劳动人民高尚精神品质的赞颂；3. 作者通过"吆喝"，呼唤北京市民的荣誉感，呼唤中国人的尊严，对过去真诚、质朴文化的怀念，其用意也在于唤醒今天的人们对美好的民族传统文化的珍重和坚守，以维护民族的荣誉感和尊严。

无论是对作者情感的体会还是对作品主题的辨析，由于设置了比较开放的情境，所以促进了学生思维的解放和创新，出现精彩的探究亮点。

（二）科学的教学设计是精彩亮点呈现的基础。

教学《斑羚飞渡》，学生研读很可能将注意力聚集在斑羚飞渡、镰刀头羊、彩虹以及狩猎队的人，但是多数情况下对文本的解读比较粗陋和肤浅，深入不下去。如何让学生深入到文本中去获得具体深刻的感悟呢？比如让学生仔细阅读"斑羚飞渡"的描写，让学生用自己喜欢的方式（如绘声绘色的朗读，用自己的语言描述，将飞渡情景画出来，用文中动词描画飞渡状态等）展现文本所表现的内容情境。这样的情境创设，能使学生不再漂浮在文本表面，而可以深入到文本的细部，学生可以根据自己的特长和爱好，选择恰当的方式展示自己的阅读体验和收获，激发了学生的积极性和创造性思维，有着精彩的生成。对镰刀头羊的理解大都停留在形象的空泛概括上，因此如果能以"镰刀头羊自述"的方式复述故事，创设了感知课文内容的情境，使文本内容变得具体可感，同时又可有效发挥学生的创造才能。

可见，依据文本特点，遵循学生的个性发展规律，精心设计能有效呈现文本特色的学习活动，使学生的主体作用在课堂上得到充分发挥，让其兴趣盎然地沉浸于文本探究的过程之中，在进入角色的体验过程中，加深对文本的理解和对生命的感悟，就必然有精彩纷呈的亮点出现。

（三）指导纠正错误认识也是展现学生思维亮点的有效途径。

由于受知识、经验、思维能力的限制，学生在活动过程中也会产生一些错误，甚至荒谬的理解认识。这时教师不妨将错就错，以错误结论为前提，巧妙引导利用，能使学生在"上当""中计"中思辨，在碰壁中顿悟，自己感悟并逐步完善认知结构，从而训练思维的准确性和合理性，呈现思维的精彩亮点。

有教师执教《伤仲永》，疏通文意，让学生对这个故事谈自己的看法。有学生认为这个故事是杜撰的，世上根本不会有不学习就懂就会的人，一个小孩子还没有读书识字就能写诗，并且"自是指物作诗立就，其文理皆有可观者"，简直就是天方夜谭。即便没读书识字能吟成几句诗也已经是神乎其神了，何况其诗还富有文采富含道理呢？一定是言过其实瞎编出来的，荒谬之至。倘若遇上一般的教师，很可能惊愕不已手足无措，或者对学生的"独到"看法大加赞扬后不了了之，或者跟学生争论是真是假。这位教师在肯定学生的怀疑精神后这样引导：假如真像这位同学所说，这样的才能系虚构虚假的，那么大散文家王安石为什么还不动声色的写下去呢？作者后面还写"于舅家见之"，坐实说真有其人呢？事实是作者家乡确实有这么一个聪明过人的孩子，虽很有天赋，但的确不像前文所说的那么"神乎其神"。教师趁机引导学生领会作者的写作构思和意图，学生通过反复研读辩解，终于明白，这样虚构夸张的写法用意在于与此后仲永"泯然众人"作对比，进而突出"后天教育的重要性"。这个案例就充分说明教师要因时而化、随机应变，根据学生的思维表现随时调整既定教学方案，也启示我们，教师要想在课堂中得心应手、左右逢源，必须深研教材，对教材文本烂熟于心，否则在复杂多变的课堂中就会出现捉襟见肘、黔驴技穷、敷衍塞责的尴尬。本课能从学生肤浅的误读出发，因势利导，将学生的思想一步步引向深入。这种因谬探真的教学才是真正富有价值的生成，而这个过程也就是引导学生对文本意义进行有效探寻、破解与创造的过程。因此说如果能够有效利用学生认识上的偏差错误，匡正学习体验，正确还原文本意义，必然促成学生探究过程十分精彩动人情景的出现。

五、情动于中而形于言，论激于心而发于声

理想的阅读教学应该是情感深度投入的教学，如果学生的情感没有同文本产生深度共鸣，不仅仅是情感态度价值观的目标低效达成的问题，甚至有可能是偏离了文本的核心价值，因为语文的感性特征、"言语思维"属性是离不开情感的，任何言语活动既离不开思维，也离不开思想情感。在语文教

科书中，古诗文像《武陵春》《行路难》《水调歌头·明月几时有》《过零丁洋》《观沧海》《天净沙·秋思》《岳阳楼记》《马说》，现代诗文中像《回延安》《黄河颂》《我爱这土地》《海燕》《伟大的悲剧》《背影》《说和做》等，都包含着强烈而深厚的情感内容，如果阅读教学忽视其中情感因素，甚或对作者、作品的情感体验不到位，那么就不能透彻地理解文本的思想内涵，也是对文本教学价值和教学资源的抛弃。

情感课堂按照教学的过程来说，首先是体悟作品蕴含、抒发的情感，其次是激发生活体验，使学生情感与作品产生深度共鸣。就情感强烈程度、情感体验的方式来说，可分为两种，一是"随风潜入夜，润物细无声"式的熏陶感染，一是"天外黑风吹海立""望湖楼下水如天"式的情感灌注和洗礼。

（一）利用入情入境的诵读所呈现的生活情境、所营造的情感氛围、所产生的情感意绪等，体会作品情感，激发并陶冶学生情感。

读就要读得沉入其中，读得抑扬顿挫，读得有声有色有味，读得眼含热泪甚至泣不成声。教学《春》，可通过较高水平的朗读示范，体会作品所表现的对春天的盼望、热爱、赞颂情感，体会对自然美、情感美、艺术表现美的向往与赞颂之情；也可以在欣赏过程中边读边品，体会蕴含其中的情感；还可以激发学生的联想想象，在头脑中再现和创造作品所表现的春天意境，进而体会作者情感。教学《说和做——记闻一多先生言行片段》，在学生自读基础上，首先采用师生合读的方式，通读课文，将作品所表现的崇敬、激昂、赞颂读出来，将学生的情感激发唤醒。然后研读几个段落，其中包括闻一多先生作为学者、诗人和革命者的重要片段，在欣赏的基础上指导学生通过慷慨激昂、声情并茂的诵读突出对闻一多先生的激情洋溢、发自肺腑的敬仰之情、颂赞之情。教学《最后一课》，在深入体悟作品所表现的悲痛欲绝、怨恨无奈的情感之时，让学生进入角色，假设你们自己就是韩麦尔先生和韩麦尔班上的学生，就下课情景进行演读，设计好叙述者（旁白）与其他的角色进行展示。这种阅读体验，使学生建立起文本与自我情感的联系，在虚拟的情境中走进文本情感思想的深处。

（二）通过联想想象体悟作品情境和情感。

展开了联想想象，"登山则情满于山，观海则意溢于海"（刘勰《文心雕龙》）。文本语言所承载的生活情景通过读者的联想想象才能变得具体可感、触手可及，文本语言背后隐含的意义和情感才能被揭示出来，文中的空白才能被添补呈现出来，凝练精粹的文本才能得到有效扩展，文本生活与读者生活才能融为一体……而在联想想象的过程中，伴随着对内容的深入领悟，情感的深入投入，作品的思想艺术价值也得到有效还原。

教学《望岳》表现的泰山之"神秀"、泰山之广阔境界，就需要展开联想想象。教学情境设置：第一步，自由朗读课文，将诗歌所表现的意境想象成一幅或几幅画面，按照勾勒形态——着色敷彩——化静为动或添加声音的顺序展开想象；用自己喜欢的方式（如图画、文字）有创造性地描绘出来。第二步，杜甫有诗云"为人性僻耽佳句，语不惊人死不休"（《江上值水如海势聊短述》），这句诗充分体现了杜甫诗歌凝练精到的语言风格，请同学们通过朗读或批注的方法进行欣赏。第三步，探究末句"会当凌绝顶，一览众山小"与前边内容的关系，领会它所寄寓的情怀、志向和生活哲理，并揣摩如何读才能读出情怀志向和气势，然后大声朗读出来。通过这样的联想想象和诵读，这首诗所创造的神秀、优美意境以及诗人寄寓其中的理想追求、思想情感就鲜明地呈现出来了。

（三）教学设计与课堂语言的灵动性促成情感体验。

感性语言更有利于促动学生体悟作品的情感、促成文本与学生情感的共鸣。例如教学《散步》导入语："家，是多么温暖而令人产生幸福感的字眼儿。无论走到天涯海角，你的心永远被'家'牵动着。家是一个避风的港湾，是驱逐严寒的炉火，是遮蔽炎夏的树荫。亲人之间深深的爱使家温暖如春，浓浓的情怡人心扉。同莫怀戚一家四口一块到野外散步吧，看我们会受到怎样的感动，会得到怎样的生命体验。"这样的导入比那些干瘪、生硬、苍白的说法更具有形象性、情感性、引导性和激发性。研读《老王》文本内容，一种设问："你从哪些地方读出了老王的善良？"另一种设问："如此不幸的老王，他哪些细小的事件、细微的言行深深打动了你呢？"哪一种设问更具有引导性和亲和力？对《秋天的怀念》文本解读和学生研读的总结：史铁生和他的母亲已经悄悄离开了这个充满生命活力的秋天，但他们为我们留下了一则关于生命、关于人生的寓言。是啊，人的一生不可能总是一帆风顺，困难、挫折甚或灾难、不幸常常会不期而至。海明威说："一个人可以被毁灭，但不可能被打败！"重要的是我们有亲人、社会的关爱，只要我们敢于面对、勇敢抗争，那么一切挫折、一切不幸都会被踩于脚下，顶天立地站成一个永不言败的、大写的人！这样的语言不但富有形象性、感染力和思想的厚度，而且本身也是学生语文学习的宝贵资源。

主要参考文献

［1］叶圣陶. 叶圣陶语文教育论集［M］. 北京：人民教育出版社，2015：136. 356~357. 520.

［2］孙绍振. 名作细读［M］. 上海：上海教育出版社，2009：23~24.

［3］张伟忠. 万千集［M］. 南京：南京大学出版社，2015：10.77~80. 88~91. 168~169.

［4］《语文学习》编辑部. 课文作者谈课文［M］. 上海：上海教育出版社，2014：94~95. 99~100. 115~117.

［5］温儒敏. 语文教学中常见的五种偏向［J］. 语文学习，2011，1：4~11.

［6］黄厚江. 阅读教学的基本策略［J］. 中学语文教学，2014，4：10~12.

［7］黄厚江. 言意共生：阅读教学的基本追求［J］. 语文教学通讯·初中刊，2015，4：25~27.

［8］李卫东. 如何确定文言文的教学内容［J］. 中学语文教学，2011，6：4~11.

［9］张悦群. 阅读教学的基本规律［J］. 语文教学通讯·初中刊. 2015，1：37~40.

［10］李华平. 为了"不需要教"的"教"［J］. 语文教学通讯·初中刊. 2015，2：7~13.

［11］程少堂. 建构一种新的教学法：语文味教学法［J］. 中学语文教学. 2014，2：13~17.

［12］金军华. 文本解读必须把握好的几对辩证关系［J］. 语文教学通讯·初中刊. 2015, 11: 56~58.

［13］冯齐林. 立足两层面双主体的好课观［J］. 语文教学通讯·初中刊. 2014, 5: 13~15.

［14］张冬梅. 用优质的"教"促进良好的"学"［J］. 语文教学通讯·初中刊. 2015, 2: 15~18.

［15］林润之、刘永康. 教的关键: 质疑激思［J］. 语文教学通讯·初中刊. 2015, 2: 13~15.

［16］陈琦. 关注作家表现人物心灵的辩证法［J］. 语文学习. 2006, 10: 40~41.

［17］明学圣. 说理文教学内容的确定［J］. 中学语文教学. 2011, 5: 4~10.

［18］汤蒙. 朗读教学的误区及有效落点［J］. 中学语文. 2011, 9: 25~26.

［19］刘谦. 让复述真正生动起来［J］. 中学语文教学参考. 2005, 3: 12~14.

［20］李仁甫. 试论语文教学的基本方法·上［J］. 中学语文. 2012, 25: 6~8.

［21］李仁甫. 试论语文教学的基本方法·下［J］. 中学语文. 2012, 28: 7~9.

［22］谢秀南. 与文本的深度对话如何实现［J］. 语文教学通讯初中刊. 2012, 4: 60~61.

［23］李东方. 古诗词复习教学的探索与实践［J］. 中学语文教学. 2017, 3. 75~78.

［24］胡志倩. 《曹刿论战》复习教学的探索与实践［J］. 中学语文教学. 2014, 12. 73~76.

［25］刘钦明. 孟宪军. 《紫藤萝瀑布》复习教学探索与实践［J］. 中学语文教学. 2018, 12: 66~69.

［26］孟宪军. 回归阅读教学的原点［J］. 语文教学通讯·初中刊. 2018, 1: 56~58.

［27］孟宪军. 文本解构的四种视角［J］. 语文教学通讯·初中刊. 2016, 6: 54~56.

［28］孟宪军. 建立问题间之逻辑联系, 促进阅读优质生成［J］. 语文教学通讯·初中刊. 2015, 12: 49~50.

［29］孟宪军. 探寻多种视角, 追求创新生成［J］. 中学语文教学. 2015, 10: 77~80.

［30］孟宪军, 孟丽平. 创造性利用教材文本的四种视角［J］. 语文教学通讯·初中刊. 2015, 5: 56~58.

［31］孟宪军. 阅读教学构思的五种视角［J］. 语文学习. 2014, 7、8: 116~118.

［32］孟宪军.《猫》教学创意［J］. 语文教学通讯·初中刊. 2011, 9: 27~28.

［33］孟宪军. 曲径通幽处, 异境次第开［J］. 中学语文教学. 2010, 6: 69~71.

［34］孟宪军.《小石潭记》教学设计［J］. 中学语文教学. 2010, 3: 51~53.

后　记

　　汪曾祺说："语言不是像盖房子似的，一块砖一块砖叠出来的。语言是树，是长出来的。树有树根、树干、树枝、树叶，但是是一个有机的整体。树的内部的汁液是相通的。一枝动，百枝摇。"

　　这个比方内涵很丰富：首先，单就语言主体来说，语言不是靠语言符号、语言知识和生活事件的简单相加就能形成和发展的，而是在学用语文的过程中形成的，只有养成了热爱生活、喜欢阅读、勤于写作、善于思考的习惯品质，在不断的"同化""顺应"中语言水平才会得以发展提升。其次，就语言主体与外部环境关系来说，学生语言的"生长"，需要多方面因素和条件的共同作用。一棵树生长，需要肥沃的土壤、充足的水分、温暖的阳光和良好的空气。在气候和地质条件具备的基础上，可能还需要同类或其它树木的协助甚至是其他生物和人类的保护与帮助。那么语言呢？语言是伴随着生命的成长而自主、自由生长的，每个人的言语系统都是"与众不同"的，从咿呀学语到小学到中学，已经形成自己的语言思维方式和趋势，这是其特定的语言基础。作为学生语言发展的干预者和影响者，不能生硬改变这种方式和趋势，更不能把所有学生"装"进一个既定模式中，而需要"因人而异""因势利导"。但无论怎样，语言的发展首先是需要补充"营养"的，就如树根周围的土壤养料不足，则需要人去补充一样。这可能包括语言学习动机的激发、兴趣的强化，包括有用学习资源的推荐等。只有养料充足，语言生长才会茁壮茂盛。其次需要反思生长的历程，总结生长的经验，比如像树木与同伴生活在一起更有利于生存一样，语言学习在同伴的合作互助下共同提高；比如像树枝、树干、树叶不断依靠锻炼强身健骨以抵抗风霜雨雪的侵袭一样，语言需要经常不断的实践运用才能提高质量。再次，需要经历者如教师、专家、作家救助。就如同树木在出现歪干斜枝的畸形或者遭遇虫害的侵袭需要扶持、矫正、修剪和施药一样，语言的发展是需要引领、呵护和拯救的。

学生语言生长发展的基本规律显而易见，那么在此过程中，语文教师应该如何遵循这些规律并发挥其应有的价值作用，具备怎样的素养品质、朝着怎样的方向努力才能胜任担当这份责任和使命呢？

开启教学思想的活水源头

"要教给学生一杯水，教师自己要有一桶水"，就教师的"原始积累"而言似乎是必要的，但是"一桶水"实在太少了，即使水再多，若只是用来"倒"进学生这个"杯子"里，那么学生永远都不知道从哪里以及如何得到水，离开了教师就要忍"干"挨"渴"。教师应有一溪水甚或是涓细的一脉水，因为这是开启了源头的活水，而且应该开启多个源头开通多条小溪细脉，以满足专业成长的多种需要和灌注不同学生的茁壮成长。不止如此，教师还应帮助学生开启语言学习的活水源头，使学生能够将语文之根深深地扎入阅读与写作的土壤，自然、社会、人生的土壤，建立语文学习与自然、社会、人生的密切联系，从中汲取充足的水分。要开启教师教育教学思想的活水源头，那就是要不断更新、丰富和完善自己的语文理念，不断吸收古今中外语文教学改革的理论成果和思想经验，始终保持教学理念的先进性、科学性和改革创新的生命活力。只有"站在巨人肩上"，才能从中领悟出属于自己的语文教育思想、教学理念，才能够将这种思想理念落实到实际教学行为中。就拿阅读教学来说，语文教师应当给予学生的、学生能从中获得益处的，主要不是阅读技巧技术方面指导，更不是阅读的正确答案，而应该是阅读的思想理念，也就是解读欣赏文本的意向、价值、原则、思维方式。因为"事物的正确答案不止一个"，作为文本阅读欣赏的答案肯定也是丰富多元的，阅读的技巧、技术、方法是教不完的，而且这些东西最好是由学生在阅读实践中自己感悟领会，如果生硬灌输，学生没有切身体会，那是不会真正接受的，更不会内化为自己的能力、素养。我们观摩一些语文名师大家的课，常常感到会眼前一亮，觉得构思和手法都十分新颖别致、"与众不同"，而且教学效果非常理想。普通的老师往往难以企及，是因为没有他们的丰富教学经验？抑或是没有他们的聪明才智吗？我看根本上是缺乏教育教学理念的支撑，"每一节高品位的课背后都有深刻的理念做支撑"，没有理念做支撑的课只能是纯技术的操练，课经不起推敲，学生不会有高端的体验和深刻的感悟。因此，教师有必要将思想之根深深扎入语文教育先进理念的土壤中，找到取之不尽的思想源泉。

储备语文教学专业成长的潜能

语文教师要研究自己的专业，其中最要紧的事情就是研读教材文本。这是因为文本研读的深广度决定了阅读教学的高度和层次，几乎所有取得理想效益的阅读课都是以对文本的深刻、新颖的解读为前提的，失去了这个前提，就不能吸引学生的注意力，不能激发学生的思维情感，就不会有丰富的生成，课堂会显得十分平庸而低效。教师文本研读至少有三个阶段和层面，即自主研读，审视专家研读，实施教学解读。其中自主研读即裸读，是必须要经历的过程，教师从中获得最纯粹也是最有价值的理解，是确立教学意向、构建教学思路的策略的根本依据。在这个基础上，从专家学者的解读中对自己的解读进行印证，并从他们的解读中得到启发，提高眼界、提升品位。到教学解读这一层面，就是提取自主研读和专家研读"语文教学"的那些相关部分，找到课文"实际上需要教师教和学生学的内容"。

在这三个研读阶段和层面中聚焦点应该是文本的"特质"和语文教学价值。语文课不是彻头彻尾地地道道的文学鉴赏，也不是实用文体的"速效培训"，是落脚到"语文"这个基点上来的。学生是学语文，即"学习语言文字的运用"，不是专门学文学或者是实用文体培训，这个度是要把握好的。关注文本"特质"其含义包括：其一，要研究文本体式，因为作品的写作目的、功能价值不同才形成了不同的"体式"，这是文本研读的起点。同样表现"环境保护"主题，《罗布泊，消逝的仙湖》与《喂——出来》其体式特征就有很大差别，作品的表现表达形式有着天壤之别。这是就文类"特质"而言。其二，要研读同一文类中不同文本的个性"特质"。比如散文是表现个人化、个性化的经历见闻、言说对象、所思所想、情感过程、人生感悟等，具体到某一位作者的散文也一定是"独一无二""与众不同"的，比如宗璞的写景状物类散文，所写景物表现出鲜明的个性化、情感性、人格化特征，善于在花草树木这些自然事物中寄寓深沉的情感和深刻的哲思，客体与主体、自然与人生结合得天衣无缝，即所谓"有无之境，以我观物，故物皆着我之色彩"。其三，即使同一作者所写的不同的作品，也往往具有独特个性，有着该作者其他作品所没有的"特质"。所以说教师教一篇课文，需要阅读、研究几篇甚至几十篇相关的文章，甚或需要阅读作者的专著、作品集和相关评论。否则很难说就"把握了教材"。张伟忠博士在指导教师参加全国语文课堂教学比赛或公开课展示活动时，就为教师提出这样的要求。把握了文本的"特质"，就为确定文本的"语文教学价值"和"教学内容"奠定了基础。"文本特质"本身不是"语文教学价值"，"文本特质"只有成为教学对象和内容，其语文教学价值才会彰显出来。"文本特质"与"教学内容"也不完全等同，具有"语文教学价值"的"文本特质"，就是"教学内容"，但在文本特质之外，文本的其他"亮点"、学生的学习意向（包括学生兴趣触发点、思想兴奋点、思维聚焦点以及疑难困惑之处）也属于"教学内容"范畴。

事实上，教师要教好一篇课文，还需要深入研读相关的语言学、修辞学、逻辑学、文章学、美学乃至文学史、文学现象、诗论、文论等，甚至是某个特定阶段的社会历史。没有这样的眼界视野，恐怕很可能会"坐井观天"被"一叶障目"，而不能从宏观上把握作品的"特质"。举例来说，古诗词在教科书中占有较重的篇目比例，如果眼光只盯住"这一篇"显然是有很大局限性的，需要教师对诗词有相关的研究。譬如研究唐诗和宋诗、诗和词的差别：唐诗主情致，尚风韵；宋诗主气骨，尚理趣；唐诗多含蓄，宋诗多显露；唐诗显得博大，宋诗显得精深。唐代诗人多以强烈的激情去感受时代的现实生活，宋代诗人则多以理性的冷静态度去体察客观事物。钱钟书在《谈艺录》中曾云："唐诗多以丰神情韵见长，宋诗多以筋骨思想见胜。"诗与词也有着多方面的差异。李渔《窥词管见》："诗之腔调宜古雅，曲之腔调宜近俗，词之腔调则在雅俗相和之间。"田同之《西圃词说》："词之为体如美人，而诗则壮士也；如春华，而诗则秋实也；如夭桃繁杏，而诗则劲松贞柏也。"中国古代称不合乐的为诗，合乐的则称为词。1. 题材内容的差异：诗，以社会性的群体情感为主；词，以作者个体的自我情感为主。诗在题材上比较偏重政治主题，以国家兴亡、民生疾苦、胸怀抱负、宦海浮沉等为主要内容，抒发的主要是社会性的群体所共有的情感。比如被后世称为"诗圣"的杜甫（《春望》）等的诗歌。而词在题材内容上的一个显著特色，就是以描写男欢女爱、相思离别为主，抒发的大多是作者个人的自我情感。比如李清照（《一剪梅》）和李后主（《虞美人》）等的词。当然，词并非不可表现刚劲之内容，而如刘熙载《艺概》所言"寄劲于婉，寄直于曲"。2. 语言特色的差异：诗是一种典型的语言艺术，而词却是一种典型的精美语言艺术。缪越先生曾经形象地把诗词语言特色比喻为士大夫延客和名姝淑女的雅集园亭。从中我们可以看出，相对于诗来说，词的语言更加轻灵细巧、纤柔香艳。3. 风格的差异：诗词风格上的差异被精练地概括为诗庄词媚。庄者，庄严也；媚者，婉媚也。因为诗多用于应制，而应制，则非庄不可；词，多写闺中韵事，而闺中韵事，则适于媚。等等，如此之类。虽然这些东西不一定要让学生系统了解把握，但是教师的眼界越高远，也就越能够看清楚文本的"本质属性"，教学就不会"跑偏"。

提高教学过程建构的质量水平

理想的阅读教学课堂是"没有"教学过程环节转换的，看不到雕琢的痕迹，正可谓"艺术的至高境界是无技巧"，这当然是达到了很高的境界才会出现。教学过程应是自然相连、水到渠成的，但其背后隐藏着严密的逻辑关系，这正是语文教师对教学内容"重构"的功夫。富有含金量的教学思路设计，一定在以预设追求生成方面进行了深思熟虑。要构建教材文本显著"资源"、教材编写者意图、学生的阅读意向需求三者互动碰撞的载体和时空舞台，在文本、教材编写者、学生三位一体"阅读发生"的过程中有着理想的预期，需要教师丰富智慧的投入。如果一位语文教师认为阅读教学设计十分容易和简单，那就说明它是按照教师对文本的理解去设计教学过程，让学生"理解教师的理解"，牵着学生走，"请君入瓮"，却没有深入研究学生的感受和困惑，可能也没有真正下功夫去理解教材编写者的意图。教师重视了"教"的过程，却忽视了学生"学"的需求和规律。为什么有的教师课堂设计似乎很有创意，但是学生却无动于衷并不买账，课堂效果很不理想，这应该是其根本的原因。

可见优质的教学设计不是教师的一厢情愿，也不是脱离阅读教学宗旨的"胡思乱想"。许多专家认为，相对于文本理解、教学内容选择、教学价值取向来说，教学设计包括教学技巧都算是"皮毛"。确实，文本解读达到什么水平，教学设计便会"水涨船高"。当然，当前者已经达到较高水平，科学而有创意的思路也不会"从天而降"，需要教师付出相当的心血和智慧。从教学实施层面看，教学预设的水平是决定阅读课堂质量效益的根本，预设是否切合了学生的需求、是否富有创意以及有力激发学生情感思维，使学生形成积极深入的学习状态，决定着学生是否能有强烈的获得感和课堂教学的品位。

深入把握学生阅读心理规律和阅读能力发展的内在规律

教师通过课文研读建构文本的作者意义、读者意义、客观意义和教学意义是十分必要的，但这只是前提基础。阅读教学的原点和起点都是学生，因为阅读教学的目的是指导和促进学生建构文本意义、感悟阅读经验，从而提升阅读能力，涵养人格品质，发展语文素养。这就首先需要从学生的学习心理研究开始，有必要读一些心理学家、教育家的著作，如杰罗姆·布鲁纳的《论认知》《教学论探讨》，霍华德·加德纳的《多元智能》，让·皮亚杰的《儿童智力的起源》，以及欧·科恩伯格、罗伯特·斯滕伯格、戴维·卡茨、维果斯基等关于"建构主义"理论的论述等著作。其次，将这些心理学家、教育学家的理论与语文课程标准的理念要求进行对接。以他们的理论去观照语文课程标准关于阅读教学的课程理念、课程目标、课程内容和实施建议，深入理解课程标准研制的科学支撑、理论依据和思想基础。再次，要以这些理论和课程标准的思想理念为指导，去研究阅读教学学生的心理过程与规律。

张伟忠博士研究当代几十位学术专家、文学家的语文学习经历得出结论，语文学习一是要有浓厚执着的兴趣，二是自由的、大量的阅读，三是不间断的写作。阅读教学首先要遵循"自主发展"的规律。顺应、保持和增强学生语文学习的兴趣乃至志趣，是阅读教学价值追求的应有内涵。这一点或许每一位语文教师都清楚，却难以做好。常常有学生家长诉苦，说孩子小学时很喜欢语文，可是到了初中很讨厌语文，原因是不喜欢语文老师的课；孩子在初中很喜欢上语文课，上了高中就对语文一点兴趣都没有了，因为高中语文课就是应对高考。对语文学习失去兴趣，这可是伤筋动骨的损害。阅读也是学生自己的思想情感活动，其目的是发展提升学生的阅读能力和学科素养，教师的指导帮助和干预当然要以突出学生主体性为前提。每个学生的语言系统都是独特的，那么阅读的方式、思维的视角、阅读的价值取向、获得的感受等等都是个性化的，阅读教学不能"一刀切"。阅读是一个"同化"的过程，是文本思想内涵、艺术表现等与已有认知结构发生相似联系，以至对其认同、整合、内化的过程；又是"顺应"的过程，即文本与已有认知结构形成矛盾、陌生感和疑惑，然后通过化解形成新的认知结构的过程。阅读文本会产生新的收获和分享意愿，也会生成多种多样的疑问困惑及释疑解惑的诉求。只有在教师与学生、学生与学生的互动对话中，才能满足学生的意愿诉求，才能正确建构文本的意义。正如"你有一种思想，我有一种思想，加起来就是两种思想"。智慧的互启和共享因其有效而富有含金量。

综上所述，是否可以得出这样的结论：学生的语言素养是"长出来的，那么，教师的阅读教学的水平、教师的专业能力也是"长出来的"，这个生长的过程中，"开启教学思想的活水源头""储备语文教学专业成长的潜能""提高教学过程建构的质量水平""把握学生阅读心理规律和阅读能力发展的内在规律"，应该就是教师教学水平、专业能力这棵树，从深深的地下汲取养料和水分，从广袤的天宇中吸收阳光和空气，从与风霜雪雨的搏斗中获得强健的身躯和坚韧的性格，从而不断成长、壮大、开花、结果。倘若这棵树缺少了向上的追求，或者只享受阳光而不吸收养料和水分，或者只顾及快速生长却不经历风霜雨雪的洗礼，这棵树就不会长大，也不会开花结果，甚至难以存活。这似乎就是本书取名《语文阅读教学本体建构》的本意。作为一个把美好的语文教学理想作为毕生追求的语文人，我同大家一样也在苦苦追寻探索，无时无刻不在期盼我们的语文老师、我们的阅读教学水平长成一棵枝繁叶茂、参天耸立的大树，期盼这棵树花繁如瀑、硕果满枝，成为森林画卷中的特写，成为诗人代表作中的审美意象，成为这个世界敬仰目光的聚焦点！

　　谨以此书，奉予我所钟爱的语文事业和我所挚爱的语文同仁！

孟宪军

2019年10月10日于山东东营